"互联网+"新形态一体化教材
创新型人才"十四五"规划教材

政府会计

主　编　张晓军　周纳宇　廖四维

副主编　罗　演　奉雪原　王彦杉

中国商业出版社

图书在版编目（CIP）数据

政府会计 / 张晓军，周纳宇，廖四维主编. -- 北京：中国商业出版社，2024.1
ISBN 978-7-5208-2870-3

Ⅰ. ①政… Ⅱ. ①张… ②周… ③廖… Ⅲ. ①预算会计 Ⅳ. ①F810.6

中国国家版本馆CIP数据核字(2024)第041417号

责任编辑：黄世嘉

中国商业出版社出版发行
（www.zgsycb.com　100053　北京广安门内报国寺1号）
总编室：010-63180647　编辑室：010-63033100
发行部：010-83120835/8286
新华书店经销
北京宝莲鸿图科技有限公司印刷
*
787毫米×1092毫米 16开　19印张　463千字
2024年1月第1版　2024年1月第1次印刷
定价 52.80元
* * * *
（如有印装质量问题可更换）

前言

PREFACE

中国共产党十八届三中全会提出了“建立权责发生制的政府综合财务报告制度”的重大改革举措，2014年修订《中华人民共和国预算法》对各级政府提出了按年度编制以权责发生制为基础的政府综合财务报告的新要求。自2015年以来，财政部按照改革要求，相继出台了《政府会计准则——基本准则》（简称《政府会计准则》）和存货、投资、固定资产、无形资产、公共基础设施、政府储备物资、会计调整、负债、财务报表编制和列报、政府和社会资本合作项目合同等10项政府会计具体准则以及固定资产准则应用指南，政府会计准则体系建设取得了积极进展。2017年10月24日，财政部又发布了《政府会计制度——行政事业单位会计科目和报表》（简称《政府会计制度》），自2019年1月1日起施行，执行本制度的单位不再执行原制度。2019—2023年，陆续又发布了《政府会计准则制度解释第1号》《政府会计准则制度解释第2号》《政府会计准则制度解释第3号》《政府会计准则制度解释第4号》《政府会计准则制度解释第5号》《政府会计准则制度解释第6号》。2022年，财政部门制定《行政事业单位划转撤并相关会计处理规定》《财政总会计制度》。至此，政府会计核算新的制度体系基本建立。本教材正是基于上述背景，依据政府会计改革的最新内容编撰而成。本教材具有以下特点。

一、反映了政府会计改革的最新成果

本教材依据国家出台的《政府会计准则》、《政府会计制度》和《财政总预算会计制度》，以“财务会计和预算会计适度分离并相互衔接”的会计核算方式为基本原则进行编写，反映政府会计改革的最新成果。

二、体例清晰，操作性强

本教材共设计了3篇12个项目，以“情景化、任务式”体例来呈现教材内容。每个项目以知识目标、能力目标和任务导入为开篇，在讲解理论知识的同时设计了大量的实务案例，便于学生掌握操作技能。每个项目学习结束后，还配有实务训练题，可使教、学、做合一。本教材脉络清晰、体例新颖，具有较强的操作性。

三、理论适度，突出能力

本教材的内容紧紧围绕会计专业的职业能力培养目标展开，理论阐述以“够用”为原则，同时考虑知识的连贯性，系统介绍了各项经济业务的工作流程和账务处理，注重学生职业能力的培养和职业素质的养成。

四、资源丰富，便于学习

本教材有丰富的教学资源，除了在讲解时加入大量的实务案例以外，还在每个项目学习结束后设计了实务训练题。为了教师备课和批改作业的方便，我们还编写了教学课件和实务训练题的答案，为教师教学提供便利。

本教材由湖南环境生物职业技术学院张晓军、周纳宇、廖四维担任主编；罗演、奉雪原、王彦杉担任副主编；具体编写分工如下：张晓军负责编写项目一、项目二、项目三、项目四、项目五；周纳宇负责编写项目六、项目七、项目八；廖四维负责编写项目九、项目十；项目十一、项目十二、项目十三、项目十四由罗演、奉雪原共同编写；项目十五、项目十六由王彦杉编写。全书张晓军总纂并统稿。

本教材可作为高等院校财务会计专业教学使用，也可作为行政事业单位会计人员工作参考工具和培训教材，有助于行政事业单位会计人员尽快掌握新制度的主要变化，规范执行政府会计准则、具体准则和政府会计制度。

本教材在编写过程中得到了作者所在院校的领导、同事的热情帮助和大力支持，并得到了一些具有行政事业单位会计工作经验的实务专家的慷慨指导以及中国商业出版社的大力支持，在此一并表示感谢！

由于参加撰写的同志水平所限，书中难免有不妥之处，恳请专家、学者不吝赐教，希望广大读者多提宝贵意见，以便使之完善。

编 者

2023 年 10 月

目录 CONTENTS

第一篇 政府会计绪论

项目一　政府会计认知

项目目标

知识目标

1. 理解政府会计的概念、特点和组成体系；
2. 熟悉政府会计核算的基本前提和会计信息质量要求以及会计要素和会计等式；
3. 掌握政府会计报告。

素质目标

1. 具有分析判断、独立思考和解决综合问题的职业素养；
2. 具备自主学习能力，在教学实践中养成积极思考和主动学习的习惯。

会计是随着人类的生产实践而产生的，以货币为主要计量单位，核算和监督经济活动过程的一种管理活动。会计按其核算、监督的对象及适用范围来划分，可分为企业会计和政府会计两大体系。

任务一　政府会计的概念

一、政府会计的含义

企业会计又称营利组织会计，是以企业为主体的会计体系，它以资本循环为中心，以营利为目的，以成本核算为重点，核算和监督社会再生产过程中属于生产、流通等领域中各类企业的生产经营资金运动和结果。与政府及非营利组织不同，企业的创立和存在，其基本的目的是获取经营利润。因此，作为企业管理重要组成部分的企业会计，主要是为企业实现其获取利润的目的而服务的。

政府会计又称非营利组织会计，是以各级政府部门、行政事业单位为主体的会计体系，政府及行政事业单位不以营利为目的，一般不直接生产物质产品，其目的是通过各自的业务（服务）活动，为上层建筑、生产建设和人民生活服务。在现代社会中，人类的生存和发展，既离不开企业所创造的生产资料和消费资料，也离不开政府和行政事业单位对人民日常生活的维护和保障。

政府会计是会计体系的重要分支，它是运用专门的会计方法对政府及其组成主体（包括政府所属的行政事业单位等）的资产负债、运行情况、现金流量、预算执行等情况进行全面核算、监督和报告的会计信息系统。

政府会计由预算会计和财务会计构成。预算会计是指以收付实现制为基础对政府会计主体预算执行过程中发生的全部收入和全部支出进行会计核算，主要反映和监督预算收支执行情况。财务会计是指以权责发生制为基础对政府会计主体发生的各项经济业务或者事项进行会计核算，主要反映和监督政府会计主体财务状况、运行情况和现金流量等。

政府会计以政府预算和行政事业单位预算管理为中心，以国家经济和社会事业发展为目的，以预算收支核算为重心，是预算管理的重要组成部分。国家预算是指国家制订的年度财政收支计划，包括政府总预算和单位预算。国家预算是国家的基本财政计划，国家预算的执行必须依赖政府会计为其记录、核算、反映和监督，没有政府会计为其服务，国家预算就不能顺利执行。因此，政府会计与国家预算有着密切的联系，是国家预算管理的重要组成部分。

二、政府会计的发展与改革

（一）政府会计的发展

自中华人民共和国成立以来，我国政府会计根据不同历史时期的经济体制和财政管理的需要，经历了70多年的实践、总结、改革、发展和完善，已经形成了比较符合我国国情的政府会计体系，在预算管理工作中发挥重要的作用。中华人民共和国成立初期和"一五"计划时期，是我国政府会计的起步阶段。随着我国政治体制改革的不断深入和发展，我国政府会计制度改革也在不断深入。2012年2月7日，财政部重新修订颁布了《事业单位会计规则》，自2012年4月1日起实施。2012年12月，财政部重新修订颁布了《事业单位会计准则》、《事业单位会计制度》和《行政单位会计规则》，并自2013年1月1日起全面实施。2013年12月18日，财政部重新修订颁布了《行政单位会计制度》，并自2014年1月1日起全面实施。2015年10月10日，财政部重新修订了《财政总预算会计制度》，自2016年1月1日起实施。

党的十八届三中全会提出了"建立权责发生制政府综合财务报告制度"的重大改革举措，2014年新修订的《中华人民共和国预算法》对各级政府提出了按年度编制以权责发生制为基础的政府综合财务报告的要求。自2015年以来，财政部按照改革要求，相继出台了《政府会计准则——基本准则》，存货、投资、固定资产、无形资产、公共基础设施、政府储备物资、会计调整、负债、财务报表编制和列报、政府和社会资本合作项目合同10项政府会计具体准则，以及固定资产准则应用指南，政府会计准则体系建设取得积极进展。2017年10月24日，财政部又发布了《政府会计制度——行政事业单位会计科目和报表》，自2019年1月1日起施行，由此加快了政府会计核算标准体系的建设。

为加强财政预算管理，提升国家财政治理效能，进一步规范各级政府财政总会计核算，保证会计信息质量，充分发挥财政总会计职能作用，财政部根据深化预算管理制度改革、政府会计改革工作要求，于2022年研究制定了《财政总会计制度》，新制度自2023年1月1日起施行，2015年制定的《财政总预算会计制度》（财库〔2015〕192号）同时废止。

（二）政府会计的改革

我国政府会计的改革主要有以下几个方面：

（1）会计制度名称的变化。总预算会计制度在1951—1953年称为《各级人民政府暂行总预算会计制度》；1999年—2022年称为《财政总预算会计制度》；2022年财政部制定《财政总会计制度》，2023年1月1日起施行。2023年1月1日起，原财政总预算会计更名为财政总会计。单位预算会计名称与此类似，从最初的《各级人民政府暂行单位预算会计》改为《单位预算机关会计制度》，再改为《行政事业单位会计制度》，直到1996年将该制度拆分为《行政单位会计制度》和《事业单位会计制度》。2017年又将这两个制度的名称合并为《政府会计制度——行政事业单位会计科目和报表》。

（2）记账方法的变化。记账方法在中华人民共和国成立初期为借贷记账法和现金收付记账法并存，1954 年实行借贷记账法，1965 年—1998 年采用资金收付记账法。随着我国的改革开放，国际交流活动增加，预算会计为与国际会计制度接轨，在 1998 年后改为借贷记账法。

（3）会计等式的变化。会计等式从中华人民共和国成立初期的资产负债对应平衡演变到 1965 年的“资产来源－资产运用＝资产结存”，发展到 1998 年的“资产＋支出＝收入＋负债＋净资产”或“资产＝负债＋净资产”。随着政府会计制度的改革，2019 年政府会计等式变为“资产＝负债＋净资产”（财务会计）和“预算结余＝预算收入－预算支出”（预算会计）。

（4）会计核算基础的变化。2019 年以前，政府会计采用收付实现制进行核算，2019 年以后，则采用收付实现制和权责发生制并行的方法进行会计核算。

任务二　政府会计的主体及其适用范围

一、政府会计的适用范围

政府会计的适用范围，即各级政府（财政总预算部门）、行政机关和事业单位。

（1）我国财政总预算包括中央、省、市（地区）、县、乡（镇）五级政府的财政预算，即一级政府一级预算。各级政府部门是组织国家财政收支，办理国家预算、决算的行政机关。

（2）行政机关是国家为实现对社会公共事务的有效管理而按一定的法律程序建立起来的组织实体，包括国家权力机关、行政机关、司法机关、检察机关以及各级党政机关和人民团体。

①国家权力机关：主要指中央和地方各级人民代表大会及其常务委员会的常设机构。

②国家行政机关：主要指国务院及地方各级人民政府的常设机构及其派出机构。

③司法机关：主要指中央及地方各级法院和检察机关。

④列入国家行政编制的各党派和人民团体。

军队，政府预算管理列为独立的军队财务单位，不作为行政单位。

（3）事业单位是指不具有社会生产职能和国家管理职能，直接或间接为上层建筑、经济建设和人民生活服务的单位，主要包括以下单位：

①科学、教育、文化、体育、卫生、广播电视等。

②农林、水利、环保、气象等。

③社会保障及其他事业单位（会计事务所等中介机构）。

二、政府会计的主体

会计主体是会计为之服务的单位或组织。政府会计的主体为各级政府、各部门、各单位。各部门、各单位是指国家机关、政党组织、社会团体、事业单位和其他单位，即与本级政府财政部门直接或者间接发生预算拨款关系的行政单位和事业单位。但军队、已纳入企业财务管理体系的单位和执行《民间非营利组织会计制度》的社会团体不是政府会计的会计主体。

需要注意的是，财政总会计的主体是各级政府而不是财政机关，因为财政总预算各项收支的使用，是国家各级政府的职权范围，财政机关只是代表政府执行预算，管理财政收支。

行政单位会计和事业单位会计的主体，是会计为之服务的各类行政机关和事业单位。

任务三　政府会计的特点及其组成体系

一、政府会计的特点

政府会计的特点是相对于企业会计而言的。企业会计是核算和监督社会再生产过程中生产、流通领域企业经营资金的运动及其结果，政府会计则是核算和监督社会再生产过程中分配领域资金的运动及其结果。政府及行政事业单位不是物质产品的生产单位，只是集中、分配、领取、运用预算资金的单位，其目标在于谋求最广泛的社会效益。因此，政府会计与企业会计在核算对象、任务和具体要求上都有区别，形成了政府会计自己的特点，主要体现在以下几个方面。

（一）会计核算基础不同

在我国，政府会计由预算会计和财务会计构成，政府会计的预算会计以收付实现制为核算基础，财务会计以权责发生制为核算基础，而企业会计则以权责发生制为核算基础。

（二）会计要素不同

政府会计的预算会计要素分为预算收入、预算支出与预算结余，财务会计要素分为资产、负债、净资产、收入和费用。而企业会计的会计要素则是资产、负债、所有者权益、收入、费用和利润。

由于会计核算基础不同，政府会计比企业会计多了预算会计要素，而两者财务会计要素也不尽相同：一是政府会计不存在所有者权益，对资产与负债的差额表述为净资产；二是政府会计没有利润要素。政府会计投资的主要目的是社会效益，不以营利为目的，仅核算收支相抵后的结余，因此，没有利润要素。

（三）会计等式不同

由于会计要素的不同，不同会计主体下的会计等式也是有所区别的。不同会计主体下的会计等式如表 1-1 所示。

表 1-1　不同会计主体下的会计等式

会计主体	会计等式
政府会计	预算结余 = 预算收入 − 预算支出（预算会计）
	资产 = 负债 + 净资产（财务会计）
企业会计	资产 = 负债 + 所有者权益（基本等式）
	资产 + 费用 = 负债 + 所有者权益 + 收入（拓展等式）

（四）会计报告不同

政府会计主体应当编制政府决算报告和政府财务报告。政府决算报告包括决算报表和其他应当在决算报告中反映的相关信息和资料，政府财务报告包括财务报表和其他应当在财务报告中披露的相关信息和资料。而企业会计只需编制财务报告，包括资产负债表、利润表、现金流量表和附注。

二、政府会计的组成体系

我国现行的政府会计包括财政总会计、行政单位会计和事业单位会计三大主体会计；另外，还包括执行政府总预算出纳保管业务的国库会计，执行政府总预算收入业务的收入征解会计和执行预算基建拨款的基本建设拨款会计等。

（一）财政总会计

财政总会计是各级政府财政部门核算、反映和监督各级政府的总预算执行过程和结果的会计。财政总会计还包括参与国家预算执行的财政国库支付执行机构会计和预算外资金财政专户会计。

（二）行政单位会计

行政单位会计是指中央和地方各级政府所属行政单位核算、监督本单位预算资金的收支情况及其结果的专业会计。行政单位为实现国家对社会公共事务的有效管理，必须具有一定的资金，其资金来源就是国家财政的预算拨款。行政单位会计必须对财政预算资金的领拨、使用及其结果进行全面、连续、系统的核算和监督。

（三）事业单位会计

事业单位会计是以事业单位自身发生的经济业务为对象，核算和监督事业单位发生的各项经济活动及其结果的专业会计。事业单位资金来源渠道较多，按其接受财政拨款方式可分为全额拨款事业单位、差额拨款事业单位和自收自支事业单位三种。全额拨款事业单位所需事业经费全部由国家预算拨款，如中小学；差额拨款事业单位，按差额比例，财政承担部分，由财政列入预算，单位承担部分，由单位在税前列支，如医院等；自收自支事业单位国家财政不拨款，单位靠业务收入解决资金需要，如咨询服务等中介事业单位、设计院等。

任务四　政府会计假设和会计基础

一、政府会计假设

会计假设又称会计核算的基本前提，是对会计核算所处的时间、空间环境所作的合理设定。它是会计人员面对不断变化的社会经济环境，对会计工作的先决条件做出合理的限定，以确保会计信息的明确性。会计人员在确定会计核算对象、选择会计政策和搜集会计数据时，都要以会计核算的基本假设为依据。政府会计假设包括会计主体、持续运行、会计分期和货币计量。

（一）会计主体

会计主体是指会计工作为其服务的特定单位或组织，它规定了会计核算和监督的空间范围。政府会计主体包括国家各级政府及各类行政单位和事业单位。如前所述，它们为之服务的特定空间范围是不相同的，财政总会计的主体是各级政府而不是各级财政机关；行政单位会计的主体是指会计为之服务的行政单位；事业单位会计的主体是指会计为之服务的各类事业单位。

（二）持续运行

持续运行是指政府会计主体的业务活动在可以预见的将来能够持续不断地运行下去，是针对由于某些因素可能导致会计主体终止经济业务活动的非正常情况而言的，是对政府会计核算的时间范围的限定。因此，政府会计应当以政府会计主体持续运行作为组织正常会计核算的基本前提。

（三）会计分期

会计分期又称会计期间，是指把政府主体持续运行的期间人为地划分为若干连续的、首尾相接的区间，以便分期结算账目和编制会计报表，确定各期间的财务状况、运行情况。会计分期假设是持续运行假设的必要补充。我国政府会计期间至少分为年度和月度。

（四）货币计量

货币计量是指会计主体在会计核算中采用货币作为主要计量单位，对会计主体的各种会计信息以价值形式对外传递，以便综合、全面、系统、完整地反映会计主体的经济活动。根据这一假设，政府会计的核算对象只限于那些能够用货币来计量的经济活动。

我国政府会计核算应当以人民币作为记账本位币。发生外币业务时，应当将有关外币金额折算为人民币金额计量，同时登记外币金额。

二、政府会计基础

政府会计核算基础是指政府会计主体在确认和处理一定会计期间的收入和费用时，选择的处理原则和标准。政府会计核算基础有两种，一种是权责发生制，另一种是收付实现制。

（一）权责发生制会计核算基础

权责发生制是指以取得收取款项的权利或支付款项的义务为标志来确定本期收入和费用的会计核算基础。凡是当期已经实现的收入和已经发生的或应当负担的费用，不论款项是否收付，都应当确认为当期的收入和费用；凡是不属于当期的收入和费用，即使款项已在当期收付，也不应当确认为当期的收入和费用。

在政府会计主体日常业务活动中，交易或事项的发生时间与相关资金的收付时间并不一致。因此，权责发生制主要从时间上规定会计确认的基础，其核心是根据权、责关系实际发生的时间来确认收入和费用，能够更加真实、公允地反映相关政府会计主体在特定会计期间的财务状况和运行情况。

（二）收付实现制会计核算基础

收付实现制是指以现金的实际收付为标志来确定本期收入和支出的会计核算基础。凡在当期实际收到的现金收入和实际支付的现金支出，均应当确认为当期的收入和支出；凡是不属于当期的现金收入和支出，均不应当确认为当期的收入和支出。

根据收付实现制，货币资金的收支行为在其发生的期间全部记作当期收入和支出，而不考虑与现金收支行为相关的经济业务活动是否发生。

任务五 政府会计信息质量要求

政府会计信息质量要求是对政府会计所提供会计信息的基本要求，是处理具体会计业务的基本依据，是衡量会计信息质量的重要标准。政府会计信息质量要求包括以下几个方面：

一、客观性要求

政府会计主体应当以实际发生的经济业务或者事项为依据进行会计核算，如实反映各项会计要素的情况和结果，保证会计信息真实可靠。

二、全面性要求

政府会计主体应当将发生的各项经济业务或者事项统一纳入会计核算，确保会计信息能够全面反映政府会计主体预算执行情况、财务状况、运行情况和现金流量等。

三、相关性要求

政府会计主体提供的会计信息，应当与反映政府会计主体公共受托责任履行情况以及报告使用者决策或者监督、管理的需要相关，应当有助于报告使用者对政府会计主体过去、现在或者未来的情况做出评价或者预测。

四、及时性要求

政府会计主体对已经发生的经济业务或者事项，应当及时进行会计核算，不得提前或者延后，以便使用者及时利用会计信息。失去时效的会计信息，便成了历史资料，将大大降低信息使用者决策的有用性。

五、可比性要求

政府会计主体提供的会计信息应当具有可比性。同一政府会计主体不同时期发生的相同或者相似的经济业务或者事项，应当采用一致的会计政策，不得随意变更。确需变更的，应当将变更的内容、理由及其影响在附注中予以说明。不同政府会计主体发生的相同或者相似的经济业务或者事项，应当采用一致的会计政策，确保政府会计信息口径一致，相互可比。

六、明晰性要求

政府会计主体提供的会计信息应当清晰明了，便于报告使用者理解和使用。数据记录和文字说明要能一目了然地反映经济活动的来龙去脉，对有些不易理解的问题，应在财务情况说明书中做出说明。

七、实质重于形式要求

政府会计主体应当按照经济业务或者事项的经济实质进行会计核算，而不应当仅仅按照它们的法律形式作为会计核算的依据。在实际工作中，交易或事项的外在形式或人为形式并不能完全真实地反映其实质内容，因此会计信息拟反映的交易或事项，必须根据交易或事项的实质和经济现实，而非根据他们的法律形式进行核算。

任务六　政府会计要素

政府会计由预算会计和财务会计构成。政府预算会计要素包括预算收入、预算支出和预算结余。政府财务会计要素包括资产、负债、净资产、收入和费用。

一、政府预算会计要素

（一）预算收入

预算收入是指政府会计主体在预算年度内依法取得的并纳入预算管理的现金流入。预算收入一般在实际收到时予以确认，以实际收到的金额计量。

（二）预算支出

预算支出是指政府会计主体在预算年度内依法发生并纳入预算管理的现金流出。预算支出一般在实际支付时予以确认，以实际支付的金额计量。

（三）预算结余

预算结余是指政府会计主体在预算年度内预算收入扣除预算支出后的资金余额以及历年滚存的资金余额。预算结余包括结余资金和结转资金。结余资金是指年度预算执行终了，预算收入实际完成数扣除预算支出和结转资金后剩余的资金。结转资金是指预算安排项目的支出年终尚未执行完毕或者因故未执行，且下年需要按原用途继续使用的资金。

二、政府财务会计要素

（一）资产

资产是指由政府会计主体过去的经济业务或者事项形成的，由政府会计主体控制的，预期能够产生服务潜力或者带来经济利益流入的经济资源。服务潜力是指政府会计主体利用资产提供公共产品和服务以履行政府职能的潜在能力。经济利益流入表现为现金及现金等价物的流入，或者现金及现金等价物流出的减少。

（二）负债

负债是指由政府会计主体过去的经济业务或者事项形成的，预期会导致经济资源流出政府会计主体的现时义务。现时义务是指政府会计主体在现行条件下已承担的义务。未来发生的经济业务或者事项形成的义务不属于现时义务，不应当确认为负债。

（三）净资产

净资产是指政府会计主体资产扣除负债后的净额。净资产金额取决于资产和负债的计量。

（四）收入

收入是指报告期内导致政府会计主体净资产增加的，含有服务潜力或者经济利益的经济资源的流入。

（五）费用

费用是指报告期内导致政府会计主体净资产减少的，含有服务潜力或者经济利益的经济资源的流出。

任务七　政府决算报告和财务报告

政府会计主体应当编制决算报告和财务报告。决算报告和财务报告相互补充，共同反映政府会计主体的预算执行信息和财务信息。

一、政府决算报告

（一）政府决算报告概述

政府决算报告是综合反映政府会计主体年度预算收支执行结果的文件。政府决算报告应当包括决算报表和其他应当在决算报告中反映的相关信息和资料。决算报表一般包括预算收入支出表、预算结转结余变动表和财政拨款预算收入支出表。

在现行实务中，政府决算报表分别由财政总会计报表和行政事业单位预算会计报表组成。其中，财政总会计报表反映一级政府层面财政预算执行情况，行政事业单位预算会计报表反映行政事业单位预算执行情况。行政事业单位预算会计报表按政府部门汇总后，形成政府部门预算会计报表，反映政府部门预算执行情况。

政府决算报告的编制主要以收付实现制为基础，以预算会计核算生成的数据为准。

（二）政府决算报告的目标

政府决算报告的目标是向决算报告使用者提供与政府预算执行情况有关的信息，综合反映政府会计主体预算收支的年度执行结果，帮助决算报告使用者进行监督和管理，并为编制后续年度预算提供参考和依据。政府决算报告使用者包括各级人民代表大会及其常务委员会、各级政府及其有关部门、政府会计主体自身、社会公众和其他利益相关者。

二、政府财务报告

（一）政府财务报告概述

政府财务报告是反映政府会计主体某一特定日期的财务状况和某一会计期间的运行情况和现金流量等信息的文件。政府财务报告应当包括财务报表和其他应当在财务报告中披露的相关信息和资料。

政府财务报告包括政府综合财务报告和政府部门财务报告。其中，政府综合财务报告是指由政府财政部门编制的，反映各级政府整体财务状况、运行情况和财政中长期可持续性的报告。政府部门财务报告是指政府各部门、各单位按规定编制的财务报告。

在政府财务报告中，财务报表是对政府会计主体财务状况、运行情况和现金流量等信息的结构性表述。财务报表包括会计报表和附注。会计报表一般包括资产负债表、收入费用表和净资产变动表，单位可根据实际情况自行选择编制现金流量表。财务会计报表附注是对在资产负债表、收入费用表、现金流量表等报表中列示项目所作的进一步说明，以及对未能在这些报表中列示项目的说明。

政府会计主体应当根据相关规定编制合并财务报表。政府财务报告的编制主要以权责发生制为基础，以财务会计核算生成的数据为准。

（二）政府财务报告的目标

政府财务报告的目标是向财务报告使用者提供与政府的财务状况、运行情况（含运行成本，下同）和现金流量等有关信息，反映政府会计主体公共受托责任履行情况，帮助财务报告使作者做出决策或者进行监督和管理。政府财务报告使用者包括各级人民代表大会常务委员会、债权人、各级政府及其有关部门、政府会计主体自身和其他利益相关者。

项目检测

一、单项选择题

1. 下列行政事业，属于事业单位的是（ ）。
   A. 财政局　　B. 税务局
   C. 公安局　　D. 学校
2. 以下（ ）不属于政府预算会计要素。
   A. 净资产　　B. 预算支出
   C. 预算收入　　D. 预算结余
3. 以下（ ）不属于政府财务报告的目标。
   A. 财务状况　　B. 经营成果
   C. 现金流量　　D. 运行情况
4. 以下（ ）不属于政府会计组成体系。
   A. 财政总会计　　B. 行政单位会计
   C. 成本会计　　D. 事业单位会计
5. 以下（ ）不属于政府财务会计要素。
   A. 净资产　　B. 所有者权益
   C. 收入　　D. 资产

二、多项选择题

1. 下列各项，属于政府会计假设的有（ ）。
   A. 会计主体　　B. 诚信经营
   C. 会计分期　　D. 货币计量
2. 下列各项中，属于政府财务会计要素的有（ ）。
   A. 资产　　B. 负债
   C. 净资产　　D. 利润
3. 政府会计信息的使用者包括（ ）。
   A. 各级人民代表大会常务委员会　　B. 债权人

C. 政府会计主体自身　　D. 政府及有关部门

4. 执行政府会计制度的单位包括（ ）。

A. 国家权力机关　　B. 行政机关

C. 司法机关　　D. 实行预算管理的其他机关、政党组织等

三、判断题

1. 政府会计基础仅以收付实现制为主。（ ）
2. 政府会计需要核算当前盈利金额。（ ）
3. 当年结转资金剩余的部分在下一年度可以自由使用。（ ）
4. 政府会计信息质量要求政府会计主体提供的相关信息具有可比性。（ ）
5. 政府会计不存在所有者权益。（ ）

四、简答题

1. 什么是政府会计？政府会计的构成是什么？
2. 政府会计的目标是什么？
3. 政府会计核算的基本前提有哪些？
4. 政府会计核算的一般原则有哪些？
5. 政府会计的会计要素有哪些？

第二篇 财政总会计

项目二　财政总会计认知

项目目标

知识目标

1. 了解财政总会计的概念；
2. 熟悉财政总会计的核算对象；
3. 理解财政总会计的管理体制；
4. 掌握财政总会计的职责；
5. 熟知财政总会计的账务处理体系。

素质目标

1. 具备自觉维护国家利益、社会利益、集体利益的职业意识；
2. 具备认真、细致、严谨的工作作风和敬业精神，形成良好的职业习惯。

任务一　财政总会计的概念及核算对象

政府会计分为财政总会计和行政事业单位会计，本项目主要介绍财政总会计。

一、财政总会计的概念

财政总会计是各级政府财政部门反映和监督政府财政资金活动情况和结果的一种管理活动。财政总会计在整个政府会计组成体系中居于主导与核心地位。财政总会计的会计主体是各级政府，其执行机构为各级政府的财政机关。

财政机关是组织国家财政收支，办理国家预算、决算的专职管理机关。财政机关的职能决定了财政总会计的对象和内容。财政机关的主要任务是将一部分国民收入以税收、上缴利润和其他缴款方式集中起来，形成政府的财政资金。财政机关集中各项财政资金形成财政收入（这些财政收入是一级政府的资金来源），再根据国家的社会发展规划和国民经济发展计划，通过预算的形式有计划地进行分配，为国家的行政管理、国民经济建设、国防建设以及“教科文卫体”等各方面事业的发展服务。以拨款和支出的形式分配使用财政资金形成财政支出，是财政资金的运用；在执行财政收支后，尚未使用的资金形成各项资金结余，是一级政府财政预算执行的结果。这种财政资金的收支、结存活动就是财政总会计反映、监督的基本内容。因此，财政总会计的对象就是各级政府的财政资金收支活动，是财政机关在执行总预算过程中，各项财政资金集中、分配及其执行的结果。

二、财政总会计的核算对象

政府财政部门管理的财政资金是财政总会计的核算对象，其构成内容主要包括以下几项：

（一）一般公共预算资金

一般公共预算资金是国家为了实现其职能，通过国家权力所集中的、没有特定来源和用途的资金。一般公共预算资金是由各级政府财政部门组织的纳入预算管理的各项资金。一般公共预算资金的来源主要是国家税收、非税收入等，用于国家进行经济建设、社会管理、维护国防安全、发展各项文化事业的各个方面。一般公共预算资金全部纳入国家财政预算管理，与政府性基金预算资金一样，都是财政预算内资金。

（二）政府性基金预算资金

政府性基金预算资金是按政府的规定收取、转入或通过当年财政安排的，由各级财政管理并具有指定用途的资金。政府性基金预算资金收入的来源主要是纳入本级政府性基金预算管理的非税收入。政府性基金预算资金全部纳入国家财政预算。政府性基金预算资金虽然同一般公共预算资金一样同属于“预算内资金”，但是，它是一种收入和用途都有特定要求的资金，各个基金收支自求平衡。政府财政总会计对政府性基金预算资金要分别核算、单独报告。

（三）专用基金

专用基金是各级政府财政机关根据法律法规等规定设立的、从一般公共预算资金中安排、具有专门用途的资金。目前，财政部门管理的专用基金主要是各级政府设立的粮食风险基金、国家级开发区专项建设基金、国家级生态建设基金、重点大学教育与建设基金等。这些基金多用于国家级战略项目或国家鼓励发展项目。

专用基金与政府性基金预算资金在管理要求上的相同之处在于，它们都是专款专用，不能随意改变用途的，而且它们都是先收后支、量入为出的。它们的不同之处在于，其资金的来源渠道、来源方式以及管理方式不同。政府性基金预算资金是财政部门按规定收取的纳入预算管理的资金，而专用基金是财政部门按规定设置或取得，并在政府性基金预算资金之外单独管理的资金；政府性基金预算资金一般需要缴入国库，而专用基金一般要求开立财政专户。

（四）财政专户管理资金

财政专户管理资金是指地方政府依据法律、法规取得的没有纳入国家预算管理的教育收费等资金收入。由于我国目前经济发展不平衡，各个地区的社会经济发展情况不同。因此，对于一些数额不大、零星分散的收支，国家没有全部纳入预算管理，而是划归地方政府财政部门自收自支，以弥补国家预算的不足，这部分财政资金就形成了地方政府的财政专户管理资金。

（五）国有资本经营预算资金

国有资本经营预算资金是指政府财政筹集的纳入本级国有资本经营预算管理的非税收入，是以所有者身份依法取得的国有资本收益。我国自 2007 年开始实施国有资本经营收支预算制度。建立国有资本经营收支预算制度，对增强政府的宏观调控能力，完善国有企业收入分配制度，推进国有经济布局和结构的战略性调整，集中解决国有企业发展中的体制性、机制性问题，具有重要的现实意义。

（六）社会保障基金预算资金

社会保障基金预算资金是指由财政部门及政府社会保障机构管理的各项社会保险资金，目前包括基本医疗保险资金、基本养老保险资金、失业保险资金、工伤保险资金、生育保险资金等。社会保障基金预算资金会计核算不适用《财政总会计制度》，由财政部另行规定。

任务二　财政总会计的管理体制、职责和工作组织

根据《财政总会计制度》的规定，财政总会计有独立的管理体制、职责和工作组织。

一、财政总会计的管理体制

财政总会计的会计主体是各级政府，财政总会计的执行机构是各级政府财政机关的预算管理机构。

我国国家预算的组成体系是根据国家政权结构和行政区划建立的，包括中央预算和地方预算。中央预算由国务院直属各部门的预算组成，地方预算由省、自治区、直辖市及以下各级人民政府的预算组成。国家预算按照预算收支管理范围，又分为总预算和单位预算。总预算是指一级政府全部财政资金的收支预算；单位预算是指列入总预算的国家机关和其他单位的收支预算。政府各个部门所属单位的单位预算汇总，形成政府各个部门的部门预算，进而成为总预算的组成部分。

财政总会计的管理体制是由政府预算体系和预算执行内容决定的，因此，我国财政总会计体系与政府预算体系是一致的。中央政府财政部设立中央财政会计，地方各级政府财政机关设立地方财政会计。

二、财政总会计的职责

根据《财政总会计制度》的规定，各级财政总会计在执行政府预算过程中担负的基本任务包括以下几个方面。

（一）进行会计核算

财政总会计办理政府财政各项预算收支、资产负债以及财政运行的会计核算工作，反映政府财政预算执行情况、财务状况、运行情况和现金流量等。

（二）严格财政资金收付调度管理

财政总会计组织办理财政资金的收付、调拨，在确保资金安全性、规范性、流动性的前提下，合理调度管理资金，提高资金使用效益。

（三）规范账户管理

财政总会计负责加强对国库单一账户、财政专户、零余额账户和预算单位银行账户等的管理。

（四）实行会计监督，参与预算管理和财务管理

财政总会计通过会计核算和反映，进行预算执行情况、财务状况、运行情况和现金流量情况分析，并对财政、部门及其所属单位的预算执行和财务管理情况实行会计监督。

（五）协调业务关系

财政总会计负责协调预算收入征收部门、国家金库、国库集中收付代理银行、财政专

户开户银行和其他有关部门之间的业务关系。

（六）组织汇总工作

财政总会计负责组织本地区财政总决算、部门决算、政府财务报告编审和汇总工作。

（七）指导工作

财政总会计负责组织和指导下级财政总会计工作。

三、财政总会计的工作组织

各级财政总会计的执行，涉及方方面面。政府财政机关与中国人民银行、中国建设银行、中国农业银行、税务机关及其他征收机关之间的业务关系极为密切，形成了一个有机整体。为此，财政总会计对国库会计、税收会计、专业银行拨贷款会计负有具体的组织、协调处理的责任，使其共同参与反映和监督政府预算的执行。只有及时掌握资金收、支、存的情况，才能妥善地调度资金，对该收入的款项，督促有关部门及时、足额地缴入国库，以充实库存；对该支拨的款项，区分轻重缓急，保证重点，控制一般，限制暂可不用的开支，以确保在年度中任何时点上的收支平衡。为了从组织上保证财政总会计任务的完成，加强政府预算管理的基础工作，各级政府财政部门应当根据《中华人民共和国会计法》的规定，本着“精兵简政”的原则，建立与其工作任务相适应的政府财政总会计机构。

任务三 财政总会计的法规体系与账务处理体系

财政总会计有一套完整的法规体系和完善的账务处理体系。

一、财政总会计的法规体系

（一）财政总会计的基本法律

财政总会计的基本法律包括《中华人民共和国会计法》和《中华人民共和国预算法》两部。

1.《中华人民共和国会计法》

《中华人民共和国会计法》（以下简称会计法）是1985年1月经全国人民代表大会常务委员会审议通过的。2017年11月，修正后的会计法开始实施。国家机关、社会团体、企业、事业单位以及其他经济组织，都必须严格按照会计法的规定办理会计事务。

2.《中华人民共和国预算法》

《中华人民共和国预算法》（以下简称预算法）是1994年3月经全国人民代表大会审议通过，并于1995年1月1日起执行。2015年1月1日开始实施修订后的预算法。在此基础上，2018年对预算法进行了进一步的修订。

（二）财政总会计的行政法规

财政总会计的行政法规是指由国务院发布，或者经国务院批准财政部发布的各种单项规定。财政总会计的行政法规主要包括财政部颁发的《财政总会计制度》等。

（三）财政总会计的规章制度

财政总会计的规章制度主要包括以下内容：

1. 政府采购资金财政直接拨付管理办法

财政部与中国人民银行于2001年2月28日颁发并规定从当日开始实施的《政府采购资金财政直接拨付管理办法》，详细规定了政府采购资金的管理办法，并以附录的方式规定了政府采购资金的会计核算办法。

2. 财政国库管理制度改革试点方案

2001年3月16日，财政部与中国人民银行联合制定并发布了《财政国库管理制度改革试点方案》，该方案主要是推行国库集中收付制度，将财政收入直接缴入国库或者直接缴入财政指定的商业银行账户，财政支出均从国库单一账户直接拨付给商品或劳务供应者。

3. 政府收支分类科目

财政部为了加强政府预算管理，每个财政年度都要颁发《政府收支分类科目》，规定各级财政以及各预算单位编制预算时必须使用的预算收入、预算支出科目及其编号、名称和内容。

二、财政总会计的账务处理体系

（一）会计科目

财政总会计的会计科目，是对会计要素进一步分类的具体项目，它是设置账户和核算经济业务的依据。财政总会计的会计科目是反映和监督各级政府财政资金的预算执行情况、财务状况、运行情况的一种科学分类。它是设置账户和核算、归集各项经济业务的依据，也是汇总、检查政府财政资金活动情况和结果的项目依据。

财政总会计的会计科目分为财务会计科目和预算会计科目。财务会计科目包括资产、负债、净资产、收入、支出五类总账科目，预算会计科目包括预算收入、预算支出、预算结余三类总账科目。在各总账科目下面需要设置若干明细科目。明细科目的设置一般有3种情况：对预算收入和预算支出类科目，按照《政府收支分类科目》设置；对结算资金和金融机构存款类科目，按结算单位或个人名称设置；对财产物资类科目，按实物类别或名称设置。

本书使用的会计科目以现行《财政总会计制度》为基础，财政总会计适用的总账科目如表2-1和表2-2所示。

表2-1 财务会计科目表

序号	编码	科目名称	序号	编码	科目名称
		一、资产类	28	3021	预算稳定调节基金
1	1001	国库存款	29	3022	预算周转金
2	1002	其他财政存款	30	3041	权益法调整
3	1003	国库现金管理资产	31	3051	以前年度盈余调整
4	1011	有价证券			四、收入类
5	1021	应收非税收入	32	4001	税收收入
6	1022	应收股利	33	4002	非税收入
7	1031	借出款项	34	4011	投资收益

续表

序号	编码	科目名称	序号	编码	科目名称
8	1032	与下级往来	35	4021	补助收入
9	1033	预拨经费	36	4022	上解收入
10	1034	在途款	37	4023	地区间援助收入
11	1035	其他应收款	38	4031	其他收入
12	1041	应收地方政府债券转贷款	39	4041	财政专户管理资金收入
13	1042	应收主权外债转贷款	40	4042	专用基金收入
14	1061	股权投资			五、支出类
		二、负债类	41	5001	政府机关商品和服务拨款费用
15	2001	应付短期政府债券	42	5002	政府机关工资福利拨款费用
16	2011	应付国库集中支付结余	43	5003	对事业单位补助拨款费用
17	2012	与上级往来	44	5004	对企业补助拨款费用
18	2013	其他应付款	45	5005	对个人和家庭补助拨款费用
19	2014	应付代管资金	46	5006	对社会保障基金补助拨款费用
20	2015	应付利息	47	5007	资本性拨款费用
21	2021	应付长期政府债券	48	5008	其他拨款费用
22	2022	借入款项	49	5011	财务费用
23	2031	应付地方政府债券转贷款	50	5021	补助费用
24	2032	应付主权外债转贷款	51	5022	上解费用
25	2041	其他负债	52	5023	地区间援助费用
		三、净资产类	53	5031	其他费用
26	3001	累计盈余	54	5041	财政专户管理资金支出
27	3011	本期盈余	55	5042	专用基金支出

表 2-2　预算会计科目表

序号	编码	科目名称	序号	编码	科目名称
		一、预算收入	18	7007	专用基金支出
1	6001	一般公共预算收入	19	7011	补助预算支出
2	6002	政府性基金预算收入	20	7012	上解预算支出
3	6003	国有资本经营预算收入	21	7013	地区间援助预算支出
4	6005	财政专户管理资金收入	22	7021	调出预算资金
5	6007	专用基金收入	23	7031	安排预算稳定调节基金
6	6011	补助预算收入	24	7041	债务还本预算支出
7	6012	上解预算收入	25	7042	债务转贷预算支出
8	6013	地区间援助预算收入	26	7051	待处理支出
9	6021	调入预算资金			三、预算结余类
10	6031	动用预算稳定调节基金	27	8001	一般公共预算结转结余
11	6041	债务预算收入	28	8002	政府性基金预算结转结余
12	6042	债务转贷预算收入	29	8003	国有资本经营预算结转结余
13	6051	待处理收入	30	8005	财政专户管理资金结余
		二、预算支出类	31	8007	专用基金结余
14	7001	一般公共预算支出	32	8031	预算稳定调节基金
15	7002	政府性基金预算支出	33	8033	预算周转金
16	7003	国有资本经营预算支出	34	8041	资金结存
17	7005	财政专户管理资金支出			

（二）会计凭证

财政部门在办理收纳各项预算收入、拨付各项预算支出和发生往来款项时，都应当取得或填制正确、合法的会计凭证，做到收支有凭有据，然后才能根据审核无误的会计凭证登记账簿。因此，正确填制和严格审核会计凭证，就成为财政总会计工作人员的一项重要职责，成为监督政府预算执行情况的一个重要环节。

政府财政总会计的会计凭证，包括原始凭证和记账凭证两类。

1. 原始凭证

（1）原始凭证的种类。财政总会计只办理政府财政资金的收支，不直接支付现金，不直接办理财产物资的购置结算。因此，原始凭证多为国库、主管会计单位和监督拨款的银行报送的各种缴款拨款书、预算收支报表等。

各种原始凭证的格式不完全相同，一般应具备以下基本内容：凭证的名称，填制凭证的日期，接受凭证的单位名称，经济业务的内容，经济业务的计量单位、实物数量、单价和金额，填制凭证单位的名称，填制人员和经办人员的签章。

财政总会计的原始凭证主要包括：国库报来的"预算收入日报表"、"分成收入计算日报表"及其附件"缴款书"、"收入退还书"等；各种支付、转账和拨款凭证，如"财政直接支付凭证""财政授权支付额度通知书""财政拨款凭证"等；主管会计单位报来的各种非包干专项拨款支出报表和基本建设支出月报；其他足以证明会计事项发生经过的凭证和文件。

（2）原始凭证的审查。各级财政总会计对于经办业务的原始凭证，应该从以下几个方面进行审查：

第一，合规性审查。国库的收款凭证是否符合《中华人民共和国国家金库条例实施细则》的规定，收入的分成是否符合规定的留解比例，预算收入级次的划分和政府收支科目的使用是否正确，有无错用收支科目、错划预算级次和错计分成收入情况，有无占用国库资金情况。

第二，程序性审查。各项预算拨款凭证所记载的事项是否符合核定的预算，临时性借款是否符合规定的审批手续。各级政府财政总会计对原始凭证审查无误后，再加以归类整理，据以编制记账凭证。

2. 记账凭证

记账凭证应当具备名称、填制日期、编号、摘要、金额、所附原始凭证张数以及制单、稽核、记账人员的签章等基本内容。财政总会计使用的记账凭证，可以分为专用记账凭证和通用记账凭证两类。记账凭证的基本格式、具体内容、填写方法等与企业会计相同。

记账凭证是根据审核无误的原始凭证填制的，用来确定经济业务应借、应贷会计科目及其金额的会计凭证，是登记会计账簿的依据。

（1）记账凭证的编制。

第一，根据原始凭证编制记账凭证。各级财政总会计都应根据审核无误的原始凭证，归类整理并编制记账凭证。记账凭证的各项内容必须填列齐全，经复核后凭以记账，制单人必须签名或盖章。属于预拨经费转列支出、年终结账和更正错误的记账凭证可以不附原始凭证，但应由会计主管人员签章。

第二，按照时间顺序编制记账凭证。记账凭证应按照会计事项发生的日期，按顺序整理、制证、记账。按照制证的顺序，每月从第 1 号凭证开始至最后一张凭证结束编一个连续号。

第三，按照正确方法编制记账凭证。记账凭证日期，应按以下规定填列：月终尚未结账前，收到上月份的收入凭证，可以填列所属月份的最末一日。结账后，按实际处理账务的日期填列；根据支出月报列示的支出数额编制的记账凭证，填制会计报表所属月份的最末一日；办理年终结账的记账凭证，填列实际处理账务的日期，并注明"上年度"字样。凭证编号仍按上年度12个月的顺序号连续编列；其余会计事项，一律按发生的日期填列。

（2）记账凭证的格式。财政总会计可以采用通用记账凭证，也可以采用专用记账凭证。

（三）会计账簿

财政总会计的会计账簿一般分为总账、明细账和日记账三种。

1. 总账

总账是根据总账科目设置的用于记录各会计要素总括情况的账簿。总账可反映预算资金收支的总括情况，也是控制、核对各明细账以及编制会计报表的依据。总账一般采用订本三栏式账簿。总账用以核算财政资金活动的总括情况以及平衡账务、控制和核对各种明细账。总账格式采用三栏式账簿，按会计科目设置账户。

2. 明细账

明细账是根据明细科目设置的用于记录各会计要素详细情况的账簿。明细账对总账起分析说明的作用，是用于结算往来账款和编制会计报表详细资料的依据。明细账可以根据不同的需要按有关规定设置。明细账一般采用三栏式账簿、数量金额式账簿和多栏式账簿。

3. 日记账

日记账是按经济业务发生时间的顺序逐日逐笔登记资金收支情况的账簿，如各行政事业单位使用的库存现金日记账、银行存款日记账等。日记账一律使用订本账，不得使用活页账。

项目检测

简答题

1. 财政总会计与行政事业单位会计的关系是什么？
2. 财政总会计的核算对象是什么？
3. 财政总会计的核算任务是什么？
4. 财政总会计核算的一般原则有哪些？
5. 财政总会计账簿的设置有哪些？
6. 财政总会计的管理体制是什么？

项目三　财政资产的核算

项目目标

知识目标

1. 了解财政资产的内容；
2. 熟悉国库单一账户制度的概念；
3. 理解国库单一账户体系；
4. 掌握财政资产的核算。

素质目标

1. 具有财务人员的职业道德素养；
2. 具备认真、细致、严谨的工作作风和敬业精神。

任务一　财政性存款的核算

财政性存款包括国库存款、其他财政存款、国库现金管理资产等内容。

一、财政性存款的概念和管理原则

（一）财政性存款的概念

财政性存款的支配权属于各级政府财政部门，是各级政府财政部门代表政府所掌管的财政资金，包括国库存款、其他财政存款、国库现金管理资产等。财政性存款来源于国家的财政收入并存放于国家金库中，经过各级国家金库按规定收纳、划分、报解和上下级财政之间的调拨，形成各级财政部门的财政性存款。它是各级财政部门的可支配资金，用于各方面的预算支出。财政性存款的支配权属于同级财政部门，并由财政总会计负责管理，统一收付。

（二）财政性存款的管理规则

财政总会计在管理与核算财政性存款时，应当遵循以下管理规则：

1. 财政性存款由国库统一调度

根据财政国库管理制度的规定，各种财政资金都应由国库集中收付，统一调度。应由财政部门掌管的各种资金，必须纳入财政总会计的存款账户。各级财政应建立一个统揽所有财政资金的账户体系，即国库单一账户体系。各项财政收入应直接缴入国库或财政专户，各项财政支出应通过国库单一账户体系以直接支付方式或授权支付方式支付给商品或劳务供应者或用款单位。在资金调度过程中，除满足计划内各项正常支出的资金需要外，不得办理超预算、无用款计划的拨款。

2. 各预算单位不得擅自开设财政性存款账户

财政部门按照国库管理制度的规定建立国库单一账户体系，所有财政资金都应当存入国库或财政专户，各预算单位不得擅自开设财政性存款账户。各级财政的预算资金除财政部有明确规定以外，一律由财政总会计统一在国库或指定的银行开立存款账户，不得在国家规定之外，将预算资金或其他财政资金任意转存其他金融机构。只有这样，才能保证财政资金的集中管理和有效使用，防止财政资金的截留、挤占和挪用，有效控制财政收入流失问题。财政总会计账户的开立，一般采取“自开证明”的方式办理，即由财政部门开具证明，加盖公章，提交印鉴卡，到同级国库或开户银行办理开户，待第一笔预算收入或拨入款项收到后，该账户即开始成立。

3. 严格控制资金的使用方向

各预算单位要根据批准的部门预算和用款计划，向财政国库部门提出拨付资金申请。财政总会计在拨付各种款项时，也应根据审批的部门预算或单位用款计划拨付资金，不得办理超预算、无计划的拨款。只有按预算和计划拨款，才能保证财政预算的执行，发挥财政的监督职能，提高资金使用效率。

4. 转账结算，不提现金

财政部门的出纳机关是国家金库，财政总会计不提取现金和花费现金，因此，财政部门只设置会计岗位，不设置“出纳”岗位。因为会计的职能是分配资金，不直接使用资金。虽然财政部门也经办一些直接支出，但是这些直接支出并不是财政的“直接消费”，它与预算单位的花钱办事有着本质上的区别。财政总会计在办理各项支出时，应采用转账结算方式，不得提取现金。

5. 掌握余额，不能透支

我国实行委托金库制，由中国人民银行代理国家金库。中国人民银行代管的财政资金和掌握的银行信贷资金是集中和分配资金的两个重要渠道。从存款客户和银行之间的关系来看，财政部门只是银行的一个存款客户。银行与客户之间只是一种信用关系，财政部门交入国库的各种存款，只能在存款余额内支取，银行不能透支垫付。

二、国库单一账户制度

（一）国库单一账户制度的背景

2001 年 3 月，财政部和中国人民银行发布了《财政国库管理制度改革试点方案》，决定自 2001 年开始在中央部门进行改革试点。“十五”期间，在中央和地方全面实施国库单一账户制度。国库单一账户制度又称国库集中收付制度，是指通过设立国库单一账户体系对财政资金的缴库和拨付实行集中管理的国库管理制度。现阶段，我国主要采用国库集中收付制度收纳和支付财政资金，财政部门在经办国库业务的银行开设国库账户。所有财政性收入都要缴入国库账户，所有财政性支出均由国库支付。

（二）国库单一账户体系

国库单一账户体系主要包括国库单一账户、零余额账户、预算外资金财政专户和特设专户四个账户。各账户的开设方法及其核算内容都有明确的规定。

1. 国库单一账户

国库单一账户是国库的财政性存款账户，由财政部门在中国人民银行各级分行开设，未设中国人民银行分支机构的地区在金库代理银行开设。国库单一账户用于记录和反映纳入预算管理的财政收入和支出活动以及与零余额账户进行清算，实现支付。国库单一账户按收入和支出设置分类账，收入账按预算科目进行明细核算，支出账按资金使用性质设立分账册。这个账户是国库单一账户体系中的核心账户。

2. 零余额账户

零余额账户又称夜晚零余额账户，是预算资金的日常支付账户，用于记录和反映预算资金的日常支付活动，并与国库单一账户进行清算。零余额账户分为两类，即财政部门零余额账户和预算单位零余额账户。

（1）财政部门零余额账户用于财政直接支付，由财政部门在商业银行（代理银行）开设。直接支付就是根据事先的预算以及在需要支付资金时，用款单位经过一定的申请、审批等手续后，由财政部门发出支付指令，通知商业银行把款项直接支付给预算单位的供应商或收款人。零余额账户每个营业日发生的借方或贷方余额在营业日终了时都要通过与国库单一账户清算而扫平归零。也就是商业银行根据财政部门签发的支付令，事先代为垫付款项，事后立即与国库单一账户清算，由国库单一账户归还商业银行垫付的资金。之所以称为“零余额账户”，是因为商业银行垫付款项以后，当天就可以与财政部门的“国库单一账户”进行资金清算，要求归还垫付资金。因此，这个“财政部门零余额账户”到了夜晚必然为零，也称为“夜晚零余额账户”。该账户的设置，保证了财政资金在实际支付发生前不流出国库单一账户。

（2）预算单位零余额账户主要用于财政授权支付，是财政部门在商业银行为预算单位开设的账户。在授权支付方式下，预算单位根据年初批复的预算和用款计划，按月提出用款申请。在用款申请经财政部门审批以后，财政部门将预算单位的用款额度通知给代理商业银行、预算单位、中国人民银行国库部门 3 个单位，但不给代理商业银行任何款项，只给用款额度。财政部门给予预算单位在规定限额内使用这个户头的款项的权利，预算单位既可以提取现金，也可以办理转账业务。代理商业银行在用款额度以内将无条件地代为垫付款项。代理商业银行垫付款项以后，当天就可以与“国库单一账户”结算，要求归还垫款。

3. 预算外资金财政专户

预算外资金财政专户是财政部门在代理银行开设的，用于记录和反映预算外收入和支出活动，并对预算外资金的日常收支进行清算。目前，预算外资金来源较为复杂，还有一部分财政资金未纳入预算管理，短期内也难以纳入国库单一账户体系，所以仍需要设置财政专户进行管理。预算外资金财政专户由财政部门在商业银行开设，一般按预算单位或资金性质设置收入分类账户，按预算单位设置支出分类账户。但是，随着改革的不断深化，预算外资金也将逐步纳入国库单一账户进行管理。

4. 特设专户

特设专户由财政部门在代理银行为预算单位开设。特设专户是指经国务院和省级人民政府批准或授权财政部门开设的特殊过渡性专户。该账户用于记录和反映预算单位的特殊专项支出活动，并用于与国库单一账户清算。由于现阶段政策性支出项目还比较多，对某些需要通过政策性银行封闭运行的资金支出，还需要设置特殊专户管理，如粮食风险基金、社会保障基金等。

三、财政性存款的账务处理

财政性存款包括国库存款、其他财政存款、国库现金管理资产等。财政性存款应分别设置“国库存款”“其他财政存款”“国库现金管理资产”等科目进行核算。

（1）“国库存款”属于资产类科目，用来核算各级财政总会计在国库的预算资金（含一般公共预算、政府性基金预算、国有资本经营预算等）存款。该科目的借方登记国库存款增加数，贷方登记国库存款减少数，期末借方余额反映国库存款的结余数。“国库存款”科目设置“一般公共预算存款”“政府性基金预算存款”等明细科目，其中，“政府性基金预算存款”明细科目核算纳入政府性基金管理的预算资金存款，“一般公共预算存款”明细科目核算除政府性基金预算存款、国有资本经营预算存款等之外的预算资金存款。“国库存款”的主要账务处理如下：收到预算收入时，借记“国库存款”科目，贷记“税收收入”“非税收入”等收入科目。当日收入数为负数时，以红字记入（采用计算机记账的，用负数反映）；收到国库存款利息收入时，借记“国库存款”科目，贷记“非税收入”科目；收到缴入国库的来源不清的款项时，借记“国库存款”科目，贷记“其他应付款”等科目；国库库款减少时，按照实际支付的金额，借记有关科目，贷记“国库存款”科目。

（2）“其他财政存款”科目属于资产类科目，用来核算各级财政总会计未列入“国库存款”科目的各项财政性存款，包括未设国库的乡（镇）财政在专业银行的预算资金存款以及部分由财政部指定存入专业银行的专用基金存款等。该科目借方登记其他财政存款增加数，贷方登记其他财政存款减少数。该科目借方余额反映其他财政存款的实际结存数，其年终余额结转下年。

“其他财政存款”的主要账务处理如下：财政专户收到款项时，按照实际收到的金额，借记“其他财政存款”科目，贷记有关科目。取得其他财政存款利息收入时，按照实际获得的利息金额，根据以下情况分别处理：按规定作为专户资金收入的，借记“其他财政存款”科目，贷记“应付代管资金”或有关收入科目；按规定应缴入国库的，借记“其他财政存款”科目，贷记“其他应付款”科目。将其他财政存款利息收入缴入国库时，借记“其他应付款”科目，贷记“其他财政存款”科目；同时，借记“国库存款”科目，贷记“非税收入”科目。其他财政存款减少时，按照实际支付的金额，借记有关科目，贷记“其他财政存款”科目。

（3）“国库现金管理资产”属于资产类科目，核算政府财政部门将国库资金转存在商业银行或者投资于货币市场形成的资产。本科目按照业务种类设置“商业银行定期存款”“其他国库现金管理资产”明细科目，并可根据管理需要进行明细核算。国库现金管理资产的主要账务处理如下：按照国库现金管理有关规定，将库款转存商业银行时，按照存入商业银行的金额，借记“国库现金管理资产”科目，贷记“国库存款”科目；国库现金管理存款收回国库时，按照实际收回的金额，借记“国库存款”科目，按照原存入商业银行的存款本金金额，贷记“国库现金管理资产”科目，按照两者的差额，贷记“非税收入”科目；“国库现金管理资产”期末借方余额反映政府财政实行国库现金管理业务持有的存款。

《财政总会计制度》规定，对于纳入预算管理的财政资金收支业务，在采用财务会计核算的同时应当进行预算会计核算，即“双分录”核算（本书是按照先财务会计、后预算会计的顺序编写，在财务会计处理中，如涉及预算会计分录的编制，请参见本书预算会计部分相应的内容）。

【例 3-1】某市财政实行国库集中收付制度，2022 年 6 月发生下列有关经济业务，据以编制会计分录。

（1）收到市中心支库报来的“一般公共预算收入日报表”及所附的“缴款书”回执联，计列当日税收收入 67 000 000 元。

编制的财务会计分录如下：

借：国库存款——一般公共预算存款　　67 000 000
　贷：税收收入　　67 000 000

编制的预算会计分录如下：

借：资金结存——库款资金结存　　67 000 000
　贷：一般公共预算收入　　67 000 000

（2）收到市中心支库报来的“政府性基金预算收入日报表”，计列各种政府性基金预算收入 429 000 元。

编制的财务会计分录如下：

借：国库存款——政府性基金预算存款　　429 000
　贷：非税收入　　429 000

编制的预算会计分录如下：

借：资金结存——库款资金结存　　429 000
　贷：政府性基金预算收入　　429 000

（3）接到受托专业银行的收款通知，系收到粮食风险基金收入 600 000 元。

编制的财务会计分录如下：

借：其他财政存款粮食风险基金存款　　600 000
　贷：专用基金收入　　600 000

编制的预算会计分录如下：

借：资金结存——专户资金结存　　600 000
　贷：专用基金收入　　600 000

（4）收到财政国库支付执行机构报来的“预算支出结算清单”，系发生一般公共预算支出 441 000 元用于政府机关商品和服务拨款费用，并与中国人民银行国库划款凭证核对无误。

编制的财务会计分录如下：

借：政府机关商品和服务拨款费用　　441 000
　贷：国库存款——一般公共预算存款　　441 000

编制的预算会计分录如下：

借：一般公共预算支出　　441 000
　贷：资金结存——库款资金结存　　441 000

（5）收到代理银行汇总的预算单位零余额账户授权支付数，系发生一般公共预算支出 45 000 元、政府性基金预算支出 13 000 元，用于政府机关工资福利拨款费用，与中国人民银行国库汇总划款凭证及财政国库支付执行机构汇总的“预算支出结算清单”核对无误。

编制的财务会计分录如下：

借：政府机关工资福利拨款费用　　58 000
　贷：国库存款——一般公共预算存款　　45 000
　　　　　　——政府性基金预算存款　　13 000

编制的预算会计分录如下：

借：一般公共预算支出	45 000	
政府性基金预算支出	13 000	
贷：资金结存——库款资金结存		58 000

（6）财政总会计根据财政国库支付执行机构报来的预算支出结算清单，支出30 000元，系支付市教育局办公用品购买等行政经费。财政总会计编制如下会计分录。

编制的财务会计分录如下：

借：政府机关商品和服务拨款费用	30 000	
贷：国库存款——一般公共预算存款		30 000

编制的预算会计分录如下：

借：一般公共预算支出	30 000	
贷：资金结存——库款资金结存		30 000

（7）某市财政局的国库现金管理资产发生如下业务。

按照国库现金管理有关规定，将库款700 000元转存商业银行。相关会计分录如下：

借：国库现金管理资产	700 000	
贷：国库存款		700 000

3个月后，收回国库现金管理资产本金700 000元，利息6 000元。

编制的财务会计分录如下：

借：国库存款	706 000	
贷：国库现金管理资产		700 000
非税收入		6 000

编制的预算会计分录如下：

借：资金结存——库款资金结存	6 000	
贷：一般公共预算收入		6 000

任务二　有价证券的核算

有价证券是财政总会计的一项资产，有价证券账户类似企业会计的投资性质的账户。

一、有价证券的概念

有价证券是中央财政以信用方式发行并在规定期限内还本付息的国家公债。它是由国家指定的证券发行部门依照法定程序发行，并约定在一定期限内还本付息的信用凭证。地方各级财政可利用预算资金结余购买中央政府发行的各种有价证券。

二、有价证券的核算

有价证券应按实际取得时支付的价款记账，有价证券票据（含债券收款单）应视同货币妥善保管。

财政总会计应设置“有价证券”这一资产类科目，用以核算各级政府按国家统一规定用各项财政结余购买的有价证券的库存数。一级财政使用结余资金购入有价证券时，借记“有价证券”科目，贷记“国库存款”“其他财政存款”科目；到期兑换有价证券时，其兑付本金部分，借记“国库存款”“其他财政存款”科目，贷记“有价证券”科目。取得的利息收入通常需要进行双分录核算，财务会计应记入“非税收入”科目，预算会计视动用资金的性质而确定列作收入的类别，动用“一般公共预算结转结余”“政府性基金预算结转结余”购买有价证券取得的利息收入，应分别列作“一般公共预算收入”“政府性基金预算收入”进行账务处理，并记入“资金结存”的借方。本科目借方余额反映有价证券的实际库存数。

【例 3-2】某市财政实行国库集中收付制度，2022 年发生以下有关经济业务，据以编制会计分录。

（1）用上年一般公共预算结转结余资金 790 000 元购买国库券。

借：有价证券国库券　　790 000

　　贷：国库存款——一般公共预算存款　　790 000

（2）以前年度使用一般公共预算结转结余资金购买的国库券到期，兑付本利 500 000 元，其中利息收入为 50 000 元，本金为 450 000 元。

编制的财务会计分录如下：

借：国库存款——一般公共预算存款　　500 000

　　贷：有价证券国库券　　450 000

　　　　非税收入　　50 000

编制的预算会计分录如下：

借：资金结存　　50 000

　　贷：一般公共预算收入　　50 000

（3）用政府性基金预算结转结余资金购买特种国债 220 000 元。

借：有价证券——特种国债　　220 000

　　贷：国库存款——政府性基金预算存款　　220 000

（4）用政府性基金预算结转结余资金购买的特种国债到期，兑付本金 700 000 元，利息收入 60 000 元。

编制的财务会计分录如下：

借：国库存款——政府性基金预算存款　　760 000

　　贷：有价证券——特种国债　　700 000

　　　　非税收入　　60 000

编制的预算会计分录如下：

借：资金结存——库款资金结存　　60 000

　　贷：政府性基金预算收入　　60 000

任务三　在途款项的核算

财政总会计在涉及年度之间的资金收支核算时采用权责发生制，设置“在途款”科目进行核算。

一、在途款项的概念

由于库款的报解需要一定的邮递时间，所以年终会存在国库经收处或各级国库已经在年前收纳，但尚未划转到支库或尚未报解到各上级国库的各种收入，这些款项称为在途款项。在途款项也包括在报告清理期和库款报解整理期内发生的属于上年度收入、费用等业务的款项。

平时，财政总会计涉及年度之间的资金收支时会用到权责发生制进行核算。首先，预算收入的报解，需要通过国家金库向上级财政机关报告预算收入情况，并将属于上级财政的预算收入解缴到相应的总库、分库和中心支库。但是，报解库款需要一定的划转时间，为了保证在年终决算过程中能够全面反映各级预算收入的总额，就需要将国库经收处或各级国库在决算清理期内已经收纳，但尚未报解到支库或各级国库的预算收入，列作决算年度的收入和在途款项。

二、在途款项的核算

为了在决算清理期和库款报解整理期内全面反映各级财政的实际收入、费用总额，解决上、下年度之间的库款结算问题，各级财政总会计应设置“在途款”科目。该科目属于资产类科目，用来核算决算清理期和库款报解整理期内发生的上、下年度收入，费用业务以及需要通过本科目过渡处理的资金数。借方登记发生数，贷方登记冲转数。预算收入按月划期核算的地区，平时也使用本科目核算。决算清理期内收到属于上年度的收入时，在上年旧账上，借记“在途款”科目，贷记“税收收入”“非税收入”“补助收入”“上解收入”等科目；收回上年度拨款或支出时，在上年旧账上，借记“在途款”科目，贷记“预拨经费”或“政府机关商品和服务拨款费用”等科目；冲转在途款项时，借记“国库存款”科目，贷记“在途款”科目。

【例 3-3】某市财政实行资金划拨制度，2022 年发生以下有关经济业务，据以编制会计分录：

（1）1 月 2 日，收到市中心支库报来预算收入日报表及所附的缴款书等，计列收到属于上年度的税收收入 50 000 元。

（在上年度旧账上记）

编制的财务会计分录如下：

借：在途款	50 000	
贷：税收收入		50 000

编制的预算会计分录如下：

借：资金结存——在途资金结存	50 000	
贷：一般公共预算收入		50 000

（同时，在本年度新账上记）

编制的财务会计分录如下：

借：国库存款——一般公共预算存款	50 000	
贷：在途款		50 000

编制的预算会计分录如下：

借：资金结存——库款资金结存	50 000	
贷：资金结存——在途资金结存		50 000

（2）1 月 5 日，收到市中心支库报来的收回上年度各预算单位缴回的预拨经费 20 000 元。

（在上年度旧账上记）

借：在途款　　20 000

　　贷：预拨经费　　20 000

（同时，在本年度新账上记）

借：国库存款　　20 000

　　贷：在途款　　20 000

任务四　债权性往来款项的核算

债权性往来款项随着债权对象的不同而有所差别。

一、债权性往来款项的内容

债权性往来款项属于往来结算中形成的债权，包括应收非税收入、借出款项、与下级往来、其他应收款等内容。但是，它们的债权对象会有所差别，应收非税收入是政府财政应向缴款人收取但实际尚未缴入国库的非税收入款项；借出款项是财政部门借给所属预算单位临时急需的款项；与下级往来是上级财政借给下级财政的待结算款项；其他应收款是政府财政临时发生的其他应收、暂付、垫付款项。

二、债权性往来款项的核算

各级财政部门为了核算与所属预算单位和上下级财政之间的暂付及应收款项，应设置“应收非税收入”“借出款项”“与下级往来”“其他应收款”“应收股利”“应收地方政府债券转贷款”“应收主权外债转贷款”等科目。下面主要介绍“应收非税收入”“借出款项”“与下级往来”“其他应收款”的核算。

（1）“应收非税收入”科目，用于核算政府财政应向缴款人收取但实际尚未缴入国库的非税收入款项。本科目应按照《政府收支分类科目》中“非税收入”科目进行明细核算，同时可根据管理需要，按执收部门（单位）进行明细核算。确认取得非税收入时，按照非税收入管理部门提供的已开具缴款票据、尚未缴入本级国库的非税收入金额，借记“应收非税收入”科目，贷记“非税收入”科目。实际收到非税收入款项时，按照实际收到的非税收入金额，借记“国库存款”科目，已列应收非税收入部分金额，贷记“应收非税收入”科目，未列应收非税收入部分金额，贷记“非税收入”科目。本科目期末借方余额反映政府财政尚未入库的应收非税收入。

（2）“借出款项”科目，用于核算财政部门借给所属预算单位临时急需的借款。借方登记借出数，贷方登记结算收回或核销转作支出数，借方余额反映尚待结算的暂付款数。该科目应按借款单位名称设置明细账。借出款项的主要账务处理如下：将款项借出时，按照实际支付的金额，借记“借出款项”科目，贷记“国库存款”等科目；收回借款时，按照实际收到的金额，借记“国库存款”等科目，贷记“借出款项”科目。

（3）“与下级往来”科目，用于核算与下级财政往来的结算款项。该科目的借方登记借出数或转作对下级财政的补助支出数。本科目借方余额，反映下级财政应归还本级财政的款项；贷方余额，反映本级财政借入下级财政的款项。“与下级往来”是具有资产和负债双重性质的科目，在编制资产负债表时，科目的贷方余额应以负数表示。本科目按资金性质和下级财政部门名称设置明细科目。与下级往来的主要账务处理如下：借给下级政府财政款项时，借记“与下级往来”科目，贷记“国库存款”科目；体制结算中应当由下级政府财政上交的收入数，借记“与下级往来”科目，贷记“上解收入”科目；借款收回、转作补助费用或体制结算应当补助下级政府财政的费用，借记“国库存款”“补助费用”等有关科目，贷记“与下级往来”科目；发生上解多交应当退回的，按照应当退回的金额，借记“上解收入”科目，贷记“与下级往来”科目；发生补助多补应当退回的，按照应当退回的金额，借记“与下级往来”科目，贷记“补助费用”科目。

（4）“其他应收款”科目用于核算政府财政临时发生的其他应收、暂付、垫付款项。项目单位拖欠外国政府和国际金融组织贷款本息和相关费用导致相关政府财政履行担保责任，代偿的贷款本息费，也通过本科目核算。本科目应当按照资金性质、债务单位等进行明细核算。其他应收款的主要账务处理如下：发生其他应收款项时，借记“其他应收款”科目，贷记“国库存款”“其他财政存款”等科目；收回或转作费用时，借记“国库存款”“其他财政存款”或有关费用科目，贷记“其他应收款”科目；政府财政对使用外国政府和国际金融组织贷款资金的项目单位履行担保责任，代偿贷款本息费时，借记“其他应收款”科目，贷记“国库存款”“其他财政存款”等科目；政府财政行使追索权，收回项目单位贷款本息费时，借记“国库存款”“其他财政存款”等科目，贷记“其他应收款”科目；政府财政最终未收回项目单位贷款本息费，经核准列支时，借记“财务费用”等科目，贷记“其他应收款”科目。“其他应收款”科目应及时清理结算。年终，原则上应无余额。

【例 3-4】某市财政实行资金划拨制度，2022 年发生以下有关经济业务，据以编制会计分录：

（1）经批准，借给市民政局款项 56 000 元，用于维修办公楼。

借：借出款项——市民政局	56 000	
贷：国库存款		56 000

（2）经批准，将市民政局的办公楼维修借款 56 000 万元转作经费支出。

编制的财务会计分录如下：：

借：政府机关商品和服务拨款费用	56 000	
贷：借出款项——市民政局		56 000

编制的预算会计分录如下：

借：一般公共预算支出	56 000	
贷：资金结存		56 000

（3）经批准，借给市水利局临时急需的款项 334 000 元，用于该局下属某事业单位的设备改造。

借：借出款项——市水利局	334 000	
贷：国库存款		334 000

（4）市水利局归还借款 300 000 元，余款 34 000 元尚未归还。

借：国库存款	300 000	
贷：借出款项——市水利局		300 000

（5）经批准，市水利局将 34 000 元借款转作对事业单位补助拨款。

编制的财务会计分录如下：

借：对事业单位补助拨款费用　34 000
　贷：借出款项——市民政局　34 000

编制的预算会计分录如下：

借：一般公共预算支出　34 000
　贷：资金结存　34 000

（6）市财政局借给所属甲县洪涝灾害救灾款 80 0000 元。

借：与下级往来甲县　800 000
　贷：国库存款　800 000

（7）经批准，市财政局借给甲县的款项 800 000 元转为对该县的补助支出。

编制的财务会计分录如下：

借：补助费用　800 000
　贷：与下级往来甲县　800 000

编制的预算会计分录如下：

借：补助支出　800 000
　贷：资金结存　800 000

（8）市财政局收到上月借给乙县的借款 550 000 元。

借：国库存款　550 000
　贷：与下级往来——乙县　550 000

任务五　预拨款项的核算

预拨款项核算只适用于采用资金划拨制度的地区和单位。

一、预拨款项的内容

预拨款项是财政部门按规定预拨给用款单位的待结算资金，主要是预拨经费。

预拨经费是各级财政机关根据核定的预算计划，用预算资金拨给用款单位的待结算资金。凡是年度预算执行中，财政会计用预算资金预拨出应在以后各期列支的款项，以及会计年度终了前预拨给用款单位的下年度经费款均应作为预拨经费管理。各项预拨款项应按实际预拨数额记账。预拨经费（不含预拨下年度经费）应在年度终了前转列支出或清理收回。

二、预拨款项的适用范围

财政部门与预算单位之间的资金往来制度有两种，即传统的资金划拨制度和国库单一账户制度。试行国库集中收付制度的地区和单位，财政资金的往来是通过国库来进行的，财政资金有财政直接支付和财政授权支付两种方式。在没有执行国库集中收付制度的地区和单位，财政部门对预算单位的拨款仍然采用传统的资金划拨制度。

三、预拨款项的管理制度

（一）按照资金实际使用情况拨款

按照资金实际使用情况拨付预算资金，要考虑本期计划需要，要保证各单位工作任务的资金需要，要掌握上期资金使用和结存情况，以促进各单位合理、节约、有效地使用预算资金。

（二）按照资金的预算和计划拨款

每年年末，各预算单位形成部门年度预算，经财政审批以后，确定各部门和各单位预算年度可使用预算资金数额。在实际领拨经费时，各预算单位还必须编制季度分月用款计划，经财政机关和上级主管部门核定后，作为领拨经费的依据。

（三）按照资金用途领拨经费

领拨经费必须按预算和计划规定的用途请领和转拨，不得随意改变资金用途，以保证预算资金的专款专用。

（四）按照预算级次领拨经费

各预算单位一般分为主管预算单位、二级预算单位和基层预算单位。主管预算单位直接与财政部门发生经费领拨关系。从财政部门取得的预算经费，既包括本单位的经费，也包括所属单位的经费，由主管单位逐级向下转拨。同时，不能越级领拨经费，也不得发生横向经费领拨事项。

四、预拨款项的核算

为了核算政府财政按照预拨经费管理有关规定预拨给预算单位尚未列作费用的款项，各级财政总会计应设置“预拨经费”总账。

财政总会计核算预拨经费，应设置“预拨经费”会计科目。“预拨经费”科目属于资产类科目，用来核算财政部门预拨给行政事业单位，尚未列作本期费用的款项。该科目借方登记财政预拨款数，贷方登记各单位交回财政机关数。其借方余额反映尚未转列费用或尚待收回的预拨经费数。该科目应按拨款单位名称设明细账。凡是拨出经费属于本期费用的，都应直接通过有关费用科目核算，不能记入本科目。

【例 3-5】某市财政实行资金划拨制度，2022 年发生以下有关经济业务，据以编制会计分录：

（1）拨付给市公共事业部门下季度业务经费 560 000 元，根据国库退回的拨款凭证回单编制记账凭证。

借：预拨经费——市公共事业部门　　560 000
　　贷：国库存款　　560 000

（2）月末，收到市公共事业部门经费支出明细单，本月经费实际支出 220 000 元，冲减预拨经费。

编制的财务会计分录如下：

借：政府机关商品和服务拨款费用　　220 000
　　贷：预拨经费——市公共事业部门　　220 000

编制的预算会计分录如下：

借：一般公共预算支出　　220 000
　　贷：资金结存　　220 000

任务六　股权投资的核算

股权投资是政府持有的各类股权投资，包括国际金融组织股权投资、投资基金股权投资和企业股权投资等。股权投资一般采用权益法进行核算。

“股权投资”属于资产类科目，应当按照“国际金融组织股权投资”“投资基金股权投资”“企业股权投资”设置一级明细科目，在一级明细科目下，可根据管理需要，按照被投资主体进行明细核算。

股权投资在持有期间，通常采用权益法进行核算。政府无权决定被投资主体的财务和经营政策的，应当采用成本法进行核算。股权投资账务处理过程（略）。

项目检测

一、简答题

1. 财政性存款的管理原则是什么？

2. 什么是国库单一账户制度？

二、业务题

1. 市财政局收到市中心支库报来的“一般公共预算收入日报表”及所附的“缴款书”回执联，计列当日的税收收入 440 000 元。

2. 市财政局收到市中心支库报来的“政府性基金预算收入日报表”，计列各种政府性基金预算收入 227 000 元。

3. 市财政局接到受托专业银行的收款通知，系收到粮食风险基金收入 57 000 元。

4. 市财政局用上年一般公共预算结余 922 000 元购买国库券。

5. 市财政局以前年度使用一般公共预算结余购买的国库券到期，兑付本利 800 000 元，其中利息收入为 50 000 元，本金为 750 000 元。

6. 1 月 2 日，市财政局收到市中心支库报来的一般公共预算收入日报表及所附的缴款书等，计列收到属于上年度的税收收入 41 000 元。

7. 经批准，市财政局对市民政局的办公楼维修借款 14 000 元转作费用开支。

8. 经批准，市财政局借给市水利局临时急需的款项 255 000 元，用于该局下属某事业单位的设备改造。

9. 市财政局借给所属甲县洪涝灾害的救灾款 490 000 元。

10. 经批准，市财政局借给甲县的款项 490 000 元转为对该县的补助费用。

要求：根据以上所给资料，编制相关会计分录。

项目四 财政负债的核算

项目目标

知识目标

1. 掌握应付及暂收款项的核算；
2. 掌握借入款项的核算；
3. 掌握应付政府债券的核算。

素质目标

1. 具有财务人员的职业道德素养；
2. 具备认真、细致、严谨的工作作风和敬业精神。

任务一 应付及暂收款项的核算

应付及暂收款项是属于债务性质的往来款项。

一、应付及暂收款项的内容

应付及暂收款项是在预算执行期间，上下级财政或财政与其他部门结算中形成的债务，包括结算中发生的应付国库集中支付结余、与上级往来、其他应付款、应付代管资金等。

应付国库集中支付结余是政府财政采用权责发生制列支，省级以上（含省级）政府财政国库集中支付中，应列为当年费用，但年末尚未支付需结转下一年度支付的款项，一般在年末列支。与上级往来是上下级财政之间由于财政资金的周转调度以及预算补助、上解结算等事项而形成的债务，如本级财政因资金调度困难而向上级财政取得借款和归还借款；在财政体制年终结算中发生本级财政应上解款项或上级财政应补助款项等。其他应付款是指各级财政临时发生的应付、暂收和收到性质不明的款项。其他应付款属于待结算资金，结算时可能需要归还、支付或者转为收入，因此，其他应付款具有债务性质。其他应付款必须及时清理，不能长期挂账。应付代管资金是政府财政代为管理的、使用权属于被代管主体的资金。因此，具有债务性质。应付地方政府债券转贷款是地方政府财政从上级政府财政借入的地方政府债券转贷款的本金和利息。应付主权外债转贷款是本级政府财政从上级政府财政借入的主权外债转贷款的本金和利息。

下面将主要介绍“应付国库集中支付结余”“与上级往来”“其他应付款”“应付代管资金”的核算。

二、应付国库集中支付结余的核算

“应付国库集中支付结余”科目属于负债类的科目，用于核算政府财政采用权责发生制列支、预算单位尚未使用的国库集中支付结余资金。“应付国库集中支付结余”应当根据管理需要，按照政府收支分类科目等进行相应明细核算。“应付国库集中支付结余”科目期末贷方余额，反映政府财政尚未支付的国库集中支付结余。

年末，对当年形成的国库集中支付结余采用权责发生制列支时，借记有关费用科目，贷记“应付国库集中支付结余”科目。以后年度实际支付国库集中支付结余资金时，分以下情况处理：

按原结转预算科目列支的，借记“应付国库集中支付结余”科目，贷记“国库存款”科目。调整支出预算科目的，应当按原结转预算科目做冲销处理，借记“应付国库集中支付结余”科目，贷记有关费用科目。同时，按实际支出预算科目做列支账务处理，借记有关费用科目，贷记“国库存款”科目。

【例 4-1】某市财政 2022 年年末发生以下有关经济业务，据以编制会计分录。

（1）2022 年年末，市水利局当年尚未使用的商品和服务拨款费用为 340 000 元。

编制的财务会计分录如下：

借：政府机关商品和服务拨款费用　　340 000
　　贷：应付国库集中支付结余　　340 000

编制的预算会计分录如下：

借：一般公共预算支出　　340 000
　　贷：资金结存——集中支付结余结存　　340 000

（2）下一年年初，市水利局使用上述结余资金 340 000 元。

编制的财务会计分录如下：

借：应付国库集中支付结余　　340 000
　　贷：国库存款　　340 000

编制的预算会计分录如下：

借：资金结存——集中支付结余结存　　340 000
　　贷：资金结存——库款资金结存　　340 000

三、与上级往来的核算

“与上级往来”属于负债类科目，用来核算与上级财政的往来待结算款项。向上级财政借款或体制结算中应补交上级财政款项时，借记“国库存款”“上解费用”科目，贷记“与上级往来”科目；归还借款、转作上级补助收入数或体制结算中应由上级补给款项时，借记“与上级往来”科目，贷记“国库存款”“补助收入”等科目。该科目可能出现借方余额，也可能出现贷方余额，因此，它不是单纯的负债类科目，是双重性质科目，贷方余额反映本级财政欠上级财政的款项，属于负债，借方余额反映上级财政欠本级财政的款项，属于资产。如为借方余额，在资产负债表中应以负数表示。该科目应及时清理结算，年终未能结清的余额结转下年。

【例 4-2】某市财政实行资金划拨制度，2022 年发生以下有关经济业务，据以编制会计分录：

（1）向省财政借入急需周转用款项 520 000 元。

借：国库存款——一般公共预算存款　　520 000
　　贷：与上级往来——省财政　　520 000

（2）归还省财政借款 520 000 元。

借：与上级往来——省财政　　520 000
　　贷：国库存款——一般公共预算存款　　520 000

（3）接到省财政的通知，原从省财政借入的330 000元转作对本市的预算补助款。

借：与上级往来——省财政　　330 000

　　贷：补助收入　　330 000

四、其他应付款的核算

“其他应付款”属于负债类科目，用来核算各级财政临时发生的应付、暂收和收到不明性质的款项。收到其他应付款时，借记“国库存款”“其他财政存款”科目，贷记“其他应付款”科目；冲转、退还或转作收入时，借记“其他应付款”科目，贷记“国库存款”“其他财政存款”或有关收入科目。“其他应付款”科目贷方余额反映尚未结清的暂存款数额。“其他应付款”科目应按债权单位或款项来源设置明细科目。

【例4-3】某市财政实行资金划拨制度，2022年发生以下有关经济业务，据以编制会计分录。

（1）国库报来的收入日报表显示，收到某单位缴来资金性质不明的款项37 000元。

借：国库存款　　37 000

　　贷：其他应付款——某单位　　37 000

（2）查明上项资金性质不明款项中有32 000元是市公安局交来的证照的工本费收入，5 000元是错收的罚款，经审批退还给被罚单位。

编制的财务会计分录如下：

借：其他应付款——某单位　　37 000

　　贷：非税收入　　32 000

　　　　国库存款　　5 000

编制的预算会计分录如下：

借：资金结存——库款资金结存　　32 000

　　贷：一般公共预算收入　　32 000

五、应付代管资金的核算

“应付代管资金”科目用来核算政府财政代为管理的、使用权属于被代管主体的资金。“应付代管资金”科目应当根据管理需要进行相关明细核算。收到代管资金时，借记“其他财政存款”等科目，贷记“应付代管资金”科目。支付代管资金时，借记“应付代管资金”科目，贷记“其他财政存款”等科目。代管资金产生的利息收入按照相关规定仍属于代管资金的，借记“其他财政存款”等科目，贷记“应付代管资金”科目。“应付代管资金”科目期末贷方余额反映政府财政尚未支付的代管资金。

任务二　借入款项的核算

为了缓解财政紧张状况，政府财政部门会考虑向外国政府和国际金融组织等借入款项。

一、借入款项的概念

借入款项是指根据国家法律法规，政府财政部门以政府名义向外国政府和国际金融组织等借入的款项，以及已经国务院批准的其他方式借入的款项。

二、借入款项的核算

为了核算中央财政和地方财政举借的债务，各级财政部门应设置专门科目进行核算。“借入款项”科目用于核算政府财政部门以政府名义向外国政府和国际金融组织等借入的款项，以及已经国务院批准的其他方式借入的款项。上下级财政之间的临时性借垫款，不通过本科目核算。该科目属于负债类科目，贷方登记借入数，借方登记偿还数，贷方余额反映尚未偿还的债务。

“借入款项”的主要账务处理如下：

（1）借入主权外债的主要账务处理。

①本级政府财政收到借入的主权外债资金时，按照实际收到的金额借记“国库存款”“其他财政存款”科目，按照实际承担的债务金额贷记“借入款项”，按照实际收到的金额与承担的债务之间的差额，借记或贷记“财务费用”科目。

②本级政府财政借入主权外债，且由外方或上级政府财政将贷款资金直接支付给用款单位或供应商时，应根据以下情况分别处理：本级政府财政承担还款责任，贷款资金由本级政府财政同级部门使用的，根据债务管理部门转来的有关资料，按照实际承担的债务金额，借记“财务费用”科目，贷记“借入款项”科目。本级政府财政承担还款责任，贷款资金由下级政府财政同级部门使用的，根据债务管理部门转来的有关资料及有关预算文件，借记“补助费用”科目或“与下级往来”科目，贷记“借入款项”科目。下级政府财政承担还款责任，贷款资金由下级政府财政同级部门使用的，根据债务管理部门转来的有关资料，借记“应收主权外债转贷款”科目，贷记“借入款项”科目。

③偿还主权外债本金时，按实际支付的金额，借记“借入款项”科目，贷记“国库存款”“其他财政存款”等科目。

④债权人豁免本级政府财政承担偿还责任的借入主权外债本金时，根据债务管理部门转来的有关资料，按照被豁免的本金，借记“借入款项”科目，贷记“其他收入”等科目。

⑤债权人豁免下级政府财政承担偿还责任的借入主权外债本金时，根据债务管理部门转来的有关资料，按照被豁免的本金，借记“借入款项”科目，贷记“应收主权外债转贷款”科目。

（2）年末，根据债务管理部门提供借入款项因汇率变动产生的期末人民币余额与账面余额之间的差额资料，借记或贷记“财务费用——汇兑损益”科目，贷记或借记“借入款项”科目。

（3）其他借入款项的账务处理参照借入主权外债业务的账务处理。

“借入款项”期末贷方余额反映本级政府财政尚未偿还的借入款项本金。

【例 4-4】中央财政实行国库集中收付制度，2022 年发生以下有关经济业务，据以编制会计分录。

（1）根据全国人民代表大会的决定，向外国政府借入主权外债资金 2 000 000 000 元，已经收到款项。编制的财务会计分录如下：

	借方	贷方
借：国库存款——一般公共预算存款	2 000 000 000	
贷：借入款项		2 000 000 000

编制的预算会计分录如下：

	借方	贷方
借：资金结存	200 0000 000	
贷：债务预算收入		2 000 000 000

（2）年末，确认借入主权外债的应付利息 7 000 000 元。

借：财务费用　　　　7 000 000
　　贷：应付利息　　　　7 000 000

（3）以前年度借入的主权外债资金 30 亿元已到期，另支付利息 20 000 000 元，其中已计提利息 15 000 000 元。

编制的财务会计分录如下：

借：借入款项　　　　3 000 000 000
　　贷：国库存款　　　　3 000 000 000
借：财务费用　　　　5 000 000
　　应付利息　　　　15 000 000
　　贷：国库存款　　　　20 000 000

编制的预算会计分录如下：

借：债务还本预算支出　　　　3 000 000 000
　　贷：资金结存　　　　3 000 000 000
借：一般公共预算支出　　　　20 000 000
　　贷：资金结存　　　　20 000 000

（4）接到通知，豁免以前年度借入的主权外债资金 4 000 000 元。

借：借入款项　　　　4 000 000
　　贷：其他收入　　　　4 000 000

任务三　应付政府债券的核算

应付政府债券是政府财政部门以政府名义发行的国债和地方政府债券，按照偿还期限的不同，分为应付短期政府债券和应付长期政府债券。

一、应付短期政府债券的核算

“应付短期政府债券”科目用来核算政府财政部门以政府名义发行的期限不超过 1 年（含 1 年）的国债和地方政府债券的应付本金。其中，国债包括中央政府财政发行的国内政府债券和境外发行的主权债券。“应付短期政府债券”科目下应当设置“应付国债”“应付地方政府一般债券”“应付地方政府专项债券”等一级明细科目。债务管理部门应当设置相应的辅助账，详细记录每期政府债券金额、种类、期限、发行日、到期日、票面利率、偿还本金及付息情况等。

“应付短期政府债券”的主要账务处理如下：

（1）实际收到短期政府债券发行收入时，按照实际收到的金额，借记“国库存款”科目，按照短期政府债券实际发行额，贷记“应付短期政府债券”科目，按照发行收入和发行额的差额，借记或贷记“财务费用”科目。

（2）中央财政发生国债随卖业务时，按照实际收到的金额，借记“国库存款”等科目，根据国债随卖确认文件等相关债券管理资料，按照国债随卖面值，贷记“应付短期政府债券”科目，按照其差额，借记或贷记“财务费用——利息费用”科目。

（3）中央财政发生国债随买业务时，根据国债随买确认文件等相关债券管理资料，按照国债随买面值，借记“应付短期政府债券”科目，按照实际支付的金额，贷记“国库存款”等科目，按照其差额，借记或贷记“财务费用——利息费用”科目。

（4）实际偿还本级政府财政承担的短期政府债券本金时，借记“应付短期政府债券”科目，贷记“国库存款”等科目。

“应付短期政府债券”科目期末贷方余额，反映政府财政尚未偿还的短期政府债券本金。

二、应付长期政府债券的核算

“应付长期政府债券”科目用来核算政府财政部门以政府名义发行的期限超过 1 年的国债和地方政府债券的应付本金。其中，国债包括中央政府财政发行的国内政府债券和境外发行的主权债券。“应付长期政府债券”科目下应当设置“应付国债”“应付地方政府一般债券”“应付地方政府专项债券”等一级明细科目。债务管理部门应当设置相应的辅助账，详细记录每期政府债券金额、种类、期限、发行日、到期日、票面利率、偿还本金及付息情况等。

“应付长期政府债券”的主要账务处理如下：

（1）实际收到长期政府债券发行收入时，按照实际收到的金额，借记“国库存款”“其他财政存款”科目，按照长期政府债券实际发行额，贷记“应付长期政府债券”科目，按照其差额，借记或贷记“财务费用”科目。

（2）中央财政发生国债随卖业务时，账务处理参照“应付短期政府债券”国债随卖业务的账务处理。

（3）中央财政发生国债随买业务时，账务处理参照“应付短期政府债券”国债随买业务的账务处理。

（4）政府财政以定向承销方式发行长期政府债券时，根据债务管理部门转来的债券发行文件等有关资料，借记“以前年度盈余调整”“应收地方政府债券转贷款”等科目，按照长期政府债券实际发行额，贷记“应付长期政府债券”科目，按照发行收入和发行额的差额，借记或贷记“财务费用”科目。

（5）实际偿还长期政府债券本金时，借记“应付长期政府债券”科目，贷记“国库存款”“其他财政存款”等科目。

“应付长期政府债券”科目期末贷方余额反映政府财政尚未偿还的长期政府债券本金。

【例 4-5】中央财政根据有关法律法规向社会发行 2 年期国债，共计 10 000 000 000 元。中央财政总会计做如下会计分录。

编制的财务会计分录如下：

借：国库存款　　10 000 000 000

　　贷：应付长期政府债券　　10 000 000 000

编制的预算会计分录如下：

借：资金结存　　10 000 000 000

　　贷：债务预算收入　　10 000 000 000

【例 4-6】中央财政以前年度发行的 3 年期国库券 50 亿元到期，偿还本金 50 亿元，并支付利息 3 亿元。中央财政总会计做如下会计分录：

编制的财务会计分录如下：

借：应付长期政府债券　　5 000 000 000
　　财务费用　　300 000 000
　　贷：国库存款　　5 300 000 000

编制的预算会计分录如下：

借：债务还本预算支出　　5 000 000 000
　　一般公共预算支出　　300 000 000
　　贷：资金结存　　5 300 000 000

三、应付利息的核算

“应付利息”核算政府财政以政府名义发行的政府债券应支付的利息以及以政府名义借入款项本期应承担的利息。“应付利息”应根据管理需要设置“应付国债利息”“应付地方政府债券利息”“应付地方政府主权外债利息”明细科目。本科目应根据债务管理部门计算并提供的政府债券及借入款项的应付利息情况，按期进行核算。

任务四　“其他负债”的核算

“其他负债”是政府财政因有关政策明确要求其承担支出责任的事项而形成的应付未付款项。

“其他负债”科目属于负债类的科目，借方反映应付未付款项的减少，贷方反映应付未付款项的增加。本科目应当按照债权单位和项目等进行明细核算。

“其他负债”科目的主要账务处理如下：有关政策已明确政府财政承担的支出责任的，按照确定应承担的负债金额，借记“其他费用”科目，贷记“其他负债”科目。实际偿还负债时，借记“其他负债”科目，贷记“国库存款”等科目。

“其他负债”科目贷方余额反映政府财政承担的尚未支付的其他负债余额。

项目检测

一、简答题

1. 应付及暂收款项包括哪些内容？
2. 如何对借入款项进行核算？
3. 如何对应付短期（长期）政府债券进行核算？

二、业务题

1. 市国库报来的收入日报表显示，收到某单位缴来资金性质不明的款项 56 000 元。
2. 市财政向省财政借入急需周转用款项 334 000 元。
3. 市财政接到省财政的通知，原从省财政借入的 330 000 元转作对本市的预算补助款。
4. 中央财政根据全国人民代表大会的决定，在国内发行 3 年期国库券 990 000 000 元，已经收到款项。
5. 以前年度发行的国库券 600 000 000 元已到期，另支付利息 2 000 000 元。

要求：根据以上所给资料，编制相关会计分录。

项目五 财政净资产的核算

项目目标

知识目标

1. 掌握本期盈余的核算；
2. 掌握累计盈余的核算；
3. 掌握预算周转金的核算；
4. 掌握预算稳定调节基金的核算；
5. 掌握权益法调整的核算；
6. 掌握以前年度盈余调整的核算。

素质目标

1. 具备认真、细致、严谨的工作作风和敬业精神；
2. 具有更新知识、继续学习深造的能力和适应会计改革发展需要的能力。

任务一 本期盈余的核算

财政净资产是指一级财政的资产减去负债后的差额，包括本期盈余、累计盈余、预算周转金、预算稳定调节基金、权益法调整和以前年度盈余调整等。

一、“本期盈余”科目设置

“本期盈余”属于净资产科目，核算政府财政纳入一般公共预算、政府性基金预算、国有资本经营预算管理的资金，财政专户管理资金、专用基金本期各项收入、费用分别相抵后的余额。设置补充和动用预算稳定调节基金，设置补充预算周转金产生的盈余变动事项，也通过本科目核算。本科目应设置“预算管理资金本期盈余”“财政专户管理资金本期盈余”“专用基金本期盈余”明细科目。

二、“本期盈余”账务处理

（一）“本期盈余——预算管理资金本期盈余”科目的账务处理

年终转账时，将纳入一般公共预算、政府性基金预算、国有资本经营预算管理的各类收入科目本年发生额转入“本期盈余——预算管理资金本期盈余”的贷方，借记“税收收入”“非税收入”“投资收益”“补助收入”“上解收入”“地区间援助收入”“其他收入”科目，贷记“本期盈余——预算管理资金本期盈余”科目；将纳入一般公共预算、政府性基金预算、国有资本经营预算管理的各类费用科目本年发生额转入“本期盈余——预算管理资金本期盈余”的借方，借记“本期盈余——预算管理资金本期盈余”科目，贷记“政府机关商品和服务拨款费用”“政府机关工资福利拨款费用”“对事业单位补助拨款费用”“对企业补助拨款费用”“对个人和家庭补助拨款费用”“对社会保障基金补助拨款费用”“资本性拨款费用”“其他拨款费用”“财务费用”“补助费用”“上解费用”“地区间援助费用”“其他费用”科目。

设置或补充预算稳定调节基金时，借记“本期盈余——预算管理资金本期盈余”科目，贷记“预算稳定调节基金”科目；动用预算稳定调节基金时，借记“预算稳定调节基金”科目，贷记“本期盈余——预算管理资金本期盈余”。

设置或补充预算周转金时，借记“本期盈余——预算管理资金本期盈余”科目，贷记“预算周转金”科目。

完成上述结转后，将“本期盈余——预算管理资金本期盈余”余额转入累计盈余。如为借方余额，贷记“本期盈余——预算管理资金本期盈余”科目，借记“累计盈余——预算管理资金累计盈余”科目；如为贷方余额，借记“本期盈余——预算管理资金本期盈余”科目，贷记“累计盈余——预算管理资金累计盈余”科目。期末结转后，本科目应无余额。

（二）“本期盈余——财政专户管理资金本期盈余”科目的账务处理

年终转账时，将财政专户管理资金收入的本年发生额转入“本期盈余——财政专户管理资金本期盈余”的贷方，借记“财政专户管理资金收入”科目，贷记“本期盈余——财政专户管理资金本期盈余”科目；将财政专户管理资金支出的本年发生额转入“本期盈余——财政专户管理资金本期盈余”的借方，借记“本期盈余——财政专户管理资金本期盈余”科目，贷记“财政专户管理资金支出”科目。

完成上述结转后，将“本期盈余——财政专户管理资金本期盈余”余额转入累计盈余。借记或贷记“本期盈余——财政专户管理资金本期盈余”科目，贷记或借记“累计盈余——财政专户管理资金累计盈余”科目。期末结转后，本科目应无余额。

（三）“本期盈余——专用基金本期盈余”科目的账务处理

年终转账时，将专用基金收入的本年发生额转入“本期盈余——专用基金本期盈余”的贷方，借记“专用基金收入”科目，贷记“本期盈余——专用基金本期盈余”科目；将专用基金支出的本年发生额转入“本期盈余——专用基金本期盈余”的借方，借记“本期盈余——专用基金本期盈余”科目，贷记“专用基金支出”科目。

完成上述结转后，将“本期盈余——专用基金本期盈余”余额转入累计盈余。借记或贷记“本期盈余——专用基金本期盈余”科目，贷记或借记“累计盈余——专用基金累计盈余”科目。期末结转后，本科目应无余额。

【例 5-1】某市财政 2022 年年末发生以下有关经济业务，据以编制会计分录。

（1）年末转账前，有关收入项目的累计余额为：税收收入 330 000 000 元，非税收入 60 000 000 元，上级财政一般公共预算补助收入 55 000 000 元，下级财政一般公共预算上解收入 90 000 000 元，地区间援助收入 20 000 000 元，其他收入 400000 元。

借：税收收入	330 000 000	
非税收入	60 000 000	
补助收入——一般公共预算补助收入	55 000 000	
上解收入——一般公共预算上解收入	90 000 000	
地区间援助收入	20 000 000	
其他收入	400 000	
贷：本期盈余——预算管理资金本期盈余		555 400 000

（2）年末转账前，有关费用项目的累计余额为：政府机关商品和服务拨款费用 120 000 000 元，政府机关工资福利拨款费用 80 000 000 元，对事业单位补助拨款费用 40 000 000 元，对企业补助拨款费用 30 000 000 元，对个人和家庭补助拨款费用 20 000 000 元，对社会保障基金补助拨款费用 10 000 000 元，资本性拨款费用 8 000 000 元，其他拨款费用 3 000 000 元，对下级财政一般公共预算补助费用 52 000 000 元，向省财政一般公共预算上解费用 60 000 000 元，地区间援助费用 7 000 000 元，其他费用 1000 000 元。

借：本期盈余——预算管理资金本期盈余	431 000 000	
贷：政府机关商品和服务拨款费用		120 000 000
政府机关工资福利拨款费用		80 000 000
对事业单位补助拨款费用		40 000 000
对企业补助拨款费用		30 000 000
对个人和家庭补助拨款费用		20 000 000
对社会保障基金补助拨款费用		10 000 000
资本性拨款费用		8 000 000
其他拨款费用		3 000 000
补助费用———一般公共预算补助		52 000 000
上解费用—一般公共预算上解		60 000 000
地区间援助费用		7 000 000
其他费用		1 000 000

任务二　累计盈余的核算

一、“累计盈余”科目设置

“累计盈余”属于净资产科目，核算政府财政纳入一般公共预算、政府性基金预算、国有资本经营预算管理的预算资金，财政专户管理资金、专用基金历年实现的盈余滚存的金额。本科目应设置“预算管理资金累计盈余”“财政专户管理资金累计盈余”“专用基金累计盈余”明细科目。

二、“累计盈余”账务处理

（一）“累计盈余——预算管理资金累计盈余”科目的主要账务处理

年终转账时，将“本期盈余预算管理资金本期盈余”科目余额转入“累计盈余——预算管理资金累计盈余”，借记或贷记“本期盈余 —— 预算管理资金本期盈余”科目，贷记或借记“累计盈余预算管理资金累计盈余”科目。年终转账时，将“以前年度盈余调整 —— 预算管理资金以前年度盈余调整”科目余额转入“累计盈余 —— 预算管理资金累计盈余”科目，借记或贷记“以前年度盈余调整 —— 预算管理资金以前年度盈余调整”科目，贷记或借记“累计盈余 —— 预算管理资金累计盈余”科目。本科目期末余额反映预算管理资金累计盈余的累计数。

（二）“累计盈余财政专户管理资金累计盈余”科目的主要账务处理

年终转账时，将“本期盈余——财政专户管理资金本期盈余”科目余额转入“累计盈余——财政专户管理资金累计盈余”科目，借记或贷记“本期盈余——财政专户管理资金本期盈余”科目，贷记或借记“累计盈余财政专户管理资金累计盈余”科目。年终转账时，将“以前年度盈余调整——财政专户管理资金以前年度盈余调整”科目余额转入“累计盈余——财政专户管理资金累计盈余”科目，借记或贷记“以前年度盈余调整——财政专户管理资金以前年度盈余调整”科目，贷记或借记“累计盈余——财政专户管理资金累计盈余”科目。本科目期末余额反映财政专户管理资金累计盈余的累计数。

（三）“累计盈——专用基金累计盈余”科目的主要账务处理

年终转账时，将“本期盈余——专用基金本期盈余”科目的余额转入“累计盈余——专用基金累计盈余”科目，借记或贷记“本期盈余——专用基金本期盈余”科目，贷记或借记“累计盈余——专用基金累计盈余”科目。年终转账时，将“以前年度盈余调整——专用基金以前年度盈余调整”科目的余额转入“累计盈余——专用基金累计盈余”科目，借记或贷记“以前年度盈余调整——专用基金以前年度盈余调整”科目，贷记或借记“累计盈余——专用基金累计盈余”科目。本科目期末余额反映专用基金累计盈余的累计数。

任务三 预算周转金的核算

为了保证年度总预算的顺利执行，调剂年度内季节性收支差额，需要设置预算周转金。

一、预算周转金的概念

预算周转金是各级财政部门在执行预算过程中设置的，供调剂年度内季节性收支差额，保证及时用款而设置的周转资金。为了解决季度或月份中可能出现的短期、临时性的收支不平衡，财政部门应设置一定数额的预算周转金，以保证年度总预算的顺利执行。

预算周转金一般用预算管理资金本期盈余设置、补充或由上级财政部门拨入。由本级预算安排预算周转金时，用预算管理资金本期盈余设置或补充；由上级财政拨入资金设置或补充时，直接计入预算周转金的增加。一般来说，新成立的一级财政或者经济欠发达地区的一级财政，由于原来没有预算周转金或者预算周转金不足，上级财政在财力充足的情况下，可以拨给下级财政一定数额的预算周转金。预算周转金只供平衡预算收支的临时周转使用，不能用于安排财政开支，未经上级财政机关批准，预算周转金在年终时必须保证原数，不能随意减少。预算周转金的数额，应当随着预算支出规模的扩大，逐年有所补充。

二、预算周转金的核算

为了核算预算周转金，各级财政总会计应设置“预算周转金”科目。“预算周转金”科目贷方登记设置、补充数或上级拨入数，借方登记核减数或上级抽回数，余额反映现有预算周转金的实际数。

财政总会计设置或补充预算周转金时，借记“本期盈余——预算管理资金本期盈余”科目，贷记“预算周转金”科目。将预算周转金调入预算稳定调节基金时，借记“预算周转金”科目，贷记“预算稳定调节基金”科目。本科目期末贷方余额反映预算周转金的累计规模。

【例 5-2】某市财政 2022 年发生以下有关经济业务，据以编制会计分录。

（1）经研究决定，用预算管理资金本期盈余补充预算周转金 330 000 元。

借：本期盈余——预算管理资金本期盈余　　330 000
　　贷：预算周转金　　330 000

（2）收到省财政增拨 670 000 元资金，用于补充预算周转金。

编制的财务会计分录如下：

借：国库存款——一般公共预算存款　　670 000
　　贷：预算周转金　　670 000

编制的预算会计分录如下：

借：资金结存——库款资金结存　　670 000
　　贷：预算周转金　　670 000

（3）省财政决定，将以前拨付的预算周转金抽回 340 000 元。

编制的财务会计分录如下：

借：预算周转金　　340 000
　　贷：国库存款——一般公共预算存款　　340 000

编制的预算会计分录如下：

借：预算周转金　　340 000
　　贷：资金结有库款资金结存　　340 000

任务四　预算稳定调节基金的核算

为了保证年度总预算的顺利执行，为了调剂年度之间的收支差额，需要设置预算稳定调节基金。

一、预算稳定调节基金的概念

如果在财政年度内因出现经济波动而造成预算短收，财会部门就可以通过预算稳定调节基金来解决预算问题。因此，预算稳定调节基金是从财政超收收入中安排的用于调节年度预算平衡的基金。如果在财政年度内出现经济波动而造成预算短收，以往的做法是报请本级人民代表大会常务委员会调整预算，扩大财政赤字。但是，建立了预算稳定调节基金以后，如果当年预算增收，可以从增收部分补充预算稳定调节基金。在当年财政收入较低时，财会部门可以动用预算稳定调节基金来平衡当年预算。

二、预算稳定调节基金的核算

财政总会计为了核算预算稳定调节基金的增减变动情况，需要设立“预算稳定调节基金”科目。“预算稳定调节基金”属于净资产类科目，贷方登记设置、补充数或上级拨入数，借方登记核减数或上级抽回数，余额反映现有预算稳定调节基金的实际数。

财政总会计设置或补充预算稳定调节基金时，借记“本期盈余——预算管理资金本期盈余”科目，贷记“预算稳定调节基金”科目。将预算周转金调入预算稳定调节基金时，借记“预算周转金”科目，贷记“预算稳定调节基金”科目。动用预算稳定调节基金时，借记

"预算稳定调节基金"科目，贷记"本期盈余——预算管理资金本期盈余"科目。本科目期末贷方余额反映预算稳定调节基金的累计规模。

【例 5-3】某市财政 2022 年发生以下有关经济业务，据以编制会计分录。

（1）年末，根据本年度预算管理资金本期盈余设置预算稳定调节基金 44 000 000 元。

借：本期盈余——预算管理资金本期盈余　　44 000 000
　　贷：预算稳定调节基金　　44 000 000

（2）为了弥补预算缺口，将预算周转金 11 000 000 元调入预算稳定调节基金。

借：预算周转金　　11 000 000
　　贷：预算稳定调节基金　　11 000 000

任务五　其他净资产的核算

其他净资产包括"权益法调整"和"以前年度盈余调整"两项内容。

一、"权益法调整"的核算

"权益法调整"属于净资产科目，核算政府财政按照持股比例计算应享有的被投资主体除净损益和利润分配以外的所有者权益变动的份额。被投资主体发生除净损益和利润分配以外的其他权益变动时，按照政府财政持股比例计算应享有的部分，借记或贷记"股权投资（其他权益变动）"科目，贷记或借记"权益法调整"科目。处置股权投资或因企业破产清算导致股权投资减少时，按照相应的"权益法调整"账面余额，借记或贷记"权益法调整"科目，贷记或借记"股权投资（其他权益变动）"科目。无偿划出股权投资时，根据股权管理部门提供的资料，按照被划出股权投资对应的"权益法调整"科目账面余额，借记或贷记"权益法调整"科目，贷记或借记"股权投资（其他权益变动）"科目；按照被划出股权投资的账面余额，借记"其他费用"科目，贷记"股权投资（投资成本、损益调整）"科目。

二、"以前年度盈余调整"的核算

"以前年度盈余调整"属于净资产类科目，核算政府财政调整以前年度盈余的事项。本科目应设置"预算管理资金以前年度盈余调整""财政专户管理资金以前年度盈余调整""专用基金以前年度盈余调整"明细科目。调整增加以前年度收入时，按照调整增加的金额，借记有关科目，贷记"以前年度盈余调整"科目；调整减少的金额，做相反会计分录。调整增加以前年度费用时，按照调整增加的金额，借记"以前年度盈余调整"科目，贷记有关科目；调整减少的金额，做相反会计分录。

项目检测

一、简答题

1. 财政总会计的净资产包括哪些内容?

2. 预算周转金和预算稳定调节基金有何区别?

二、业务题

1. 年末转账前，有关收入项目的累计余额为：税收收入 640 000 000 元，非税收入 88 000 000 元，上级财政一般公共预算补助收入 76 000 000 元，下级财政一般公共预算上解收入 92 000 00 元，地区间援助收入 32 000 000 元，其他收入 600 000 元。

2. 年末转账前，有关费用项目的累计余额为：政府机关商品和服务拨款费用 680 000 000 元，政府机关工资福利拨款费用 94 000 000 元，对事业单位补助费用 76 000 000 元，对企业补助费用 44 000 000 元，对个人和家庭补助拨款费用 77 000 000 元，对社会保障基金补助拨款费用 22 000 000 元，资本性拨款费用 6 000 000 元，其他拨款费用 7 000 000 元，对下级财政一般公共预算补助费用 83 000 000 元，向省财政一般公共预算上解费用 62 000 000 元，地区间援助费用 8 000 000 元，其他费用 3 000 000 元。

3. 经研究决定，用预算管理资金本期盈余补充预算周转金 850 000 元。

4. 年末，从本年度预算管理资金本期盈余设置预算稳定调节基金 60 000 000 元。

5. 为了弥补预算缺口，将预算周转金 70 000 000 元调入预算稳定调节基金。

要求：根据以上所给资料，编制相关会计分录。

项目六 财政收入和预算收入的核算

项目目标

知识目标

1. 了解财政收入和预算收入的概念；
2. 熟悉财政收入和预算收入的征收机关；
3. 理解国家金库的职责和权限；
4. 掌握财政收入和预算收入的收纳、划分和报解；
5. 掌握财政收入和预算收入的核算。

素质目标

1. 具备认真、细致、严谨的工作作风和敬业精神；
2. 具有更新知识、继续学习深造的能力和适应会计改革发展需要的能力。

任务一 财政收入和预算收入的内容

财政收入（预算收入）是各级政府财政资金的来源，是维持国家机器正常运转的基础。

一、财政收入和预算收入的概念

财政收入和预算收入是纳入国家财政预算管理的，根据法律和法规所筹集的财政资金。国家有五级政府，每一级政府都有各自的财政收入（预算收入）。国家预算收入的具体划分和内容，是按照《政府收支分类科目》的规定，由财政部根据国家预算管理和财政管理的要求统一制定的。

根据财政部2023年施行的《财政总会计制度》的规定，财政总会计核算的收入包括税收收入、非税收入、投资收益、补助收入、上解收入、地区间援助收入、其他收入、财政专户管理资金收入和专用基金收入等。总会计核算的预算收入包括一般公共预算收入、政府性基金预算收入、国有资本经营预算收入、财政专户管理资金收入、专用基金收入、补助预算收入、上解预算收入、地区间援助预算收入、调入预算资金、动用预算稳定调节基金、债务预算收入、债务转贷预算收入和待处理收入等。

二、一般公共预算收入的内容

一般公共预算收入是指政府根据国家有关法律和法规，向公民、法人组织征收的非偿还性资金。它是通过一定的形式和程序，由各级政府财政部门组织的纳入预算管理的各项收入。各级财政总会计在年度预算执行过程中，应当积极配合各征收机关组织预算收入，监督预算收入及时、足额地缴入国库。一般公共预算收入包括税收收入、非税收入等项目。

（一）税收收入

税收收入是政府依法向纳税人征收的各种税金收入，主要包括增值税、消费税、企业所得税、个人所得税、资源税、固定资产投资方向调节税、城市维护建设税、房产税、印花税、城镇土地使用税、土地增值税、车船税、船舶吨税、车辆购置税、关税、耕地占用税、契税、烟叶税等。税收收入可分为中央收入、地方收入、中央与地方共用收入。

（二）非税收入

非税收入包括通过政府有关部门向企事业单位或个人收取的行政事业性收费收入、罚没收入等。

三、政府性基金预算收入的内容

政府性基金预算收入是指按规定收取、转入或通过当年财政安排，由财政管理并具有指定用途的政府性基金收入。根据财政部制定的《政府收支分类科目》，政府性基金预算收入主要包括各种非税收入。

非税收入主要是政府性基金收入，如农网还贷收入、铁路建设基金收入、民航基础设施建设基金收入、民航机场管理建设费收入、港口建设费收入、散装水泥专项资金收入、新型墙体材料专项基金收入、旅游发展基金收入、文化事业建设费收入、地方教育附加收入、育林基金收入、南水北调工程基金收入等。

任务二 财政收入和预算收入的组织机构

财政收入和预算收入的组织机构包括征收机关和出纳机关。

一、财政收入和预算收入的征收机关

财政收入和预算收入的执行是由财政部门负责组织的。但是由于各项财政收入和预算收入的性质和来源不同，其征收方法也有所不同，国家成立了相应的征收机关，具体负责征收和监缴各项财政收入（预算收入）。我国的征收机关主要有税务机关、财政机关、海关、执收单位等。

二、国家金库

（一）国家金库的设立

国家金库简称国库，是财政收入（预算收入）的出纳机关，是负责办理政府预算资金的收纳、划分、报解和库款支拨以及报告财政预算执行情况的唯一机构。一切预算收入都必须缴入国库，一切预算支出都必须从国库支拨。我国的国家金库委托给中国人民银行负责管理。国库的组织管理工作是中国人民银行的一项重要职责。

（二）国家金库的职责

各级国库的主要职责如下：

1. 收纳、划分和报解各项国家预算收入

国库根据国家财政管理体制规定的收入级次和上级财政机关确定的分成留解比例，正确、及时地办理各级财政库款的划分和留解。政府的一切预算收入应当依照财政、税务部门的规定和期限，按照国库制度规定的缴款方法，办理税款的缴库，以保证各级财政预算资金的运用。

2. 为同级财政机关开立账户、支拨库款

国库按照财政制度的有关规定和银行的开户管理办法，为各级财政机关开立账户。根据同级财政机关填发的拨款凭证，办理库款支拨。根据财政机关填发的付款凭证，审查办理同级财政库款支拨，以及与实行国库集中收付制度单位的代理商业银行进行资金结算。各级财政的国库存款，一律凭同级财政机关填发的付款凭证办理拨付。

3. 对各级财政库款和预算收入正确进行会计核算

按照国家金库制度的有关规定，每日营业终了后，各级金库应对收纳的各项预算收入进行划分，按照规定的预算级次和预算科目编制各种报表，并向同级财政机关和上级国库报送有关预算收支报表。对各级财政库款和预算收入进行会计账务核算，按期向同级财政机关、征收机关和上级国库报送日报、旬报、月报和年度决算报表，定期同财政机关、征收机关对账，以保证数字准确一致。

4. 协助财政机关、税务机关组织预算收入

国库根据征收机关填发的凭证核收滞纳金，根据国家税法规定协助财税机关扣收个别单位屡催不缴的应缴预算收入，按照国家财政制度的规定审查、监督、办理库款的退付。也就是说，国库要分析预算执行情况，协助财政机关、税务机关组织预算收入及时缴库。

5. 组织管理下级国库的工作

国库组织管理和检查指导下级国库和国库经收处的工作，总结工作经验，解决存在的问题。

6. 其他工作

其他工作即国家交办的与国库有关的其他工作。

（三）国家金库的权限

1. 监督征收机关的预算收入的及时缴库

各级国库有权督促检查国库经收处和其他征收机关所收款项是否按规定及时全部缴入国库，发现拖延或违法不缴的，应及时查究处理。按照国库单一账户制度的要求，所有财政收入都应当直接缴入国库。

2. 监督检查预算收入的划分、报解

各级财政机关要正确执行国家财政管理体制规定的预算收入划分办法和分成留解比例。擅自变更上级财政机关规定的分成留解比例的，国库有权拒绝执行。

3. 正确办理收入退库

各级财政、税务机关应按照国家统一规定的退库范围、项目和审批程序办理退库。国库有权对收入退库进行监督，对于不符合规定的，有权拒绝执行。

4. 监督检查财政库款的支拨

按照国库单一账户制度的要求，财政资金在实际使用时应从国库账户中直接支拨，对于违反财政制度规定的，国库有权拒绝执行。

5. 拒绝办理违反国家规定的事项

任何单位和个人强令国库办理违反国家规定的事项，国库有权拒绝执行。

6. 拒绝受理不合规定的凭证

对于不符合规定的缴退库凭证或者填写不清楚、不准确的凭证，国库有权拒绝受理。各级财政、税务等征收机关和国库要密切配合、相互协作，切实做好政府预算管理工作。各级国库也应向财政、税务机关提供有关国库业务文件。各级征收机关和国库应及时互通情况，协调解决工作中存在的问题。

任务三　财政收入和预算收入的收纳、划分和报解

根据《中华人民共和国预算法》及相关法规的规定，国库严格进行财政预算收入的收纳、划分和报解。

一、财政收入和预算收入的收纳

（一）财政收入和预算收入的缴库方式

在实行国库集中收付制度的地区和单位，预算收入的收缴分为直接缴库和集中汇缴两种方式。

1. 直接缴库方式

直接缴库方式是由预算单位或缴款人按照有关法律、法规的规定，直接将应缴收入缴入国库单一账户或预算外资金财政专户的收缴方式。直接缴库方式不需设立各类过渡性账户，因而缩短了财政收入的入库时间。实行这种缴库方式的收入，包括税收收入、社会保障缴款、非税收入、转移和捐赠收入、贷款回收本金和产权处置收入以及债务收入。在直接缴库方式下，直接缴库的税收收入，由纳税人或税务代理人提出纳税申报，经征收机关审核无误后，由纳税人通过开户银行将税款缴入国库单一账户。直接缴库的其他收入，比照上述程序缴入国库单一账户或预算外资金财政专户。

2. 集中汇缴方式

集中汇缴方式是由征收机关和依法享有征收权限的单位按照有关法律、法规的规定，将所收取的应缴收入汇总后，直接缴入国库单一账户或预算外资金财政专户的缴库方式。集中汇缴方式也不需设立过渡性账户。实行这种缴库方式的收入，主要是小额零散税收和非税收入中的现金缴款。在集中汇缴方式下，小额零散税收和法律另有规定的应缴收入，由征收机关于收缴收入的当日汇总缴入国库单一账户。

（二）财政收入和预算收入的缴款凭证

缴款书是国库办理收纳预算收入唯一合法的原始凭证，也是各级征收机关、国库、银行和缴款单位分析检查预算收入任务完成情况，进行记账统计的重要基础资料。

缴款书一般包括工商税收专用缴款书、一般缴款书、其他缴款书三种。

1. 工商税收专用缴款书

工商税收专用缴款书共分六联：第一联为收据（代完税证），国库收款盖章后退缴款

单位或纳税人；第二联为付款凭证，由缴款单位开户行作付出传票；第三联为收款凭证，由收款国库作收入传票；第四联为回执，国库收款盖章后退征收机关；第五联为报查，国库收款盖章后退基层征收机关；第六联为存根，由征收机关根据需要增加，由税务机关留存。

2. 一般缴款书

实行利润承包的国有企业上缴利润等收入，各机关事业单位上缴有关收入等使用一般缴款书。一般缴款书一式五联，第一联至第四联的用途与工商税收专用缴款书相同，第五联为报查，国库收款盖章后退同级财政部门。

3. 其他缴款书

其他缴款书主要包括企业所得税专用缴款书，涉外税收专用缴款书，海关专用缴款书，其他不属于税收、利润和其他收入的缴款书等。

二、财政收入和预算收入的划分

我国财政收入和预算收入一般可划分为固定收入、分成收入和专款收入。

（一）固定收入

固定收入是指按确定的收入归属划分为某级财政独享，不进行分成的收入，包括中央预算固定收入和地方预算固定收入。

属于中央预算的固定收入主要有：关税；海关代征消费税和增值税；消费税；中央企业所得税；地方银行和外资银行及非银行金融机构所得税；铁道部门、各银行总行、各保险总公司等集中缴纳的收入（包括所得税、利润和城市维护建设税）；中央企业上缴利润等。

属于地方预算的固定收入主要有：地方企业所得税（不含上述地方银行和外资银行及非银行金融机构所得税）；地方企业上缴利润；个人所得税；城镇土地使用税；城市维护建设税（不含铁道部门、各银行总行、各保险总公司集中缴纳的部分）；房产税；车船税；印花税；屠宰税；耕地占用税；契税；遗产税和赠与税；土地增值税；国有土地有偿使用收入等。

（二）分成收入

分成收入是指上下级财政之间共同参与分享的预算收入。我国现行的分成收入主要有：财政体制规定的共享收入，即按比例划分中央预算与地方预算的分享比例；资源税（按资源品种划分中央预算与地方预算的分享份额）；固定比例分成收入，如增值税（中央分享75%，地方分享25%）。

（三）专款收入

专款收入是指根据国家确定的收入项目，按特定的用途安排使用，列入国家预算的收入。专款收入有些属于中央预算，有些划归地方预算，如改烧油为烧煤专项收入、三峡工程建设基金收入为中央预算收入；征收排污费收入、征收城市水资源费收入等为地方预算收入。这部分收入必须专款专用，财政部门不能另行安排其他用途。

三、财政收入和预算收入的报解

预算收入的划分和报解，是国库按规定把收到的预算收入分清预算级次，逐级上报和解缴工作的总称。凡属于本级财政的库款直接划入本级财政国库存款户，属于上级财政的库款应通过国库层层汇缴到上级财政的国库存款户。

（一）支库预算收入的报解

支库是基层国库，各级预算收入款项以缴入支库为正式入库。国库经收处只是代收，国库经收处的缴入款收据不能作为正式入库的依据。支库收纳的预算收入款项，一般应于当日办理库款的报解，确实来不及的，可以在次日上午办理，但月底日收纳的预算收入，必须当日报解。对于属于本级的预算固定收入，也应按缴款书编制预算收入日报表。该报表一式三份，一份留存，一份附缴款书回执联送交征收机关，一份送财政机关。

（二）中心支库预算收入的报解

中心支库直接收纳的预算收入报解，基本上与支库报解的程序相同。中心支库收到支库上报的地（市）级预算收入日报表、分成收入计算日报表和划款报单，经审核无误后，应分别加以汇总，编制地（市）级预算收入日报表。该报表一式两份，一份留存，一份送财政机关。

（三）分库预算收入的报解

分库直接收纳的预算收入的报解，基本与支库报解的程序相同。分库预算收入报解主要包括分库直接收纳的中央、省级预算收入的报解和支库、中心支库上划的预算收入的报解。分库收到中心支库上划的中央预算收入和省级预算收入缴款书，属于中央预算收入的缴款书，留分库备查；属于省级预算收入缴款书连同本级收纳的预算收入缴款书，随同收入日报表送同级财政部门。

（四）总库预算收入的报解

总库直接收纳的预算收入的处理，可以比照支库的方法办理。总库预算收入的报解主要包括总库直接收纳的预算收入和分库上划的预算收入的报解。总库收到分库上划的预算收入库款、收入日报表和分成收入计算日报表，经审核后编制汇总的中央预算收入日报表一式两份，一份留存，一份报财政部。

任务四　财政收入和预算收入的核算

本节主要介绍财务会计的税收收入、非税收入、专用基金收入等的核算以及预算会计的一般公共预算收入、政府性基金预算收入、专用基金收入、国有资本经营预算收入、债务预算收入的核算。债务转贷预算收入的核算略。

一、一般公共预算收入的核算

财政总会计要对每天报来的预算收入日报表和分成收入计算日报表以及所附的缴款书等原始凭证进行审核，审核无误后才能进行会计核算。

（一）一般公共预算收入的科目设置

为了正确核算一般公共预算收入，财政总会计应设置“一般公共预算收入”科目。该科目用来核算各级财政部门组织纳入预算的各项收入。“一般公共预算收入”科目属于预算收入类科目，该科目贷方登记取得的收入数（当日收入为负数时，用红字登记；若采用计算机记账，则红字收入以负数反映）；借方登记年末转销数，平时贷方余额，反映当年预算收入累计数。本科目应根据《政府收支分类科目》中涉及的“一般公共预算收入”科目设置相应的明细账。

“一般公共预算收入”所对应的财务会计科目是“税收收入”“非税收入”等。“税收收入”是指政府财政筹集的纳入本级财政管理的税收收入。“非税收入”是指政府财政筹集的纳入本级财政管理的非税收入。

（二）一般公共预算收入的账务处理

财政总会计收到国库报来的预算收入日报表时，经审核无误，应按所列当日预算收入数，（财务会计）借记“国库存款”科目，贷记“税收收入”“非税收入”科目，（预算会计）借记“资金结存”科目，贷记“一般公共预算收入”科目。如果当日的收入数为负数，则以红字记入。年末，将“一般公共预算收入”科目的贷方余额全数转入“一般公共预算结转结余”科目，借记“一般公共预算收入”科目，贷记“一般公共预算结转结余”科目。“税收收入”“非税收入”科目贷方余额转入本期盈余，借记“税收收入”“非税收入”科目，贷记“本期盈余——预算管理资金本期盈余”科目。

【例 6-1】某市财政 2022 年发生以下有关经济业务，据以编制会计分录：

（1）收到市中心支库送来的“一般公共预算收入日报表”及所附的工商税收专用缴款书，计列当日市级企业缴纳所得税，属于市级固定收入 330 000 元。

编制的财务会计分录如下：

借：国库存款——一般预算存款　　330 000
　　贷：税收收入　　330 000

编制的预算会计分录如下：

借：资金结存——库款资金结存　　330 000
　　贷：一般公共预算收入　　330 000

（2）收到市中心支库报来的“一般公共预算收入日报表”“分成收入计算日报表”及所附的税收缴款书等，计列当日收到的增值税总额为 800 000 元，其中，中央分享 75%，地方分享 25%。属于本级财政分成的收入为 200 000 元。

编制的财务会计分录如下：

借：国库存款——一般预算存款　　200 000
　　贷：税收收入　　200 000

编制的预算会计分录如下：

借：资金结存——库款资金结存　　200 000
　　贷：一般公共预算收入　　200 000

（3）2022 年 11 月 8 日收到市中心支库报来的“一般公共预算收入日报表”，列报当日的预算收入是消费税负数 50 000 元。

编制的财务会计分录如下：

借：国库存款——一般预算存款　　-50 000
　　贷：税收收入　　-50 000

编制的预算会计分录如下：

借：资金结存——库款资金结存　　-50 000

贷：一般公共预算收入 50 000

（4）收到市中心支库报来的“一般公共预算收入日报表”及“专用缴款书”，计列当日收到公安行政事业性收费收入 120 000 元，法院行政事业性收费收入 72 000 元。

编制的财务会计分录如下：

借：国库存款——一般预算存款 192 000

贷：非税收入 192 000

编制的预算会计分录如下：

借：资金结存——库款资金结存 192 000

贷：一般公共预算收入 192 000

二、政府性基金预算收入的核算

（一）政府性基金预算收入的科目设置

政府性基金预算收入主要包括各种非税收入。

1. 政府性基金预算收入的核算要求

（1）先收后支，自求平衡。财政总会计必须在已有政府性基金预算收入数额的范围内办理政府性基金预算支出，要求政府性基金预算收入与政府性基金预算支出在时间和数量上都收支平衡。

（2）专款专用，分项核算。政府性基金预算收入应当专款专用，相应的政府性基金预算收入应当用于相应的政府性基金预算支出。财政总会计在核算政府性基金预算收入时，要分项核算，对各项政府性基金预算收入与政府性基金预算支出不能相互调剂使用，按照政府预算收支科目中的政府性基金预算收支科目设置明细账。

2. 政府性基金预算收入的科目设置

“政府性基金预算收入”科目用于核算各级财政部门管理的政府性基金预算收入。该科目的贷方登记取得的政府性基金预算收入数，借方登记年终转销数，平时贷方余额反映当年政府性基金预算收入累计数。本科目应按《政府收支分类科目》中涉及的“政府性基金预算收入”科目设置明细科目。

（二）政府性基金预算收入的账务处理

财政总会计在核算取得的政府性基金预算收入时，（财务会计）借记“国库存款”科目，贷记“非税收入”科目，（预算会计）借记“资金结存”科目，贷记“政府性基金预算收入”科目；年末转账时，将本科目贷方余额全数转入“政府性基金预算结转结余”科目，借记“政府性基金预算收入”科目，贷记“政府性基金预算结转结余”科目。各项政府性基金预算结转结余的入账应以缴入国库数或财政总会计实际收到数额为准。

【例 6-2】某市财政 2022 年发生以下有关经济业务，据以编制会计分录。

（1）收到国库报来的“政府性基金预算收入日报表”，计列当日政府性基金预算收入 600 000 元，其中，民航机场管理建设费收入 200 000 元，养路费收入 100 000 元，公路客运附加费收入 300 000 元。

编制的财务会计分录如下：

借：国库存款——基金预算存款　　600 000
　　贷：非税收入　　600 000

编制的预算会计分录如下：

借：资金结存——库款资金结存　　600 000
　　贷：政府性基金预算收入　　600 000

（2）某市财政局收到林业基金收入 44 000 元。

编制的财务会计分录如下：

借：国库存款——基金预算存款　　44 000
　　贷：非税收入　　44 000

编制的预算会计分录如下：

借：资金结存——库款资金结存　　44 000
　　贷：政府性基金预算收入　　44 000

（3）年初，某市财政局收到国库报来的上年度旅游发展基金收入 50 000 元。

（上年旧账上记）

编制的财务会计分录如下：

借：在途款　　50 000
　　贷：非税收入　　50 000

编制的预算会计分录如下：

借：资金结存——在途资金结存　　50 000
　　贷：政府性基金预算收入　　50 000

（当年年初账上记）

编制的财务会计分录如下：

借：国库存款——基金预算存款　　50 000
　　贷：在途款　　50 000

编制的预算会计分录如下：

借：资金结存库款资金结存　　50 000
　　贷：资金结存——在途资金结存　　50 000

（4）某市财政局的政府性基金预算本级收入在银行的存款利息收入为 27 000 元。

编制的财务会计分录如下：

借：国库存款　　27 000
　　贷：非税收入　　27 000

编制的预算会计分录如下：

借：资金结存　　27 000
　　贷：政府性基金预算收入——利息收入　　27 000

三、专用基金收入的核算

（一）专用基金收入的内容

专用基金收入是指财政总会计管理的各项具有专门用途的资金收入，如粮食风险基金、国家级开发区专项建设基金等。这些基金多用于国家级战略项目或国家鼓励发展项目。专用基金收入在管理上要求专款专用，不能随意改变用途，先收后支，量入为出。专用基金收入是财政部门按规定设置或取得，并在政府性基金预算收入之外单独管理的资金收入，一般要求开立财政专户。

（二）专用基金收入的账务处理

财政总会计设置“专用基金收入”科目，用来核算财政部门按规定设置或取得的专用基金收入。该科目贷方登记取得的专用基金收入，借方登记专用基金收入的退回数或转出数，平时余额在贷方，反映专用基金收入的累计数。年末，财务会计应将“专用基金收入”贷方余额全部转入“本期盈余——专用基金本期盈余”科目，预算会计应将“专用基金收入”贷方余额全部转入“专用基金结余”科目。

财政总会计在核算从上级财政部门或通过本级预算支出安排取得的专用基金收入时，（财务会计）应借记“其他财政存款”科目，贷记“专用基金收入”科目；（预算会计）应借记“资金结存”科目，贷记“专用基金收入”科目。退回专用基金收入时，做相反的会计分录。专用基金收入的核算应以财政总会计实际收到的数额为准。

【例 6-3】某市财政 2022 年发生以下有关经济业务，据以编制会计分录。

（1）收到市中心支库报来的“预算收入日报表”及所附的有关拨款凭证，收到省财政拨入的粮食风险基金收入 660 000 元。

编制的财务会计分录如下：

	借方	贷方
借：其他财政存款——专用基金存款	660 000	
贷：专用基金收入——粮食风险基金收入		660 000

编制的预算会计分录如下：

	借方	贷方
借：资金结存——专户资金结存	660 000	
贷：专用基金收入		660 000

（2）某市财政局从本级预算支出安排取得专用基金收入 32 000 元。

编制的财务会计分录如下：

	借方	贷方
借：其他拨款费用	32 000	
贷：国库存款——一般预算存款		32 000
借：其他财政存款——专用基金存款	32 000	
贷：专用基金收入		32 000

编制的预算会计分录如下：

	借方	贷方
借：一般公共预算支出	32 000	
资：资金结存——库款资金结存		32 000
借：资金结存——专户资金结存	32 000	
贷：专用基金收入		32 000

（3）某市财政局退回从上级财政部门取得的专用基金收入 120 000 元。

编制的财务会计分录如下：

	借方	贷方
借：专用基金收入	120 000	
贷：其他财政存款——专用基金存款		120 000

编制的预算会计分录如下：

借：专用基金收入 120 000

贷：资金结存——专户资金结存 120 000

四、国有资本经营预算收入的核算

（一）国有资本经营预算收入的内容

国有资本经营预算收入是政府财政筹集的纳入本级国有资本经营预算管理的非税收入，包括国有资本经营收入、国有资源或资产有偿使用收入等。

（二）"国有资本经营预算收入"的账务处理

"国有资本经营预算收入"属于预算收入类科目，它所对应的财务会计科目是"非税收入"。本科目应当根据《政府收支分类科目》中涉及"国有资本经营预算收入"科目的规定进行明细核算。"国有资本经营预算收入"的主要账务处理如下：收到款项时，根据当日预算收入日报表所列国有资本经营预算收入数，财务会计借记"国库存款"等科目，贷记"非税收入"科目，预算会计借记"资金结存"科目，贷记"国有资本经营预算收入"科目。年终转账时，本科目贷方余额全数转入"国有资本经营预算结转结余"科目，借记"国有资本经营预算收入"科目，贷记"国有资本经营预算结转结余"科目。结转后，本科目无余额。本科目平时贷方余额反映国有资本经营预算收入的累计数。

五、债务预算收入的核算

（一）债务预算收入的内容

债务预算收入是政府财政按照国家法律、国务院规定以发行债券等方式取得的，以及向外国政府、国际金融组织等机构借款取得的纳入预算管理的债务收入。

（二）"债务预算收入"的账务处理

"债务预算收入"属于预算收入类科目，它所对应的财务会计科目是"借入款项""应付短期政府债券""应付长期政府债券"等。本科目应当按照《政府收支分类科目》中涉及"债务预算收入"科目的规定进行明细核算。"债务预算收入"科目的主要账务处理如下：

（1）省级以上政府财政收到政府债券发行收入时，按照实际收到的金额，借记"资金结存——库款资金结存"科目，按照政府债券实际发行额，贷记"债务预算收入"科目，按照其差额，借记或贷记"一般公共预算支出"科目。

（2）中央财政发生国债随卖业务时，按照实际收到的金额，借记"资金结存——库款资金结存"科目，根据国债随卖确认文件等相关债券管理资料，按照国债随卖面值，贷记"债务预算收入"，按照实际收到金额与面值的差额，借记或贷记"一般公共预算支出"科目。

（3）按定向承销方式发行的政府债券，根据债务管理部门转来的债券发行文件等有关资料进行确认，由本级政府财政承担还款责任，贷款资金由本级政府财政同级部门使用的，借记"债务还本预算支出"科目，贷记"债务预算收入"科目；转贷下级政府财政的，借记"债务转贷预算支出"科目，贷记"债务预算收入"科目。

（4）政府财政向外国政府、国际金融组织等机构借款时，按照实际提款的外币金额和即期汇率折算的人民币金额，借记"资金结存——库款资金结存""资金结存——专户资金结存”等科目，贷记“债务预算收入”科目。

（5）本级政府财政借入主权外债，且由外方或上级政府财政将贷款资金直接支付给用款单位或供应商时，应根据以下情况分别处理。

本级政府财政承担还款责任，贷款资金由本级政府财政同级部门使用的，本级政府财政根据贷款资金支付有关资料，借记“一般公共预算支出”科目，贷记“债务预算收入”科目。

本级政府财政承担还款责任，贷款资金由下级政府财政同级部门使用的，本级政府财政根据贷款资金支付有关资料及预算文件，借记“补助预算支出——调拨下级”等科目，贷记“债务预算收入”科目。

下级政府财政承担还款责任，贷款资金由下级政府财政同级部门使用的，本级政府财政根据贷款资金支付有关资料，借记“债务转贷预算支出”科目，贷记“债务预算收入”科目。

（6）年终转账时，本科目下“国债收入”“一般债务收入”的贷方余额转入一般公共预算结转结余，借记“债务预算收入——国债收入”“债务预算收入——一般债务收入”科目，贷记“一般公共预算结转结余”科目；本科目下“专项债务收入”的贷方余额转入政府性基金预算结转结余，借记“债务预算收入——专项债务收入”科目，贷记“政府性基金预算结转结余”科目，可根据预算管理需要，按照专项债务对应的政府性基金预算收入科目分别转入“政府性基金预算结转结余”相应明细科目。

“债务预算收入”科目平时贷方余额反映债务预算收入的累计数。

任务五　财政预算资金调拨收入的核算

财政预算资金调拨收入是中央财政与地方财政、地方上下级财政之间以及同级财政不同资金项目之间进行资金调拨而形成的收入，具体包括财务会计的补助收入、上解收入、地区间援助收入等内容以及预算会计的补助预算收入、上解预算收入、地区间援助预算收入、调入预算资金、动用预算稳定调节基金等内容。

一、补助收入、补助预算收入的核算

（一）预算补助的内容

预算补助是指按财政体制规定或因专项需要由上级财政补助给下级财政的款项。其对于上级财政来说是补助支出，对于下级财政则是补助收入。预算补助按具体内容可分为体制补助和单项补助两种。

1. 体制补助

体制补助是指上级财政对支出大于收入的地区，在财政体制划定的预算收支范围内弥补其支出大于收入部分的款项。

2. 单项补助

单项补助是指没有纳入预算包干体制，按规定年终单独结算，由上级财政专项补助的款项，以及一些临时性补助。上级财政对下级财政的某些一次性、不宜固定包干的预算支出，可采用单项补助方式。

（二）补助收入、补助预算收入的账务处理

补助收入、补助预算收入是上级财政按财政体制规定或因专项需要补助给本级财政的款项，包括税收返还收入、按财政体制规定由上级财政补助的款项、上级财政对本级财政的专项补助收入和临时性补助收入。

为了核算补助收入、补助预算收入业务，财政总会计应设置“补助收入”（财务会计）科目和“补助预算收入”（预算会计）科目。该科目的贷方登记取得的补助（预算）收入数，借方登记退还上级补助及年终转销数，平时贷方余额反映上级补助（预算）收入累计数，年末转账后没有余额。上级财政“补助费用”（财务会计）科目和“补助预算支出”（预算会计）科目的余额应与所属下级财政“补助收入”（财务会计）科目和“补助预算收入”（预算会计）科目的余额之和相等。有政府性基金预算补助收入的地区，应在“补助预算收入”科目下设置“一般公共预算补助”“政府性基金预算补助”两个明细科目。

财政总会计在核算本级财政收到上级拨来的补助款时，（财务会计）应借记“国库存款”“其他财政存款”科目，贷记“补助收入”科目；（预算会计）应借记“资金结存”科目，贷记“补助预算收入”科目。财政部门与上级财政的往来款项中一部分转作上级补助收入时，应从“与上级往来”科目转入“补助收入”科目，借记“与上级往来”科目，贷记“补助收入”科目；财政部门退还上级补助时，财务会计应借记“补助收入”科目，贷记“国库存款”“其他财政存款”科目，预算会计应借记“补助预算收入”科目，贷记“资金结存”科目。年终转账时，财务会计“补助收入”贷方余额转入本期盈余，借记“补助收入”科目，贷记“本期盈余——预算管理资金本期盈余”科目；预算会计将“补助预算收入”科目下各明细科目余额分别结转至相应的预算结余类科目，借记“补助预算收入”科目，贷记“一般公共预算结转结余”“政府性基金预算结转结余”“国有资本经营预算结转结余”等科目。

【例 6-4】某市财政 2022 年发生以下有关经济业务，据以编制会计分录。

（1）收到省财政按照规定拨付的所得税基数返还收入 7 000 000 元。

编制的财务会计分录如下：

借：国库存款——一般公共预算存款　　7 000 000
　　贷：补助收入——一般公共预算补助　　7 000 000

编制的预算会计分录如下：

借：资金结存——库款资金结存　　7 000 000
　　贷：补助预算收入——一般公共预算补助收入　　7 000 000

（2）收到省财政拨来的抗震救灾专项补助款 570 000 元。

编制的财务会计分录如下：

借：国库存款——一般公共预算存款　　570 000
　　贷：补助收入——一般公共预算补助　　570 000

编制的预算会计分录如下：

借：资金结存——库款资金结存　　570 000
　　贷：补助预算收入——一般公共预算补助收入　　570 000

（3）收到省财政局用政府性基金预算资金拨来的专项补助款 33 000 元。

编制的财务会计分录如下：

借：国库存款——政府性基金预算存款　　33 000

贷：补助收入——政府性基金预算补助　　33 000

编制的预算会计分录如下：

借：资金结存——库款资金结存　　33 000

贷：补助预算收入——政府性基金预算补助收入　　33 000

二、上解收入、上解预算收入的核算

（一）预算上解的内容

预算上解也称下级上解，是指按财政体制规定，将下级财政的一部分预算资金解缴到上级财政。预算上解，按其具体内容和方式可分为体制上解和单项上解。

1. 体制上解

体制上解是指上级财政对预算收入大于支出的地区核定上解比例或数额，由国库逐日根据预算收入的入库情况和规定的上解比例或上解数额办理分成上解，年终再按体制和已上解数额进行结算。

2. 单项上解

单项上解是指下级财政部门按规定要求专项上解的款项和其他一次性、临时性的上解款项。

（二）上解收入、上解预算收入的账务处理

上解收入、上解预算收入是按财政体制规定由下级财政上缴给本级财政的款项，包括按体制规定由国库在下级预算收入中直接划解给本级财政的款项、按体制结算后由下级财政补缴给本级财政的款项和各种上解款项。

为了核算上解收入、上解预算收入业务，财政总会计应设置“上解收入”（财务会计）科目、“上解预算收入”（预算会计）科目。该科目用来核算下级财政上缴的预算上解款，具体包括：按体制规定由国库在下级预算收入中直接划解给本级财政的款项；按体制结算后，下级财政补缴给本级财政的款项和各种专项上解款项。该科目贷方登记上解（预算）收入的增加数，借方登记退还数和年终结转数，平时余额在贷方，反映下级上解收入累计数。

财政总会计在核算本级财政收到下级上解款时，（财务会计）应借记“国库存款”科目，贷记“上解收入”科目；（预算会计）应借记“资金结存”，贷记“上解预算收入”。如果发生收入退回，应按退回数，财务会计借记“上解收入”科目，贷记“国库存款”科目，预算会计借记“上解预算收入”科目，贷记“资金结存”科目。年终转账时，财务会计将“上解收入”贷方余额转入本期盈余，借记“上解收入”科目，贷记“本期盈余——预算管理资金本期盈余”科目；预算会计将“上解预算收入”贷方余额应根据不同资金性质分别转入相应的结转结余科目，借记“上解预算收入”科目，贷记“一般公共预算结转结余”“政府性基金预算结转结余”“国有资本经营预算结转结余”等科目。

【例 6-5】某市财政 2022 年发生以下有关经济业务，据以编制会计分录。

（1）收到市中心支库报来的所附各支库上报的“分成收入计算日报表”，计列所属各县报来增值税收入总额 300 000 元。按规定的增值税分成比例，市级财政享受 8%。

属于市级财政的收入 =300 000 × 8% ＝ 24 000（元）

编制的财务会计分录如下：

借：国库存款——一般公共预算存款　　24 000
　　贷：上解收入——一般公共预算上解　　24 000

编制的预算会计分录如下：

借：资金结存　　24 000
　　贷：上解预算收入　　24 000

（2）在年终财政体制结算中，应收所属甲县财政应解未解政府性基金款项 640 000 元。

借：与下级往来——甲县　　640 000
　　贷：上解收入——政府性基金预算上解　　640 000

（3）市财政局收到所属甲县的一般公共预算上解款 140 000 元。

编制的财务会计分录如下：

借：国库存款——一般公共预算存款　　140 000
　　贷：上解收入——一般公共预算上解　　140 000

编制的预算会计分录如下：

借：资金结存　　140 000
　　贷：上解预算收入　　140 000

（4）市财政局将多收的所属甲县的一般公共预算上解款 60 000 元退还给甲县财政。

编制的财务会计分录如下：

借：上解收入——一般公共预算上解　　60 000
　　贷：国库存款——一般公共预算存款　　60 000

编制的预算会计分录如下：

借：上解预算收入　　60 000
　　贷：资金结存　　60 000

（5）年终，市财政局将"上解预算收入——一般公共预算上解"科目贷方余额 520 000 元和"上解预算收入政府性基金预算上解"科目贷方余额 390 000 元进行年终结转。

编制的财务会计分录如下：

借：上解收入　　910 000
　　贷：本期盈余——预算管理资金本期盈余　　910 000

编制的预算会计分录如下：

借：上解预算收入——一般公共预算上解　　520 000
　　贷：一般公共预算结转结余　　520 000
借：上解预算收入——政府性基金预算上解　　390 000
　　贷：政府性基金预算结转结余　　390 000

三、调入预算资金的核算

（一）调入预算资金的概念

调入预算资金是为平衡某类预算收支，从其他类型预算资金及其他渠道调入的资金。调入预算资金属于不同类型预算资金的横向调度，属于本级财政预算资金的横向调拨，不涉及上下级预算的收支变动。例如，为平衡一般公共预算收支，从政府性基金预算收支结余中调入一般公共预算资金，形成一般公共预算收入。调入资金仅限于地方弥补财政总决算赤字。

在年终决算时，一次性使用。

（二）调入预算资金的账务处理

“调入（预算）资金”属于预算收入类会计科目。该科目贷方登记调入资金数，借方登记年终转销数，平时贷方余额反映当年累计的调入资金数。该科目平时各月反映累计发生额，年末结转后无余额。

（1）从其他类型预算资金及其他渠道调入一般公共预算时，按照调入的资金金额，借记“调出预算资金——政府性基金预算调出资金”“调出预算资金——国有资本经营预算调出资金”“资金结存——库款资金结存”等科目，贷记“调入预算资金——一般公共预算调入资金”科目。

（2）从其他类型预算资金及其他渠道调入政府性基金预算时，按照调入的资金金额，借记“调出预算资金——一般公共预算调出资金”“资金结存——库款资金结存”等科目，贷记“调入预算资金——政府性基金预算调入资金”科目。

（3）年终转账时，本科目贷方余额分别转入相应的结转结余科目，借记“调入预算资金”科目，贷记“一般公共预算结转结余”“政府性基金预算结转结余”等科目。结转后，“调入预算资金”无余额。

【例 6-6】某市财政 2022 年发生以下有关经济业务，据以编制会计分录。

（1）经研究决定，将本级财政掌管的政府性基金预算结余 440 000 元调入一般公共预算资金安排支出，用以平衡本级决算。根据批准文件和有关付款凭证编制记账凭证。

编制的财务会计分录如下：

借：国库存款——一般公共预算存款　　440 000

　　贷：国库存款——政府性基金预算存款　　440 000

编制的预算会计分录如下：

借：调出预算资金——政府性基金预算调出资金　　440 000

　　贷：调入预算资金——一般公共预算调入资金　　440 000

（2）经研究决定，将自筹资金 900 000 元调入一般公共预算资金使用。

编制的财务会计分录如下：

借：国库存款　　900 000

　　贷：其他收入　　900 000

编制的预算会计分录如下：

借：资金结存——库款资金结存　　900 000

　　贷：调入预算资金——一般公共预算调入资金　　900 000

（3）市财政局将一般公共预算资金 310 000 元调入政府性基金预算资金。

编制的财务会计分录如下：

借：国库存款——政府性基金预算存款　　310 000

　　贷：国库存款——一般公共预算存款　　310 000

编制的预算会计分录如下：

借：调出预算资金——一般公共预算调出资金　　310 000

　　贷：调入预算资金——政府性基金预算调入资金　　310 000

任务六 财政预算收入的退库和错误更正

财政预算收入的退库要符合一定的退库范围、退库程序，并进行正确的账务处理。财政预算收入退库是一项政策性很强的工作，相关部门对其必须加强管理和监督。

（一）财政预算收入退库的原因和范围

根据财政部的规定，属于下列范围的事项可以办理收入退库。

（1）由于工作疏忽，发生技术性差错需要退库。这是指缴款单位多缴、错缴，各级预算之间发生误缴等。

（2）改变企业隶属关系办理财务结算需要退库。企业改变隶属关系，已缴入原预算级次的预算收入，应退给现在所在的预算级次。例如原属中央的企业下放给地方，企业行政隶属关系改变，此时相关部门对其在年度中原已缴入中央预算的收入要退给地方。

（3）企业按计划上缴税利，超过应缴税额需要退库。

（4）财政部明文规定或专项批准的其他退库项目。这些项目包括烟叶税因灾歉减免的退库，调整价格、修订税率的退库等。

（二）财政预算收入退库的程序

办理财政预算收入退库，要按照以下程序进行。

（1）由申请退库的单位或个人提出书面申请，也就是向财政、税务机关填具退库申请书。退库申请书的基本内容包括：单位名称（或个人姓名）、主管部门、预算级次、征收机关、原缴款书日期和编号、预算科目、缴款金额、申请退库原因、申请退库金额、审查批准机关的审批意见和核定的退库金额等。

（2）由同级财政部门或财政部门授权的单位进行审批，不得越权审批。应属于中央预算收入的退库，必须经财政部或财政部授权的主管收入机关批准，地方财政机关无权审批；属于地方预算收入的退库，由地方财政机关或其授权的主管收入机关审查批准。

（3）经财政部门或财政部门授权的主管收入机关审批同意后，填写“收入退还书”。收入退还书是通知国库退付库款的唯一合法的凭证。它一式五联：第一联为报查联，由退款国库盖章后，退签发收入退还书的机关；第二联为付款凭证，由退款国库作付出传票；第三联为收入凭证，由收款单位开户行作收入传票；第四联为收账通知，由收款单位开户银行通知收款单位收账；第五联为付款通知，由国库随收入日报表，送退款的财政机关。

（4）将收入退还书交由申请单位或个人，由其凭此到指定的国库办理收入退库。

（三）财政预算收入退库的核算

各级国库在办理预算收入退库的当日，应按预算级次将相应科目的收入数额与退库数额相抵。预算收入退库的会计分录，与预算收入入库的会计分录恰好相反。

当日退库科目的收入数与退库数相抵后，若收入数大于退库数，应将其差额用蓝字填入预算收入日报表和分成收入计算日报表。

当日退库科目的退库数与收入数相抵后，若收入数小于退库数，应将其差额用红字填入预算收入日报表和分成收入计算日报表。当日预算收入日报表为红字时，还应通过编制“分成收入计算日报表”，按财政体制规定的分成比例分别从上下级财政库款退库。财政总会计以红字填制记账凭证和登记账簿。

【例 6-7】某市财政 2022 年发生以下有关经济业务，据以编制会计分录：

（1）收到市中心支库报来的“一般公共预算收入日报表”，列明本日收入合计数为红字 52 000 元，系退还某企业多缴的所得税。根据“一般公共预算收入日报表”及所附“收入退还书”，编制红字记账凭证。

编制的财务会计分录如下：

借：国库存款　　-52 000

　　贷：税收收入　　-52 000

编制的预算会计分录如下：

借：资金结存　　-52 000

　　贷：一般公共预算收入　　-52 000

（2）因征收机关计算错误，多收某企业增值税税额 11 000 元。根据“预算收入日报表”和“收入退还书”，编制红字记账凭证。

编制的财务会计分录如下：

借：国库存款　　-11 000

　　贷：税收收入　　-11 000

编制的预算会计分录如下：

借：资金结存　　-11 000

　　贷：一般公共预算收入　　-11 000

二、财政预算收入的错误更正

财政预算收入错误的更正，一般分别按如下的情况处理：

（一）预算级次错误的更正

将上级预算收入更正为本级预算收入，应补做预算收入记录；将本级预算收入更正为上级预算收入，应冲销原来的预算收入记录。

（二）预算科目错误的更正

如果预算科目发生错误，应先用红字填制记账凭单，冲销原来的错误记录，然后根据更正的内容用蓝字填制一张正确的记账凭单，并据以登记账簿。

（三）国库日报表的编制和分成报解工作错误的更正

国库日报表的编制和分成报解发生错误时，应采用红字更正法或补充登记法更正错误，编制记账凭证并据以登账。

任务七　财政专户管理资金收入的核算

一、财政专户管理资金的管理原则

由于我国目前经济发展不平衡，各个地区的社会经济发展情况不同，因此，对于一些数额不大、零星分散的收支，国家没有全部纳入预算管理，而是划归地方政府财政部门自收自支，以弥补国家预算的不足，这部分财政资金就形成了地方政府的财政专户管理资金。

财政专户管理资金是指地方政府依据法律、法规取得的没有纳入国家预算管理的财政资金。财政专户管理资金是政府预算资金的补充，主要通过财政专户核算和监督财政专户管理资金的收支活动。由于财政专户管理资金没有预算资金管理严格，导致财政专户管理资金在运用与管理上都存在一定的问题。因此，财政专户管理资金的改革方向是将越来越多的财政专户管理资金纳入国家的预算管理，逐步加大监管的力度。

根据财政部的规定，财政专户管理资金通过财政专户进行监管。财政专户会计的基本任务是核算和反映财政专户管理资金收支活动，监督财政专户管理资金收支计划管理和执行情况。财政专户的监管内容如下：办理财政专户管理资金日常收支往来核算；反映财政专户管理资金收支计划执行情况；合理调度财政专户管理资金；组织和指导本行政区域财政专户管理并检查下级财政专户会计工作。

二、财政专户管理资金收入的核算

财政专户管理资金收入核算政府财政纳入财政专户管理的教育收费等资金收入。财务会计中本科目可根据管理需要，按照预算单位等进行明细核算。预算会计中本科目应根据《政府收支分类科目》中收入分类科目进行明细核算。

财政专户管理资金收入的主要账务处理如下：

收到财政专户管理资金时，财务会计借记“其他财政存款”科目，贷记“财政专户管理资金收入”科目；预算会计借记“资金结存”科目，贷记“财政专户管理资金收入”科目。

年终转账时，财务会计将“财政专户管理资金收入”贷方余额转入本期盈余，借记“财政专户管理资金收入”科目，贷记“本期盈余——财政专户管理资金本期盈余”科目；预算会计将“财政专户管理资金收入”贷方余额转入财政专户管理资金结余，借记“财政专户管理资金收入”科目，贷记“财政专户管理资金结余”科目。本科目平时贷方余额反映财政专户管理资金收入的累计数。

【例 6-8】某市财政 2022 年发生以下有关经济业务，据以编制会计分录：

（1）收到纳入财政专户管理的教育收费资金 35 000 元，已存入财政专户。

编制的财务会计分录如下：

借：其他财政存款　　35 000
　　贷：财政专户管理资金收入　　35 000

编制的预算会计分录如下：

借：资金结存　　35 000
　　贷：财政专户管理资金收入　　35 000

（2）取得财政专户存款利息收入 3 200 元。

编制的财务会计分录如下：

借：其他财政存款　　3 200
　　贷：财政专户管理资金收入　　3 200

编制的预算会计分录如下：

借：资金结存　　3 200

贷：财政专户管理资金收入　　3 200

项目检测

一、简答题

1. 财政预算收入的征收机关有哪些?

2. 国家金库的职责和权限是什么?

3. 国家金库如何对财政预算收入进行收纳、划分和报解?

二、业务题

1. 收到市中心支库报来的预算收入日报表、分成收入计算日报表及所附的税收缴款书等，计列当日收到的增值税总额为 400 000 元，其中，中央分享 75%，地方分享 25%。属于本级财政分成的收入为 100 000 元。

2. 某市财政局 2022 年 10 月 10 日收到市中心支库报来的预算收入日报表，列报当日的一般公共预算本级收入为 - 33 000 元。

3. 收到市中心支库报来的一般公共预算本级收入日报表及专用缴款书，计列当日收到公安行政事业性收费收入 84 000 元，法院行政事业性收费收入 31 000 元。

4. 某市财政局 2018 年 1 月 3 日收到市中心支库报来的上年一般公共预算本级收入日报表，列报一般公共预算本级收入 49 000 元已收到。

5. 收到国库报来的政府性基金预算本级收入日报表，计列当日政府性基金预算本级收入 55 000 元。

6. 某市财政局收到林业基金收入 12 500 元。

7. 某市财政局收到国库报来的上年度旅游发展基金收入 93 000 元。

要求：根据以上所给资料，编制相关会计分录。

项目七　财政费用和预算支出的核算

项目目标

知识目标

1. 了解财政费用和预算支出的内容；
2. 熟悉财政费用和预算支出的支付方式；
3. 掌握财政费用和预算支出的核算。

素质目标

1. 具备认真、细致、严谨的工作作风和敬业精神；
2. 具有更新知识、继续学习深造的能力和适应会计改革发展需要的能力。

任务一　财政预算支出概述

财政预算支出是政府为实现其职能，对财政资金的再分配。

一、财政预算支出的概念

根据《政府收支分类科目》的规定，各级财政总会计的财政预算支出，包括一般公共预算支出、政府性基金预算支出、国有资本经营预算支出、财政专户管理资金支出、专用基金支出、资金调拨支出等。所对应的财政费用主要包括：政府机关商品和服务拨款费用、政府机关工资和福利拨款费用、对事业单位补助拨款费用、对企业补助拨款费用、对个人和家庭补助拨款费用、对社会保障基金补助拨款费用、资本性拨款费用、其他拨款费用、财政专户管理资金支出、专用基金支出、资金调拨费用等。

二、财政预算支出的分类

从管理的角度划分，财政预算支出分为购买性支出和转移性支出两大类。

（一）购买性支出

购买性支出又可按购买标准的特点进一步细分为工资支出、购买支出和零星支出三种。

（1）工资支出是指购买预算单位工作人员劳务发生的支出。

（2）购买支出是指除工资支出、零星支出以外用于购买劳务、服务、货物和工程项目发生的支出。

（3）零星支出是指按量化指标确定的日常小额购买支出，在实际操作中，可以结合政府采购制度的规定，将未列入《政府采购品目分类目录》所列政府采购品目，或者列入该品目但未达到规定数额的支出，界定为零星支出。

（二）转移性支出

转移性支出是指拨付给有关单位或下级财政部门的未指明具体用途的支出，包括拨付企业补贴和未指明具体用途的资金、中央对地方的一般性转移支付等。

三、财政预算支出的内容

（一）一般公共预算支出的内容

一般公共预算支出是指列入各级政府财政预算，用一般公共预算收入安排的支出。它是国家对集中的预算收入有计划地分配和使用而安排的支出，主要用于发展经济、提高人民物质和文化生活水平、加强国家行政管理、巩固国防等方面的开支。一般公共预算支出项目的设置和内容，应符合政府收支分类科目的规定。一般公共预算支出涉及一般公共服务、外交、国防、公共安全、教育、科学技术、文化体育与传媒、社会保障和就业、医疗卫生、节能环保、城乡社区事务、农林水事务、交通运输等方面。

1. 一般公共服务支出

一般公共服务支出主要包括全国人民代表大会、中国人民政治协商会议、党政机关、民主党派、群众团体等组织的经费支出，以及彩票事务、国债事务支出，还包括发展与改革事务支出、统计信息事务支出、财政事务支出、税收事务支出、审计事务支出以及民主党派及工商联事务支出、群众团体事务支出等。

2. 外交支出

外交支出主要包括外交管理事务支出、驻外机构经费支出、对外援助支出、国际组织事务支出、对外合作与交流支出、对外宣传支出、边界勘界联检支出等。

3. 国防支出

国防支出主要包括现役部队支出、预备役部队支出、民兵事业支出、国防科研事业支出、专项工程支出、国防动员支出等。

4. 公共安全支出

公共安全支出主要包括武装警察、公安、国家安全、检察、法院、司法、监狱、劳教、国家保密等支出。

5. 教育支出

教育支出主要包括教育管理事务、各类教育等方面的经费支出。

6. 科学技术支出

科学技术支出主要包括科学技术管理事务、自然科学研究、社会科学研究等方面的支出，也包括基础研究、应用研究、技术研究与开发、科技条件与服务、社会科学、科学技术普及、科技交流与合作、科技重大专项等支出。

7. 文化体育与传媒支出

文化体育与传媒支出包括文化、文物、体育、广播影视、新闻出版等方面的支出。

8. 社会保障和就业支出

社会保障和就业支出主要包括人力资源和社会保障管理事务、民政管理事务、财政对社会保险基金的补助、行政事业单位离退休、就业补助、抚恤、残疾人事业、社会救济等方面的支出，也包括补充全国社会保障基金、企业改革补助、退役安置、社会福利、城市居民最低生活保障等方面的支出。

9. 医疗卫生支出

医疗卫生支出主要包括医疗卫生管理事务、公立医院、基层医疗卫生机构、公共卫生、医疗保障、中医药、食品和药品监督管理事务等方面的支出。

10. 节能环保支出

节能环保支出包括环境保护管理水务、环境监测与监察、污染防治、自然生态保护、天然林保护、退耕还林、风沙荒漠治理、退牧还草、已垦草原退耕还草、能源节约利用、污染减排等方面的支出。

11. 城乡社区事务支出

城乡社区事务支出主要包括城乡社区管理事务、城乡社区规划、公共设施等方面的支出。

12. 农林水事务支出

农林水事务支出主要包括农业、林业、水利、扶贫等方面的支出。

13. 交通运输支出

交通运输支出主要包括水路运输、铁路运输、民航运输、邮政业等方面的支出。

14. 工业、商业、金融等事务支出

工业、商业、金融等事务支出包括采掘业、制造业、建筑业、电力、信息产业、旅游业、涉外发展、粮油事务、商业流通事务、物资储备、金融业、安全生产、国有资产监管、中小企业事务、可再生能源、能源节约利用、其他工业商业金融等支出。

（二）政府性基金预算支出的内容

政府性基金预算支出是用政府性基金预算收入安排的支出，其支出内容与政府性基金预算收入相对应。与一般公共预算支出相比，政府性基金预算支出具有专款专用的特征。在《政府收支分类科目》中，政府性基金预算支出包括一般公共服务、公共安全、文化体育与传媒、社会保障和就业等支出项目。

1. 一般公共服务支出

一般公共服务支出是使用中国国际贸易促进委员会征收的证书工本费、认证费、涉外经济贸易争议调解费等政府性基金预算收入而安排的基金支出。

2. 公共安全支出

公共安全支出是使用司法部门收取的涉外、涉港澳台公证书工本费取得的政府性基金预算收入而安排的基金支出。

3. 文化体育与传媒支出

文化体育与传媒支出反映政府使用基金预算收入安排的文化体育与传媒支出，包括使用中央和地方财政集中的文化事业建设费收入以及国家电影发展专项资金收入而安排的支出。

4. 社会保障和就业支出

社会保障和就业支出是指政府使用政府性基金预算收入安排的社会保障和就业支出。社会保障和就业支出包括大中型水库移民后期扶持基金支出、小型水库移民扶助基金支出、补充道路交通事故社会救助基金支出、残疾人就业保障金支出等。

（三）专用基金支出的内容

专用基金支出是指财政部门使用专用基金收入安排的相应支出，如粮食风险基金支出等。专用基金在管理与核算上必须遵循先收后支、量入为出的原则。专用基金支出实行计划管理，按照规定的用途和使用范围办理支出。各项专用基金未经上级主管部门批准不得挪作他用。

任务二　财政预算支出的支付方式与列支原则

一、未实行国库集中收付制度的支付方式

未实行国库集中收付制度的地区和单位，财政资金的支付采用资金划拨制度。资金划拨制度是指将资金如数划转到预算单位的存款户头上，由预算单位按照事先确定的用途和开支标准使用的制度。

资金划拨支付方式是财政部门根据财政预算直接将预算单位所需的财政资金拨付给预算单位的资金支付方式。在这种支付方式下，预算单位在需要资金时向财政部门提出申请，财政部门按预算规定审核后，直接将资金从国库账户拨付到预算单位的银行账户。

二、实行国库集中收付制度的支付方式

（一）财政直接支付方式

1. 财政直接支付方式的概念

财政直接支付方式是按照部门预算和用款计划确定的资金用途和用款进度，根据用款单位的申请，由财政部门开具支付令，通过国库单一账户体系，直接将财政资金支付到商品和劳务供应者账户的支付方式。

2. 采用财政直接支付方式的流程

财政直接支付方式下的支付流程如下：

（1）预算单位按照批复的部门预算和资金使用计划，向财政部门提交《财政直接支付书》，以申请支付。

（2）财政部门根据批复的部门预算和资金使用计划及相关要求对支付申请审核无误后，开具《财政直接支付清算汇总通知单》和《财政直接支付凭证》，经过财政国库管理机构盖章后，分别送中国人民银行和财政部门零余额账户（代理银行），以通知付款。

（3）财政部门零余额账户（代理银行）根据收到的《财政直接支付凭证》，将资金直接支付给商品或劳务供应商。

（4）财政部门零余额账户（代理银行）支付款项以后，开具《财政直接支付入账通知书》，递交有关预算单位，作为预算单位取得财政拨款的依据。

（5）财政部门零余额账户（代理银行）填写《财政直接支付申请划款凭证》，向中国人民银行提出清算申请。中国人民银行将财政部门零余额账户（代理银行）发来的《财政直接支付申请划款凭证》与财政部门发来的《财政直接支付清算汇总通知单》核对无误后，办理资金清算手续，将资金划给财政部门零余额账户（代理银行）。

财政直接支付主要通过转账方式进行，也可以采用国库支票方式支付。在每日营业终了前，国库单一账户应与财政部门零余额账户（代理银行）进行清算。财政直接支付流程如图 7-1 所示。

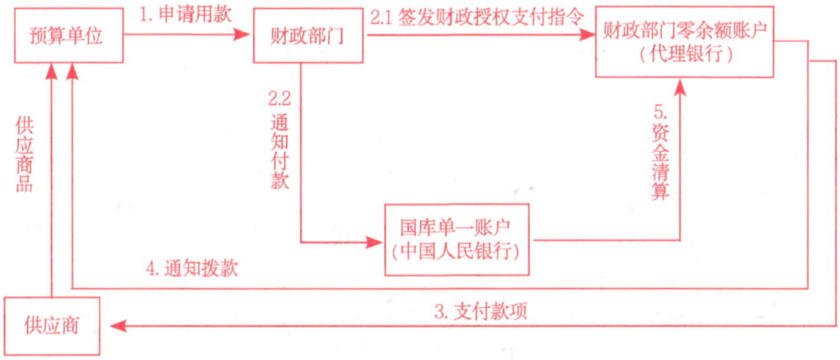

图 7-1　财政直接支付流程

（二）财政授权支付方式

1. 财政授权支付方式的概念

财政授权支付方式是指按照部门预算和用款计划确定的资金用途和用款进度，由预算单位根据财政授权自行开具支付令，通过国库单一账户体系将资金支付到收款人账户的支付方式。通常，未实行财政直接支付方式的购买支出和零星支出，都可以采用财政授权支付方式。

2. 采用财政授权支付方式的流程

财政授权支付方式下的支付流程如下：

（1）预算单位根据批复的部门预算和资金使用计划，按照规定时间和程序向财政部门申请授权支付用款额度。

（2）财政部门审批用款额度以后，分别向中国人民银行和预算单位零余额账户（代理银行）签发《财政授权支付汇总清算额度通知书》和《财政授权支付额度通知书》。

（3）预算单位零余额账户（代理银行）在收到《财政授权支付额度通知书》后，向预算单位发送《财政授权支付额度到账通知书》，作为预算单位零余额账户用款额度增加的依据。

（4）预算单位依据《财政授权支付额度到账通知书》，在需要使用资金时自行签发财政授权支付指令，如转账支票等，通知预算单位零余额账户（代理银行）办理资金支付业务。

（5）预算单位零余额账户（代理银行）对预算单位提交的财政授权支付指令审核无误后，办理现金支付或转账支付业务。

（6）预算单位零余额账户（代理银行）根据已办理支付手续的资金，填写《财政授权支付申请划款凭证》，按日向中国人民银行提出资金清算申请。中国人民银行对《财政授权支付申请划款凭证》审核无误后，通过国库单一账户与预算单位零余额账户（代理银行）进行资金清算，将款项划给代理银行。

财政授权支付流程如图 7-2 所示。

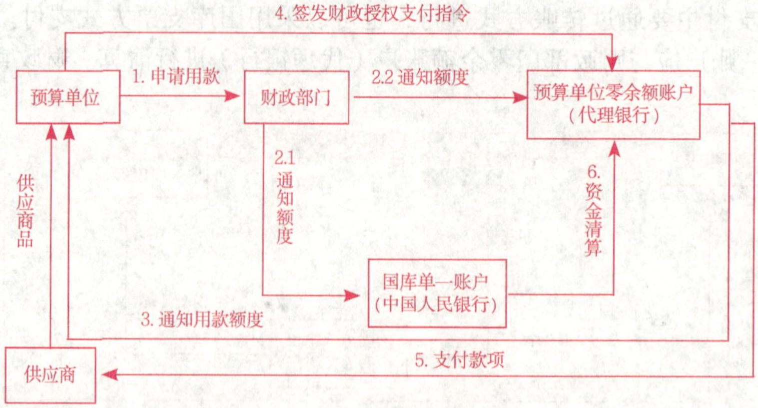

图 7-2 财政授权支付流程

三、财政预算支出的列支原则

（一）实行资金划拨制度的预算支出列支原则

（1）对行政事业单位的基本建设支出、非包干性支出和专项支出，平时按财政拨款数列报支出，待年终清理结算收回拨款时，再冲销已列支出。对于收回以前年度已列支出的款项，除财政部门另有规定者外，应冲销当年支出。

（2）其他各项支出，均以财政拨款数列报支出。

（3）预拨以后各期经费以及年末预拨给用款单位的下年度经费，应作为预拨款项处理，不得直接按预拨数列作本期支出。

（二）实行国库集中支付制度的预算支出列支原则

在实行国库集中支付制度的地区和单位，拨付资金的方式有财政直接支付方式和财政授权支付方式两种，所以列作财政支出的原则也不完全相同。

（1）对于采用财政直接支付方式支付的一般公共预算资金，财政总会计应根据财政国库支付执行机构每日报来的按部门汇总的《预算支出结算清单》，在与中国人民银行划款凭证核对无误后，列作预算支出。

（2）对于采用财政授权支付方式支付的一般公共预算资金，财政总会计应将各代理银行汇总的预算单位零余额账户授权支付数，与中国人民银行汇总划款凭证及财政国库支付执行机构按部门汇总的《预算支出结算清单》核对无误后，列报预算支出。

任务三 财政拨款费用与预算支出的核算

财政预算支出的核算主要包括一般公共预算支出的核算、政府性基金预算支出的核算、专用基金支出的核算、国有资本经营预算支出的核算等。所对应的财政拨款费用核算主要包括：政府机关商品和服务拨款费用的核算、政府机关工资和福利拨款费用的核算、对事业单位补助拨款费用的核算、对企业补助拨款费用的核算、对个人和家庭补助拨款费用的核算、对社会保障基金补助拨款费用的核算、资本性拨款费用的核算、其他拨款费用的核算、专用基金支出的核算等。

一、一般公共预算支出的核算

（一）一般公共预算支出核算的会计科目设置

“一般公共预算支出”科目用于核算各级财政总会计办理的应由预算资金支付的各项支出。该科目的借方登记财政机关的直接支出数以及由待结算资金转入的支出数，贷方登记支出收回数以及年末转销数，平时借方余额反映一般公共预算本级累计数。本科目应根据《政府收支分类科目》中的“一般公共预算支出”科目分“款”“项”设置明细账。

根据一般公共预算支出的内容，对应的财务会计科目有“政府机关商品和服务拨款费用”“政府机关工资和福利拨款费用”“对事业单位补助拨款费用”“对企业补助拨款费用”“对个人和家庭补助拨款费用”“对社会保障基金补助拨款费用”“资本性拨款费用”“其他拨款费用”等。

“政府机关商品和服务拨款费用”科目核算本级政府财政拨付给机关和参公事业单位购买商品和服务的各类费用，不包括用于购置固定资产、战略性和应急性物资储备等资本性拨款费用。

“政府机关工资和福利拨款费用”科目核算本级政府财政拨付给机关和参公事业单位在职职工和编制外长期聘用人员的各类劳动报酬及为上述人员缴纳的各项社会保险费等费用。

“对事业单位补助拨款费用”科目核算本级政府财政拨付的对事业单位（不含参公事业单位）的经常性补助费用，不包括对事业单位的资本性拨款费用。

“对企业补助拨款费用”科目核算本级政府财政拨付的对各类企业的补助费用，不包括对企业的资本金注入和资本性拨款费用。

“对个人和家庭补助拨款费用”科目核算本级政府财政拨付的对个人和家庭的补助费用。

“对社会保障基金补助拨款费用”科目核算本级政府财政拨付的对社会保险基金的补助费用，以及补充全国社会保障基金的费用。

“资本性拨款费用”科目核算政府财政拨付给行政事业单位和企业的资本性拨款费用，不包括对企业的资本金注入。

“其他拨款费用”科目核算本级政府财政拨付的经常性赠与、国家赔偿费用、对民间非营利组织和群众性自治组织补贴等拨款费用。

（二）一般公共预算支出的账务处理

财政总会计实际发生一般公共预算支出时，借记“一般公共预算支出”科目，贷记“资金结存——库款资金结存”等科目。已支出事项发生退回时，借记“资金结存——库款资金结存”等科目，贷记“一般公共预算支出”科目。年终转账时，“一般公共预算支出”借方余额转入一般公共预算结转结余，借记“一般公共预算结转结余”科目，贷记“一般公共预算支出”科目。“一般公共预算支出”科目平时借方余额反映一般公共预算支出的累计数。期末结转后，本科目应无余额。

财政总会计实际发生政府机关商品和服务拨款费用时，借记“政府机关商品和服务拨款费用”科目，贷记“国库存款”科目。当年政府机关商品和服务拨款费用发生退回时，按照实际收到的退回金额，借记“国库存款”科目，贷记“政府机关商品和服务拨款费用”科目。年终转账时，“政府机关商品和服务拨款费用”科目借方余额转入本期盈余，借记“本期盈余——预算管理资金本期盈余”科目，贷记“政府机关商品和服务拨款费用”科目。“政府机关商品和服务拨款费用”平时借方余额反映本级政府机关商品和服务拨款费用的累计数。期末结转后，本科目应无余额。

实际发生政府机关工资福利拨款费用时，借记“政府机关工资和福利拨款费用”科目，贷记“国库存款”科目。当年政府机关工资福利拨款费用发生退回时，按照实际收到的退回金额，借记“国库存款”科目，贷记“政府机关工资和福利拨款费用”科目。年终转账时，“政府机关工资和福利拨款费用”科目借方余额转入本期盈余，借记“本期盈余——预算管理资金本期盈余”科目，贷记“政府机关工资和福利拨款费用”科目。“政府机关工资和福利拨款费用”科目平时借方余额反映本级政府机关工资福利拨款费用的累计数。期末结转后，本科目应无余额。

实际发生对事业单位补助拨款费用时，借记“对事业单位补助拨款费用”科目，贷记“国库存款”科目。当年对事业单位补助拨款费用发生退回时，按照实际收到的退回金额，借记“国库存款”科目，贷记“对事业单位补助拨款费用”科目。年终转账时，“对事业单位补助拨款费用”科目借方余额转入本期盈余，借记“本期盈余——预算管理资金本期盈余”科目，贷记“对事业单位补助拨款费用”科目。“对事业单位补助拨款费用”科目平时借方余额反映本级政府财政对事业单位补助拨款费用的累计数。期末结转后，本科目应无余额。

实际发生对企业补助拨款费用时，借记“对企业补助拨款费用”科目，贷记“国库存款”科目。当年对企业补助拨款费用发生退回时，按照实际收到的退回金额，借记“国库存款”科目，贷记“对企业补助拨款费用”科目。年终转账时，“对企业补助拨款费用”科目借方余额转入本期盈余，借记“本期盈余——预算管理资金本期盈余”科目，贷记“对企业补助拨款费用”科目。“对企业补助拨款费用”科目平时借方余额反映本级政府财政对企业补助拨款费用的累计数。期末结转后，本科目应无余额。

实际发生对个人和家庭补助拨款费用时，借记“对个人和家庭补助拨款费用”科目，贷记“国库存款”科目。当年对个人和家庭补助拨款费用发生退回时，按照实际收到的金额，借记“国库存款”科目，贷记“对个人和家庭补助拨款费用”科目。年终转账时，“对个人和家庭补助拨款费用”科目借方余额转入本期盈余，借记“本期盈余——预算管理资金本期盈余”科目，贷记“对个人和家庭补助拨款费用”科目。“对个人和家庭补助拨款费用”科目平时借方余额反映本级政府财政对个人和家庭补助拨款费用的累计数。期末结转后，本科目应无余额。

实际发生对社会保障基金补助拨款费用时，借记“对社会保障基金补助拨款费用”科目，贷记“国库存款”科目。当年对社会保障基金补助拨款费用发生退回时，按照实际收到的金额，借记“国库存款”科目，贷记“对社会保障基金补助拨款费用”科目。年终转账时，“对社会保障基金补助拨款费用”科目借方余额转入本期盈余，借记“本期盈余——预算管理资金本期盈余”科目，贷记“对社会保障基金补助拨款费用”科目。“对社会保障基金补助拨款费用”科目平时借方余额反映本级政府财政对社会保障基金补助拨款费用的累计数。期末结转后，本科目应无余额。

实际发生资本性拨款费用时，借记“资本性拨款费用”科目，贷记“国库存款”科目。当年资本性拨款费用发生退回时，按照实际退回的金额，借记“国库存款”科目，贷记“资本性拨款费用”科目。年终转账时，“资本性拨款费用”科目借方余额转入本期盈余，借记“本期盈余——预算管理资金本期盈余”科目，贷记“资本性拨款费用”科目。“资本性拨款费用”科目平时借方余额反映本级政府财政资本性拨款费用的累计数。期末结转后，本科目应无余额。

实际发生其他拨款费用时，借记“其他拨款费用”科目，贷记“国库存款”科目。当年其他拨款费用发生退回时，按照实际收到的退回金额，借记“国库存款”科目，贷记“其他拨款费用”科目。年终转账时，“其他拨款费用”科目借方余额转入本期盈余，借记“本期盈余——预算管理资金本期盈余”科目，贷记“其他拨款费用”科目。“其他拨款费用”科目平时借方余额反映本级政府财政其他拨款费用的累计数。期末结转后，本科目应无余额。

【例 7-1】某市财政 2022 年发生以下有关经济业务，据以编制会计分录。

（1）某市财政机关按预算拨付给某市国家土地管理局本月购买商品和服务经费 580 000 元。编制的财务会计分录如下：

借：政府机关商品和服务拨款费用　　580 000
　　贷：国库存款　　580 000

编制的预算会计分录如下：

借：一般公共预算支出　　580 000
　　贷：资金结存——库款资金结存　　580 000

（2）某市财政机关根据预算安排，拨给市科学技术局工资福利费用 350 000 元。

编制的财务会计分录如下：

借：政府机关工资和福利拨款费用　　350 000
　　贷：国库存款　　350 000

编制的预算会计分录如下：

借：一般公共预算支出　　350 000
　　贷：资金结存库款资金结存　　350 000

（3）年末，将“一般公共预算支出”科目借方余额 1 500 000 元转入“一般公共预算结转结余”科目。

借：一般公共预算结转结余　　1 500 000
　　贷：一般公共预算支出　　1 500 000

（4）年终，中央财政总会计确定一项已经安排预算的对事业单位补助的资金 3 000 万元，由于用款单位用款进度的原因，未能拨付出去。

中央政府财政总会计应按权责发生制将该项资金列为当年费用，编制如下会计分录。

编制的财务会计分录如下：

借：对事业单位补助拨款费用　　3 0000 000
　　贷：应付国库集中支付结余　　3 0000 000

编制的预算会计分录如下：

借：一般公共预算支出　　3 0000 000
　　贷：资金结存——集中支付结余结存　　3 0000 000

下一年度，该项资金拨付给用款单位，编制会计分录如下：

编制的财务会计分录如下：

借：应付国库集中支付结余　　3 0000 000
　　贷：国库存款　　30 000 000

编制的预算会计分录如下：

借：资金结存——集中支付结余结存　　30 000 000

　　贷：资金结存——库款资金结存　　30 000 000

二、政府性基金预算支出的核算

（一）政府性基金预算支出核算的会计科目设置

“政府性基金预算支出”科目用来核算各级财政部门用政府性基金预算收入安排的支出。该科目借方登记政府性基金预算支出数，贷方登记支出收回及年末转销数，平时借方余额反映政府性基金预算支出累计数。本科目应根据《政府收支分类科目》中支出功能分类科目和支出经济分类科目进行明细核算。同时，可根据预算管理需要，按照预算单位和项目等进行明细核算。

根据政府性基金预算支出的内容，对应的财务会计科目有“政府机关商品和服务拨款费用”“政府机关工资和福利拨款费用”“对事业单位补助拨款费用”“对企业补助拨款费用”“对个人和家庭补助拨款费用”“对社会保障基金补助拨款费用”“资本性拨款费用”“其他拨款费用”等。

（二）政府性基金预算支出的账务处理

财政总会计在核算政府性基金预算支出时，借记“政府性基金预算支出”科目，贷记“资金结存——库款资金结存”等科目。已支出事项发生退回时，借记“资金结存——库款资金结存”等科目，贷记“政府性基金预算支出”科目。年终转账时，“政府性基金预算支出”科目借方余额转入政府性基金预算结转结余，借记“政府性基金预算结转结余”科目，贷记“政府性基金预算支出”科目。“政府性基金预算支出”科目平时借方余额反映政府性基金预算支出的累计数。期末结转后，本科目应无余额。

【例 7-2】某市财政 2022 年发生以下有关经济业务，据以编制会计分录：

（1）某市财政机关用铁路建设基金安排铁路建设拨款费用 80 000 元。

编制的财务会计分录如下：

借：资本性拨款费用　　80 000

　　贷：国库存款　　80 000

编制的预算会计分录如下：

借：政府性基金预算支出　　80 000

　　贷：资金结存　　80 000

（2）某市财政机关用林业发展基金收入安排林业部门商品和服务拨款费用 370 000 元。编制的财务会计分录如下：

借：政府机关商品和服务拨款费用　　370 000

　　贷：国库存款　　370 000

编制的预算会计分录如下：

借：政府性基金预算支出　　370 000

　　贷：资金结存　　370 000

三、专用基金支出的核算

（一）专用基金支出核算的会计科目设置

“专用基金支出”科目用来核算各级财政部门以专用基金收入安排的支出。该科目的借方登记专用基金支出发生数，贷方登记支出收回及年末转销数。

（二）专用基金支出的账务处理

财政总会计在核算专用基金支出时，预算会计的账务处理为借记“专用基金支出”科目，贷记“资金结存——库款资金结存”“资金结存——专户资金结存”等科目。已支出事项发生退回时，借记“资金结存——库款资金结存”“资金结存——专户资金结存”等科目，贷记“专用基金支出”科目。年终转账时，“专用基金支出”科目借方余额转入专用基金结余，借记“专用基金结余”科目，贷记“专用基金支出”科目。“专用基金支出”科目平时借方余额反映专用基金支出的累计数。期末结转后，本科目应无余额。

财政总会计在核算发生专用基金支出时，财务会计的账务处理为借记“专用基金支出”科目，贷记“其他财政存款”等科目。当年专用基金支出发生退回时，按照实际退回的金额，借记“其他财政存款”等科目，贷记“专用基金支出”科目。以前年度专用基金支出发生退回时，按照实际退回的金额，借记“其他财政存款”等科目，贷记“以前年度盈余调整——专用基金以前年度盈余调整”科目。年终转账时，“专用基金支出”科目借方余额转入本期盈余，借记“本期盈余——专用基金本期盈余”科目，贷记“专用基金支出”科目。“专用基金支出”科目平时借方余额反映专用基金支出的累计数。期末结转后，本科目应无余额。

【例 7-3】某市财政 2022 年发生以下有关经济业务，据以编制会计分录：

（1）用专用基金收入安排的支出为 340 000 元。

编制的财务会计分录如下：

借：专用基金支出　　340 000

　　贷：其他财政存款——专用基金存款　　340 000

编制的预算会计分录如下：

借：专用基金支出　　340 000

　　贷：资金结存——专户资金结存　　340 000

（2）收回专用基金支出共计 20 000 元。

编制的财务会计分录如下：

借：其他财政存款——专用基金存款　　20 000

　　贷：专用基金支出　　20 000

编制的预算会计分录如下：

借：资金结存——专户资金结存　　20 000

　　贷：专用基金支出　　20 000

四、国有资本经营预算支出的核算

国有资本经营预算支出是政府财政管理的由本级政府使用的列入国有资本经营预算的支出。“国有资本经营预算支出”属于预算支出类科目。“国有资本经营预算支出”科目应当按照《政府收支分类科目》中支出功能分类科目设置明细科目。同时，根据管理需要，按照支出经济分类科目、部门等进行明细核算。

实际发生国有资本经营预算支出时，借记“国有资本经营预算支出”科目，贷记“资金结存——库款资金结存”等科目。已支出事项发生退回时，借记“资金结存——库款资金结存”等科目，贷记“国有资本经营预算支出”科目。年终转账时，“国有资本经营预算支出”科目借方余额转入国有资本经营预算结转结余，借记“国有资本经营预算结转结余”科目，贷记“国有资本经营预算支出”科目。“国有资本经营预算支出”科目平时借方余额反映国有资本经营预算支出的累计数。期末结转后，本科目应无余额。

五、债务还本预算支出的核算

债务还本预算支出是指政府财政偿还本级政府财政承担的纳入预算管理的债务本金支出。“债务还本预算支出”属于预算支出类科目，本科目应设置“国债还本支出”“一般债务还本支出”“专项债务还本支出”明细科目，并根据《政府收支分类科目》中“债务还本支出”科目进行明细核算。它所对应的财务会计科目是“借入款项”“应付短期政府债券”“应付长期政府债券”等。

偿还本级政府财政承担的政府债券、主权外债等纳入预算管理的债务本金时，借记“债务还本预算支出”科目，贷记“资金结存——库款资金结存”“资金结存——专户资金结存”“补助预算收入——上级调拨”等科目。

中央财政发生国债随买业务时，根据国债随买确认文件等相关债券管理资料，按照国债随买面值，借记“债务还本预算支出”科目，按照实际支付的金额，贷记“资金结存——库款资金结存”科目；按照其差额，借记或贷记“一般公共预算支出”科目。

年终转账时，本科目下“国债还本支出”“一般债务还本支出”的借方余额转入一般公共预算结转结余，借记“一般公共预算结转结余”科目，贷记“债务还本预算支出——国债还本支出”“债务还本预算支出—一般债务还本支出”科目；本科目下“专项债务还本支出”的借方余额转入政府性基金预算结转结余，借记“政府性基金预算结转结余”科目，贷记“债务还本预算支出——专项债务还本支出”科目，可根据预算管理需要，按照专项债务对应的政府性基金预算支出科目分别转入“政府性基金预算结转结余”相应明细科目。本科目平时借方余额反映本级政府财政债务还本预算支出的累计数。期末结转后，本科目应无余额。

六、债务转贷预算支出的核算

债务转贷预算支出是指本级政府财政向下级政府财政转贷的债务支出。

“债务转贷预算支出”属于预算支出类科目，本科目应设置“一般债务转贷支出”“专项债务转贷支出”明细科目，并根据《政府收支分类科目》中“债务转贷支出”科目和转贷地区进行明细核算。本级政府财政向下级政府财政转贷地方政府债券资金时，借记“债务转贷预算支出”科目，贷记“资金结存——库款资金结存”“补助预算支出——调拨下级”等科目。

任务四　财政预算资金调拨支出的核算

财政预算资金调拨支出是中央财政与地方财政、地方上下级财政之间以及同级财政不同资金项目之间进行资金调拨而形成的支出，具体包括补助预算支出、上解预算支出、调出预算资金、地区间援助预算支出、安排预算稳定调节基金。下面主要介绍补助预算支出、上解预算支出、调出预算资金的核算。

一、补助预算支出的核算

（一）补助预算支出核算的会计科目设置

补助预算支出是本级财政按财政体制规定或因专项需要补助给下级财政的款项及其他转移支付的支出，包括税收返还支出、按原财政体制结算应补助给下级财政的款项、专项补助或临时性补助等。

“补助预算支出”科目是预算支出类科目，应按照不同资金性质设置“一般公共预算补助支出”“政府性基金预算补助支出”“国有资本经营预算补助支出”和“调拨下级”明细科目。同时，可根据管理需要，按照补助地区和《政府收支分类科目》中支出功能分类科目进行明细核算。其中，“一般公共预算补助支出”科目核算本级政府财政对下级政府财政的一般性转移支付支出；“政府性基金预算补助支出”科目核算本级政府财政对下级政府财政的政府性基金预算转移支付支出；“国有资本经营预算补助支出”科目核算本级政府财政对下级政府财政的国有资本经营预算转移支付支出；“调拨下级”科目核算年度执行中，本级政府财政调拨给下级政府财政的尚未指定资金性质的资金或结算应确认事项金额。

“补助预算支出”科目所对应的费用类科目是“补助费用”。本科目可根据管理需要，按照补助地区进行明细核算。

（二）补助预算支出及补助费用的账务处理

1.“补助预算支出”的主要账务处理

年度执行中，调拨资金给下级政府财政，根据实际调拨的金额借记“补助预算支出——调拨下级”等科目，贷记“资金结存——库款资金结存”“资金结存——专户资金结存”科目。

两级财政年终结算中应当由下级政府财政上缴的款项，借记“补助预算支出——调拨下级”等科目，贷记“上解预算收入”科目。

专项转移支付资金实行特设专户管理的，根据有关支出管理部门下达的预算文件和拨款依据确认支出，借记“补助预算支出——调拨下级”等科目；资金由本级政府财政拨付给下级的，贷记“资金结存专户资金结存”等科目；资金由上级政府财政直接拨给下级的，贷记“补助预算收入——上级调拨”科目。

本级政府财政借入或收到转贷的主权外债，贷款资金由下级政府财政同级部门使用，且贷款最终还款责任由本级政府财政承担的，根据债务管理部门提供的有关资料，借记“补助预算支出——调拨下级”等科目，贷记“资金结存——库款资金结存”“资金结存——专户资金结存”科目；外方或上级政府财政将贷款资金直接支付给用款单位或供应商时，借记“补助预算支出——调拨下级”等科目，贷记“债务预算收入”“债务转贷预算收入”等科目；本级政府财政豁免下级政府财政主权外债，根据债务管理部门提供的有关资料和有关预算文件，借记“补助预算支出——调拨下级”等科目，贷记“资金结存——上下级调拨结存”科目。

根据预算管理需要，收回已调拨下级政府财政资金时，按照实际收到的金额，借记“资金结存库款资金结存”“资金结存——专户资金结存”等科目，贷记“补助预算支出——调拨下级”等科目。

发生上解多缴应当退回的，按照应当退回的金额，借记“上解预算收入”科目，贷记“补助预算支出——调拨下级”等科目。

年终两级财政办理结算以后，根据预算管理部门提供的结算单确认补助下级预算支出，借记“补助预算支出——一般公共预算补助支出”“补助预算支出——政府性基金预算补助支出”“补助预算支出——国有资本经营预算补助支出”等科目，贷记“补助预算支出——调拨下级”科目。

完成上述结转以后，将本科目下各明细科目余额分别结转至相应的预算结余类科目。借记“资金结存——上下级调拨结存”“一般公共预算结转结余”“政府性基金预算结转结余”“国有资本经营预算结转结余”等科目，贷记“补助预算支出”。

本科目平时借方余额反映补助预算支出的累计数。期末结转后，本科目应无余额。

2.“补助费用”的主要账务处理

年终与下级政府财政结算时，按照结算确认的应当补助下级政府的费用数，借记“补助费用”科目，贷记“与下级往来”科目。退还或核减补助费用时，借记“与下级往来”科目，贷记“补助费用”科目。

专项转移支付资金实行特设专户管理的，根据有关支出管理部门下达的预算文件和拨款依据确认费用，借记“补助费用”或“与下级往来”科目；资金由本级政府财政拨付给下级的，贷记“其他财政存款”等科目；资金由上级政府财政直接拨给下级的，贷记“与上级往来”或“补助收入”科目。

年终转账时，本科目借方余额转入本期盈余，借记“本期盈余——预算管理资金本期盈余”科目，贷记“补助费用”科目。本科目平时借方余额反映本级政府财政对下级补助费用的累计数。期末结转后，本科目应无余额。

【例 7-4】某市财政 2022 年发生以下有关经济业务，据以编制会计分录：

（1）由于甲县发生地震灾害而财政困难，拨付一般公共预算补助款 380 000 元。编制的财务会计分录如下：

	借方	贷方
借：补助费用——一般公共预算补助	380 000	
贷：国库存款——一般公共预算存款		380 000

编制的预算会计分录如下：

	借方	贷方
借：补助预算支出——一般公共预算补助支出	380 000	
贷：资金结存——库款资金结存		380 000

（2）按财政体制管理规定拨付给乙县政府性基金预算补助款 530 000 元。

编制的财务会计分录如下：

	借方	贷方
借：补助费用——政府性基金预算补助	530 000	
贷：国库存款政府性基金预算存款		530 000

编制的预算会计分录如下：

	借方	贷方
借：补助预算支出——政府性基金预算补助支出	530 000	
贷：资金结存——库款资金结存		530 000

二、上解预算支出的核算

（一）上解预算支出会计科目设置

上解预算支出是按财政体制规定由本级财政上缴给上级财政的款项，包括按财政体制由国库在本级预算收入中直接划解给上级财政的款项，按体制结算划解给上级财政款项和各种专项上解款项。

为了核算上解预算支出业务，财政总会计应设置“上解预算支出”科目。该科目的借方登记上解支出的发生数，贷方登记上解支出的退转数及年末转销数。本科目应按照不同资金性质设置“一般公共预算上解支出”“政府性基金预算上解支出”“国有资本经营预算上解支出”明细科目。“上解预算支出”科目是预算支出类会计科目，它所对应的费用类会计科目是“上解费用”。“上解费用”可根据管理需要按照项目等进行明细核算。

（二）“上解预算支出”及“上解费用”的账务处理

1.“上解预算支出”的主要账务处理

发生上解预算支出时，借记“上解预算支出”科目，贷记“资金结存——库款资金结存”“补助预算收入——上级调拨”等科目。

年终与上级政府财政结算时，按照尚未支付的上解金额，借记“上解预算支出”科目，贷记“补助预算收入——上级调拨”等科目。退还或核减上解支出时，借记“资金结存——库款资金结存”“补助预算收入——上级调拨”等科目，贷记“上解预算支出”科目。

年终转账时，本科目借方余额应根据不同资金性质分别转入相应的结转结余科目，借记“一般公共预算结转结余”“政府性基金预算结转结余”等科目，贷记“上解预算支出”科目。

本科目平时借方余额反映上解支出的累计数。期末结转后，本科目应无余额。

2.“上解费用”的主要账务处理

年终与上级政府财政结算时，按照结算确认的金额上解费用数，借记“上解费用”科目，贷记“国库存款”科目。退还或核减上解费用时，借记“国库存款”等科目，贷记“上解费用”。年终转账时，本科目借方余额转入本期盈余，借记“本期盈余——预算管理资金本期盈余”科目，贷记“上解费用”。

本科目平时借方余额反映本级政府财政上解费用的累计数。期末结转后，本科目应无余额。

【例 7-5】某市财政 2022 年发生以下有关经济业务，据以编制会计分录：

（1）市财政上解省财政 430 000 元一般公共预算上解款时，市财政总会计应做如下会计分录。编制的财务会计分录如下：

借：上解费用——一般公共预算上解	430 000	
贷：国库存款		430 000

编制的预算会计分录如下：

借：上解预算支出——一般公共预算上解支出	430 000	
贷：资金结存——库款资金结存		430 000

（2）市财政收到省财政退还的上解款 110 000 元时，市财政总会计应做如下会计分录。编制的财务会计分录如下：

借：国库存款　110 000

　　贷：上解费用——一般公共预算上解　110 000

编制的预算会计分录如下：

借：资金结存——库款资金结存　110 000

　　贷：上解预算支出——一般公共预算上解支出　110 000

（3）根据财政体制规定，市财政上解省财政政府性基金预算款项 660 000 元。

编制的财务会计分录如下：

借：上解费用——政府性基金预算上解　660 000

　　贷：国库存款——政府性基金预算存款　660 000

编制的预算会计分录如下：

借：上解预算支出——政府性基金预算上解支出　660 000

　　贷：资金结存——库款资金结存　660 000

三、调出预算资金的核算

（一）调出预算资金核算的会计科目设置

调出预算资金是为平衡预算收支，从某类资金向其他类型预算调出的资金。

为了核算调出预算资金业务，财政总会计应设置“调出预算资金”科目。该科目的借方登记调出资金数，贷方登记年末转销数，平时借方余额反映调出资金累计数。本科目应设置“一般公共预算调出资金”、“政府性基金预算调出资金”和“国有资本经营预算调出资金”明细科目。

（二）调出预算资金的账务处理

“调出预算资金”科目属于预算支出类会计科目。

从一般公共预算调出资金时，按照调出的金额，借记“调出预算资金——一般公共预算调出资金”科目，贷记“调入预算资金”有关明细科目。从政府性基金预算调出资金时，按照调出的金额，借记“调出预算资金——政府性基金预算调出资金”科目，贷记“调入预算资金”有关明细科目。从国有资本经营预算调出资金时，按照调出的金额，借记“调出预算资金——国有资本经营预算调出资金”科目，贷记“调入预算资金”有关明细科目。年终转账时，本科目借方余额分别转入相应的结转结余科目，借记“一般公共预算结转结余”“政府性基金预算结转结余”和“国有资本经营预算结转结余”等科目，贷记本科目。

本科目平时借方余额反映调出预算资金的累计数。期末结转后，本科目应无余额。

【例 7-6】某市财政 2022 年发生以下有关经济业务，据以编制会计分录：

（1）市财政局从政府性基金预算结余中调出 780 000 元，用于平衡一般公共预算收支。

编制的财务会计分录如下：

借：国库存款——一般公共预算存款　780 000

　　贷：国库存款政府性基金预算存款　780 000

编制的预算会计分录如下：

借：调出预算资金——政府性基金预算调出资金　　780 000
　　贷：调入预算资金——一般公共预算调入资金　　780 000

（2）期末将调出资金、调入资金转入有关结余科目。

借：调入预算资金——一般般公共预算调入资金　　780 000
　　贷：一般公共预算结转结余　　780 000
借：政府性基金预算结转结余　　780 000
　　贷：调出预算资金——政府性基金预算调出资金　　780 000

任务五　财政专户管理资金支出的核算

财政专户管理资金支出是政府财政用纳入财政专户管理的教育收费等资金安排的支出。

一、财政专户管理资金支出核算的会计科目

为了对财政专户管理资金的支出进行核算，需要设置“财政专户管理资金支出”科目。“财政专户管理资金支出”科目核算各级财政部门用财政专户管理资金收入安排的支出。“财政专户管理资金支出”科目应当按照《政府收支分类科目》中支出功能分类科目设置相应明细科目。同时，根据管理需要，按照支出经济分类科目、部门（单位）等进行明细核算。

二、财政专户管理资金支出的账务处理

（一）“财政专户管理资金支出”（财务会计）的主要账务处理

发生财政专户管理资金支出时，借记“财政专户管理资金支出”科目，贷记“其他财政存款”等科目。当年记入的财政专户管理资金支出发生退回时，按照实际退回的金额，借记“其他财政存款”科目，贷记“财政专户管理资金支出”科目。以前年度财政专户管理资金支出发生退回时，按照实际退回的金额，借记“其他财政存款”科目，贷记“以前年度盈余调整——财政专户管理资金以前年度盈余调整”科目。年终转账时，本科目借方余额转入本期盈余，借记“本期盈余——财政专户管理资金本期盈余”科目，贷记“财政专户管理资金支出”科目。

（二）“财政专户管理资金支出”（预算会计）的主要账务处理

发生财政专户管理资金支出时，借记“财政专户管理资金支出”科目，贷记“资金结存——专户资金结存”等科目。已支出事项发生退回时，借记“资金结存——专户资金结存”等科目，贷记“财政专户管理资金支出”科目。年终转账时，本科目借方余额转入财政专户管理资金结余，借记“财政专户管理资金结余”科目，贷记“财政专户管理资金支出”科目。

本科目平时借方余额反映财政专户管理资金支出的累计数。期末结转后，本科目应无余额。

【例 7-7】某市财政局 2022 年用财政专户管理资金支付教育局房屋维修费用 38000 元。编制会计分录如下：

编制的财务会计分录如下：

借：财政专户管理资金支出　　38 000

贷：其他财政存款　　38 000

编制的预算会计分录如下：

借：财政专户管理资金支出　　38 000

　　贷：资金结存——专户资金结存　　38 000

项目检测

一、简答题

1. 财政费用和预算支出的内容有哪些?
2. 财政预算支出的支付方式有哪两种?

二、业务题

1. 某市财政机关按预算拨付给市国土资源管理局本月经费 82 000 元。

2. 某市财政机关根据预算安排，拨给市科技局科技三项费用 49 000 元。

3. 期末，将“一般公共预算本级支出”账户借方余额 2 334 000 元转入“一般公共预算结转结余”账户。

4. 年终，中央财政总预算会计确定一项已经安排预算的资金 440 000 万元，由于用款单位用款进度的原因，未能拨付出去。

5. 某市财政机关用铁路建设基金安排的铁路建设支出 77 000 元。

6. 某市财政机关用财政专户管理资金支付教育局房屋维修费用 29 500 元。

7. 用专用基金收入安排的支出为 234 000 元。

8. 由于甲县发生地震灾害而财政困难，拨付一般公共预算补助款 66 000 元。

9. 市财政局将与所属丙县的往来款项 467 000 元，转作对丙县的一般公共预算补助支出。

10. 市财政上解省财政 32 000 元一般公共预算上解款。

11. 市财政局从政府性基金预算结余中调出 66 000 元，用于平衡一般公共预算收支。

要求：根据以上所给资料，编制相关会计分录。

项目八　预算结余的核算

项目目标

知识目标

1. 掌握一般公共预算结转结余的核算；
2. 掌握政府性基金预算结转结余的核算；
3. 掌握国有资本经营预算结转结余的核算；
4. 掌握财政专户管理资金结余的核算；
5. 掌握专用基金结余的核算；
6. 掌握预算稳定调节基金的核算；
7. 掌握预算周转金的核算；
8. 掌握资金结存的核算。

素质目标

1. 具备认真、细致、严谨的工作作风和敬业精神；
2. 具有更新知识、继续学习深造的能力和适应会计改革发展需要的能力。

任务一　结余的核算

结余是财政预算收支的执行结果。结余包括一般公共预算结转结余、政府性基金预算结转结余、专用基金结余、财政专户管理资金结余、国有资本经营预算结转结余。各项结余平时不予结算，应该每年结算一次。年终将各项预算收入与相应的预算支出冲销后，即为该项资金的当年结余。当年结余与上年年末滚存结余相加，即为本年年末滚存结余。一级财政的各项结余必须分别核算，不得混淆。

一、一般公共预算结转结余的核算

一般公共预算结转结余是财政一般公共预算收支的执行结果，每年年末应结算一次。财政总会计应设置“一般公共预算结转结余”科目来核算各级财政的一般公共预算结余，该科目属于结余类会计科目。

年终转账时，将一般公共预算的有关收入科目贷方余额转入“一般公共预算结转结余”的贷方，借记“一般公共预算收入”“补助预算收入——一般公共预算补助收入”等科目，贷记“一般公共预算结转结余”；将一般公共预算的有关支出科目借方余额转入“一般公共预算结转结余”的借方，借记“一般公共预算结转结余”科目，贷记“一般公共预算支出”“补助预算支出——一般公共预算补助支出”等科目。

设置或补充预算周转金时，借记“一般公共预算结转结余”科目，贷记“预算周转金”科目。本科目期末贷方余额反映一般公共预算收支相抵后的滚存结转结余。

【例 8-1】某市财政 2022 年发生以下有关经济业务，据以编制会计分录：

（1）年末转账前，有关预算收入项目的累计余额为：一般公共预算收入 330 000 000 元，上级财政一般公共预算补助收入 55 000 000 元，下级财政一般公共预算上解收入 9 000 000 元，调入一般公共预算资金 20 000 000 元。

借：一般公共预算收入　330 000 000
　补助预算收入——一般公共预算补助收入　55 000 000
　上解预算收入——一般公共预算上解收入　9 000 000
　调入预算资金——一般公共预算调入资金　20 000 000
　贷：一般公共预算结转结余　495 000 000

（2）年末转账前，有关预算支出项目的累计余额为：一般公共预算支出 310 000 000 元，对下级财政一般公共预算补助支出 52 000 000 元，向省财政一般公共预算上解支出 80 000 000 元。

借：一般公共预算结转结余　442 000 000
　贷：一般公共预算支出　310 000 000
　　补助预算支出——一般公共预算补助支出　52 000 000
　　上解预算支出——一般公共预算上解支出　80 000 000

二、政府性基金预算结转结余的核算

财政总会计应设置"政府性基金预算结转结余"科目，以便核算各级财政管理的政府性基金预算收支的年终执行结果。该科目属于结余类会计科目。本科目可根据管理需要，按照政府性基金的项目进行明细核算。

年终转账时，将政府性基金预算的有关收入科目贷方余额按照政府性基金项目分别转入"政府性基金预算结转结余"的贷方，借记"政府性基金预算收入""补助预算收入——政府性基金预算补助收入"等科目，贷记"政府性基金预算结转结余"科目；将政府性基金预算的有关支出科目借方余额转入"政府性基金预算结转结余"的借方借记"政府性基金预算结转结余"科目，贷记"政府性基金预算支出""补助预算支出——政府性基金预算补助支出"等科目。

本科目期末贷方余额反映政府性基金预算收支相抵后的滚存结转结余。

【例 8-2】某市财政 2022 年发生以下有关经济业务，据以编制会计分录：

（1）某市财政年末转账前，有关收入账户的余额为：政府性基金预算收入 680 000 000 元，上级财政拨付的政府性基金补助收入 44 000 000 元，下级财政上解的政府性基金预算收入 20 000 000 元。

借：政府性基金预算收入　680 000 000
　补助预算收入——政府性基金预算补助收入　44 000 000
　上解预算收入——政府性基金预算上解收入　20 000 000
　贷：政府性基金预算结转结余　744 000 000

（2）年末转账前，有关预算支出项目的余额为：政府性基金预算支出 610 000 000 元，对下级财政的政府性基金补助支出 42 000 000 元，对上级财政的政府性基金预算上解支出 223 000 元，政府性基金预算调出资金 4 000 000 元。

借：政府性基金预算结转结余　656 223 000
　贷：政府性基金预算支出　610 000 000
　　补助预算支出——政府性基金预算补助支出　42 000 000

上解预算支出——政府性基金预算上解支出　　223 000
调出预算资金——政府性基金预算调出资金　　4 000 000

三、专用基金结余的核算

专用基金结余是财政总会计管理的专用基金执行结果，财政总会计应设置“专用基金结余”科目。该科目属于结余类会计科目，核算本级政府财政专用基金收支的执行结果，本科目应根据专用基金的种类进行明细核算。

年终转账时，将专用基金的有关收入科目贷方余额转入“专用基金结余”的贷方，借记“专用基金收入”科目，贷记“专用基金结余”科目；将专用基金的有关支出科目借方余额转入本科目的借方，借记“专用基金结余”科目，贷记“专用基金支出”科目。

本科目期末贷方余额反映政府财政管理的专用基金收支相抵后的滚存结余。

【例 8-3】某市财政 2022 年发生以下有关经济业务，据以编制会计分录：

（1）年末转账前的专用基金收入科目余额为 29 000 000 元，据以进行年末转账。

借：专用基金收入　　29 000 000
　　贷：专用基金结余　　29 000 000

（2）年末转账前的专用基金支出科目余额为 25 000 000 元，据以进行年末转账。

借：专用基金结余　　25 000 000
　　贷：专用基金支出　　25 000 000

四、财政专户管理资金结余的核算

“财政专户管理资金结余”属于结余类会计科目，本科目核算本级政府财政纳入财政专户管理的教育收费等资金收支的执行结果。

年终转账时，将财政专户管理资金的有关收入科目贷方余额转入“财政专户管理资金结余”的贷方，借记“财政专户管理资金收入”科目，贷记“财政专户管理资金结余”科目；将财政专户管理资金的有关支出科目借方余额转入“财政专户管理资金结余”的借方，借记“财政专户管理资金结余”科目，贷记“财政专户管理资金支出”科目。

本科目期末贷方余额反映政府财政纳入财政专户管理的资金收支相抵后的滚存结余。

【例 8-4】某市财政 2022 年发生以下有关经济业务，据以编制会计分录：

（1）某市财政局收到财政专户管理的教育收费等收入 23 000 元，已存入财政专户。编制的财务会计分录如下：

借：其他财政存款　　23 000
　　贷：财政专户管理资金收入　　23 000

编制的预算会计分录如下：

借：资金结存——专户资金结存　　23 000
　　贷：财政专户管理资金收入　　23 000

（2）用财政专户管理资金支付教育局教室房屋维修费用 18 000 元。

编制的财务会计分录如下：

借：财政专户管理资金支出　　18 000
　　贷：其他财政存款　　18 000

编制的预算会计分录如下：

借：财政专户管理资金支出　　18 000

　　贷：资金结存——专户资金结存　　18 000

（3）年终，将（1）和（2）中的财政专户管理资金收入、财政专户管理资金支出进行转账。编制的财务会计分录如下：

借：财政专户管理资金收入　　23 000

　　贷：本期盈余财政专户管理资金本期盈余　　23 000

借：本期盈余财政专户管理资金本期盈余　　18 000

　　贷：财政专户管理资金支出　　18 000

编制的预算会计分录如下：

借：财政专户管理资金收入　　23 000

　　贷：财政专户管理资金结余　　23 000

借：财政专户管理资金结余　　18 000

　　贷：财政专户管理资金支出　　18 000

五、国有资本经营预算结转结余的核算

“国有资本经营预算结转结余”属于结余类会计科目，本科目核算本级政府财政国有资本经营预算收支的执行结果。

年终转账时，将国有资本经营预算的有关收入科目贷方余额转入“国有资本经营预算结转结余”的贷方，借记“国有资本经营预算收入”“补助预算收入——国有资本经营预算补助收入”“上解预算收入——国有资本经营预算上解收入”科目，贷记“国有资本经营预算结转结余”科目；将国有资本经营预算的有关支出科目借方余额转入“国有资本经营预算结转结余”的借方，借记“国有资本经营预算结转结余”科目，贷记“国有资本经营预算支出”“补助预算支出国有资本经营预算补助支出”“上解预算支出国有资本经营预算上解支出”“调出预算资国有资本经营预算调出资金”科目。本科目期末贷方余额反映国有资本经营预算收支相抵后的滚存结转结余。

任务二　预算周转金的核算

为了保证年度总预算的顺利执行，调剂年度内季节性收支差额，需要设置预算周转金。

一、预算周转金的概念

预算周转金是各级财政部门在执行预算过程中设置的，供调剂年度内季节性收支差额，保证及时用款而设置的周转资金。为了解决季度或月份中可能出现的短期、临时性的收支不平衡，财政部门应设置一定数额的预算周转金，以保证年度总预算的顺利执行。

预算周转金一般用年度一般公共预算结余资金设置、补充或由上级财政拨入。由本级预算安排预算周转金时，用一般公共预算结余设置或补充；由上级财政拨入资金设置或补充时，直接计入预算周转金的增加。预算周转金只供平衡预算收支的临时周转使用，不能用于安排财政开支，未经上级财政机关批准，预算周转金年终必须保证原数，不能随意减少。预算周转金的数额，应当随着预算支出规模的扩大，逐年有所补充。

二、预算周转金的核算

为了核算预算周转金，各级财政总会计应设置“预算周转金”科目。“预算周转金”科目贷方登记设置、补充数或上级拨入数，借方登记核减数或上级抽回数，余额反映现有预算周转金的实际数。本科目核算政府财政设置的用于调剂预算年度内季节性收支差额周转使用的资金。设置或补充预算周转金时，借记“一般公共预算结转结余”科目，贷记“预算周转金”科目。将预算周转金调入预算稳定调节基金时，借记“预算周转金”科目，贷记“预算稳定调节基金”科目。本科目期末贷方余额反映预算周转金的累计规模。

【例 8-5】某市财政 2022 年发生以下有关经济业务，据以编制会计分录：

（1）经研究决定，用结余的一般公共预算资金补充预算周转金 332 000 元。

借：一般公共预算结转结余	332 000	
贷：预算周转金		332 000

（2）收到省财政增拨 670 000 元资金，用于补充预算周转金。

编制的财务会计分录如下：

借：国库存款	670 000	
贷：预算周转金		670 000

编制的预算会计分录如下：

借：资金结存	670 000	
贷：预算周转金		670 000

任务三　预算稳定调节基金的核算

为了保证年度总预算的顺利执行，为了调剂年度之间的收支差额，需要设置预算稳定调节基金。

一、预算稳定调节基金的概念

如果在财政年度内因出现经济波动而造成预算短收，财会部门就可以通过预算稳定调节基金来解决预算问题。因此，预算稳定调节基金是从财政超收收入中安排的用于调节年度预算平衡的基金。如果在财政年度内出现经济波动而造成预算短收，以往的做法是报请本级人民代表大会常务委员会调整预算，扩大财政赤字。但是，建立了预算稳定调节基金以后，如果当年预算增收，可以从增收部分补充预算稳定调节基金。当年财政收入较低时，财会部门可以动用预算稳定调节基金来平衡当年预算。

二、预算稳定调节基金的核算

财政总会计为了核算预算稳定调节基金的增减变动情况，需要设置“预算稳定调节基金”科目。本科目核算本级政府财政为保持年度间预算的衔接和稳定，在一般公共预算中设置的储备性资金。

使用超收收入或一般公共预算结余设置或补充预算稳定调节基金时，借记“安排预算稳定调节基金”科目，贷记“预算稳定调节基金”科目。将预算周转金调入预算稳定调节基金时，借记“预算周转金”科目，贷记“预算稳定调节基金”科目。动用预算稳定调节基金时，借记“预算稳定调节基金”科目，贷记“动用预算稳定调节基金”科目。本科目期末贷方余额反映预算稳定调节基金的累计规模。

【例 8-6】某市财政 2022 年发生以下有关经济业务，据以编制会计分录：

（1）年末，从本年度财政超收收入中安排预算稳定调节基金 44 000 000 元。

借：安排预算稳定调节基金	44 000 000	
贷：预算稳定调节基金		44 000 000

同时，将“安排预算稳定调节基金”账户发生额 44 000 000 元转入“一般公共预算结转结余”账户。

借：一般公共预算结转结余	44 000 000	
贷：安排预算稳定调节基金		44 000 000

（2）为了弥补预算缺口，从预算稳定调节基金中调用 11 000 000 元。

借：预算稳定调节基金	11 000 000	
贷：动用预算稳定调节基金		11 000 000

年末，将“动用预算稳定调节基金”账户发生额 11 000 000 元转入“一般公共预算结转结余”账户。

借：动用预算稳定调节基金	11 000 000	
贷：一般公共预算结转结余		11 000 000

任务四　资金结存的核算

“资金结存”属于预算结余类会计科目。

一、资金结存的概念

资金结存是指政府财政纳入预算管理资金的流入、流出、调整和滚存的结果。为了核算资金结存业务，财政总会计应设置“资金结存”科目。该科目年末借方余额，反映财政总会计预算资金的累计滚存情况。该科目应当设置“库款资金结存”“专户资金结存”“在途资金结存”“集中支付结余结存”“上下级调拨结存”“待发国债结存”“零余额账户结存”“已结报支出”“待处理结存”等明细科目。

二、资金结存的核算

“资金结存”科目的主要账务处理如下：

（1）“库款资金结存”科目核算政府财政以国库存款形态存在的资金。收到预算收入时，根据当日预算收入日报表所列预算收入数，借记“资金结存——库款资金结存”科目，贷记有关预算收入科目。已入库款项发生退库（付）的，资金划出时，借记有关预算收入科目，贷记“资金结存——库款资金结存”科目。发生预算支出时，按照实际支付的金额，借记有关预算支出科目，贷记“资金结存——库款资金结存”科目。预算支出发生退回的，资金划出时，借记“资金结存——库款资金结存”科目，贷记有关预算支出科目。

（2）“专户资金结存”科目核算政府财政以财政专户存款形态存在的资金。收到预算收入时，按照有关收入凭证，借记“资金结存——专户资金结存”科目，贷记有关预算收入科目。已收到款项发生退付的，资金划出时，借记有关预算收入科目，贷记“资金结存——专户资金结存”科目。发生预算支出时，按照实际支付的金额，借记有关预算支出科目，贷记“资金结存——专户资金结存”科目。预算支出发生退回的，资金划出时，借记“资金结存——专户资金结存”科目，贷记有关预算支出科目。

（3）“在途资金结存”科目核算报告清理期和库款报解整理期内发生的需要通过本科目过渡处理的属于上年度收入、支出等业务的款项。本科目期末余额反映政府财政持有的在途款金额。

报告清理期和库款报解整理期内收到属于上年度收入时，在上年度账务中，借记“资金结存——在途资金结存”科目，贷记有关收入科目；收回属于上年度支出时，在上年度账务中，借记“资金结存——在途资金结存”科目，贷记“预拨经费”或有关支出科目。冲转在途款时，在本年度账务中，借记“资金结存——库款资金结存”科目，贷记“资金结存——在途资金结存”科目。

（4）“集中支付结余结存”科目核算省级以上（含省级）政府财政国库集中支付中，应列为当年支出，但年末尚未支付需结转下一年度支付的款项。本科目期末应为贷方余额，反映政府财政尚未支付的国库集中支付结余。年末，对当年发生的应付国库集中支付结余，借记有关支出科目，贷记“资金结存——集中支付结余结存”科目。实际支付应付国库集中支付结余资金时，借记“资金结存——集中支付结余结存”科目，贷记“资金结存——库款资金结存”科目。收回尚未支付的应付国库集中支付结余时，借记“资金结存——集中支付结余结存”科目，贷记有关支出科目。

（5）“上下级调拨结存”科目核算上下级政府财政之间资金调拨和资金结算等事项。本科目期末余额反映政府财政上下级往来款项的净额。

年终转账时，将“补助预算收入——上级调拨”科目贷方余额转入资金结存，借记“补助预算收入上级调拨”科目，贷记“资金结存——上下级调拨结存”科目。年终转账时，将“补助预算支出——调拨下级”科目借方余额转入资金结存，借记“资金结存——上下级调拨结存”科目，贷记“补助预算支出——调拨下级”科目。

（6）“待发国债结存”科目核算为弥补中央财政预算收支差额，中央财政预计发行国债与实际发行国债之间的差额。本科目期末应为借方余额，反映中央财政尚未使用的国债发行额度。年度终了，实际发行国债收入用于债务还本支出后，小于为弥补中央财政预算收支差额中央财政预计发行国债时，按照其差额，借记“资金结存——待发国债结存”科目，贷记“债务预算收入”科目；实际发行国债收入用于债务还本支出后，大于为弥补中央财政预算收支差额中央财政预计发行国债时，按照其差额，借记“债务预算收入”科目，贷记“资金结存——待发国债结存”科目。

（7）“零余额账户结存”科目核算政府财政国库支付执行机构在代理银行开设的财政零余额账户发生的支付和清算业务。财政国库支付执行机构未单设的地区不使用本科目。财政国库支付执行机构通过财政零余额账户支付款项时，借记有关预算支出科目，贷记“资金结存——零余额账户结存”科目。根据每日清算的金额，借记“资金结存——零余额账户结存”科目，贷记“资金结存——已结报支出”科目。

（8）“已结报支出”科目核算政府财政国库支付执行机构已清算的国库集中支付支出数额。财政国库支付执行机构未单设的地区不使用本科目。财政国库支付执行机构根据每日清算的金额，借记“资金结存——零余额账户结存”科目，贷记“资金结存——已结报支出”科目。财政国库支付执行机构按照国库集中支付制度有关规定办理资金支付时，借记相关预算支出科目，贷记“资金结存——已结报支出”科目。年终财政国库支付执行机构按照累计结清的预算支出金额，与有关方面核对一致后转账，借记“资金结存——已结报支出”科目，贷记有关预算支出科目。

（9）“待处理结存”科目核算结转下年度的待处理收入和待处理支出等。本科目期末余额反映尚未清理的以前年度待处理收支的金额。

年终转账时，将“待处理收入”科目贷方余额转入资金结存，借记“待处理收入”科目，贷记“资金结存——待处理结存”科目。

年终转账时，将“待处理支出”科目借方余额转入资金结存，借记“资金结存——待处理结存”科目，贷记“待处理支出”科目。

将以前年度结转的待处理收入转列预算收入或退回时，借记“资金结存——待处理结存”科目，贷记有关预算收入科目、“资金结存——库款资金结存”科目。

将以前年度结转的待处理支出转列预算支出或收回时，借记有关预算支出科目、“资金结存——库款资金结存”等科目，贷记“资金结存——待处理结存”科目。

项目检测

一、简答题

1. 政府财政总会计的预算结余包括哪些内容？

2. 资金结存可以设置哪些明细科目？

二、业务题

1. 年末转账前，有关收入项目的累计余额为：一般公共预算收入 449 000 000 元，上级财政一般公共预算补助收入 66 000 元，下级财政一般公共预算上解收入 700 000 元，调入预算资金——一般公共预算调入资金 44 000 元。

2. 年末转账前，有关支出项目的累计余额为：一般公共预算支出 283 000 000 元，对下级财政一般公共预算补助支出 53 000 元，向省财政一般公共预算上解支出 640 000 元。

3. 某市财政年末转账前，有关收入账户的余额为：政府性基金预算收入 390 000 元，上级财政拨付的政府性基金补助收入 59 000 元，下级财政上解的政府性基金预算收入 61 000 元。

4. 年末转账前，有关支出项目的余额为：政府性基金预算支出 381 000 元，对下级财政的政府性基金补助支出 49 000 元，对上级财政的政府性基金预算上解支出 56 000 元，调出预算资金——政府性基金预算调出资金 44 000 元。

5. 年末转账前的专用基金收入账户余额为 66 000 元，据以进行年末转账。

6. 年末转账前的专用基金支出账户余额为 62 000 元，据以进行年末转账。

要求：根据以上所给资料，编制相关会计分录。

项目九　财政总会计报表

项目目标

知识目标

1. 了解财政总会计报表的概念；
2. 熟悉财政总会计报表的种类；
3. 掌握财政财务会计报表的编制；
4. 掌握财政预算会计报表的编制；
5. 掌握财政总会计报表的审核和汇总。

素质目标

1. 培养热爱本职工作、严守职业道德的观念；
2. 增强提高专业技能的自觉性和紧迫感，努力提高业务水平。

任务一　财政总会计报表的概念和种类

财政总会计报表是各级财政总会计核算工作的重点。

一、财政总会计报表的概念

财政总会计报表是反映各级政府财政资金状况、预算收支执行情况及其结果的定期书面报告，是各级政府和上级财政部门了解财政收支情况、制定财政政策、指导预算执行工作的重要依据，也是编制下年度预算的基础。

各级财政总会计在日常会计核算中，通过填制和审核会计凭证、登记会计账簿等工作，可以全面地反映和监督财政资金的执行情况。但是，日常的会计核算所提供的会计资料比较零散，每个会计期末，为了详细了解一定时期财政资金状况和财政预算执行情况，就需要正确、完整、及时地把一定时期的日常核算资料，按规定的指标体系加以整理和汇总，反映在统一规定的表格上，并附以文字说明，这样就形成了财政总会计报表。

财政总会计报表集中、系统地反映了一定时期预算收支的执行情况，为各级政府了解财政状况、做出有关经济决策提供政府财政会计信息。

地方各级政府财政机关必须定期汇编财政总会计报表，地方各级财政部门要定期向同级人民政府和上级财政部门报告本行政区域预算执行情况。财政部要定期向国务院、全国人民代表大会及其常务委员会报告中央财政资金状况、预算收支执行情况。

二、财政总会计报表的种类

财政总会计报表可以分为财务会计报表和预算会计报表。

（一）财务会计报表

财务会计报表包括资产负债表、收入费用表、现金流量表、本年预算结余与本期盈余调节表等会计报表和附注。资产负债表是反映政府财政在某一特定日期财务状况的报表。收入费用表是反映政府财政在一定会计期间运行情况的报表。现金流量表是反映政府财政在一定会计期间现金流入和流出情况的报表。本年预算结余与本期盈余调节表是反映政府财政在某一会计年度内预算结余与本期盈余差异调整情况的报表。附注是指对在会计报表中列示项目的文字描述或明细资料以及对未能在会计报表中列示项目的说明。

（二）预算会计报表

预算会计报表包括预算收入支出表、一般公共预算执行情况表、政府性基金预算执行情况表、国有资本经营预算执行情况表、财政专户管理资金收支情况表、专用基金收支情况表等会计报表和附注。预算收入支出表是反映政府财政在某一会计期间各类财政资金收支余情况的报表。预算收入支出表根据资金性质按照收入、支出、结转结余的构成分类、分项列示。一般公共预算执行情况表是反映政府财政在某一会计期间一般公共预算收支执行结果的报表，按照《政府收支分类科目》中一般公共预算收支科目列示。政府性基金预算执行情况表是反映政府财政在某一会计期间政府性基金预算收支执行结果的报表，按照《政府收支分类科目》中政府性基金预算收支科目列示。国有资本经营预算执行情况表是反映政府财政在某一会计期间国有资本经营预算收支执行结果的报表，按照《政府收支分类科目》中国有资本经营预算收支科目列示。财政专户管理资金收支情况表是反映政府财政在某一会计期间纳入财政专户管理的资金收支情况的报表，按照相关政府收支分类科目列示。专用基金收支情况表是反映政府财政在某一会计期间专用基金收支情况的报表，按照专用基金类型分别列示。附注是指对在会计报表中列示项目的文字描述或明细资料，以及对未能在会计报表中列示项目的说明。

任务二　财政总会计报表的编制

财政总会计报表的编制要满足规定的编制要求和编制流程。

一、财政总会计报表的编制要求

财政总会计报表编制的总体要求是数字正确、报送及时、内容完整。

（一）数字正确

财政总会计报表的数字，必须根据核对无误的账户记录汇总，切实做到账表相符，有根有据；不能估列代编，更不能弄虚作假。

（二）报送及时

各级财政总会计要加强日常会计核算工作。督促有关单位及时记账、结账。所有会计单位都应在规定的期限内报出报表，以便主管部门和财政部门及时汇总。

（三）内容完整

财政总会计报表要严格按照统一规定的种类、格式、内容、计算方法和编制口径填制，以保证全国统一汇总和分析。汇总报表的单位，要把所属单位的报表汇集齐全，防止漏报。

二、财政总会计报表的编制流程

（一）年终清理

各级财政总会计，在会计年度结束前，应当全面进行年终清理。年终清理的主要内容如下：

1. 核对年度预算

年终前，财政总会计应配合预算管理部门将本级政府财政全年预算指标与上、下级政府财政转移性收支预算和本级各部门预算进行核对，及时办理预算调整和转移支付事项。本年预算调整和下达对下级政府财政转移支付预算指标一般截至 11 月 30 日；各项预算拨款，一般截至 12 月 25 日。

2. 清理本年收入

财政总会计应认真清理本年收入，与非税收入征收部门核对年末应收非税收入情况，并组织收入征收部门和国家金库进行年度对账，督促收入征收部门和国家金库年终前及时将本年税收收入和非税收入缴入国库或指定财政专户，确保准确核算本年收入。

3. 清理本年支出和费用

财政总会计应在本年支领列报的款项，非特殊原因，应在年终前办理完毕。总会计对本级各单位的支出和费用应与单位的相应收入核对无误。属于应收回的拨款，应及时收回，并按收回数相应冲减支出和费用。

4. 核实股权、债权和债务

财政部门内部有关资产、债务管理部门应在有关业务发生时及时向财政总会计提供与股权、债权、债务等核算和反映有关的资料，确保财务会计资产负债信息确认的及时性。各级财政债务管理部门需定期提供上下级财政核对确认的本地区债权债务利息有关资料。财政部门内部涉及股权投资的相关管理部门应提供股权投资对应的股权证明材料及变动情况资料。

5. 清理往来款项

政府财政要认真清理其他应收款、其他应付款等各种往来款项，在年度终了前予以收回或归还。对于应转作收入或支出、费用的各项款项，预算会计与财务会计要及时处理。

（二）年终结算

财政总会计对年终报告清理期内发生的会计事项，应当划清会计年度，及时进行结账。属于清理上年度的会计事项，记入上年度会计账；属于新年度的会计事项，记入新年度会计账，防止错记漏记。通常记入上年度的会计事项主要有以下几点。

1. 依据年终财政结算进行核算

财政预算管理部门要在年终清理的基础上，于次年 1 月底前结清上下级政府财政的转移性收支和往来款项。财政总会计要按照财政管理体制的规定和专项需要，根据预算结算单，与年度预算执行过程中已补助和已上解数额进行比较，结合往来款和借垫款情况，计算出全年最后应补或应退数额，填制“年终财政决算结算单”，经核对无误后，作为年终财政结算凭证。预算会计和财务会计据以入账。

2. 依据企业决算数据进行核算

财政部门内部涉及股权投资的相关管理部门应及时取得纳入财政总会计核算范围的被投资主体经审计后的决算报表，并据此向财政总会计提供股权投资核算所需资料。财务会计对股权投资变动情况进行核算。

3. 依据人民代表大会审议意见进行核算

对本级人民代表大会常务委员会（或人民代表大会）在审查意见中提出的需更正原报告有关事项，财政总会计应根据审查意见相应调整有关账目。

（三）年终结账

财政总会计应对预算会计和财务会计分别办理年终结账。年终结账工作一般分为年终转账、结清旧账和记入新账三个步骤。

1. 年终转账

年终转账即计算出预算会计和财务会计各科目 12 月合计数和全年累计数，结出年末余额。预算会计将预算收入和预算支出分别转入“一般公共预算结转结余”“政府性基金预算结转结余”“国有资本经营预算结转结余”“财政专户管理资金结余”“专用基金结余”等科目冲销。财务会计将收入和费用分别转入相应的本期盈余科目冲销；再将本期盈余科目余额转入相应的累计盈余科目冲销。

2. 结清旧账

结清旧账即将各收入、支出和费用科目的借方、贷方结出全年总计数。对年终有余额的科目，在“摘要”栏内注明“结转下年”字样，表示转入新账。

3. 记入新账

记入新账即根据年终转账后的总账和明细账余额，编制年终“资产负债表”和有关明细表（不需填制记账凭证）。预算会计和财务会计将表列各科目余额分别记入新年度有关总账和明细账年初余额栏内，并在“摘要”栏注明“上年结转”字样，以区别新年度发生数。

三、财务会计报表的编制

（一）资产负债表的编制

编制该表时，应该先根据年末转账的会计分录登记相关的总账和明细账，并结出各账户的年末余额，然后根据各账户的余额编制结账后资产负债表。资产负债表提供某一特定日期各级政府所控制的资产、承担的负债以及拥有的净资产情况。资产负债表以“资产 = 负债 + 净资产”平衡公式为依据，左方反映资产总额，右方反映负债及净资产总额。资产负债表只要求编制和汇总月报和年报。期末时，应将各收入类和费用类账户的当期余额分别转入相应的本期盈余账户，因此，资产负债表应反映各类资产、负债和净资产项目的余额，该余额表示期末各类项目的余额数。

财政总会计应先编出本级财政的资产负债表，然后与经审核无误的所属下级财政总会计汇总的资产负债表汇总，编成本地区财政汇总的资产负债表。在汇编中，应将本级财政的“与下级往来”和下级财政的“与上级往来”核对无误后互相冲销，以免重复汇总。年终结账后的资产负债表的格式如表 9-1 所示。

表 9-1　资产负债表　　总会财 01 表

编制单位：　　年　月　日　　单位：元

资产	年初余额	期末余额	负债和净资产	年初余额	期末余额
流动资产：			流动负债：		
国库存款			应付短期政府债券		
其他财政存款			应付国库集中支付结余		
国库现金管理资产			与上级往来		
有价证券			其他应付款		
应收非税收入			应付代管资金		
应收股利			应付利息		
借出款项			一年内到期的非流动负债		
与下级往来			流动负债合计		
预拨经费			非流动负债：		
在途款			应付长期政府债券		
其他应收款			借入款项		
应收利息			应付地方政府债券转贷款		
一年内到期的非流动资产			应付主权外债转贷款		
流动资产合计			其他负债		
非流动资产：			非流动负债合计		
应收地方政府债券转贷款			负债合计		
应收主权外债转贷款			净资产：		
股权投资			累计盈余		
非流动资产合计			预算稳定调节基金		
			预算周转金		
			权益法调整		
			净资产合计		
资产总计			负债和净资产总计		

资产负债表应当至少按年度编制。

资产负债表的编制要求如下：

1. 本表“年初余额”栏的填列方法

本表“年初余额”栏内各项数字，应当根据上年年末资产负债表“期末余额”栏内数字填列。如果本年度资产负债表规定的各个项目的名称和内容同上年度不一致，应对上年年末资产负债表各项目的名称和数字按照本年度的规定进行调整，填入本表“年初余额”栏内。

2. 本表“期末余额”栏各项目的内容和填列方法

（1）资产类项目

“国库存款”项目，反映政府财政期末存放在国库单一账户的款项金额。本项目应当根据“国库存款”科目的期末余额填列。

“其他财政存款”项目，反映政府财政期末持有的其他财政存款金额。本项目应当根据“其他财政存款”科目的期末余额填列。

“国库现金管理资产”项目，反映政府财政期末实行国库现金管理业务等持有的资产金额。本项目应当根据“国库现金管理资产”科目的期末余额填列。

“有价证券”项目，反映政府财政期末持有的有价证券金额。本项目应当根据“有价证券”科目的期末余额填列。

“应收非税收入”项目，反映政府财政期末向缴款人收取但尚未缴入国库的非税收入。本项目应当根据“应收非税收入”科目的期末余额填列。

“应收股利”项目，反映政府财政期末尚未收回的现金股利或利润金额。本项目应当根据“应收股利”科目的期末余额填列。

“借出款项”项目，反映政府财政期末借给预算单位尚未收回的款项金额。本项目应当根据“借出款项”科目的期末余额填列。

“与下级往来”项目，正数反映下级政府财政欠本级政府财政的款项金额，负数反映本级政府财政欠下级政府财政的款项金额。本项目应当根据“与下级往来”科目的期末余额填列，期末余额如为借方，则以正数填列；如为贷方，则以负数填列。

“预拨经费”项目，反映政府财政期末尚未转列支出或尚待收回的预拨经费金额。本项目应当根据“预拨经费”科目的期末余额填列。

“在途款”项目，反映政府财政期末持有的在途款金额。本项目应当根据“在途款”科目的期末余额填列。

“其他应收款”项目，反映政府财政期末尚未收回的其他应收款的金额。本项目应当根据“其他应收款”科目的期末余额填列。

“应收利息”项目，反映政府财政期末应收未收的转贷款利息金额。本项目应当根据“应收地方政府债券转贷款”“应收主权外债转贷款”科目下的“应收利息”明细科目期末余额填列。

“一年内到期的非流动资产”项目，反映政府财政期末非流动资产项目中距离偿还本金日期一年以内（含一年）的转贷款本金。本项目应当根据“应收地方政府债券转贷款”“应收主权外债转贷款”科目下的“应收本金”明细科目期末余额及债务管理部门提供的资料分析填列。

“流动资产合计”项目，反映政府财政期末流动资产的合计数。本项目应当根据本表中“国库存款”“其他财政存款”“国库现金管理资产”“有价证券”“应收非税收入”“应收股利”“借出款项”“与下级往来”“预拨经费”“在途款”“其他应收款”“应收利息”“一年内到期的非流动资产”项目金额的合计数填列。

“应收地方政府债券转贷款”项目，反映政府财政期末尚未收回的距离偿还本金日期超过 1 年的地方政府债券转贷款的本金金额。本项目应当根据“应收地方政府债券转贷款”科目下的“应收本金”明细科目期末余额及债务管理部门提供的资料分析填列。

“应收主权外债转贷款”项目，反映政府财政期末尚未收回的距离偿还本金日期超过 1 年的主权外债转贷款的本金金额。本项目应当根据“应收主权外债转贷款”科目下的“应收本金”明细科目期末余额及债务管理部门提供的资料分析填列。

“股权投资”项目，反映政府财政期末持有股权投资的金额。本项目应当根据“股权投资”科目的期末余额填列。

“非流动资产合计”项目，反映政府财政期末非流动资产的合计数。本项目应当根据本表中“应收地方政府债券转贷款”“应收主权外债转贷款”“股权投资”项目金额的合计数填列。

“资产总计”项目，反映政府财政期末资产的合计数。本项目应当根据本表中“流动资产合计”“非流动资产合计”项目金额的合计数填列。

（2）负债类项目

“应付短期政府债券”项目，反映政府财政期末尚未偿还的发行期不超过一年（含一年）的国债和地方政府债券本金金额。本项目应当根据“应付短期政府债券”科目的期末余额填列。

“应付国库集中支付结余”项目，反映政府财政期末尚未支付的国库集中支付结余金额。

本项目应当根据“应付国库集中支付结余”科目的期末余额填列。

“与上级往来”项目，正数反映本级政府财政期末欠上级政府财政的款项金额，负数反映上级政府财政欠本级政府财政的款项金额。本项目应当根据“与上级往来”科目的期末余额填列，期末余额如为贷方，则以正数填列；如为借方，则以负数填列。

“其他应付款”项目，反映政府财政期末尚未支付的其他应付款的金额。本项目应当根据“其他应付款”科目的期末余额填列。

“应付代管资金”项目，反映政府财政期末尚未支付的代管资金金额。本项目应当根据“应付代管资金”科目的期末余额填列。

“应付利息”项目，反映政府财政期末尚未支付的利息金额。省级以上（含省级）政府财政应当根据“应付利息”科目期末余额填列；市县政府财政应当根据“应付地方政府债券转贷款”“应付主权外债转贷款”科目下的“应付利息”明细科目期末余额填列。

“一年内到期的非流动负债”项目，反映政府财政期末承担的距离偿还本金日期一年以内（含一年）的非流动负债。省级以上（含省级）政府财政应当根据“应付长期政府债券”“借入款项”科目余额填列，市县政府财政应当根据“应付地方政府债券转贷款”“应付主权外债转贷款”科目下的“应付本金”明细科目期末余额及债务管理部门提供的资料分析填列。

“流动负债合计”项目，反映政府财政期末流动负债合计数。本项目应当根据本表“应付短期政府债券”“应付国库集中支付结余”“与上级往来”“其他应付款”“应付代管资金”“应付利息”“一年内到期的非流动负债”项目金额的合计数填列。

“应付长期政府债券”项目，反映政府财政期末承担的距离偿还本金日期超过1年的国债和地方政府债券本金金额。本项目应当根据“应付长期政府债券”科目期末余额及债务管理部门提供的资料分析填列。

“借入款项”项目，反映政府财政期末承担的距离偿还本金日期超过1年的借入款项的本金金额。省级以上（含省级）政府财政应当根据“借入款项”科目的期末余额及债务管理部门提供的资料分析填列。

“应付地方政府债券转贷款”项目，反映政府财政期末承担的距离偿还本金日期超过1年的地方政府债券转贷款的本金金额。本项目应当根据“应付地方政府债券转贷款”科目下的“应付本金”明细科目期末余额及债务管理部门提供的资料分析填列。

“应付主权外债转贷款”项目，反映政府财政期末承担的距离偿还本金日期超过1年的主权外债转贷款的本金金额。本项目应当根据“应付主权外债转贷款”科目下的“应付本金”明细科目期末余额及债务管理部门提供的资料分析填列。

“其他负债”项目，反映中央政府财政期末承担的其他负债金额。本项目应当根据“其他负债”科目的期末余额填列。

“非流动负债合计”项目，反映政府财政期末非流动负债合计数。本项目应当根据本表中“应付长期政府债券”“借入款项”“应付地方政府债券转贷款”“应付主权外债转贷款”“其他负债”项目金额的合计数填列。

“负债合计”项目，反映政府财政期末负债的合计数。本项目应当根据本表中“流动负债合计”“非流动负债合计”项目金额的合计数填列。

（3）净资产类项目

“累计盈余”项目，反映政府财政纳入一般公共预算、政府性基金预算、国有资本经营预算管理的预算资金，财政专户管理资金、专用基金历年实现的盈余滚存的金额。本项目应当根据“预算管理资金累计盈余”“财政专户管理资金累计盈余”“专用基金累计盈余”科目的期末余额填列。

“预算稳定调节基金”项目，反映政府财政期末预算稳定调节基金的余额。本项目应当根据“预算稳定调节基金”科目的期末余额填列。

“预算周转金”项目，反映政府财政期末预算周转金的余额。本项目应当根据“预算周转金”科目的期末余额填列。

“权益法调整”项目，反映政府财政按照持股比例计算应享有的被投资主体除净损益和利润分配以外的其他权益变动的份额。本项目根据“权益法调整”科目的期末余额填列。

“净资产合计”项目，反映政府财政期末净资产合计数。本项目应当根据本表中“累计盈余”“预算稳定调节基金”“预算周转金”“权益法调整”项目金额的合计数填列。

“负债和净资产总计”项目，应当根据本表中“负债合计”“净资产合计”项目金额的合计数填列。

（二）收入费用表

收入费用表应当按月度和年度编制，如表 9-2 所示。

表 9-2　收入费用表　　总会财 02 表

编制单位：　　年　月　日　　单位：元

项　目	预算管理资金		财政专户管理资金		专用基金	
	本月数	本年累计数	本月数	本年累计数	本月数	本年累计数
收入合计						
税收收入			–	–	–	–
非税收入			–	–	–	–
投资收益			–	–	–	–
补助收入			–	–	–	–
上解收入			–	–	–	–
地区间援助收入			–	–	–	–
其他收入			–	–	–	–
财政专户管理资金收入	–	–			–	–
专用基金收入	–	–	–	–		
费用合计						
政府机关商品和服务拨款费用			–	–	–	–
政府机关工资福利拨款费用			–	–	–	–
对事业单位补助拨款费用			–	–	–	–
对企业补助拨款费用			–	–	–	–
对个人和家庭补助拨款费用			–	–	–	–
对社会保障基金补助拨款费用			–	–	–	–
资本性拨款费用			–	–	–	–
其他拨款费用			–	–	–	–
财务费用			–	–	–	–
补助费用			–	–	–	–
上解费用			–	–	–	–
地区间援助费用			–	–	–	–
其他费用			–	–	–	–
财政专户管理资金支出	–	–			–	–
专用基金支出	–	–	–	–		
本期盈余（本年收入与费用的差额）						

收入费用表的编制要求如下：

（1）本表“本月数”栏反映各项目的本月实际发生数。在编制年度收入费用表时，应将本栏改为“上年数”栏，反映上年度各项目的实际发生数；如果本年度收入费用表规定的各个项目的名称和内容同上年度不一致，应对上年度收入费用表各项目的名称和数字按照本年度的规定进行调整，填入本年度收入费用表的“上年数”栏。

（2）本表“本年累计数”栏反映各项目自年初起至报告期末止的累计实际发生数。编制年度收入费用表时，应当将本栏改为“本年数”。

（3）本表“本月数”栏各项目的内容和填列方法。

“收入合计”项目，反映政府财政本期取得的各项收入合计金额。其中，预算管理资金的“收入合计”应当根据属于预算管理资金的“税收收入”“非税收入”“投资收益”“补助收入”“上解收入”“地区间援助收入”“其他收入”项目金额的合计数填列；财政专户管理资金的“收入合计”应当根据“财政专户管理资金收入”项目的金额填列；专用基金的“收入合计”应当根据“专用基金收入”项目的金额填列。

“税收收入”项目，反映政府财政本期取得的税收收入金额。本项目根据“税收收入”科目本期发生额填列。

“非税收入”项目，反映政府财政本期取得的各项非税收入金额。本项目根据“非税收入”科目本期发生额填列。

“投资收益”项目，反映政府财政本期取得的各项投资收益金额。本项目根据“投资收益”科目本期发生额填列。

“补助收入”项目，反映政府财政本期取得的各类资金的补助收入金额。本项目根据“补助收入”科目本期发生额填列。

“上解收入”项目，反映政府财政本期取得的各类资金的上解收入金额。本项目根据“上解收入”科目本期发生额填列。

“地区间援助收入”项目，反映政府财政本期取得的地区间援助收入金额。本项目应当根据“地区间援助收入”科目的本期发生额填列。

“其他收入”项目，反映政府财政本期取得的除“税收收入”“非税收入”“投资收益”“补助收入”“上解收入”“地区间援助收入”“财政专户管理资金收入”“专用基金收入”以外的收入金额。本项目应当根据“其他收入”科目本期发生额填列。

“财政专户管理资金收入”项目，反映政府财政本期取得的教育收费等资金收入金额。本项目根据“财政专户管理资金收入”科目本期发生额填列。

“专用基金收入”项目，反映政府财政本期取得的粮食风险基金等资金收入金额。本项目根据“专用基金收入”科目本期发生额填列。

“费用合计”项目，反映政府财政本期发生的各类费用合计金额。其中，预算管理资金的“费用合计”应当根据属于预算管理资金的“政府机关商品和服务拨款费用”“政府机关工资福利拨款费用”“对事业单位补助拨款费用”“对企业补助拨款费用”“对个人和家庭补助拨款费用”“对社会保障基金补助拨款费用”“资本性拨款费用”“其他拨款费用”“财务费用”“补助费用”“上解费用”“地区间援助费用”“其他费用”项目金额的合计数填列；财政专户管理资金的“费用合计”应当根据“财政专户管理资金支出”项目的金额填列；专用基金的“费用合计”应当根据“专用基金支出”项目的金额填列。

“政府机关商品和服务拨款费用”项目，反映政府财政本期发生的购买商品和服务的各类费用金额。本项目根据“政府机关商品和服务拨款费用”科目本期发生额填列。

“政府机关工资福利拨款费用”项目，反映政府财政本期发生的支付给职工和长期聘用人员的各类劳动报酬及为上述人员缴纳的各项社会保险费等费用。本项目根据“政府机关工资福利拨款费用”科目本期发生额填列。

“对事业单位补助拨款费用”项目，反映政府财政本期发生的对事业单位的经常性补助费用金额。本项目根据“对事业单位补助拨款费用”科目本期发生额填列。

“对企业补助拨款费用”项目，反映政府财政本期发生的对企业补助拨款费用金额。本项目根据“对企业补助拨款费用”科目本期发生额填列。

“对个人和家庭补助拨款费用”项目，反映政府财政本期发生的对个人和家庭补助拨款费用金额。本项目根据“对个人和家庭补助拨款费用”科目本期发生额填列。

“对社会保障基金补助拨款费用”项目，反映政府财政本期发生的对社会保险基金的补助拨款以及补充全国社会保障基金费用的拨款金额。本项目根据“对社会保障基金补助拨款费用”科目本期发生额填列。

“资本性拨款费用”项目，反映政府财政本期发生的对行政事业单位的房屋建筑物购建、基础设施建设、公务用车购置、设备购置、物资储备等方面资本性拨款费用金额。本项目根据“资本性拨款费用”科目本期发生额填列。

“其他拨款费用”项目，反映政府财政未列入以上拨款费用项目的财政拨款费用金额。本项目根据“其他拨款费用”科目本期发生额填列。

“财务费用”项目，反映政府财政本期发生的偿还政府债务利息及支付政府债务发行、兑付、登记相关费用及汇兑损益金额。本项目根据“财务费用”科目本期发生额填列。

“补助费用”项目，反映政府财政本期发生的各类资金的补助费用金额。本项目根据“补助费用”科目本期发生额填列。

“上解费用”项目，反映政府财政本期发生的上缴上级各类资金产生的费用金额。本项目根据“上解费用”科目本期发生额填列。

“地区间援助费用”项目，反映政府财政本期发生的地区间援助费用金额。本项目根据“地区间援助费用”科目的本期发生额填列。

“其他费用”项目，反映政府财政本期股权划出、其他负债变动形成的费用金额。本项目根据“其他费用”科目的本期发生额填列。

“财政专户管理资金支出”项目，反映政府财政本期使用纳入财政专户管理的教育收费等资金产生的费用金额。本项目根据“财政专户管理资金支出”科目本期发生额填列。

“专用基金支出”项目，反映政府财政本期使用专用基金产生的费用金额。本项目根据“专用基金支出”科目本期发生额填列。

“本期盈余”项目，反映政府财政本年收入与费用的差额。本项目根据本表“收入合计”减去“费用合计”的差额填列。

（三）现金流量表

现金流量表如表 9-3 所示。

表 9-3　现金流量表　　总会财 03 表

编制单位：　　年　月　日　　单位：元

项　目	本年金额	上年金额
一、日常活动产生的现金流量		
组织税收收入收到的现金		
组织非税收入收到的现金		
组织财政专户管理资金收入收到的现金		
组织专用基金收入收到的现金		
上下级政府财政资金往来收到的现金		
收回暂付性款项相关的现金		
其他日常活动所收到的现金		
现金流入小计		
政府机关商品和服务拨款所支付的现金		
政府机关工资福利拨款所支付的现金		
对事业单位补助拨款所支付的现金		
对企业补助拨款所支付的现金		
对个人和家庭补助拨款所支付的现金		
对社会保障基金补助拨款所支付的现金		
财政专户管理资金支出所支付的现金		
专用基金支出所支付的现金		
上下级政府财政资金往来所支付的现金		
资本性拨款所支付的现金		
暂付性款项所支付的现金		
其他日常活动所支付的现金		
现金流出小计		
日常活动产生的现金流量净额		
二、投资活动产生的现金流量		
收回股权投资所收到的现金		
取得股权投资收益收到的现金		
收到其他与投资活动有关的现金		
现金流入小计		
取得股权投资所支出的现金		
支付其他与投资活动有关的现金		
现金流出小计		
投资活动产生的现金流量净额		
三、筹资活动产生的现金流量		
发行政府债券收到的现金		
借入款项收到的现金		
取得政府债券转贷款收到的现金		
取得主权外债转贷款收到的现金		
收回转贷款本金收到的现金		
收到下级上缴转贷款利息相关的现金		
其他筹资活动收到的现金		
现金流入小计		
转贷地方政府债券所支付的现金		
转贷主权外债所支付的现金		
支付债务本金相关的现金		
支付债务利息相关的现金		
其他筹资活动支付的现金		
现金流出小计		
筹资活动产生的现金流量净额		
四、汇率变动对现金的影响额		
五、现金净增加额		

现金流量表应当至少按年度编制。

现金流量表的编制说明如下：

（1）本表中的现金是指政府财政的国库存款、其他财政存款及国库现金管理资产中的商业银行定期存款。本表中的现金流量，是指现金的流入和流出。

（2）本表应当按照日常活动、投资活动、筹资活动的现金流量分别反映。

（3）本表“本年金额”栏反映各项目的本年实际发生数。本表“上年金额”栏反映各项目的上年实际发生数，应当根据上年现金流量表中“本年金额”栏内所列数字填列。

（4）本表“本年金额”栏各项目的填列方法。

①日常活动产生的现金流量填列方法如下：

a. 现金流入项目

“组织税收收入收到的现金”项目，反映政府财政本年取得税收收入收到的现金。本项目应当根据会计账簿中“税收收入”“在途款”科目发生额分析填列。

“组织非税收入收到的现金”项目，反映政府财政本年取得非税收入收到的现金。本项目应当根据会计账簿中“非税收入”“应收非税收入”“在途款”科目发生额分析填列。

“组织财政专户管理资金收入收到的现金”项目，反映政府财政本年取得财政专户管理资金收入收到的现金。本项目根据会计账簿中“财政专户管理资金收入”科目发生额分析填列。

“组织专用基金收入收到的现金”项目，反映政府财政本年取得专用基金收入收到的现金。本项目根据会计账簿中“专用基金收入”科目发生额分析填列。

“上下级政府财政资金往来收到的现金”项目，反映政府财政本年收到上下级政府财政转移支付、清算欠款、临时调度款等相关的现金。本项目根据会计账簿中“补助收入”“上解收入”“与下级往来”“与上级往来”科目贷方发生额分析填列。

“收回暂付性款项相关的现金”项目，反映政府财政本年收回暂付性款项相关的现金。本项目根据会计账簿中“预拨经费”“借出款项”“其他应收款”科目贷方发生额分析填列。

“其他日常活动所收到的现金”项目，反映政府财政收到的除以上项目外与日常活动相关的现金。本项目根据会计账簿中“地区间援助收入”“其他收入”“其他应付款”“应付代管资金”“在途款”“以前年度盈余调整”等科目贷方发生额分析填列。

b. 现金流出项目

“政府机关商品和服务拨款所支付的现金”项目，反映政府财政本年在日常活动中用于购买商品、接受劳务支付的现金。本项目根据会计账簿中“政府机关商品和服务拨款费用”科目和“应付国库集中支付结余”科目借方发生额分析填列。

“政府机关工资福利拨款所支付的现金”项目，反映政府财政本年承担职工劳务报酬及社会保险费等支付的现金。本项目根据会计账簿中“政府机关工资福利拨款费用”科目和“应付国库集中支付结余”科目借方发生额分析填列。

“对事业单位补助拨款所支付的现金”项目，反映政府财政本年对事业单位经常性补助所支付的现金。本项目根据会计账簿中“对事业单位补助拨款费用”科目和“应付国库集中支付结余”科目借方发生额分析填列。

“对企业补助拨款所支付的现金”项目，反映政府财政本年对企业资本性投资外的其他补助所支付的现金。本项目根据会计账簿中“对企业补助拨款费用”科目和“应付国库集中支付结余”科目借方发生额分析填列。

“对个人和家庭补助拨款所支付的现金”项目，反映政府财政本年对个人和家庭的补助所支付的现金。本项目根据会计账簿中“对个人和家庭补助拨款费用”科目和“应付国库集中支付结余”科目借方发生额分析填列。

“对社会保障基金补助拨款所支付的现金”项目，反映政府财政本年对社会保险基金的补助，以及补充全国社会保障基金所支付的现金。本项目根据会计账簿中“对社会保障基金补助拨款费用”科目和“应付国库集中支付结余”科目借方发生额分析填列。

“财政专户管理资金支出所支付的现金”项目，反映政府财政本年从财政专户管理资金中安排各项支出所支付的现金。本项目根据会计账簿中“财政专户管理资金支出”科目借方发生额分析填列。

“专用基金支出所支付的现金”项目，反映政府财政用专用基金收入安排的支出所支付的现金。本项目根据会计账簿中“专用基金支出”科目借方发生额分析填列。

“上下级政府财政资金往来所支付的现金”项目，反映政府财政本年支付上下级政府财政转移支付、清算欠款、临时调度款等相关的现金。本项目根据会计账簿中“补助费用”“上解费用”“与下级往来”“与上级往来”科目借方发生额分析填列。

“资本性拨款所支付的现金”项目，反映政府财政本年支付行政事业单位和企业用于房屋建筑物构建、基础设施建设、公务用车购置、设备购置、物资储备等相关的现金。本项目根据会计账簿中“资本性拨款费用”科目和“应付国库集中支付结余”科目借方发生额分析填列。

“暂付性款项所支付的现金”项目，反映政府财政本年安排暂付性款项所支付的现金。本项目根据会计账簿中“预拨经费”“借出款项”“其他应收款”科目借方发生额分析填列。

“其他日常活动所支付的现金”项目，反映政府财政本年支付除以上项目外与日常活动相关的现金。本项目根据会计账簿中“其他拨款费用”“地区间援助费用”“其他应付款”“应付代管资金”“应付国库集中支付结余”“在途款”“以前年度盈余调整”等科目借方发生额分析填列。

②投资活动产生的现金流量填列方法如下：

a. 现金流入项目

“收回股权投资所收到的现金”项目，反映政府财政本年出售、转让、处置股权等收回投资而收到的现金。本项目根据会计账簿中“股权投资”科目下“投资成本”“损益调整”明细科目贷方发生额分析填列。

“取得股权投资收益收到的现金”项目，反映政府财政本年因被投资单位分配股利、利润或处置股权、企业破产清算等产生收益而收到的现金。本项目根据会计账簿中“应收股利”“投资收益”科目贷方发生额分析填列。

“收到其他与投资活动有关的现金”项目，反映政府财政本年收到除以上项目外与投资活动相关的现金。本项目根据会计账簿中“有价证券”“应收股利”等科目贷方发生额分析填列。

b. 现金流出项目

“取得股权投资所支出的现金”项目，反映政府财政本年为取得股权投资而支付的现金。

本项目根据会计账簿中“股权投资”科目借方发生额分析填列。

“支付其他与投资活动有关的现金”项目，反映政府财政本年支付除以上项目外与投资活动相关的现金。本项目根据会计账簿中“有价证券”等科目借方发生额分析填列。

“投资活动产生的现金流量净额”项目，根据现金流入项目合计数与现金流出项目合计数的差额填列，差额小于零则以负数填列。

③筹资活动产生的现金流量填列方法如下：

a. 现金流入项目

“发行政府债券收到的现金”项目，反映政府财政本年发行国债和地方政府债券收到的现金。本项目根据会计账簿中“应付短期政府债券”“应付长期政府债券”科目贷方发生额分析填列。

“借入款项收到的现金”项目，反映政府财政本年借入款项收到的现金。本项目根据会计账簿中“借入款项”科目贷方发生额分析填列。

“取得政府债券转贷款收到的现金”项目，反映政府财政本年取得政府债券转贷款收到的现金。本项目根据会计账簿中“应付地方政府债券转贷款”科目下“应付本金”明细科目贷方发生额分析填列。

“取得主权外债转贷款收到的现金”项目，反映政府财政本年取得主权外债转贷款收到的现金。本项目根据会计账簿中“应付主权外债转贷款”科目下“应付本金”明细科目贷方发生额分析填列。

“收回转贷款本金收到的现金”项目，反映政府财政本年收到下级政府财政归还政府债券转贷款及主权外债转贷款本金相关的现金。本项目根据会计账簿中“应收地方政府债券转贷款”“应收主权外债转贷款”科目下“应收本金”明细科目贷方发生额分析填列。

“收到下级上缴转贷款利息相关的现金”项目，反映政府财政本年收到下级政府财政上缴政府债券转贷款及主权外债转贷款利息相关的现金。本项目根据会计账簿中“应收地方政府债券转贷款”“应收主权外债转贷款”科目下“应收利息”明细科目贷方发生额分析填列。

“其他筹资活动收到的现金”项目，反映政府财政本年收到的其他与筹资活动相关的现金。本项目根据会计账簿中“其他应付款”“其他应收款”等科目贷方发生额分析填列。

b. 现金流出项目

“转贷地方政府债券所支付的现金”项目，反映政府财政本年对下级政府财政转贷地方政府债券所支付的现金。本项目根据会计账簿中“应收地方政府债券转贷款”科目下“应收本金”明细科目借方发生额分析填列。

“转贷主权外债所支付的现金”项目，反映政府财政本年对下级政府财政转贷主权外债所支付的现金。本项目根据会计账簿中“应收主权外债转贷款”科目下“应收本金”明细科目借方发生额分析填列。

“支付债务本金相关的现金”项目，反映政府财政本年偿还政府债务本金所支付的现金。省级以上（含省级）政府财政根据会计账簿中“应付短期政府债券”“应付长期政府债券”“借入款项”科目借方发生额分析填列；市县政府财政根据会计账簿中“应付地方政府债券转贷款”“应付主权外债转贷款”科目下“应付本金”明细科目借方发生额分析填列。

“支付债务利息相关的现金”项目，反映政府财政本年支付政府债务利息相关的现金。

省级以上（含省级）政府财政根据会计账簿中“应付利息”科目借方发生额分析填列；市县政府财政根据会计账簿中“应付地方政府债券转贷款”“应付主权外债转贷款”科目下“应付利息”明细科目、“财务费用”科目借方发生额分析填列。

“其他筹资活动支付的现金”项目，反映政府财政本年支付的政府债券发行、兑付、登记费用等其他与筹资活动相关的现金。本项目根据会计账簿中“财务费用”“其他应付款”“其他应收款”等科目借方发生额分析填列。

“筹资活动产生的现金流量净额”项目，根据现金流入项目合计数与现金流出项目合计数的差额填列，差额小于零则以负数填列。

④汇率变动对现金的影响额

本项目反映政府财政外币现金流量折算为人民币时，所采用的即期汇率折算的人民币金额与期末汇率折算的人民币金额之间的差额。本项目根据“财务费用”科目下的“汇兑损益”明细科目发生额分析填列。

⑤现金净增加额

本项目反映政府财政本年现金变动的净额，根据本表中“日常活动产生的现金流量净额”“投资活动产生的现金流量净额”“筹资活动产生的现金流量净额”“汇率变动对现金的影响额”项目金额的合计数填列，金额小于零则以负数填列。

（四）本年预算结余与本期盈余调节表

本年预算结余与本期盈余调节表如表 9-4 所示。

表 9-4　本年预算结余与本期盈余调节表　　总会财 04 表

编制单位：　　年　月　日　　单位：元

项　目	金额
本年预算结余（本年预算收入与支出差额）：	
日常活动产生的差异：	
加：1. 当期确认为收入但没有确认为预算收入	
当期应收未缴库非税收入	
减：2. 当期确认为预算收入但没有确认为收入	
当期收到上期应收未缴库非税收入	
3. 当期确认为预算支出收回但没有确认为费用收回	
（1）当期收到退回以前年度已列支资金	
（2）当期将以前年度国库集中支付结余收回预算	
投资活动产生的差异：	
加：1. 当期确认为收入但没有确认为预算收入	
（1）当期投资收益或损失	
（2）当期无偿划入股权投资	
2. 当期确认为预算支出但没有确认为费用	
（1）当期股权投资增支	
（2）当期股权投资减支	
减：3. 当期确认为预算收入但没有确认为收入	
（1）当期收到利润收入和股利股息收入	
（2）当期收到清算、处置股权投资的收入	
4. 当期确认为费用但没有确认为预算支出	
当期无偿划出股权投资费用	
筹资活动产生的差异：	
加：1. 当期确认为预算支出但没有确认为费用	
（1）当期转贷款支出	
（2）当期债务还本支出	
（3）拨付上年计提债务利息	
减：2. 当期确认为预算收入但没有确认为收入	
（1）当期债务收入	
（2）当期转贷款收入	
3. 当期确认为费用但没有确认为预算支出	
当期计提未拨付债务利息	
其他差异事项	
当期汇兑损益净额	
本期盈余（本年收入与费用的差额）	

1. 本年预算结余

本项目根据本年预算收入与预算支出的差额填列。

2. 日常活动产生的差异

（1）“当期确认为收入但没有确认为预算收入”项目。“当期确认为收入但没有确认为预算收入”项目主要为“当期应收未缴库非税收入”项目。“当期确认为收入但没有确认为预算收入”项目反映政府财政本年已确认非税收入但缴款人尚未缴入国库的各项非税款项。根据会计账簿中“应收非税收入”及“非税收入”科目发生额分析填列。

（2）“当期确认为预算收入但没有确认为收入”项目。“当期确认为预算收入但没有确认为收入”项目主要为“当期收到上期应收未缴库非税收入”项目。“当期确认为预算收入但没有确认为收入”项目反映政府财政本年收到的上年应收非税收入。根据会计账簿中“应收非税收入”科目贷方发生额以及“国库存款”科目借方发生额分析填列，不含以前年度盈余调整事项和新增确认的非税收入。

（3）“当期确认为预算支出收回但没有确认为费用收回”项目。“当期收到退回以前年度已列支资金”项目，反映政府财政收到退回的以前年度已列支资金而冲减预算支出的事项。根据会计账簿中“国库存款”“其他财政存款”科目借方发生额以及“以前年度盈余调整”科目贷方发生额分析填列。

“当期将以前年度国库集中支付结余收回预算”项目，反映政府财政将以前年度应付国库集中支付结余资金收回预算而冲减预算支出的事项。根据会计账簿中“应付国库集中支付结余”科目借方发生额以及“以前年度盈余调整”科目贷方发生额分析填列。

3. 投资活动产生的差异

（1）“当期确认为收入但没有确认为预算收入”项目。

“当期投资收益或损失”项目。本项目反映政府财政本年确认的股权投资收益。根据会计账簿中“投资收益”科目发生额分析填列。其中，投资损失以负数填列；不含清算、处置股权投资增加的收益。

“当期无偿划入股权投资”项目。本项目反映政府财政本年接受无偿划入的股权投资。根据会计账簿中“股权投资”科目下“投资成本”明细科目借方发生额、“其他收入”科目贷方发生额分析填列。

（2）“当期确认为预算支出但没有确认为费用”项目。

“当期股权投资增支”项目。本项目反映政府财政本年新增股权投资增加的支出。根据会计账簿中“股权投资”科目下“投资成本”明细科目借方发生额以及“国库存款”科目贷方发生额分析填列，不含无偿划入或权益法调整增加的股权投资以及补记以前年度股权投资。

“当期股权投资减支”项目。本项目反映政府财政本年退出、清算、处置股权投资减少的支出。根据会计账簿中“股权投资”科目下“投资成本”明细科目贷方发生额以及“国库存款”科目借方发生额分析，以负数填列，不含无偿划出或权益法调整减少的股权投资额。

（3）“当期确认为预算收入但没有确认为收入”项目。

“当期收到利润收入和股利股息收入”项目。本项目反映政府财政本年收到被投资主体上缴以前年度利润和股利股息。根据会计账簿中“资金结存——库款资金结存”科目借方发生额以及“一般公共预算收入——利润收入、股利股息收入”“国有资本经营预算收入——利润收入、股利股息收入”贷方发生额分析填列，不含清算、处置股权投资增加的收益。

“当期收到清算、处置股权投资的收入”项目。本项目反映政府财政本年清算、处置股权投资发生的收入，需根据“投资收益”“国库存款”科目借方发生额、“股权投资”等科目贷方发生额分析填列。

（4）“当期确认为费用但没有确认为预算支出”项目。

“当期确认为费用但没有确认为预算支出”项目主要为“当期无偿划出股权投资费用”项目。“当期确认为费用但没有确认为预算支出”项目反映政府财政本年无偿划出的股权投资。根据会计账簿中“股权投资”科目下“投资成本”明细科目贷方发生额、“其他费用”科目借方发生额分析填列。

4. 筹资活动产生的差异

（1）“当期确认为预算支出但没有确认为费用”项目。

“当期转贷款支出”项目。反映政府财政本年转贷下级政府财政的政府债券、主权外债资金。根据会计账簿中“债务转贷预算支出”科目借方发生额分析填列。

“当期债务还本支出”项目。反映本级政府财政本年偿还的债务本金。根据会计账簿中“债务还本预算支出”科目借方发生额分析填列。

“拨付上年计提债务利息”项目。反映政府财政本年偿还上年已计提的债务利息。根据会计账簿中“应付利息”科目年初贷方余额填列；市县政府财政根据会计账簿中“应付地方政府债券转贷款”和“应付主权外债转贷款”科目下“应付利息”明细科目年初贷方余额填列。

（2）“当期确认为预算收入但没有确认为收入”项目。

“当期债务收入”项目。反映省级以上（含省级）政府财政本年发行政府债券、借入主权外债的收入。根据会计账簿中“债务预算收入”科目贷方发生额分析填列。

“当期转贷款收入”项目。反映市县政府财政本年收到的地方政府债券、主权外债转贷款收入。根据会计账簿中“债务转贷预算收入”贷方发生额分析填列。

（3）“当期确认为费用但没有确认为预算支出”项目。

“当期确认为费用但没有确认为预算支出”项目主要为“当期计提未拨付债务利息”项目。“当期确认为费用但没有确认为预算支出”项目反映政府财政本年已计提需在下一年度支付的利息。省级以上（含省级）政府财政根据会计账簿中“应付利息”科目年末贷方余额填列；市县政府财政根据会计账簿中“应付地方政府债券转贷款——应付利息”及“应付主权外债转贷款——应付利息”科目年末贷方余额填列。

5. 其他差异事项

本项目反映政府财政其他活动事项产生的差异。其中，减少预算结余和增加本期盈余事项以正数反映，增加预算结余和减少本期盈余事项以负数反映。中央财政计提其他负债产生的费用也在本项目中反映。

6. 当期汇兑损益净额

本项目根据“财务费用汇兑损益”发生额分析填列，汇兑损失以负数反映，汇兑收益以正数反映。

7. 本期盈余（本年收入与费用的差额）

本项目根据本表“本年预算结余”“投资活动产生的差异”“日常活动产生的差异”“筹资活动产生的差异”“其他差异事项”“当期汇兑损益净额”金额汇总填列。本项目与“收入费用表”中的本期盈余合计数一致。

（五）附注

附注应当至少披露下列内容：遵循《财政总会计制度》的声明；本级政府财政财务状况的说明；会计报表中列示的重要项目的进一步说明，包括其主要构成、增减变动情况等；政府财政承担担保责任负债情况的说明；有助于理解和分析会计报表的其他需要说明的事项。

四、预算会计报表的编制

（一）预算收入支出表的编制

预算收入支出表如表 9-5 所示。

表 9-5 预算收入支出表

总会预 01 表

编制单位： 年 月 日 单位：元

项 目	一般公共预算		政府性基金预算		国有资本经营预算		财政专户管理资金		专用基金	
	本月数	本年累计数	本月数	本年累计数	本月数	本年累计数	本月数	本年累计数	本月数	本年累计数
年初结转结余										
收入合计										
本级收入										
其中：来自预算安排的收入	-	-	-	-	-	-	-	-		
补助预算收入							-	-	-	-
上解预算收入							-	-	-	-
地区间援助预算收入			-	-	-	-	-	-	-	-
债务预算收入					-	-	-	-	-	-
债务转贷预算收入					-	-	-	-	-	-
动用预算稳定调节基金			-	-	-	-	-	-	-	-
调入预算资金					-	-	-	-	-	-
支出合计										
本级支出										
其中：权责发生制列支							-	-	-	-
预算安排专用基金的支出			-	-	-	-	-	-	-	-
补助预算支出							-	-	-	-
上解预算支出							-	-	-	-
地区间援助预算支出			-	-	-	-	-	-	-	-
债务还本预算支出					-	-	-	-	-	-
债务转贷预算支出					-	-	-	-	-	-
安排预算稳定调节基金			-	-	-	-	-	-	-	-
调出预算资金							-	-	-	-
结余转出			-	-	-	-	-	-	-	-
其中：增设预算周转金			-	-	-	-	-	-	-	-
年末结转结余										

注：表中有“-”的部分不必填列。

预算收入支出表应当按月度和年度编制，预算收入支出表的编制说明如下：

（1）本表“本月数”栏反映各项目的本月实际发生数。在编制年度预算收入支出表时，应将本栏改为“上年数”栏，反映上年度各项目的实际发生数；如果本年度预算收入支出表规定的各个项目的名称和内容同上年度不一致，应对上年度预算收入支出表各项目的名称和数字按照本年度的规定进行调整，填入本年度预算收入支出表的“上年数”栏。

本表“本年累计数”栏反映各项目自年初起至报告期末止的累计实际发生数。编制年度预算收入支出表时，应当将本栏改为“本年数”。

（2）本表“本月数”栏各项目的内容和填列方法。

“年初结转结余”项目，反映政府财政本年初各类资金结转结余金额。其中，一般公共预算的“年初结转结余”应当根据“一般公共预算结转结余”科目的年初余额填列；政府性基金预算的“年初结转结余”应当根据“政府性基金预算结转结余”科目的年初余额填列；国有资本经营预算的“年初结转结余”应当根据“国有资本经营预算结转结余”科目的年初余额填列；财政专户管理资金的“年初结转结余”应当根据“财政专户管理资金结余”科目的年初余额填列；专用基金的“年初结转结余”应当根据“专用基金结余”科目的年初余额填列。

“收入合计”项目，反映政府财政本期取得的各类资金的收入合计金额。其中，一般公共预算的“收入合计”应当根据属于一般公共预算的“本级收入”“补助预算收入”“上解预算收入”“地区间援助预算收入”“债务预算收入”“债务转贷预算收入”“动用预算稳定调节基金”“调入预算资金”各行项目金额的合计填列；政府性基金预算的“收入合计”应当根据属于政府性基金预算的“本级收入”“补助预算收入”“上解预算收入”“债务预算收入”“债务转贷预算收入”“调入预算资金”各行项目金额的合计填列；国有资本经营预算的“收入合计”应当根据属于国有资本经营预算的“本级收入”“补助预算收入”“上解预算收入”项目的金额填列；财政专户管理资金的“收入合计”应当根据属于财政专户管理资金的“本级收入”项目的金额填列；专用基金的“收入合计”应当根据属于专用基金的“本级收入”项目的金额填列。

“本级收入”项目，反映政府财政本期取得的各类资金的本级收入金额。其中，一般公共预算的“本级收入”应当根据“一般公共预算收入”科目的本期发生额填列；政府性基金预算的“本级收入”应当根据“政府性基金预算收入”科目的本期发生额填列；国有资本经营预算的“本级收入”应当根据“国有资本经营预算收入”科目的本期发生额填列；财政专户管理资金的“本级收入”应当根据“财政专户管理资金收入”科目的本期发生额填列；专用基金的“本级收入”应当根据“专用基金收入”科目的本期发生额填列。

“来自预算安排的收入”项目，反映政府财政本期通过预算安排取得专用基金收入的金额。本项目应当根据“专用基金收入”科目的本期发生额分析填列。

“补助预算收入”项目，反映政府财政本期取得的各类资金的补助收入金额。其中，一般公共预算的“补助预算收入”应当根据“补助预算收入”科目下的“一般公共预算补助预算收入”明细科目的本期发生额填列；政府性基金预算的“补助预算收入”应当根据“补助预算收入”科目下的“政府性基金预算补助收入”明细科目的本期发生额填列；国有资本经营预算的“补助预算收入”应当根据“补助预算收入”科目下的“国有资本经营预算补助收入”明细科目的本期发生额填列。

“上解预算收入”项目，反映政府财政本期取得的各类资金的上解预算收入金额。其中，一般公共预算的“上解预算收入”应当根据“上解预算收入”科目下的“一般公共预算上解收入”明细科目的本期发生额填列；政府性基金预算的“上解预算收入”应当根据“上解收入”科目下的“政府性基金预算上解收入”明细科目的本期发生额填列；国有资本经营预算的“上解预算收入”应当根据“上解预算收入”科目下的“国有资本经营预算上解收入”明细科目的本期发生额填列。

“地区间援助预算收入”项目，反映政府财政本期取得的地区间援助预算收入金额。本项目应当根据“地区间援助预算收入”科目的本期发生额填列。

“债务预算收入”项目，反映政府财政本期取得的债务预算收入金额。其中，一般公共预算的“债务预算收入”应当根据“债务预算收入”科目下除“专项债务收入”以外的其他明细科目的本期发生额填列；政府性基金预算的“债务预算收入”应当根据“债务预算收入”科目下的“专项债务收入”明细科目的本期发生额填列。

“债务转贷预算收入”项目，反映政府财政本期取得的债务转贷预算收入金额。其中，一般公共预算的“债务转贷预算收入”应当根据“债务转贷预算收入”科目下“一般债务转贷收入”明细科目的本期发生额填列；政府性基金预算的“债务转贷预算收入”应当根据“债务转贷预算收入”科目下的“专项债务转贷收入”明细科目的本期发生额填列。

“动用预算稳定调节基金”项目，反映政府财政本期动用的预算稳定调节基金金额。本项目应当根据“动用预算稳定调节基金”科目的本期发生额填列。

“调入预算资金”项目，反映政府财政本期取得的调入预算资金金额。其中，一般公共预算的“调入预算资金”应当根据“调入预算资金”科目下“一般公共预算调入资金”明细科目的本期发生额填列；政府性基金预算的“调入预算资金”应当根据“调入预算资金”科目下“政府性基金预算调入资金”明细科目的本期发生额填列。

“支出合计”项目，反映政府财政本期发生的各类资金的支出合计金额，其中，一般公共预算的“支出合计”应当根据属于一般公共预算的“本级支出”“补助预算支出”“上解预算支出”“地区间援助预算支出”“债务还本预算支出”“债务转贷预算支出”“安排预算稳定调节基金”“调出预算资金”各项目金额的合计填列；政府性基金预算的“支出合计”应当根据属于政府性基金预算的“本级支出”“债务转贷预算支出”“调出预算资金”各项目金额的合计填列；国有资本经营预算的“支出合计”应当根据属于国有资本经营预算的“本级支出”“补助预算支出”“上解预算支出”“调出预算资金”项目金额的合计填列；财政专户管理资金的“支出合计”应当根据属于财政专户管理资金的“本级支出”项目的金额填列；专用基金的“支出合计”应当根据属于专用基金的“本级支出”项目的金额填列。

“本级支出”项目，反映政府财政本期发生的各类资金的本级支出金额，其中，一般公共预算的“本级支出”应当根据“一般公共预算支出”科目的本期发生额填列；政府性基金预算的“本级支出”应当根据“政府性基金预算支出”科目的本期发生额填列；国有资本经营预算的“本级支出”应当根据“国有资本经营预算支出”科目的本期发生额填列；财政专户管理资金的“本级支出”应当根据“财政专户管理资金支出”科目的本期发生额填列；专用基金的“本级支出”应当根据“专用基金支出”科目的本期发生额填列。

“权责发生制列支”项目，反映省级以上（含省级）政府财政国库集中支付中，应列为当年费用，但年末尚未支付需结转下一年度支付的款项。其中，一般公共预算的“权责发生制列支”应当根据“一般公共预算支出”科目的本期发生额分析填列；政府性基金预算的“权责发生制列支”应当根据“政府性基金预算支出”科目的本期发生额分析填列；国有资本经营预算的“权责发生制列支”应当根据“国有资本经营预算支出”科目的本期发生额分析填列。

“预算安排专用基金的支出”项目，反映政府财政本期通过预算安排取得专用基金收入的金额。本项目应当根据“一般公共预算支出”科目的本期发生额分析填列。

“补助预算支出”项目，反映政府财政本期发生的各类资金的补助预算支出金额。其中，一般公共预算的“补助预算支出”应当根据“补助预算支出”科目下的“一般公共预算补助支出”明细科目的本期发生额填列；政府性基金预算的“补助预算支出”应当根据“补助预算支出”科目下的“政府性基金预算补助支出”明细科目的本期发生额填列；国有资本经营预算的“补助预算支出”应当根据“补助预算支出”科目下的“国有资本经营预算补助支出”明细科目的本期发生额填列。

“上解预算支出”项目，反映政府财政本期发生的各类资金的上解预算支出金额，其中，一般公共预算的“上解预算支出”应当根据“上解预算支出”科目下的“一般公共预算上解支出”明细科目的本期发生额填列；政府性基金预算的“上解预算支出”应当根据“上解预算支出”科目下的“政府性基金预算上解支出”明细科目的本期发生额填列；国有资本经营预算的“上解预算支出”应当根据“上解预算支出”科目下的“国有资本经营预算上解支出”明细科目的本期发生额填列。

“地区间援助预算支出”项目，反映政府财政本期发生的地区间援助预算支出金额，本项目应当根据“地区间援助预算支出”科目的本期发生额填列。

“债务还本预算支出”项目，反映政府财政本期发生的债务还本预算支出金额。其中，一般公共预算的“债务还本预算支出”应当根据“债务还本预算支出”科目下除“专项债务还本支出”以外的其他明细科目的本期发生额填列；政府性基金预算的“债务还本预算支出”应当根据“债务还本预算支出”科目下的“专项债务还本支出”明细科目的本期发生额填列。

“债务转贷预算支出”项目，反映政府财政本期发生的债务转贷预算支出金额。其中，一般公共预算的“债务转贷预算支出”应当根据“债务转贷预算支出”科目下“一般债务转贷支出”明细科目的本期发生额填列；政府性基金预算的“债务转贷预算支出”应当根据“债务转贷预算支出”科目下的“专项债务转贷支出”明细科目的本期发生额填列。

“安排预算稳定调节基金”项目，反映政府财政本期安排的预算稳定调节基金金额。本项目根据“安排预算稳定调节基金”科目的本期发生额填列。

“调出预算资金”项目，反映政府财政本期发生的各类资金的调出资金金额。其中，一般公共预算的“调出预算资金”应当根据“调出预算资金”科目下“一般公共预算调出资金”明细科目的本期发生额填列；政府性基金预算的“调出预算资金”应当根据“调出预算资金”科目下“政府性基金预算调出资金”明细科目的本期发生额填列；国有资本经营预算的“调出预算资金”应当根据“调出预算资金”科目下“国有资本经营预算调出资金”明细科目的本期发生额填列。

“增设预算周转金”项目，反映政府财政本期设置或补充预算周转金的金额。本项目应当根据“预算周转金”科目的本期贷方发生额填列。

“年末结转结余”项目，反映政府财政本年年末的各类资金的结转结余金额。其中，一般公共预算的“年末结转结余”应当根据“一般公共预算结转结余”科目的年末余额填列；政府性基金预算的“年末结转结余”应当根据“政府性基金预算结转结余”科目的年末余额填列；国有资本经营预算的“年末结转结余”应当根据“国有资本经营预算结转结余”科目的年末余额填列；财政专户管理资金的“年末结转结余”应当根据“财政专户管理资金结余”

科目的年末余额填列；专用基金的“年末结转结余”应当根据“专用基金结余”科目的年末余额填列。

（二）一般公共预算执行情况表的编制

一般公共预算执行情况表的格式如表 9-6 所示。

表 9-6 一般公共预算执行情况表

总会预 02-1 表

编制单位：　　　　年　月　日　　　　单位：元

项　目	本月（旬）数	本年（月）累计数
一般公共预算收入		
101 税收收入		
10101 增值税		
1010101 国内增值税		
……		
一般公共预算支出		
201 一般公共服务支出		
20101 人大事务		
2010101 行政运行		
……		

一般公共预算执行情况表应当按旬、月度和年度编制。一般公共预算执行情况表的编制说明如下：

（1）“一般公共预算收入”项目及所属各明细项目，应当根据“一般公共预算收入”科目及所属各明细科目的本期发生额填列。

（2）“一般公共预算支出”项目及所属各明细项目，应当根据“一般公共预算支出”科目及所属各明细科目的本期发生额填列。

（三）政府性基金预算执行情况表的编制

政府性基金预算执行情况表的格式如表 9-7 所示。

表 9-7 政府性基金预算执行情况表

总会预 02-2 表

编制单位：　　　　年　月　日　　　　单位：元

项　目	本月（旬）数	本年（月）累计数
政府性基金预算本级收入		
10301 政府性基金收入		
1030102 农网还贷资金收入		
103010201 中央农网还贷资金收入		
……		
政府性基金预算本级支出		
206 科学技术支出		
20610 核电站乏燃料处理处置基金支出		
2061001 乏燃料运输		
……		

政府性基金预算执行情况表应当按旬、月度和年度编制。

政府性基金预算执行情况表的编制说明如下：

（1）“政府性基金预算本级收入”项目及所属各明细项目，应当根据“政府性基金预算收入”科目及所属各明细科目的本期发生额填列。

（2）“政府性基金预算本级支出”项目及所属各明细项目，应当根据“政府性基金预算支出”科目及所属各明细科目的本期发生额填列。

（四）国有资本经营预算执行情况表的编制

国有资本经营预算执行情况表如表 9-8 所示。

表 9-8　国有资本经营预算执行情况表　　总会预 02-3 表

编制单位：　　年　月　日　　单位：元

项　目	本月（旬）数	本年（月）累计数
国有资本经营预算收入		
10306 国有资本经营收入		
1030601 利润收入		
103060103 烟草企业利润收入		
……		
国有资本经营预算支出		
208 社会保障和就业支出		
20804 补充全国社会保障基金		
2080451 国有资本经营预算补充社保基金支出		
……		

国有资本经营预算执行情况表应当按旬、月度和年度编制。

国有资本经营预算执行情况表编制要求如下：

（1）“国有资本经营预算收入”项目及所属各明细项目，应当根据“国有资本经营预算收入”科目及所属各明细科目的本期发生额填列。

（2）“国有资本经营预算支出”项目及所属各明细项目，应当根据“国有资本经营预算支出”科目及所属各明细科目的本期发生额填列。

（五）财政专户管理资金收支情况表的编制

财政专户管理资金收支情况表的格式如表 9-9 所示。

表 9-9　财政专户管理资金收支情况表　　总会预 03 表

编制单位：　　年　月　日　　单位：元

项　目	本月数	本年累计数
财政专户管理资金收入		
……		
……		
……		
……		
……		
财政专户管理资金支出		
……		
……		
……		
……		

财政专户管理资金收支情况表应当按月度和年度编制。

财政专户管理资金收支情况表编制要求如下：

（1）“财政专户管理资金收入”项目及所属各明细项目，应当根据“财政专户管理资金收入”科目及所属各明细科目的本期发生额填列。

（2）“财政专户管理资金支出”项目及所属各明细项目，应当根据“财政专户管理资金支出”科目及所属各明细科目的本期发生额填列。

（六）专用基金收支情况表的编制

专用基金收支情况表的一般格式如表 9-10 所示。

表 9-10　专用基金收支情况表　　总会预 04 表

编制单位：　　年　月　日　　单位：元

项　目	本月数	本年累计数
专用基金收入		
粮食风险基金		
……		
专用基金支出		
粮食风险基金		
……		

专用基金收支情况表应当按月度和年度编制。

专用基金收支情况表编制要求如下：

“专用基金收入”项目及所属各明细项目，应当根据“专用基金收入”科目及所属各明细科目的本期发生额填列。

“专用基金支出”项目及所属各明细项目，应当根据“专用基金支出”科目及所属各明细科目的本期发生额填列。

（七）附注

附注应当至少披露下列内容：遵循《财政总会计制度》的声明；本级政府财政预算执行情况的说明；会计报表中列示的重要项目的进一步说明，包括其主要构成、增减变动情况等；有助于理解和分析会计报表的其他需要说明的事项。

任务三　财政总会计报表的审核和汇总

各部门对于已编制的会计报表应认真审核，然后才能上报。主管部门对所属单位上报的会计报表应在认真审核后再汇总。

一、财政总会计报表的审核

会计报表审核的内容包括两个方面：一是政策性审核；二是技术性审核。

（一）财政总会计报表的政策性审核

1. 预算收入的审核

（1）审核是否及时缴库。审核本年的全部预算收入，是否按照国家政策、预算管理体制和有关缴款办法的规定，是否及时、足额地缴入各级国库，是否有无故拖欠、截留、挪用预算收入的情况，有无将应缴的收入以暂存款挂在往来账上的现象。

（2）审核预算级次。审核各级总预算之间的收入划分是否正确，应上解上级财政的款项是否按规定及时足额地进行报解。

（3）审核收入类别。审核一般公共预算收入、政府性基金预算收入、国有资本经营预算收入、财政专户管理资金收入、专用基金收入是否划分清楚，地方附加收入是否挤占正税，征收项目及其比例是否超过国家规定。

（4）审核收入退库。审核预算收入的退库是否按国家规定办理，有无越权减免税款、违反规定的退库现象。

（5）审核预算收入的年终决算。审核年终决算的收入数与12月会计报表中的累计收入数是否一致。如不一致，应查明具体原因，属于违反财经纪律、转移资金的情况必须及时纠正。

2. 预算支出的审核

（1）审核预算支出的列报口径。审核预算支出数是否违反有关制度，是否符合政府预算支出列报口径的规定，有无不合理的以拨作支现象，预算支出数中是否列入了预拨的下年度经费。

（2）审核预算支出的开支标准。审核预算支出数是否超过了批准的预算，有无任意扩大支出范围、提高开支标准、铺张浪费、损公肥私等违反财经纪律的现象。

（3）审核预算支出的界限。审核一般公共预算支出、政府性基金预算支出、专用基金支出等支出的界限是否划分清楚，有无相互混淆的情况。

（4）审核预算支出的完整性。审核预算支出数是否列报齐全，有无漏报的现象。

（5）审核预算支出的年终决算。审核年终决算支出数与12月会计报表所列的全年支出累计数是否一致；未实行经费包干管理的单位和项目有无年终突击花钱的现象。

（二）财政总会计报表的技术性审核

对财政总会计报表的技术性审核主要包括以下内容：

（1）例如，资产负债表中有关收支数字与收支明细表的有关数字是否一致，年终决算总表的数字与有关明细表的数字是否一致。

（2）审核上下年度有关数字是否一致。例如，审核基本数字表的本年年初数同上年年末数是否一致，资产负债表的年初数同上年决算数是否一致。

（3）审核上下级财政之间上解、拨补等数字是否一致。例如，本级报表的下级上解收入数与所属下级报表的上解支出合计数是否一致，本级报表的补助支出数与所属下级报表的补助收入的合计数是否一致。

（4）审核财政会计报表的数字和其他有关部门的数字是否一致。例如，决算总表中税收收入与税务机关报表中的有关数字是否一致，基本数字表中的数字与有关业务部门的统计数字是否一致。

（5）审核会计报表的正确性与完整性，即从会计报表的数字关系、数字计算的准确程度等方面，对会计报表反映的各项预算收支情况进行审核。

二、财政总会计报表的汇总

汇总会计报表的种类、内容、格式和基层单位的会计报表相同。汇总编制时应将相同项目的金额加计总额后填列，但上下级单位由于汇总合计项目造成重复计算的金额应当进行抵销。同时，上下级单位之间汇总资产负债表时，也有些项目合计数出现重复，对于这些内容，也应当进行抵销。

项目检测

一、简答题

1. 财政总会计报表的概念是什么？
2. 财政总会计报表年终清理的内容是什么？
3. 财政总会计报表年终审核的内容是什么？

二、业务题

某市财政原体制定额上解数为 1 500 万元，上级应返还税收 2 600 万元（平时资金返还按实际缴入中央国库“两税”收入的 40% 划转市中心支库）；当年上级财政对该市财政的临时性补助和专项补助为 500 万元。该市向上级财政借款余额为 300 万元。

要求：（1）根据资料进行上下级财政年终结算。

（2）编制上下级财政年终结算的会计分录。

第三篇 行政事业单位会计

项目十　行政事业单位会计概述

项目目标

知识目标

1. 了解行政事业单位会计的概念、分级和特点；
2. 掌握行政事业单位会计科目。

素质目标

1. 培养依法办事、实事求是的职业观念；
2. 培养做好细节小事的职业意识。

任务一　行政事业单位会计的概念、分级与特点

一、行政事业单位会计的概念

行政事业单位会计是运用专门的会计方法对行政事业单位的资产负债、资金运行、现金流量、预算执行等情况进行全面核算、监督和报告的会计信息系统。

行政事业单位会计核算的目标是向会计信息使用者提供与行政事业单位财务状况、预算执行情况等有关的会计信息，反映行政事业单位受托责任的履行情况，帮助会计信息使用者进行管理、监督和决策。

二、行政事业单位会计的分级

行政事业单位会计根据国家机构建制和经费领报关系，分为主管会计单位、二级会计单位和基层会计单位三级。

（一）主管会计单位

主管会计单位是指向财政部门领报经费，并发生预算管理关系，有所属会计单位且向所属会计单位转拨经费的行政事业会计单位。

（二）二级会计单位

二级会计单位是指向主管会计单位或上一级会计单位领报经费，并发生预算管理关系，有下一级会计单位的行政事业会计单位。也就是说，二级会计单位不直接向财政部门领报经费，而是向主管会计单位或上一级会计单位领报经费，有所属会计单位并向其所属会计单位转拨经费。

（三）基层会计单位

基层会计单位是指向上一级会计单位领报经费，并发生预算管理关系，没有下级会计单位的行政事业会计单位。向同级财政部门领报经费，没有下级会计单位的，视同基层会计

单位。即不论是向财政部门领报经费，还是向主管会计单位或上一级会计单位领报经费，只要没有所属会计单位的就视同基层会计单位。

以上三级会计单位实行独立会计核算，单独编制本单位的预算或决算，负责组织本单位的会计工作。不具备独立核算条件的，实行单据报账制度，作为“报账单位”管理。

三、行政事业单位会计的特点

行政事业单位会计具有如下主要特点：

（一）财务会计和预算会计“双功能”

单位会计核算应当具备财务会计与预算会计双重功能，实现财务会计与预算会计适度分离并相互衔接，全面、清晰反映单位财务信息和预算执行信息。

单位对于纳入部门预算管理的现金收支业务，在采用财务会计核算的同时应当进行预算会计核算；对于其他业务，仅须进行财务会计核算。

（二）财务会计和预算会计“双基础”

单位财务会计核算采用权责发生制，单位预算会计核算采用收付实现制。

（三）财务会计和预算会计“双要素”

单位会计要素包括财务会计要素和预算会计要素。财务会计要素包括资产、负债、净资产、收入和费用。预算会计要素包括预算收入、预算支出和预算结余。

（四）财务会计和预算会计“双报表”

单位应同时编制财务会计报表和预算会计报表。财务会计报表的编制主要以权责发生制为基础，以单位财务会计核算生成的数据为准；预算会计报表的编制主要以收付实现制为基础，以单位预算会计核算生成的数据为准。

任务二　行政事业单位会计科目

一、行政事业单位会计科目分类

按照行政事业单位会计要素的类别，行政事业单位会计科目可分为资产、负债、净资产、收入、费用以及预算收入、预算支出和预算结余 8 类。其中，资产、负债、净资产、收入和费用 5 类属于财务会计要素类科目，预算收入、预算支出和预算结余 3 类属于预算会计要素科目，根据现行《政府会计制度——行政事业单位会计科目和报表》的规定，各级各类行政事业单位统一适用的会计科目表如表 10-1 所示。

表 10-1　行政事业单位会计科目表

序号	科目编号	会计科目名称
一、财务会计科目		
（一）资产类		
1	1001	库存现金
2	1002	银行存款
3	1011	零余额账户用款额度

序号	科目编号	会计科目名称
54	3201	权益法调整
55	3301	本期盈余
56	3302	本年盈余分配
57	3401	无偿调拨净资产
58	3501	以前年度盈余调整

续表

序号	科目编号	会计科目名称
4	1021	其他货币资金
5	1101	短期投资
6	1201	财政应返还额度
7	1211	应收票据
8	1212	应收账款
9	1214	预付账款
10	1215	应收股利
11	1216	应收利息
12	1218	其他应收款
13	1219	坏账准备
14	1301	在途物品
15	1302	库存物品
16	1303	加工物品
17	1401	待摊费用
18	1501	长期股权投资
19	1502	长期债券投资
20	1601	固定资产
21	1602	固定资产累计折旧
22	1611	工程物资
23	1613	在建工程
24	1701	无形资产
25	1702	无形资产累计摊销
26	1703	研发支出
27	1801	公共基础设施
28	1802	公共基础设施累计折旧（摊销）
29	1811	政府储备物资
30	1821	文物文化资产
31	1831	保障性住房
32	1832	保障性住房累计折旧
33	1891	受托代理资产
34	1901	长期待摊费用
35	1902	待处理财产损溢
（二）负债类		
36	2001	短期借款
37	2101	应交增值税
38	2102	其他应交税费
39	2103	应缴财政款
40	2201	应付职工薪酬
41	2301	应付票据
42	2302	应付账款
43	2303	应付政府补贴款
44	2304	应付利息
45	2305	预收账款
46	2307	其他应付款
47	2401	预提费用
48	2501	长期借款
49	2502	长期应付款
50	2601	预计负债
51	2901	受托代理负责
（三）净资产类		
52	3001	累计盈余
53	3101	专用基金
（四）收入类		
59	4001	财政拨款收入
60	4101	事业收入
61	4201	上级补助收入
62	4301	附属单位上缴收入
63	4401	经营收入
64	4601	非同级财政拨款收入
65	4602	投资收益
66	4603	捐赠收入
67	4604	利息收入
68	4605	租金收入
69	4609	其他收入
（五）费用类		
70	5001	业务活动费用
71	5101	单位管理费用
72	5201	经营费用
73	5301	资产处置费用
74	5401	上缴上级费用
75	5501	对附属单位补助费用
76	5801	所得税费用
77	5901	其他费用
二、预算会计科目		
（一）预算收入类		
1	6001	财政拨款预算收入
2	6101	事业预算收入
3	6201	上级补助预算收入
4	6301	附属单位上缴预算收入
5	6401	经营预算收入
6	6501	债务预算收入
7	6601	非同级财政拨款预算收入
8	6602	投资预算收益
9	6609	其他预算收入
（二）预算支出类		
10	7101	行政支出
11	7201	事业支出
12	7301	经营支出
13	7401	上缴上级支出
14	7501	对附属单位补助支出
15	7601	投资支出
16	7701	债务还本支出
17	7901	其他支出
（三）预算结余类		
18	8001	资金结存
19	8101	财政拨款结转
20	8102	财政拨款结余
21	8201	非财政拨款结转
22	8202	非财政拨款结余
23	8301	专用结余
24	8401	经营结余
25	8501	其他结余
26	8701	非财政拨款结余分配

二、行政事业单位会计科目的使用要求

各级各类行政事业单位应当按照下列规定运用会计科目。

（1）应当按照规定设置和使用会计科目。在不影响会计处理和编制报表的前提下，可以根据实际情况自行增设或减少某些会计科目。

（2）应当执行统一规定的会计科目编号，以便填制会计凭证、登记账簿、查阅账目，实行会计信息化管理。

（3）在填制会计凭证、登记会计账簿时，应当填列会计科目的名称，或者同时填列编号，不得只填列会计科目编号、不填列会计科目名称。行政事业单位不得随意打乱重编本制度规定的会计科目编号。

（4）行政事业单位会计核算的一个重要特点是关于明细科目的设置和运用。设置明细科目或进行明细核算，除了应当遵循《政府会计制度——行政事业单位会计科目和报表》的规定外，还应当满足权责发生制政府部门财务报告和政府综合财务报告编制的其他需要。例如，为满足决算报表的编制要求，行政事业单位应该在预算会计“行政支出”“事业支出”科目下，分别按照资金来源及性质设置“财政拨款支出”“非财政专项支出”“其他资金支出”二级明细科目，也可以按照资金用途设置“基本支出”“项目支出”二级明细科目。

项目检测

一、判断题

1.“双功能”是指行政事业单位会计既要具备财务会计功能又要具备预算会计功能。（ ）

2. 行政事业单位的财务会计也应当以收付实现制进行核算。（ ）

3. 因为行政事业单位会计没有利润项目，因此不需要进行试算平衡。（ ）

4. 我国行政事业单位会计分为四级。（ ）

二、简答题

1. 当前行政事业单位会计财务会计五要素与预算会计五要素之间有什么联系？

2. 行政事业会计的双基础怎样运用？

3. 当前行政事业单位会计的目标是什么？

项目十一　行政事业单位资产

项目目标

知识目标

1. 理解货币资金、应收款项、存货及短期投资等流动资产的账务处理；
2. 熟悉长期投资、固定资产、无形资产及经管资产等非流动资产的账务处理。

素质目标

1. 培养了解和适应新变化的职业习惯；
2. 树立客观公正的行为品德。

任务一　货币资金

行政事业单位的货币资金包括库存现金、银行存款、零余额账户用款额度和其他货币资金。

单位对于纳入部门预算管理的现金收支业务，在采用财务会计核算的同时应当进行预算会计核算；对于其他业务，仅须进行财务会计核算。这里的现金，是指单位的库存现金及其他可以用于随时支付的款项，包括库存现金、银行存款、零余额账户用款额度、其他货币资金和财政应返还额度以及通过财政直接支付方式支付的款项。

一、库存现金

（一）库存现金的概念

库存现金是指由出纳人员保管，供日常零星开支使用的货币资金。

（二）库存现金的核算

行政事业单位应当设置“库存现金”科目，对行政事业单位现金的收支情况进行核算。本科目应当设置“受托代理资产”明细科目，核算单位受托代理、代管的现金。

1. 库存现金增加的核算

行政事业单位从银行等金融机构提取现金，按照实际提取的金额，借记“库存现金”科目，贷记“银行存款”科目；按规定从单位零余额账户提取现金，借记“库存现金”科目，贷记“零余额账户用款额度”科目。行政事业单位因提供服务、商品或者其他事项收到现金，按实际收到的金额，借记“库存现金”科目，贷记“事业收入”“应收账款”等相关科目，预算会计处理时，借记“资金结存”科目，贷记“事业预算收入”等科目。涉及增值税业务的，相关账务处理参见“应交增值税”科目。

【例 11-1】2023 年 1 月 3 日，某事业单位从基本账户银行提取备用金 6 000 元；1 月 8 日从零余额账户提取备用金 8 000 元用于日常经费支出。该单位编制有关会计分录如表 11-1 所示。

表 11-1　库存现金增加的会计分录

时　间	财务会计分录	预算会计分录
2023 年 1 月 3 日	借：库存现金　6 000 　贷：银行存款　6 000	不做账务处理
2023 年 1 月 8 日	借：库存现金　8 000 　贷：零余额账户用款额度　8 000	不做账务处理

【例 11-2】2023 年 1 月 9 日，某事业单位开展专业活动取得零星现金收入 3 000 元。该单位编制有关会计分录如表 11-2 所示。

表 11-2　库存现金增加的会计分录

时　间	财务会计分录	预算会计分录
2023 年 1 月 3 日	借：库存现金　3 000 　贷：事业收入　3 000	借：资金结存——货币资金　3 000 　贷：事业预算收入　3 000

2. 库存现金的减少的核算

将现金存入银行等金融机构，借记“银行存款”科目，贷记“库存现金”科目。

行政事业单位内部职工出差等原因从财会部门借出现金时，按照实际支付的金额，借记“其他应收款”科目，贷记“库存现金”科目；出差人员报销差旅费时，按照实际报销的金额，借记“业务活动费用”“单位管理费用”等科目，按照实际借出的现金金额，贷记“其他应收款”科目，按照其差额，借记或贷记“库存现金”科目。预算会计处理时，按实际报销金额，借记“事业支出”“行政支出”等科目，贷记“资金结存”科目。

单位将现金退回单位零余额账户，借记“零余额账户用款额度”科目，贷记“库存现金”科目。以库存现金对外捐赠，按照实际捐出的金额，借记“其他费用”科目，贷记“库存现金”科目。预算会计处理时，借记“其他支出”等科目，贷记“资金结存”科目。

因购买服务、商品或者其他事项支付现金，按照实际支付的金额，借记“业务活动费用”“单位管理费用”“库存物品”等相关科目，贷记“库存现金”科目。预算会计处理时，借记“事业支出”“行政支出”“其他支出”等科目，贷记“资金结存”科目。涉及增值税业务的，相关账务处理参见“应交增值税”科目。

支付受托代理、代管的现金时，按照实际支付的金额，借记“受托代理负债”科目，贷记“库存现金——受托代理资产”科目。

【例 11-3】2023 年 1 月 10 日，某事业单位业务工作人员张磊出差借差旅费 2 000 元。1 月 22 日，报销差旅费 1 800 元，余款退回。该单位编制有关会计分录如表 11-3 所示。

表 11-3　库存现金减少的会计分录

时　间	财务会计分录	预算会计分录
2023 年 1 月 10 日	借：其他应收款——张磊　2 000 　贷：库存现金　2 000	不做账务处理
2023 年 1 月 22 日	借：业务活动费用　1 800 　　库存现金　200 　贷：其他应收款——张磊　2 000	借：事业支出　1 800 　贷：资金结存——货币资金　1 800

【例 11-4】2023 年 1 月 10 日，某事业单位收到代管现金 2 000 元，1 月 15 日，支付代管现金 2 000 元。该单位编制有关会计分录如表 11-4 所示。

表 11-4　收到、支付受托代理、代管现金的会计分录

时　间	财务会计分录	预算会计分录
2023 年 1 月 10 日	借：库存现金——受托代理资产　2 000 　贷：受托代理负债　2 000	不做账务处理
2023 年 1 月 15 日	借：受托代理负债　2 000 　贷：库存现金——受托代理资产　2 000	不做账务处理

3. 现金清查的核算

行政事业单位每日账款核对中发现有待查明原因的现金短缺或溢余的，应当通过“待

处理财产损溢”科目核算。属于现金溢余，应当按照实际溢余的金额，借记“库存现金”科目，贷记“待处理财产损溢”科目，预算会计处理时，借记“资金结存”科目，贷记“其他预算收入”科目；属于现金短缺，应当按照实际短缺的金额，借记“待处理财产损溢”科目，贷记“库存现金”科目，预算会计处理时，借记“其他支出”等科目，贷记“资金结存”科目。

现金溢余和短缺，待查明原因后，应及时请领导审批并进行账务处理。如现金溢余属于应支付给有关人员或单位的，借记“待处理财产损溢”科目，贷记“其他应付款”科目；实际支付款项时，借记“其他应付款”科目，贷记“库存现金”科目，预算会计处理时，借记“其他预算收入”科目，贷记“资金结存”科目；属于无法查明原因的，报经批准后，借记“待处理财产损溢”科目，贷记“其他收入”科目。如为现金短缺，属于应由责任人赔偿或向有关人员追回的，借记“其他应收款”科目，贷记“待处理财产损溢”科目；实际收到款项时，借记“库存现金”科目，贷记“其他应收款”，预算会计处理时，借记“资金结存”科目，贷记“其他支出”科目；属于无法查明原因的，报经批准核销时，借记“资产处置费用”科目，贷记“待处理财产损溢”科目。

【例 11-5】2023 年 1 月 25 日，某事业单位盘点发现库存现金比账面多出 100 元，26 日经过核实，其中 80 元属于应该支付给单位员工胡某，剩余 20 元无法查明原因。该单位编制有关会计分录如表 11-5 所示。

表 11-5 现金清查溢余的会计分录

时间	财务会计分录	预算会计分录
2023 年 1 月 25 日	借：库存现金 100 贷：待处理财产损溢 100	借：资金结存——货币资金——库存现金 100 贷：其他预算收入——现金盘盈收入 100
2023 年 1 月 26 日	借：待处理财产损溢 80 贷：其他应付款——胡某 80 其他收入——现金盘盈收入 20	不做账务处理
2023 年 1 月 26 日	借：其他应付款——胡某 80 贷：库存现金 80	借：其他预算收入——现金盘盈收入 80 贷：资金结存——货币资金——库存现金 80

【例 11-6】2023 年 1 月 28 日，某事业单位盘点发现库存现金比账面短缺 100 元，经过核实，其中 70 元属于应由相关责任人赔偿款，剩余 30 元无法查明原因，1 月 30 日报请相关部门批准核销。该单位编制有关会计分录如表 11-6 所示。

表 11-6 现金清查短缺的会计分录

时间	财务会计分录	预算会计分录
2023 年 1 月 28 日	借：待处理财产损溢 100 贷：库存现金 100	借：其他支出 100 贷：资金结存——货币资金——库存现金 100
2023 年 1 月 30 日	借：其他应收款——责任人 70 贷：待处理财产损溢 70	不做账务处理
	借：库存现金 70 贷：其他应收款——责任人 70	借：资金结存——货币资金——库存现金 70 贷：其他支出 70
2023 年 1 月 30 日	借：资产处置费用 30 贷：待处理财产损溢 30	不做账务处理

二、银行存款

（一）银行存款的概念

银行存款是指单位存入银行和其他金融机构的各种存款。行政事业单位应当严格按照国家有关支付结算办法的规定办理银行存款收支业务，并按《政府会计制度》规定核算银行存款的各项收支业务。

（二）银行存款的核算

行政事业单位应当设置“银行存款”科目，对行政事业单位存入银行或其他金融机构的各种存款进行核算。该科目应当设置“受托代理资产”明细科目，核算单位受托代理、代管的银行存款。

1. 银行存款增加的核算

将款项存入银行或者其他金融机构，按照实际存入的金额，借记“银行存款”科目，贷记“库存现金”“应收账款”“事业收入”“经营收入”“其他收入”等相关科目，预算会计处理时，借记“资金结存”科目，贷记“事业预算收入”“其他预算收入”等科目（将现金存入银行不做此分录）。涉及增值税业务的，相关账务处理参见“应交增值税”科目。

收到银行存款利息，按照实际收到的金额，借记“银行存款”科目，贷记“利息收入”科目，预算会计处理时，借记“资金结存”科目，贷记“其他预算收入”科目。

【例 11-7】某事业单位于 2023 年 2 月 12 日收到上级拨入事业经费 100 000 元；2 月 20 日，收到银行存款利息 2 000 元。该单位编制有关会计分录如表 11-7 所示。

表 11-7　银行存款增加的会计分录

时　间	财务会计分录	预算会计分录
2023 年 2 月 12 日	借：银行存款　100 000 　贷：上级补助收入　100 000	借：资金结存——货币资金——银行存款　100 000 　贷：上级补助预算收入　100 000
2023 年 2 月 20 日	借：银行存款　2 000 　贷：利息收入　2 000	借：资金结存——货币资金——银行存款　2 000 　贷：其他预算收入　2 000

2. 银行存款减少的核算

从银行等金融机构提取现金，按照实际提取的金额，借记“库存现金”科目，贷记“银行存款”科目。

以银行存款支付相关费用，按照实际支付的金额，借记“业务活动费用”“单位管理费用”“其他费用”等相关科目，贷记“银行存款”科目，预算会计处理时，借记“事业支出”“行政支出”“其他支出”等科目，贷记“资金结存”科目。涉及增值税业务的，相关账务处理参见“应交增值税”科目。

以银行存款对外捐赠，按照实际捐出的金额，借记“其他费用”科目，贷记“银行存款”科目，预算会计处理时，借记“其他支出”等科目，贷记“资金结存”科目。

收到受托代理、代管的银行存款，按照实际收到的金额，借记“银行存款”科目（受托代理资产），贷记“受托代理负债”科目；支付受托代理、代管的银行存款，按照实际支付的金额，借记“受托代理负债”科目，贷记“银行存款”科目（受托代理资产）。

【例 11-8】某事业单位于 2023 年 2 月 27 日开出转账支票支付购买办公用品款 20 000 元。该单位编制有关会计分录如表 11-8 所示。

表 11-8　银行存款减少的会计分录

时　间	财务会计分录	预算会计分录
2023 年 2 月 27 日	借：库存物品　20 000 　贷：银行存款　20 000	借：事业支出　20 000 　贷：资金结存——货币资金——银行存款　20 000

三、零余额账户用款额度

（一）零余额账户用款额度的概念

零余额账户用款额度是指实行国库集中支付的行政事业单位根据财政部门批复的用款计划收到和支用的用款额度。财政授权支付的业务一律通过单位零余额账户办理。

（二）零余额账户用款额度的核算

为了反映零余额账户用款额度增减变动情况，单位应当设置“零余额账户用款额度”科目。该科目借方登记收到授权支付到账额度；贷方登记支用的零余额用款额度；期末借方余额，反映单位尚未支用的零余额用款账户额度。“零余额账户用款额度”科目年末应无余额。

在财政授权支付方式下，单位收到代理银行盖章的“财政授权支付到账通知书”时，根据通知书所列数额，借记“零余额账户用款额度”科目，贷记“财政拨款收入”科目，预算会计处理时，借记“资金结存”科目，贷记“财政拨款预算收入”科目。单位因购货退回等发生国库授权支付额度退回的，应按照退回金额，借记“零余额账户用款额度”科目，贷记“库存物品”等科目，预算会计处理时，借记“资金结存”科目，贷记“事业支出”“行政支出”等科目。

单位按规定支用额度时，借记有关科目，贷记“零余额账户用款额度”科目，预算会计处理时，借记相关科目，贷记“资金结存”科目；从零余额账户提取现金时，借记“库存现金”科目，贷记“零余额账户用款额度”科目。

因购货退回等发生国库授权支付额度退回的，属于以前年度支付的款项，按照退回金额，借记“零余额账户用款额度”科目，贷记“以前年度盈余调整”等有关科目；属于本年支付的款项，按照退回金额，借记“零余额账户用款额度”科目，贷记“库存物品”等科目。

【例 11-9】2023 年 3 月 2 日，某事业单位收到代理银行转来的“财政授权支付额度到账通知书”，通知书中注明的本月授权额度为 400 000 元。5 日，采用国库授权支付方式支付办公大楼日常维修费 30 000 元。该单位编制有关会计分录如表 11-9 所示。

表 11-9　零余额账户用款额度增加和减少的会计分录

时　间	财务会计分录	预算会计分录
2023 年 3 月 2 日	借：零余额账户用款额度　400 000 　　贷：财政拨款收入　400 000	借：资金结存——零余额账户用款额度　400 000 　　贷：财政拨款预算收入　400 000
2023 年 3 月 5 日	借：单位管理费用　30 000 　　贷：零余额账户用款额度　30 000	借：事业支出　30 000 　　贷：资金结存——零余额账户用款额度　30 000

四、其他货币资金

其他货币资金是指单位除库存现金、银行存款、零余额账户用款额度以外的货币资金。

（一）其他货币资金的内容

其他货币资金的主要内容包括外埠存款、银行本票存款、银行汇票存款、信用卡存款等其他货币资金。

（二）其他货币资金的核算

为了反映和监督其他货币资金的收支和结存情况，单位应当设置“其他货币资金”科目，该科目应设置“外埠存款”“银行本票存款”“银行汇票存款”“信用卡存款”等明细科目进行明细核算。

单位到外地进行临时或零星采购并在采购地银行开立采购专户，将款项委托本地银行汇往采购地开立专户时，借记“其他货币资金”科目，贷记“银行存款”科目。收到采购员交来供应单位发票账单等报销凭证时，借记“库存物品”等科目，贷记“其他货币资金”科目，预算会计处理时，借记“事业支出”等科目，贷记“资金结存”科目。将多余的外埠存款转回本地银行时，根据银行的收账通知，借记“银行存款”科目，贷记“其他货币资金”科目。

单位将款项交存银行取得银行本票、银行汇票，按照取得的银行本票、银行汇票金额，借记“其他货币资金”科目，贷记“银行存款”等科目。使用银行本票、银行汇票发生支付，按照实际支付金额，借记“库存物品”等科目，贷记“其他货币资金”科目，预算会计处理时，借记“事业支出”等科目，贷记“资金结存”科目。如有余款或因本票、汇票超过付款期等原因而退回款项，按照退款金额，借记“银行存款”科目，贷记“其他货币资金”科目。

单位将款项交存银行取得信用卡，按照交存金额，借记“其他货币金”科目，贷记“银行存款”科目。用信用卡购物或支付有关费用，借记相关科目，贷记“其他货币资金”科目，预算会计处理时，借记“事业支出”等科目，贷记“资金结存”科目。单位信用卡在使用过程中，须向其账户续存资金的，按照续存金额，借记“其他货币资金”科目，贷记“银行存款”科目。

【例 11-10】某事业单位于 3 月 20 日将 50 000 元交存银行取得银行本票一张。3 月 25 日，业务部门采购人员使用该银行本票购买开展业务活动所需的物品 A 材料 40 000 元，本月底，剩余 10 000 元退回。该单位编制有关会计分录如表 11-10 所示。

表 11-10　其他货币资金增加和减少的会计分录

时　间	财务会计分录	预算会计分录
2023 年 3 月 20 日	借：其他货币资金——银行本票存款　50 000 　　贷：银行存款　50 000	不做账务处理
2023 年 3 月 25 日	借：库存物品——A 材料　40 000 　　贷：其他货币资金——银行本票存款　40 000	借：事业支出　40 000 　　贷：资金结存——货币资金——其他货币资金　40 000
2023 年 3 月 31 日	借：银行存款　10 000 　　贷：其他货币资金——银行本票存款 10 000	不做账务处理

任务二　应收及预付款项

应收及预付款项是指行政事业单位在其业务活动过程中形成的短期债权，如财政应返还额度、应收账款、坏账准备、应收票据、预付账款和其他应收款项。

一、财政应返还额度

（一）财政应返还额度的概念

财政应返还额度是指实行国库集中支付的行政事业单位应收财政返还的资金额度，包括可以使用的以前年度财政直接支付资金额度和财政应返还的财政授权支付资金额度。在财政国库集中支付制度下，年末行政事业单位尚未使用的财政直接支付额度和财政授权支付额度相应资金留存在财政国库，这些财政资金通常仍然由行政事业单位按计划安排使用。由此，行政事业单位在年末形成财政应返还额度。

（二）财政应返还额度的核算

为核算财政应返还额度业务，行政事业单位应设置“财政应返还额度”总账科目。该科目应当设置“财政直接支付”“财政授权支付”两个明细科目进行明细核算。

1. 财政直接支付

年末，单位根据本年及财政直接支付预算指标数大于当年财政直接支付实际发生数的差额，借记“财政应返还额度”科目（财政直接支付），贷记“财政拨款收入”科目，预算会计处理时，借记“资金结存——财政应返还额度”等科目，贷记“财政拨款预算收入”科目。单位使用以前年度财政直接支付额度支付款项时，借记“业务活动费用”“单位管理费用”等科目，贷记“财政应返还额度”科目（财政直接支付），预算会计处理时，借记“事业支出”等科目，贷记“资金结存——财政应返还额度”科目。

【例 11-11】某事业单位 2022 年度财政直接支付预算指标数为 6 550 000 元，财政直接支付实际支出数 6 540 000 元。2023 年 1 月 3 日，该事业单位收到财政部门批转的财政直接支付额度恢复通知单，财政部门对事业单位恢复财政直接支付额度 10 000 元。2023 年 1 月 10 日，该事业单位使用恢复的财政直接支付额度支付会议费 8 000 元。该单位编制有关会计分录如表 11-11 所示。

表 11-11　财政应返还额度——财政直接支付的会计分录

时　间	财务会计分录	预算会计分录
2022 年 12 月 31 日	借：财政应返还额度——财政直接支付 10 000 　贷：财政拨款收入　10 000	借：资金结存——财政应返还额度 10 000 　贷：财政拨款预算收入　10 000
2023 年 1 月 3 日	恢复财政直接支付额度不做账务处理	不做账务处理
2023 年 1 月 10 日	借：业务活动费用　8 000 　贷：财政应返还额度——财政直接支付 8 000	借：事业支出　8 000 　贷：资金结存——财政应返还额度　8 000

2. 财政授权支付

年末，单位本年度财政授权支付预算指标数大于零余额账户用款额度下达数的，根据未下达的用款额度，借记“财政应返还额度”科目（财政授权支付），贷记“财政拨款收入”科目，预算会计处理时，借记“资金结存——财政应返还额度”等科目，贷记“财政拨款预算收入”科目。年末，根据代理银行提供的对账单做注销额度的相关账务处理，借记“财政应返还额度”科目（财政授权支付），贷记“零余额账户用款额度”科目，预算会计处理时，借记“资金结存——财政应返还额度”科目，贷记“资金结存——零余额账户用款额度”科目。

下年初，单位根据代理银行提供的上年度注销额度恢复到账通知书做恢复额度的相关账务处理，借记“零余额账户用款额度”科目，贷记“财政应返还额度”科目（财政授权支付），预算会计处理时，借记“资金结存——零余额账户用款额度”科目，贷记“资金结存——财政应返还额度”科目。单位收到财政部门批复的上年末下达零余额账户用款额度，借记“零余额账户用款额度”科目，贷记“财政应返还额度”科目（财政授权支付），预算会计处理时，借记“资金结存——零余额账户用款额度”科目，贷记“资金结存——财政应返还额度”科目。

【例 11-12】某事业单位 2023 年度财政授权支付预算指标数为 2 000 000 元，零余额账户用款额度下达数为 1 981 000 元，零余额账户用款额度实际支出数为 1 973 000 元。2023

年 1 月 10 日，该单位收到代理银行转来的《财政授权支付额度恢复到账通知书》，恢复 2022 年度财政授权支付注销额度。该单位编制有关会计分录如表 11-12 所示。

表 11-12　财政应返还额度 —— 财政授权支付的会计分录

时　间	财务会计分录	预算会计分录
2022 年 12 月 31 日	借：财政应返还额度 —— 财政授权支付 19 000 　贷：财政拨款收入　19 000	借：资金结存 —— 财政应返还额度　19 000 　贷：财政拨款预算收入　19 000
12 月 31 日	借：财政应返还额度 —— 财政授权支付　8 000 　贷：零余额账户用款额度　8 000	借：资金结存 —— 财政应返还额度　8 000 　贷：资金结存 —— 零余额账户用款额度 8 000
2023 年 1 月 10 日	借：零余额账户用款额度　27 000 　贷：财政应返还额度 —— 财政授权支付　27 000	借：资金结存 —— 零余额账户用款额度 27 000 　贷：资金结存 —— 财政应返还额度　27 000

二、应收账款

应收账款是指事业单位提供服务、销售产品等应收取的款项，以及行政事业单位因出租资产、出售物资等应收取的款项。

为了反映应收账款增减变动情况，单位应设置“应收账款”科目核算单位因开展业务活动应收取的款项。其明细账应当按照对方单位（或个人）设置并进行明细核算。

（一）应收账款的日常核算

1. 应收账款收回后无须上缴财政的核算

单位发生应收账款时，按照应收未收金额，借记“应收账款”科目，贷记“事业收入”“经营收入”“租金收入”“其他收入”等科目。涉及增值税业务的，相关账务处理参见“应交增值税”科目。收回应收账款时，按照实际收到的金额，借记“银行存款”等科目，贷记“应收账款”科目，预算会计处理时，借记“资金结存”等科目，贷记“事业预算收入”“经营预算收入”“其他预算收入”等科目。

【例 11-13】某事业单位于 2023 年 3 月 5 日开展事业活动产生不需要上缴财政的事业收入 20 000 元，款项未收。3 月 20 日，收回该笔款项。该单位编制有关会计分录如表 11-13 所示。

表 11-13　不需要上缴财政的应收账款的会计分录

时　间	财务会计分录	预算会计分录
2023 年 3 月 5 日	借：应收账款　20 000 　贷：事业收入　20 000	不做账务处理
2023 年 3 月 20 日	借：银行存款　20 000 　贷：应收账款　20 000	借：资金结存——货币资金——银行存款　20 000 　贷：事业预算收入　20 000

2. 应收账款收回后需要上缴财政的核算

事业单位发生应收未收款项时，按照应收未收金额，借记“应收账款”科目，贷记“应缴财政款”科目，收回应收账款时，按照实际收到的金额，借记“银行存款”等科目，贷记“应收账款”科目。

涉及增值税业务的，相关账务处理参见“应交增值税”科目。

【例 11-14】某事业单位于 2023 年 3 月 10 日出售报废的资产获得 1 000 元，款项未收，按照资产管理要求，该款项必须要上缴财政。3 月 22 日，收到对方单位款项 1 000 元。该单位编制有关会计分录如表 11-14 所示。

表 11-14　需要上缴财政的应收账款的会计分录

时　间	财务会计分录	预算会计分录
2023 年 3 月 10 日	借：应收账款　1 000 　贷：应缴财政款　1 000	不做账务处理
2023 年 3 月 22 日	借：银行存款　1 000 　贷：应收账款　1 000	不做账务处理

（二）应收账款的期末清查

（1）事业单位应当于每年年末，对收回后不需要上缴财政的应收账款进行全面检查，如发生不能收回的迹象，应当计提坏账准备。

①对于账龄超过规定年限、确认无法收回的应收账款，按照规定报经批准后予以核销。按照核销金额，借记“坏账准备”科目，贷记“应收账款”科目。核销的应收账款应在备查簿中保留登记。

②已核销的应收账款在以后期间又收回的，按照实际收回金额，借记“应收账款”科目，贷记“坏账准备”科目；同时，借记“银行存款”等科目，贷记“应收账款”科目，预算会计处理时，借记“资金结存”等科目，贷记“非财政拨款结余”等科目。

（2）单位应当于每年年末，对收回后应当上缴财政的应收账款进行全面检查。

①对于账龄超过规定年限、确认无法收回的应收账款，按照规定报经批准后予以核销。按照核销金额，借记“应缴财政款”科目，贷记“应收账款”科目。核销的应收账款应当在备查簿中保留登记。

②已核销的应收账款在以后期间又收回的，按照实际收回金额，借记“银行存款”等科目，贷记“应缴财政款”科目。

【例 11-15】某事业单位于 2022 年年末对需要上缴财政的应收账款进行全面检查，发现应收某单位的账款 5 000 元，已经超过规定的年限仍然无法收回，报经有关部门批准后予以核销。次年 6 月 22 日，该笔款项又收回。该单位编制有关会计分录如表 11-15 所示。

表 11-15　已核销的应收账款在以后期间又收回的会计分录

时　间	财务会计分录	预算会计分录
2022 年 12 月 31 日	借：应缴财政款　5 000 　贷：应收账款　5 000	不做账务处理
2023 年 6 月 22 日	借：银行存款　5 000 　贷：应缴财政款　5 000	不做账务处理

三、坏账准备

（一）坏账准备的计提

坏账是指无法收回的应收款项，由应收款项坏账带来的损失称为坏账损失。根据现行制度的规定，事业单位应当在每年年末对收回后不需要上缴财政的应收账款和其他应收款提取坏账准备，对其他应收项目不提取坏账准备。行政单位不提取坏账准备。

事业单位可以采用应收款项余额百分比法、账龄分析法、个别认定法等方法计提坏账准备。坏账准备计提方法一经确定，不得随意变更。如需变更，应当按照规定报经批准，并在财务报表附注中予以说明。

根据上述方法计算坏账损失金额，当期应补提或冲减的坏账准备金额的计算公式如下：

当期应补提或冲减的坏账准备＝按照期末应收账款和其他应收款计算应计提的坏账准备金额－“坏账准备”科目期末贷方余额（或＋“坏账准备”科目期末借方余额）

（二）坏账准备的核算

为了核算坏账准备业务，事业单位应设置“坏账准备”总账科目。该科目贷方登记当期计提的坏账准备金额，借方登记实际发生坏账损失金额和冲减的坏账准备金额；期末贷方余额，反映事业单位提取的坏账准备金额。

事业单位提取坏账准备时，借记“其他费用”科目，贷记“坏账准备”科目；冲减坏账准备时，借记“坏账准备”科目，贷记“其他费用”科目。

【例 11-16】2020—2022 年，某事业单位发生以下坏账业务。

（1）2020 年年末，该单位应收账款余额为 1 000 000 元，提取坏账准备的比例为 3‰，“坏账准备”账户余额为零。

2020 年应提取坏账准备＝1 000 000×3‰＝3 000（元）

（2）2021 年发生坏账损失 10 000 元，其中甲单位 2 000 元，乙单位 8 000 元，年末应收账款为 1 200 000 元。

坏账准备应保留的余额＝1 200 000×3‰＝3 600（元）

“坏账准备”账户已有余额＝3 000（贷方）－10 000（借方）＝－7 000（元）

应提取的坏账准备＝3 600＋7 000＝10 600（元）

（3）2022 年 11 月 3 日，已冲销的上年乙单位应收账款 8 000 元又收回。年末应收账款 1 300 000 元。

坏账准备余额＝1 300 000×3‰＝3 900（元）

“坏账准备”账户已有贷方余额＝3 600＋8 000＝11 600（元）

应提取的坏账准备＝3 900－11 600＝－7 700（元）

其坏账准备的会计分录如表 11-16 所示。

表 11-16　坏账准备的会计分录

时　间	财务会计分录	预算会计分录
2020 年年末	借：其他费用　3 000 　贷：坏账准备　3 000	不做账务处理
2021 年年末	借：坏账准备　10 000 　贷：应收账款——甲单位　2 000 　　　　　　——乙单位　8 000	不做账务处理
	借：其他费用　10 600 　贷：坏账准备　10 600	
2022 年 11 月 3 日	借：应收账款——乙单位　8 000 　贷：坏账准备　8 000	借：资金结存——货币资金　8 000 　贷：非财政拨款结余　8 000
	借：银行存款　8 000 　贷：应收账款——乙单位　8 000	
2022 年年末	借：坏账准备　7 700 　贷：其他费用　7 700	不做账务处理

四、应收票据

应收票据是指事业单位因开展经营活动销售产品、提供有偿服务等而收到的商业汇票，包括银行承兑汇票和商业承兑汇票。

（一）应收票据取得与到期收回的核算

为了反映应收票据增减变动情况，事业单位应设置“应收票据”科目。其明细账应当按照开出、承兑商业汇票的单位设置并进行明细核算。

事业单位应当设置“应收票据备查簿”，逐笔登记每一应收票据的种类、号数、出票日期、到期日、票面金额、交易合同号以及付款人、承兑人、背书人姓名或单位名称、背书转让日、贴现日期、贴现率和贴现净额、收款日期、收回金额和退票情况等资料。应收票据到期结清票款或退票后，当在备查簿内逐笔注销。

事业单位因销售产品、提供服务等收到商业汇票，按照商业汇票的票面金额，借记“应收票据”科目，按照确认的收入金额，贷记“事业收入”“经营收入”等科目。涉及增值税业务的，相关账务处理参见“应交增值税”科目。

票据到期收回票款时，按照实际收到的商业汇票票面金额，借记“银行存款”科目，贷记“应收票据”科目，预算会计处理时，借记“资金结存”等科目，贷记“经营预算收入”等科目。因付款人无力支付票款，收到银行退回的商业承兑汇票、委托收款凭证、未付票款通知书或拒付款证明等，按照商业汇票的票面金额，借记“应收账款”科目，贷记“应收票据”科目。

（二）商业汇票贴现的核算

事业单位持未到期的商业汇票向银行贴现，按照实际收到的金额（即扣除贴现息后的净额），借记“银行存款”科目，按照贴现息金额，借记“经营费用”等科目，按照商业汇票的票面金额，贷记“应收票据”科目（无追索权）或“短期借款”科目（有追索权），预算会计处理时，按贴现净额，借记“资金结存”等科目，贷记“经营预算收入”等科目。附追索权的商业汇票到期未发生追索事项的，按照商业汇票的票面金额，借记“短期借款”科目，贷记“应收票据”科目。

【例 11-17】某事业单位（小规模纳税人）于 2022 年 4 月 7 日销售产品收到收入 10 000 元，对方公司开出 6 个月期的不带息商业承兑汇票 1 张，该商业汇票面值 10 000 元。

（1）若 7 月 7 日，提前 3 个月向银行贴现（银行贴现年利率为 8%），贴现息 $10\ 000\times 8\%\times 3/12=200$（元）。

（2）若一直持有票据至到期，10 月 7 日收回。

（3）若 10 月 7 日到期时发现付款人无力支付。

该单位编制有关会计分录如表 11-17 所示。

表 11-17　商业汇票贴现的会计分录

时　间	财务会计分录	预算会计分录
2022 年 4 月 7 日	借：应收票据　10 000 　贷：经营收入　10 000	不做账务处理
2022 年 7 月 7 日	借：银行存款　9 800 　经营费用　200 　贷：短期借款　1 000	借：资金结存——货币资金——银行存款　9 800 　贷：经营预算收入　9 800
2022 年 10 月 7 日	借：银行存款　10 000 　贷：应收票据　10 000	借：资金结存——货币资金——银行存款　10 000 　贷：经营预算收入　10 000
2022 年 10 月 7 日	借：应收账款　10 000 　贷：应收票据　10 000	不做账务处理

五、预付账款

预付账款是指单位按照购货、服务合同或协议规定预付给供应单位（或个人）的款项，以及按照合同规定向承包工程的施工企业预付的备料款和工程款。

（一）预付账款的核算

行政事业单位应当设置"预付账款"总科目，为了核算预付账款业务，该科目应当按照供应单位（或个人）及具体项目进行明细核算；对于基本建设项目发生的预付账款，还应当在本科目所属基建项目明细科目下设置"预付备料款""预付工程款""其他预付款"等明细科目，进行明细核算。

"预付账款"科目借方反映当期行政事业单位预付账款的增加；贷方反映当期行政事业单位预付账款的减少；本科目期末借方余额，反映行政事业单位实际预付但尚未结算的款项。

（1）根据购货、服务合同或协议规定预付款项时，按照预付金额，借记"预付账款"科目，贷记"财政拨款收入""零余额账户用款额度""银行存款"等科目，预算会计处理时，借记"事业支出"等科目，贷记"财政拨款预算收入""资金结存"等科目。

（2）收到所购资产或服务时，按照购入资产或服务的成本，借记"库存物品""固定资产""无形资产""业务活动费用"等相关科目，按照相关预付账款的账面余额，贷记"预付账款"科目，按照实际补付的金额，贷记"财政拨款收入""零余额账户用款额度""银行存款"等科目。涉及增值税业务的，相关账务处理参见"应交增值税"科目。

（3）单位根据工程进度结算工程价款及备料款时，按照结算金额，借记"在建工程"科目，按照相关预付账款的账面余额，贷记"预付账款"科目，按照实际补付的金额，贷记"财政拨款收入""零余额账户用款额度""银行存款"等科目，预算会计处理时，按照补付的金额，借记"事业支出"等科目，贷记"财政拨款预算收入""资金结存"等科目。

（4）单位发生预付账款退回的，按照实际退回金额，借记"财政拨款收入"（本年直接支付）、"财政应返还额度"（以前年度直接支付）、"零余额账户用款额度""银行存款"等科目，贷记"预付账款"科目，预算会计处理时，按照补付的金额，借记"财政拨款预算收入""资金结存"等科目，贷记"事业支出"等科目。

（二）预付账款的核销

单位应当于每年年末，对预付账款进行全面检查。如果有确凿证据表明预付账款不再符合预付款项性质，或者因供应单位破产、撤销等原因可能无法收到所购货物、服务的，应当先将其转入其他应收款，再按照规定进行处理。将预付账款账面余额转入其他应收款时，借记"其他应收款"科目，贷记"预付账款"科目。

【例 11-18】某事业单位 2023 年有关预付款项业务如下：

（1）3 月 3 日，开工建设实验室一间，工程总价款 200 000 元，预付工程款 50 000 元，款项通过单位零余额账户支付。

（2）5 月 10 日，实验室工程完工，补付了工程款 50 000 元。

其预付账款的会计分录如表 11-18 所示。

表 11-18　预付账款的会计分录

时　间	财务会计分录	预算会计分录
2023 年 3 月 3 日	借：预付账款　50 000 　贷：零余额账户用款额度　50 000	借：事业支出　50 000 　贷：资金结存——零余额账户用款额度　50 000
2023 年 5 月 10 日	借：在建工程　200 000 　贷：银行存款　150 000 　　　预付账款　50 000	借：事业支出　150 000 　贷：资金结存——零余额账户用款额度　150 000

六、其他应收款

其他应收款，是指除财政应返还额度、应收票据、应收账款、预付账款、应收股利、应收利息以外的其他各项应收及暂付款项，如职工预借的差旅费、已经偿还银行尚未报销的本单位公务卡欠款、拨付给内部有关部门的备用金、应向职工收取的各种垫付款项、支付的可以收回的定金或押金、应收的上级补助和附属单位上缴款项等。其他应收款应按实际发生额入账。

（一）其他应收款的核算

为核算其他应收款业务，行政事业单位应设置"其他应收款"总账科目。该科目应当按照其他应收款的类别以及债务单位（或个人）进行明细核算。

（1）单位发生其他各种应收及暂付款项时，按照实际发生金额，借记"其他应收款"科目，贷记"零余额账户用款额度""银行存款""库存现金""上级补助收入""附属单位上缴收入"等科目。涉及增值税业务的，相关账务处理参见"应交增值税"科目。收回其他各种应收及暂付款项时，按照收回的金额，借记"库存现金""银行存款"等科目，贷记"其他应收款"科目。

（2）单位内部实行备用金制度的，有关部门使用备用金以后应当及时到财务部门报销并补足备用金。财务部门核定并发放备用金时，按照实际发放金额，借记"其他应收款"科目，贷记"库存现金"等科目。根据报销金额用现金补足备用金定额时，借记"业务活动费用""单位管理费用"等科目，贷记"库存现金"等科目，预算会计处理时，按照报销的金额，借记"事业支出"等科目，贷记"资金结存"等科目。报销数和拨补数都不再通过"其他应收款"科目核算。

（3）偿还尚未报销的本单位公务卡欠款时，按照偿还的款项，借记"其他应收款"科目，贷记"零余额账户用款额度""银行存款"等科目；持卡人报销时，按照报销金额，借记"业务活动费用""单位管理费用"等科目，贷记"其他应收款"科目，预算会计处理时，按照报销的金额，借记"事业支出"等科目，贷记"资金结存"等科目。

【例 11-19】某事业单位于 2023 年 5 月 5 日财政授权支付偿还公务卡欠款 3 000 元。5 月 10 日，该公务卡持卡人报销业务培训费 3 000 元。该单位编制有关会计分录如表 11-19 所示。

表 11-19　其他应收款的会计分录

时　间	财务会计分录	预算会计分录
2023 年 5 月 5 日	借：其他应收款——公务卡欠款　3 000 　贷：零余额账户用款额度　3 000	不做账务处理
2023 年 5 月 10 日	借：业务活动费用　3 000 　贷：其他应收款——公务卡欠款　3 000	借：事业支出　3 000 　贷：资金结存——零余额账户用款额度　3 000

（二）其他应收款的核销

1. 事业单位其他应收款的核销

事业单位其他应收款的核销请参照事业单位应收款的期末清查。

2. 行政单位其他应收款的核销

行政单位应当于每年年末，对“其他应收款”进行全面检查。对于账龄超过规定年限、确认无法收回的其他应收款，按照规定报经批准后予以核销。核销的其他应收款应当在备查簿中保留登记。经批准核销其他应收款时，按照核销金额，借记“资产处置费用”科目，贷记“其他应收款”科目。已核销的其他应收款在以后期间又收回的，按照收回金额，借记“银行存款”等科目，贷记“其他收入”科目，预算会计处理时，借记“资金结存”等科目，贷记“其他预算收入”等科目。

【例 11-20】2022 年 12 月 31 日，某行政单位对其他应收款进行全面检查时，发现年初代行政管理部门张某偿还的公务卡欠款 3 000 元一直未办理报销手续，报经批准后予以核销。2023 年 3 月 10 日，已核销的其他应收款又如数收回。该单位编制有关会计分录如表 11-20 所示。

表 11-20　其他应收款核销又收回的会计分录

时　间	财务会计分录	预算会计分录
2022 年 12 月 31 日	借：资产处置费用　3 000 　贷：其他应收款——公务卡欠款　3 000	不做账务处理
2023 年 3 月 10 日	借：银行存款　3 000 　贷：其他收入　3 000	借：资金结存——货币资金——银行存款 3 000 　贷：其他预算收入　3 000

任务三　存货

一、存货概述

（一）存货的概念

存货是指行政事业单位在开展业务活动及其他活动中因耗用或出售而储存的资产，如材料、产品、包装物和低值易耗品等以及未达到固定资产标准的用具、装具、动植物等。单位随买随用的零星办公用品，可以在购进时直接列作费用，不纳入存货的核算范围。单位受托存储保管的物资和受托转赠的物资，不符合存货的确认条件，属于“受托代理资产气单位控制的政府储备物资”，属于“政府储备物资”。单位为在建工程购买和使用的材料物资，属于“工程物资”，不属于存货的核算范围。

（二）存货取得的计价

存货在取得时应当按照成本进行初始计量。

1. 购入存货

购入存货成本包括购买价款、相关税费、运输费、装卸费、保险费以及使存货达到目前场所和状态所发生的归属存货成本的其他支出。

2. 自行加工的存货

自行加工的存货成本包括耗用的直接材料费用、发生的直接人工费用和按照一定方法分配的与存货加工有关的间接费用。

3. 委托加工的存货

委托加工的存货成本包括委托加工前存货成本、委托加工的成本（如委托加工费以及按规定应计入委托加工存货成本的相关税费等），以及使存货达到目前场所和状态所发生的归属存货成本的其他支出。

4. 置换取得的存货

置换取得的存货成本按照换出资产的评估价值，加上支付的补价或减去收到的补价，加上为换入存货发生的其他相关支出来确定。

5. 接受捐赠的存货

接受捐赠的存货成本有以下 4 种确认方式：

（1）按照有关凭据注明的金额加上相关税费、运输费等来确定。

（2）没有相关凭据可供取得，但按规定经过资产评估的，其成本按照评估价值加上相关税费、运输费等来确定。

（3）没有相关凭据可供取得，也未经资产评估的，其成本比照同类或类似资产的市场价格加上相关税费、运输费等来确定。

（4）没有相关凭据且未经资产评估，同类或类似资产的市场价格也无法可靠取得的，按照名义金额（1 元）入账，相关税费、运输费等计入当期费用。

6. 无偿调入的存货

无偿调入的存货成本按照调出方账面价值加上相关税费、运输费等来确定。

7. 盘盈的存货

盘盈的存货有以下 4 种确认方式：

（1）按照有关凭据注明的金额来确定。

（2）按规定经过资产评估的，其成本按照评估价值来确定。

（3）未经资产评估的，其成本按照重置成本来确定。

（4）上述方法均无法采用时，可以按照名义金额（1 元）来确定。

注意：下列各项应当在发生时确认为当期费用，不计入存货成本：

（1）非正常消耗的直接材料、直接人工和间接费用。

（2）仓储费用（不包括在加工过程中为达到下一个加工阶段所必需的费用）。

（3）不能归属于使存货达到目前场所和状态所发生的其他支出。

（三）存货发出的计价

行政事业单位应当根据实际情况采用先进先出法、加权平均法或者个别计价法确定发出存货的实际成本。计价方法一经确定，不得随意变更。

二、存货的核算

（一）在途物品的核算

在途物品是指行政事业单位采购材料等物资时货款已付或已开出商业汇票但尚未验收入库的物品。

为了核算在途物品业务，行政事业单位应设置“在途物品”总账科目。该科目可按照供应单位和物品种类进行明细核算。

（1）单位购入材料等物品，按照确定的物品采购成本的金额，借记“在途物品”科目，按照实际支付的金额，贷记“财政拨款收入”“零余额账户用款额度”“银行存款”等科目。预算会计处理时，借记“事业支出”“行政支出”“经营支出”等科目，贷记“财政拨款预算收入”“资金结存”科目。涉及增值税业务的，相关账务处理参见“应交增值税”科目。

（2）所购材料等物品到达验收入库，按照确定的库存物品成本金额，借记“库存物品”科目，按照物品采购成本金额，贷记“在途物品”科目，按照使入库物品达到目前场所和状态所发生的其他支出，贷记“银行存款”等科目。预算会计处理时，按实际支付的金额，借记“事业支出”“行政支出”“经营支出”等科目，贷记“财政拨款预算收入”“资金结存”科目。

【例 11-21】某行政单位于 2023 年 4 月 15 日采购一批材料，货款 2 800 元、运杂费 200 元通过单位零余额账户用款额度支付，材料尚未验收入库。5 月 10 日，该批材料到达并验收入库。该单位编制有关会计分录如表 11-21 所示。

表 11-21　采购材料货款已付验收入库前后的会计分录

时　间	财务会计分录	预算会计分录
2023 年 4 月 15 日	借：在途物品　3 000 　贷：零余额账户用款额度　3 000	借：行政支出　3 000 　贷：资金结存——零余额账户用款额度　3 000
2023 年 5 月 10 日	借：库存物品　3 000 　贷：在途物品　3 000	不做账务处理

（二）加工物品的核算

加工物品是指行政事业单位自制或委托外单位加工的各种物品。

为了核算加工物品业务，行政事业单位应设置“加工物品”总账科目。本科目应当设置“自制物品”“委托加工物品”两个一级明细科目，并按照物品类别、品种、项目等设置明细账，进行明细核算。本科目“自制物品”一级明细科目下应当设置“直接材料”“直接人工”“其他直接费用”等二级明细科目归集自制物品发生的直接材料、直接人工（专门从事物品制造人员的人工费）等直接费用；对于自制物品发生的间接费用，应当在本科目“自制物品”一级明细科目下单独设置“间接费用”二级明细科目予以归集，期末再按照一定的分配标准和方法，分配计入有关物品的成本。本科目期末借方余额，反映单位自制或委托外单位加工但尚未完工的各种物品的实际成本。

1. 自制物品

（1）单位为自制物品领用材料等，按照材料成本，借记“加工物品”科目（自制物品——直接材料），贷记“库存物品”科目。专门从事物品制造的人员发生的直接人工费用，按照实际发生的金额，借记“加工物品”科目（自制物品——直接人工），贷记“应付职工薪酬”科目。为自制物品发生的其他直接费用，按照实际发生的金额，借记“加工物品”科目（自制物品——其他直接费用），贷记“零余额账户用款额度”“银行存款”等科目，预算会计处理时，借记“事业支出”“行政支出”“经营支出”等科目，贷记“财政拨款预算收入”“资金结存”科目。

（2）单位为自制物品发生的间接费用，按照实际发生的金额，借记“加工物品——自制物品（间接费用）”科目，贷记“零余额账户用款额度”“银行存款”“应付职工薪酬”“固定资产累计折旧”“无形资产累计摊销”等科目，预算会计处理时，按实际支付金额，借记“事业支出”“行政支出”“经营支出”等科目，贷记“财政拨款预算收入”“资金结存”科目。间接费用一般按照生产人员工资、生产人员工时、机器工时、耗用材料的数量或成本、直接费用（直接材料和直接人工）或产品产量等进行分配。单位可根据具体情况自行选择间接费用的分配方法。分配方法一经确定，不得随意变更。

（3）单位已经制造完成并验收入库的物品，按照所发生的实际成本（包括耗用的直接材料费用、直接人工费用、其他直接费用和分配的间接费用），借记“库存物品”科目，贷记“加工物品——自制物品”科目。

【例 11-22】某事业单位自制 A 产品，2023 年 4 月 3 日，领用材料甲 15 000 元；4 月 10 日，直接从事生产的人员工资 25 000 元；4 月 20 日，支付其他直接费用 2 000 元；4 月 30 日，分摊的固定资产折旧费 3 000 元；5 月 6 日，制作完成并验收入库。该单位编制有关会计分录如表 11-22 所示。

表 11-22　自制物品的会计分录

时　间	财务会计分录	预算会计分录
4 月 3 日	借：加工物品——自制物品 A（直接材料）15 000 　　贷：库存物品——甲材料　15 000	不做账务处理
4 月 10 日	借：加工物品——自制物品 A（直接人工）25 000 　　贷：应付职工薪酬　25 000	不做账务处理
4 月 20 日	借：加工物品——自制物品 A（其他直接费用）2 000 　　贷：银行存款　2 000	借：事业支出　2 000 　　贷：资金结存——货币资金——银行存款　2 000
4 月 30 日	借：加工物品——自制物品 A（间接费用）3 000 　　贷：固定资产累计折旧　3 000	不做账务处理
5 月 6 日	借：库存物品——A 产品　45 000 　　贷：加工物品——自制物品 A（直接材料）15 000 　　　　加工物品——自制物品 A（直接人工）25 000 　　　　加工物品——自制物品 A（其他直接费用）2 000 　　　　加工物品——自制物品 A（间接费用）3 000	不做账务处理

2. 委托加工物品

（1）发给外单位加工的材料等，按照其实际成本，借记“加工物品”科目（委托加工物品），贷记“库存物品”科目。支付加工费、运输费等费用，按照实际支付的金额，借记“加工物品”科目（委托加工物品），贷记“零余额账户用款额度”“银行存款”等科目，预算会计处理时，借记“事业支出”“行政支出”“经营支出”等科目，贷记“财政拨款预算收入”“资金结存”科目。涉及增值税业务的，相关账务处理参见“应交增值税”科目。

（2）委托加工完成的材料等验收入库，按照加工前发出材料的成本和加工、运输成本等，借记“库存物品”等科目，贷记“加工物品”科目（委托加工物品）。

【例 11-23】某事业单位于 2023 年 5 月 7 日委托外单位加工一批物品，发给外单位乙材料用于物品加工，实际成本为 50 000 元。6 月 1 日，该批物品加工完成，该事业单位以银行存款向加工单位支付加工费 2 600 元，加工完成的物品已收回并验收入库。暂不考虑增值税业务。该单位编制有关会计分录如表 11-23 所示。

表 11-23　委托加工物品的会计分录

时　间	财务会计分录	预算会计分录
2023 年 5 月 7 日	借：加工物品——委托加工物品　50 000 　贷：库存物品——乙材料　50 000	不做账务处理
2023 年 6 月 1 日	借：加工物品——委托加工物品　2 600 　贷：银行存款　2 600	借：事业支出　2 600 　贷：资金结存——货币资金——银行存款　2 600
2023 年 6 月 1 日	借：库存物品——产成品　52 600 　贷：加工物品——委托加工物品　52 600	不做账务处理

（三）库存物品

库存物品是指单位在开展业务活动及其他活动中因耗用或出售而储存的各种材料、产品、包装物、低值易耗品，以及达不到固定资产标准的用具、装具、动植物，已完成测绘、地质勘查、设计成果等的成本。

为了核算库存物品业务，行政事业单位应设置“库存物品”总账科目。该科目应当按照库存物品的种类、规格、保管地点等进行明细核算。单位储存的低值易耗品、包装物较多的，可以在该科目（低值易耗品、包装物）下按照“在库”“在用”和“摊销”等科目进行明细核算。该科目期末借方余额，反映单位库存物品的实际成本。

1. 库存物品的取得

（1）外购库存物品。外购的库存物品验收入库，按照确定的成本，借记“库存物品”科目，贷记“财政拨款收入”“零余额账户用款额度”“银行存款”“应付账款”“在途物品”等科目，预算会计处理时，按实际支付金额，借记“事业支出”“行政支出”“经营支出”等科目，贷记“财政拨款预算收入”“资金结库存物品的取得存入”科目。涉及增值税业务的，相关账务处理参见“应交增值税”科目。

【例 11-24】2023 年 6 月，某事业单位发生如下外购库存物品经济业务：

（1）6 月 8 日，购进用于专业业务活动的材料并验收入库。增值税专用发票注明的价款为 40 000 元，增值税税额为 5 200 元。款项采用财政直接支付方式结算。

（2）6 月 15 日，购进用于经营活动的材料一批（一般纳税人），增值税专用发票注明的价款为 100 000 元，增值税税额为 13 000 元，已经税务机关认证，材料验收入库。款项以银行存款支付。

其会计分录如表 11-24 所示。

表 11-24　外购库存物品的会计分录

时　间	财务会计分录	预算会计分录
2023 年 6 月 8 日	借：库存物品　45 200 　贷：财政拨款收入　45 200	借：事业支出　45 200 　贷：财政拨款预算收入　45 200
2023 年 6 月 15 日	借：库存物品　100 000 　应交增值税——应缴税费（进项税额）13 000 　贷：银行存款　113 000	借：经营支出　113 000 　贷：资金结存——货币资金——银行存款　113 000

（2）接受捐赠的库存物品。接受捐赠的库存物品验收入库，按照确定的成本，借记“库存物品”科目，按照发生的相关税费、运输费等，贷记“银行存款”等科目，按照其差额，贷记“捐赠收入”科目，预算会计处理时，按实际支付的相关税费，借记“其他支出”科目，贷记“资金结存”等科目。接受捐赠的库存物品按照名义金额入账的，按照名义金额，借记“库存物品”科目，贷记“捐赠收入”科目；同时，按照发生的相关税费、运输费等，借记“其他费用”科目，贷记“银行存款”等科目，预算会计处理时，借记“其他支出”科目，贷记“资金结存”等科目。

【例 11-25】某事业单位于 2023 年 6 月 3 日接受外单位捐赠 F 材料 400 千克，该批材料既没有相关凭据，也未经评估，但同类材料的市场价格为每千克 180 元。材料运达单位，以银行存款支付运输费 3 000 元，不考虑相关税额。6 月 17 日，另接受捐赠一批 G 物品，无相关凭据，市场也无同类或类似资产，无评估价值，暂时按照名义价格 1 元入账，同时支付相关运杂费 1 000 元。该单位编制有关会计分录如表 11-25 所示。

表 11-25　接受捐赠的库存物品的会计分录

时　间	财务会计分录	预算会计分录
2023 年 6 月 3 日	借：库存物品——材料（F）75 000 　贷：银行存款　3 000 　　捐赠收入　72 000	借：其他支出　3 000 　贷：资金结存——货币资金——银行存款　3 000
2023 年 6 月 17 日	借：库存物品——材料（G）　1 　贷：捐赠收入　1 借：其他费用　1 000 　贷：银行存款　1 000	借：其他支出　1 000 　贷：资金结存——货币资金——银行存款　1 000

（3）无偿调入的库存物品。无偿调入的库存物品验收入库，按照确定的成本，借记“库存物品”科目，按照发生的相关税费、运输费等，贷记“银行存款”等科目，按照其差额，贷记“无偿调拨净资产”科目，预算会计处理时，按实际支付的相关税费，借记“其他支出”科目，贷记“资金结存”等科目。

【例 11-26】2022 年 6 月 30 日，甲事业单位从系统内部乙事业单位无偿调入一批 D 材料，该批材料在乙单位的账面价值为 120 000 元。以银行存款支付调入材料发生的相关费用 5 000 元。该单位编制有关会计分录如表 11-26 所示。

表 11-26　无偿调入的库存物品的会计分录

时　间	财务会计分录	预算会计分录
6 月 30 日	借：库存物品——材料（D）　125 000 　贷：银行存款　5 000 　　无偿调拨净资产　120 000	借：其他支出　5 000 　贷：资金结存——货币资金——银行存款　5 000

（4）置换换入的库存物品。

①换入库存物品未涉及补价。置换换入的库存物品验收入库，按照确定的成本，借记“库

存物品”科目，按照换出资产的账面余额，贷记相关资产科目（换出资产为固定资产、无形资产的，还应当借记“固定资产累计折旧”“无形资产累计摊销”科目），按照在置换过程中发生的其他相关支出，贷记“银行存款”等科目，按照借贷方差额，借记“资产处置费用”科目或贷记“其他收入”科目，预算会计处理时，按实际支付的其他相关支出，借记“其他支出”科目，贷记“资金结存”等科目。

②换入库存物品涉及补价。涉及补价的，分别按以下情况处理。

第一，支付补价的，按确定的成本，借记“库存物品”科目，按照换出资产的账面余额，贷记相关资产科目（换出资产为固定资产、无形资产的，还应当借记“固定资产累计折旧”“无形资产累计摊销”科目），按照支付的补价和在置换过程中发生的其他相关支出，贷记“银行存款”等科目，按照借贷方差额，借记“资产处置费用”科目或贷记“其他收入”科目，预算会计处理时，按实际支付的补价和其他相关支出，借记“其他支出”科目，贷记“资金结存”等科目。

第二，收到补价的，按照确定的成本，借记“库存物品”科目，按照收到的补价，借记“银行存款”等科目，按照换出资产的账面余额，贷记相关资产科目（换出资产为固定资产、无形资产的，还应当借记“固定资产累计折旧”“无形资产累计摊销”科目），按照在置换过程中发生的其他相关支出，贷记“银行存款”等科目，按照补价扣减其他相关支出后的净收入，贷记“应缴财政款”科目，按照借贷方差额，借记“资产处置费用”科目或贷记“其他收入”科目，预算会计处理时，按实际支付的其他相关支出大于收到补价的差额，借记“其他支出”科目，贷记“资金结存”等科目。

2. 库存物品的发出

（1）单位开展业务活动领用。单位开展业务活动等领用库存物品，按照领用物品的实际成本，借记“业务活动费用”“单位管理费用”“经营费用”等科目，贷记“库存物品”科目。

单位领用低值易耗品、包装物，采用一次转销法摊销的，在首次领用时将其账面余额一次性摊销计入有关成本费用，借记有关科目，贷记“库存物品”科目。采用五五摊销法摊销低值易耗品、包装物的，首次领用时，将其账面余额的50%摊销计入相关成本费用，借记相关科目，贷记“库存物品”科目；使用完报废时，将剩余的账面余额转销计入相关成本费用，借记相关科目，贷记“库存物品”科目。

【例 11-27】某事业单位于 2023 年 6 月 10 日开展业务活动领用办公用甲材料一批 8 000 元，综合管理部门领用办公用甲材料一批价值 3 000 元。该单位编制有关会计分录如表 11-27 所示。

表 11-27　开展业务活动领用库存物品的会计分录

时　间	财务会计分录	预算会计分录
2023 年 6 月 10 日	借：业务活动费用　8 000 　　单位管理费用　3 000 　贷：库存物品　　材料（甲）　11 000	不做账务处理

（2）出售库存物品。库存物品出售分为可自主出售和不可自主出售两种方式。前者是指单位有权决定出售的对象和价格；后者则是经批准后方可出售。单位按照规定自主出售发出库存物品，按照出售物品的实际成本，借记“经营费用”等科目，贷记“库存物品”科目。

单位经批准对外出售的库存物品发出时，按照库存物品的账面余额，借记“资产处置费用”科目，贷记“库存物品”科目；同时，按照收到的价款，借记“银行存款”等科目，按照处置过程中发生的相关费用，贷记“银行存款”等科目，按照其差额，贷记“应缴财政款”科目。

【例 11-28】某事业单位经过有关部门批准，于 2023 年 6 月 28 日对外出售乙物品一批 2 500 元，收到价款 2 800 元，处置相关支出 100 元，差额上缴财政。该单位编制有关会计分录如表 11-28 所示。

表 11-28　对外出售库存物品的会计分录

时　间	财务会计分录	预算会计分录
2023 年 6 月 28 日	借：资产处置费用　2 500 　贷：库存物品——材料（乙）　2 500	不做账务处理
	借：银行存款　2 800 　贷：应缴财政款　2 700 　　　银行存款　100	

（3）对外捐赠的库存物品。单位经批准对外捐赠的库存物品发出时，按照库存物品的账面余额和对外捐赠过程中发生的属于捐出方的相关费用合计数，借记“资产处置费用”科目，按照库存物品账面余额，贷记“库存物品”科目，按照对外捐赠过程中发生的属于捐出方的相关费用，贷记“银行存款”等科目，预算会计处理时，按实际支付的相关费用，借记“其他支出”科目，贷记“资金结存”等科目。

【例 11-29】某事业单位于 2023 年 6 月 19 日对外捐赠一批丙物品，价值 28 000 元，另支付相关运杂费 2 000 元。该单位编制有关会计分录如表 11-29 所示。

表 11-29　对外捐赠库存物品的会计分录

时　间	财务会计分录	预算会计分录
2023 年 6 月 19 日	借：资产处置费用　30 000 　贷：库存物品——材料（丙）　28 000 　　　银行存款　2 000	借：其他支出　2 000 　贷：资金结存——货币资金——银行存款　2 000

（4）无偿调出的库存物品。经批准无偿调出的库存物品发出时，按照库存物品的账面余额，借记“无偿调拨净资产”科目，贷记“库存物品”科目；同时，按照无偿调出过程中发生的属于调出方的相关费用，借记“资产处置费用”科目，贷记“银行存款”等科目，预算会计处理时，按实际支付的相关费用，借记“其他支出”科目，贷记“资金结存”等科目。

【例 11-30】某事业单位 2023 年 6 月 23 日向同一系统内部另一家事业单位无偿调出一批丁物品，该批物品账面价值 25 000 元，另支付相关运杂费 1 000 元。该单位编制有关会计分录如表 11-30 所示。

表 11-30　无偿调出库存物品的会计分录

时　间	财务会计分录	预算会计分录
2023 年 6 月 23 日	借：无偿调拨净资产　25 000 　贷：库存物品——材料（丁）　25 000	借：其他支出　1 000 　贷：资金结存——货币资金——银行存款　1 000
	借：资产处置费用　1 000 　贷：银行存款　1 000	

（5）置换换出的库存物品。单位以持有库存物品置换换入库存物品、长期股权投资、固定资产和无形资产等，其入账价值按照换出库存物品的评估价值加上支付的补价或减去收到的补价，加上换入资产发生的其他相关支出确定。

单位以持有库存物品置换换入库存物品、长期股权投资、固定资产和无形资产时收到补价的，按照确定的换入资产成本，借记“库存物品”“长期股权投资”“固定资产”“无形资产”等科目，按照换出库存物品的账面余额，贷记“库存物品”科目，按照收到的补价，借记“银行存款”等科目，按照补价扣减其他相关支出后的净收入，贷记“应缴财政款”科目，按照借贷方差额，借记“资产处置费用”科目或贷记“其他收入”科目。

三、存货的清查

存货清查，是指通过对存货的实地盘点，确定存货的实有数量，并与账面结存数核对，从而确定存货实存数与账面结存数是否相符的一种专门方法。

单位应当定期对库存物品进行清查盘点，每年至少盘点一次。对于发生的库存物品盘盈、盘亏或者报废、毁损，应当先记入“待处理财产损溢”科目，按照规定报经批准后及时进行后续账务处理。

（一）存货盘盈

盘盈的库存物品，按照确定的入账成本，借记“库存物品”科目，贷记“待处理财产损溢”科目。单位按照规定报经批准后处理时，借记“待处理财产损溢”，贷记“单位管理费用”（事业单位）或“业务活动费用”（行政单位）、“以前年度盈余调整”科目。

（二）存货盘亏

盘亏、报废或者毁损的库存物品，按照待处理库存物品的账面余额，借记“待处理财产损溢——等待处理财产价值”科目，贷记“库存物品”科目。属于增值税一般纳税人的单位，若因非正常原因导致的库存物品盘亏或毁损，还应当将与该库存物品相关的增值税进项税额转出，按照其增值税进项税额，借记“待处理财产损溢”科目，贷记“应交增值税——应缴税费（进项税额转出）”科目。报经批准处理时，借记“资产处置费用”科目，贷记“待处理财产损溢——待处理财产价值”科目。

单位在处理毁损、报废库存物品过程中取得的残值或残值变价收入、保险理赔和过失人赔偿等，借记“库存现金”“银行存款”“库存物品”“其他应收款”等科目，贷记“待处理财产损溢——处理净收入”科目；在处理毁损、报废实物资产过程中发生的相关费用，借记“待处理财产损溢——处理净收入”科目，贷记“库存现金”“银行存款”等科目。

单位处理收支结清，如果处理收入大于相关费用的，按照处理收入减去相关费用后的净收入，借记“待处理财产损溢——处理净收入”科目，贷记“应缴财政款”等科目；如果处理收入小于相关费用的，按照相关费用减去处理收入后的净支出，借记“资产处置费用”科目，贷记“待处理财产损溢——处理净收入”科目，预算会计处理时，按实际支付的处理净支出，借记“其他支出”科目，贷记“资金结存”等科目。

【例 11-31】2023 年 6 月 13 日，某事业单位用于业务活动的一批库存物品由于管理不善发生毁损，该批物品成本 80 000 元；15 日，处置毁损材料时取得残料变价收入 6 000 元存入银行，应收保险理赔款 40 000 元，向责任者索赔 10 000 元；16 日，以银行存款支付清理毁损材料的相关费用 7 000 元；20 日，经批准转销待处理财产价值，同时结转待处理净收入。该单位编制有关会计分录如表 11-31 所示。

表 11-31 存货盘亏的会计分录

时间	财务会计分录			预算会计分录
2023 年 6 月 13 日	借：待处理财产损溢——待处理财产价值	80 000		不做账务处理
	贷：库存物品		80 000	
2023 年 6 月 15 日	借：银行存款	6 000		不做账务处理
	其他应收款——保险公司	40 000		
	——责任人	10 000		
	贷：待处理财产损溢——处理净收入		56 000	
2023 年 6 月 16 日	借：待处理财产损溢——处理净收入	7 000		不做账务处理
	贷：银行存款		7 000	
2023 年 6 月 20 日	借：资产处置费用	80 000		不做账务处理
	贷：待处理财产损溢——待处理财产价值		80 000	
	借：待处理财产损溢——处理净收入	49 000		
	贷：应缴财政款		49 000	

任务四 投资

一、投资概述

（一）投资的概念

投资是事业单位按规定以货币资金、实物资产、无形资产等方式形成的债权或股权投资。按投资目的，事业单位对外投资分为短期投资和长期投资。其中，短期投资是指事业单位依法取得的，持有时间不准备超过 1 年（含 1 年）的投资；长期投资是指事业单位取得的除短期投资以外的债权和股权性质的投资。

（二）投资应遵循的原则

事业单位对外投资必须遵循以下原则：

（1）事业单位对外投资必须履行相关审批程序。

（2）事业单位对外投资是事业单位业务活动的辅助活动，因此必须在保证单位正常运转和事业发展的前提下，按照国家有关规定开展对外投资活动。

（3）事业单位不得使用财政拨款及其结余进行对外投资，不得从事股票、期货、基金、企业债券等投资，但国家另有规定的除外。

需要说明的是，我国只允许事业单位以货币资金、实物资产、无形资产等资产对外进行投资，行政单位是不允许以其相关资产对外进行投资的。

二、短期投资

（一）短期投资的特点

与长期投资相比，事业单位的短期投资具有以下特点：

（1）投资对象主要是国债投资。

（2）短期投资具有高度的变现性，可根据需要随时变现，其流动性在事业单位的资产中仅次于货币资金。

（3）投资的目的是谋求高于银行存款利息收入的利益。

（二）短期投资的核算

为了核算短期投资的增减变动情况，事业单位应设置“短期投资”科目。该科目核算单位依法取得的，持有时间不超过 1 年（含 1 年）的投资。其明细账应当按照国债投资的种类等设置并进行明细核算。

1. 短期投资的初始计量

按照《政府会计准则第 2 号——投资》的规定，短期投资在取得时，应当按照实际成本（包括购买价款和相关税费）作为初始投资成本。

取得短期投资时，按照确定的投资成本，借记“短期投资”科目，贷记“银行存款”等科目，预算会计处理时，借记“投资支出”科目，贷记“资金结存”科目。

收到取得投资时实际支付价款中包含的已到付息期但尚未领取的利息，于实际收到时冲减短期投资成本（该部分利息在取得时不确认为应收利息）。借记“银行存款”科目，贷记“短期投资”科目，预算会计处理时，借记“资金结存”科目，贷记“投资支出”科目。

2. 短期投资的后续计量

收到短期投资持有期间的利息，按照实际收到的金额，借记“银行存款”科目，贷记“投资收益”科目，预算会计处理时，借记“资金结存”科目，贷记“投资预算收益”科目。

出售短期投资或到期收回短期投资本息，按照实际收到的金额，借记“银行存款”科目，按照出售或收回短期投资的账面余额，贷记“短期投资”科目，按照其差额，借记或贷记“投资收益”科目。预算会计处理时，按照实际收到的金额，借记“资金结存”科目，按照出售或收回短期投资的账面余额，贷记“投资支出”（当年投资）、“非财政拨款结余”（以前年度投资）科目，按照其差额，借记或贷记“投资预算收益”科目。涉及增值税业务的，相关账务处理参见“应交增值税”科目。

【例 11-32】某事业单位于 2023 年 1 月 5 日取得一年期国债 104 万元，包括尚未支付的利息 4 万元，全部用银行存款支付。3 月 5 日，收到前期尚未支付的利息 4 万元。6 月 30 日，收到持有期间利息 10 万元。8 月 1 日，以 120 万元将该短期投资售出。该单位编制有关会计分录如表 11-32 所示。

表 11-32　短期投资的会计分录

时　间	财务会计分录	预算会计分录
2023 年 1 月 5 日	借：短期投资——国债　1 040 000 　贷：银行存款　1 040 000	借：投资支出——国债　1 040 000 　贷：资金结存——货币资金——银行存款　1 040 000
2023 年 3 月 5 日	借：银行存款　40 000 　贷：短期投资——国债　40 000	借：资金结存——货币资金——银行存款　40 000 　贷：投资支出——国债　40 000
2023 年 6 月 30 日	借：银行存款　100 000 　贷：投资收益　100 000	借：资金结存——货币资金——银行存款　100 000 　贷：投资预算收益　100 000
2023 年 8 月 1 日	借：银行存款　1 200 000 　贷：短期投资——国债　1 000 000 　　　投资收益　200 000	借：资金结存——货币资金——银行存款　1200 000 　贷：投资支出——国债　1 000 000 　　　投资预算收益　200 000

三、长期股权投资

（一）长期股权投资的概念

长期股权投资是指事业单位通过投资拥有被投资单位的股权并成为被投资单位的股东，

按所持股份比例享有权益并承担责任。事业单位通过长期股权投资获得投资回报，促进公益事业的发展，确保实现特定的公益目标。长期股权投资一般有两种投资形式：一是直接投资形式；二是间接投资形式。直接投资是指将现金或资产投入被投资单位，由被投资单位向投资者出具出资证明书，确认其股权。间接投资是指投资者投资于某被投资单位时，是通过在证券市场上购买被投资单位的股票而形成的长期股权投资。根据事业单位财务规则的规定，事业单位不得从事股票、期货、基金、政府单位债券等投资。

（二）长期股权投资的取得

为了反映长期股权投资的增减变动情况，事业单位应设置"长期股权投资"科目。本科目应当按照被投资单位和长期股权投资取得方式等进行明细核算。长期股权投资采用权益法核算的，还应当按照"成本""损益调整""其他权益变动"设置明细科目，进行明细核算。

1. 以货币资金取得的长期股权投资

事业单位以现金取得的长期股权投资，按照实际支付的价款（包括购买价款以及税金、手续费等相关税费）作为投资成本，借记"长期股权投资"科目，按支付的价款中包含的已宣告但尚未发放的现金股利，借记"应收股利"科目，按实际支付的全部价款，贷记"银行存款"等科目，预算会计处理时，按实际支付的价款，借记"投资支出"科目，贷记"资金结存"科目。实际收到购买时包含的已宣告发放的现金股利时，借记"银行存款"等科目，贷记"应收股利"科目，预算会计处理时，借记"资金结存"科目，贷记"投资支出"科目。

【例 11-33】某事业单位于 2023 年 2 月 20 日以货币资金 21 万元对外投资甲公司，其中含已经宣告但尚未发放的股利 1 万元。3 月 15 日，收到该现金股利。该单位编制有关会计分录如表 11-33 所示。

表 11-33　长期股权投资的会计分录

时　间	财务会计分录	预算会计分录
2023 年 2 月 20 日	借：长期股权投资——甲公司　200 000 　　应收股利　10 000 　　贷：银行存款　210 000	借：投资支出——甲公司　210 000 　　贷：资金结存——货币资金——银行存款　210 000
2023 年 3 月 15 日	借：银行存款　10 000 　　贷：应收股利　10 000	借：资金结存——货币资金——银行存款　10 000 　　贷：投资支出——甲公司　10 000

2. 以非现金置换取得的长期股权投资

以非现金置换取得的长期股权投资，参照"库存物品"科目中置换取得库存物品的相关规定进行会计处理。

3. 接受捐赠的长期股权投资

事业单位接受捐赠的长期股权投资，其成本按照有关凭据注明的金额加上相关税费确定；没有相关凭据可供取得，但按规定经过资产评估的，其成本按照评估价值加上相关税费确定；没有相关凭据可供取得，也未经资产评估的，其成本比照同类或类似资产的市场价格加上相关税费确定。

事业单位接受捐赠的长期股权投资，按照确定的投资成本，借记"长期股权投资"科目，按发生的相关税费，贷记"银行存款"科目，按其差额贷记"捐赠收入"科目。预算会计处理时，按实际支付的相关税费，借记"其他支出"科目，贷记"资金结存"科目。

4. 无偿调入的长期股权投资

事业单位无偿调入长期股权投资，其成本按照调出方账面价值加上相关税费确定。无偿调入的长期股股权投资，按照确定的投资成本，借记“长期股权投资”科目，按发生的相关税费，贷记“银行存款”科目，按其差额贷记“无偿调拨净资产”科目。预算会计处理时，按实际支付的相关税费，借记“其他支出”科目，贷记“资金结存”科目。

5. 以未入账无形资产取得的长期股权投资

事业单位以未入账的无形资产取得的长期股权投资，按照评估价值加相关税费作为投资成本，借记“长期股权投资”科目，按照发生的相关税费，贷记“银行存款”“其他应交税费”等科目，按其差额，贷记“其他收入”科目，预算会计处理时，按实际支付的相关税费，借记“其他支出”科目，贷记“资金结存”科目。

（三）长期股权投资的持有

投资单位取得长期股权投资并按初始投资成本计价后，根据对被投资单位实施影响或控制程度，分别采用成本法或权益法进行核算。根据《政府会计准则第 2 号——投资》的规定，长期股权投资在持有期间，通常应当采用权益法进行核算。事业单位无权决定被投资单位的财务和经营政策或无权参与被投资单位的财务和经营政策的，应当采用成本法进行核算。

1. 长期股权投资的成本法

成本法是指投资按照投资成本计量的方法。在成本法下，除投资方追加投资、收回投资等外，长期股权投资的账面价值一般保持不变。被投资单位宣告分派利润或现金股利，投资方按应享有的份额确认为当期投资收益。被投资单位宣告发放现金股利或利润时，事业单位按照应收的金额，借记“应收股利”科目，贷记“投资收益”科目。收到现金股利时，按照实际收到的金额，借记“银行存款”等科目，贷记“应收股利”科目，预算会计处理时，借记“资金结存”科目，贷记“投资预算收益”科目。

【例 11-34】2022 年 5 月 3 日，甲事业单位以货币资金 1 000 000 元与乙单位共同成立丙公司，占丙公司 10% 的股份，采用成本法进行核算。2023 年 1 月 20 日，丙公司宣告从历年积累中分配利润 2 000 000 元。2 月 14 日，收到乙公司分派的全部利润并存入银行。该单位编制有关会计分录如表 11-34 所示。

表 11-34　长期股权投资成本法的会计分录

时　间	财务会计分录	预算会计分录
2022 年 5 月 3 日	借：长期股权投资 —— 丙公司 1 000 000 　　贷：银行存款　1 000 000	借：投资支出 —— 丙公司　1 000 000 　　贷：资金结存 —— 货币资金 —— 银行存款 1 000 000
2023 年 1 月 20 日	借：应收股利　2 00 000 　　贷：投资收益　200 000	不做账务处理
2023 年 2 月 14 日	借：银行存款　200 000 　　贷：应收股利　200 000	借：资金结存 —— 货币资金 —— 银行存款　200 000 　　贷：投资预算收益　200 000

2. 长期股权投资的权益法

权益法是指长期股权投资按照实际成本入账后，根据被投资单位经营损益状况，按其持有被投资单位股份的比例以及股利的分配做出相应调整的方法。

（1）被投资单位实现净利润。按照应享有的份额，借记“长期股权投资”科目（损益调整），贷记“投资收益”科目。被投资单位发生净亏损的，按照应分担的份额，借记“投资收益”科目，贷记“长期股权投资”科目（损益调整），但以本科目的账面余额减记至零为限。发生亏损的被投资单位以后年度又实现净利润的，按照收益分享额弥补未确认的亏损分担额等后的金额，借记“长期股权投资”科目（损益调整），贷记“投资收益”科目。

（2）被投资单位宣告分派现金股利或利润。按照应享有的份额，借记“应收股利”科目，贷记“长期股权投资”科目（损益调整）。

（3）被投资单位发生除净损益和利润分配以外的所有者权益变动。按照应享有或应分担的份额，借记或贷记“权益法调整”科目，贷记或借记“长期股权投资”科目（其他权益变动）。

【例 11-35】A 事业单位于 2021 年 1 月 2 日以 920 000 元投资于 B 公司，另支付相关交易费用 10 000 元，享有 B 企业所有者权益的 20%，采用权益法核算长期股权投资。款项均由银行存款支付。2021 年，B 公司全年实现净利润 550 000 元，其他权益增加 200 000 元。2022 年 3 月 5 日，B 公司宣告分派现金股利 350 000 元；3 月 20 日收到现金股利。2022 年，B 公司全年净亏损 5 500 000 元。2023 年，B 公司全年实现净利润 1 000 000 元。该单位编制有关会计分录如表 11-35 所示

表 11-35　长期股权投资权益法的会计分录

时　间	财务会计分录	预算会计分录
2021 年 1 月 2 日	借：长期股权投资——B 公司（成本）　930 000 贷：银行存款　930 000	借：投资支出——B 公司 930 000 贷：资金结存——货币资金——银行存款　930 000
2021 年 12 月 31 日	借：长期股权投资——B 公司（损益调整） 110 000（550 000×20%） 贷：投资收益　110 000 借：长期股权投资——B 公司（其他权益变动） 40 000（200 000×20%） 贷：权益法（调整）　40 000	不做账务处理
2022 年 3 月 5 日	借：应收股利——B 公司　70 000（350 000×20%） 贷：长期股权投资——B 公司（损益调整）　70 000 宣告分派股利后，该“长期股权投资”账户的账面余额 = 1 080 000 － 70 000 ＝ 1 010 000（元）	不做账务处理
2022 年 3 月 20 日	借：银行存款　70 000 贷：应收股利——B 公司　70 000	借：资金结存——货币资金——银行存款　70 000 贷：投资预算收益　70 000
2022 年 12 月 31 日	借：投资收益　1 010 000 贷：长期股权投资——B 公司（损益调整）　1 010 000 由于 B 公司全年发生净亏损 5 500 000 元，A 单位按持股比例计算应承担的亏损为 1 100 000 元（5 500 000 × 20%），但是由于该“长期股权投资”的账面价值为 1 010 000 元，而长期股权投资的账面价值只能减记至零为限，所以当期只能调减“长期股权投资” 账面价值的金额为 1 010 000 元，未确认的亏损分担额为 90 000 元（1 100 000 － 1 010 000）	不做账务处理
2023 年 12 月 33 日	借：长期股权投资——B 公司（损益调整）　110 000 贷：投资收益　110 000 B 公司全年实现净利润 1 000 000 元，按持股比例计算 A 单位可享有 200 000 元（1 000 000 ×20%），按规定可享有的投资收益首先应当减去以前未确认的亏损分担额 90 000 元，按照差额部分 110 000 元（200 000 － 90 000），恢复“长期股权投资”的账面价值	不做账务处理

（四）长期股权投资的处置

（1）处置以现金取得的长期股权投资，按照实际取得的价款，借记“银行存款”等科目，按照被处置长期股权投资的账面余额，贷记“长期股权投资”科目，按照尚未领取的现金股利或利润，贷记“应收股利”科目，按照发生的相关税费等支出，贷记“银行存款”等科目，按照借、贷方差额，借记或贷记“投资收益”科目。预算会计处理时，按照取得价款扣减支付相关税费后的金额，借记“资金结存”科目，按照处置长期投资的账面余额，贷记“投资支出”（收回当年投资）、“非财政拨款结余”（收回以前年度投资）科目，按照其借、贷方差额，借记或贷记“投资预算收益”科目。

【例 11-36】接【例 11-35】，假设 2022 年 3 月 6 日，A 单位将持有的 B 公司股权全部出售，收到款项 760 000 元。该单位编制有关会计分录如表 11-36 所示。

表 11-36　处置长期股权投资的会计分录

<table>
<tr><th>时 间</th><th>财务会计分录</th><th>预算会计分录</th></tr>
<tr><td rowspan="2">2022 年
3 月 6 日</td><td>借：银行存款　760 000
长期股权投资——B 公司（损益调整）　860 000
贷：长期股权投资——B 公司（成本）　930 000
——B 公司（其他权益变动）　40 000
投资收益　650 000</td><td rowspan="2">借：资金结存——货币资金——银行存款　760 000
投资预算收益　170 000
贷：非财政拨款结余　930 000</td></tr>
<tr><td>借：权益法（调整）　40 000
贷：投资收益　40 000</td></tr>
</table>

（2）处置以现金以外的其他资产取得的长期股权投资，按照被处置长期股权投资的账面余额，借记“资产处置费用”科目，贷记“长期股权投资”科目；同时，按照实际取得的价款，借记“银行存款”等科目，按照尚未领取的现金股利或利润，贷记“应收股利”科目，按照发生的相关税费等支出，贷记“银行存款”等科目，按照贷方差额，贷记“应缴财政款”科目。按照规定将处置时取得的投资收益纳入本单位预算管理的，应当按照所取得价款大于被处置长期股权投资账面余额、应收股利账面余额和相关税费支出合计的差额，贷记“投资收益”科目。预算会计处理时，按照取得的价款扣减相关税费后的差额，借记“资金结存”科目，贷记“投资预算收益”科目。

（3）因被投资单位破产清算等原因，有确凿证据表明长期股权投资发生损失，按照规定报经批准后予以核销时，按照予以核销的长期股权投资的账面余额，借记“资产处置费用”科目，贷记“长期股权投资”科目。

（4）报经批准置换转出长期股权投资时，参照“库存物品”科目中置换库存物品的规定进行账务处理。

（5）采用权益法核算的长期股权投资的处置，除进行上述账务处理外，还应结转原直接计入净资产的相关金额，借记或贷记“权益法调整”科目，贷记或借记“投资收益”科目。

四、长期债券投资

长期债券投资是指事业单位按照规定取得的，持有时间超过 1 年（不含 1 年）的债券投资。为了反映长期债券投资的增减变动情况，事业单位应设置“长期债券投资”科目。该科目应当设置“成本”和“应计利息”明细科目，并按照债券投资的种类进行明细核算。

（一）长期债券投资的取得

长期债券投资在取得时，应当按照实际成本作为初始投资成本。取得长期债券投资按照确定的投资成本，借记“长期债券投资——成本”科目，按照支付的价款中包含的已到付息期但尚未领取的利息，借记“应收利息”科目，按照实际支付的金额，贷记“银行存款”等科目，预算会计处理时，按照实际支付的价款，借记“投资支出”科目，贷记“资金结存”科目。

实际收到取得债券时所支付价款中包含的已到付息期但尚未领取的利息时，借记“银行存款”科目，贷记“应收利息”科目，预算会计处理时，借记“资金结存”科目，贷记“投资支出”科目。

（二）长期债券投资的持有

事业单位持有长期债券投资期间，应按期以债券票面金额与票面利率计算确认利息收入，并计入投资收益。如为到期一次还本付息的债券投资，确认债券利息收入时，应借记“长期债券投资——应计利息”科目，贷记“投资收益”科目；如为分期付息、到期一次还本的债券投资，则应借记“应收利息”科目，贷记“投资收益”科目。

事业单位收到分期支付的利息时，按照实际收到的金额，记入“应收利息”科目，预算会计处理时，借记“资金结存”科目。

（三）对外出售长期债券投资

事业单位对外出售长期债券投资，按照实际收到的金额，借记“银行存款”科目，按照长期债券投资的账面余额，贷记“长期债券投资”科目，按照已记入“应收利息”科目但尚未收取的金额，贷记“应收利息”科目，按照其差额，贷记或借记“投资收益”科目，预算会计处理时，按照实际收到的金额，借记“资金结存”科目，按照处置长期投资的账面余额，贷记“投资支出”（收回当年投资）、“非财政拨款结余”（收回以前年度投资）科目，按照其差额，贷记“投资预算收益”科目。涉及增值税业务的，相关账务处理参见“应交增值税”科目。

（四）到期收回长期债券投资

事业单位将持有的长期债券投资到期收回，按照实际收到的金额，借记“银行存款”科目，按照长期债券投资的账面余额，贷记“长期债券投资”科目，按照相关应收利息金额，贷记“应收利息”科目，按照其差额，贷记“投资收益”科目，预算会计处理时，按照实际收到的金额，借记“资金结存”科目，按照处置长期投资的账面余额，贷记“投资支出”（收回当年投资）、“非财政拨款结余”（收回以前年度投资）科目，按照其差额，贷记“投资预算收益”科目。

【例 11-37】（1）2022 年 1 月 2 日，某事业单位购入 2021 年 1 月 1 日发行的 5 年期、年利率为 4%、面值为 800 000 元的国库券，到期一次还本付息。购买时实际支付价款 832 000，另支付有关税费 12 000 元，全部款项以银行存款付讫。该单位编制有关会计分录如表 11-37 所示。

表 11-37　取得长期债券投资的会计分录

时　间	财务会计分录	预算会计分录
2022 年 1 月 2 日	借：长期债券投资——成本　812 000 ——应计利息　32 000 贷：银行存款　844 000	借：投资支出　844 000 贷：资金结存——货币资金——银行存款　844 000

【例 11-38】（2）承 2022 年 12 月 31 日，该事业单位计提债券利息。该单位编制有关会计分录如表 11-38 所示。

表 11-38　持有长期债券投资的会计分录

时　间	财务会计分录	预算会计分录
2022 年 12 月 31 日	借：长期债券投资——应计利息　32 000 贷：投资收益　32 000	不做账务处理

（3）2023 年年末、2024 年年末、2025 年年末，该事业单位计提债券利息同上。

（4）2025 年，该事业单位到期收回国库券本金和利息，存入银行。该单位编制有关会计分录如表 11-39 所示。

表 11-39　到期收回长期债券投资的会计分录

时　间	财务会计分录	预算会计分录
2026 年 1 月 1 日	借：银行存款　960 000 投资收益　12 000 贷：长期债券投资——成本　812 000 ——应计利息　160 000	借：资金结存——货币资金——银行存款　960 000 贷：非财政拨款结余　812 000 预算投资收益　48 000

任务五　固定资产

一、固定资产概述

（一）固定资产的概念

行政事业单位的固定资产是指使用期限超过 1 年（不含 1 年），单位价值在规定标准以上（1 000 元以上，其中专用设备单位价值在 1 500 元以上），并在使用过程中基本保持原有物质形态的资产。单位价值虽未达到规定标准，但是耐用时间超过 1 年（不含 1 年）的大批同类物资，应当作为固定资产核算。

（二）固定资产的分类

固定资产一般分为六类：房屋及构筑物，通用设备，专用设备，文物和陈列品，图书、档案，家具、用具、装具及动植物。

二、固定资产的取得

为核算固定资产业务，行政事业单位应设置“固定资产”总账科目。该科目核算单位固定资产的原值。该科目应当按照固定资产类别和项目进行明细核算。

单位取得固定资产时，应当按照成本进行初始计量。

（一）外购的固定资产

单位外购的固定资产，其成本包括购买价款、相关税费以及固定资产交付使用前所发生的可归属该项资产的运输费、装卸费、安装费和专业人员服务费等。涉及增值税业务的，还应进行相关的账务处理。

单位购入不需要安装的固定资产，验收合格时，按照确定的固定资产成本，借记“固定资产”科目，贷记“财政拨款收入”“零余额账户用款额度”“应付账款”“银行存款”等科目，预算会计处理时，借记“事业支出”“行政支出”“经营支出”等科目，贷记“财政拨款预算收入”“资金结存”科目。购入需要安装的固定资产，在安装完毕交付使用前通过“在建工程”科目核算，安装完毕交付使用时再转入“固定资产”科目。

（二）自行建造的固定资产

自行建造的固定资产，其成本包括该项资产至交付使用前所发生的全部必要支出。

自行建造的固定资产交付使用时，按照在建工程成本，借记“固定资产”科目，贷记“在建工程”科目。已交付使用但尚未办理竣工决算手续的固定资产，按照估计价值入账，待办理竣工决算后再按照实际成本调整原来的暂估价值。

（三）融资租入的固定资产

融资租赁取得的固定资产，其成本按照租赁协议或者合同确定的租赁价款、相关税费，以及固定资产交付使用前所发生的可归属该项资产的运输费、途中保险费、安装调试费等确定。

融资租入的固定资产，按照确定的成本，借记“固定资产”科目（无需安装）或“在建工程”科目（需要安装），按照租赁协议或者合同确定的租赁付款额，贷记“长期应付款”科目，按照支付的运输费、途中保险费、安装调试费等金额，贷记“财政拨款收入”“零余额账户用款额度”“银行存款”等科目，预算会计处理时，借记“事业支出”“行政支出”等科目，贷记“财政拨款预算收入”“资金结存”科目。定期支付租金时，按照实际支付金额，借记“长期应付款”科目，贷记“财政拨款收入”“零余额账户用款额度”“银行存款”等科目，预算会计处理时，借记“事业支出”“行政支出”等科目，贷记“财政拨款预算收入”“资金结存”科目。

【例 11-39】2021 年 1 月 1 日，某事业单位以融资租赁的方式租入设备一台，租赁合同议定：租赁价款为 200 000 元，租期 4 年。以零余额账户支付运输付费 3 000 元、安装调试费 2 000 元、途中保险费 1 000 元，共计 6 000 元。融资租赁价款分 4 年于每年年初通过单位零余额账户支付。该单位编制有关会计分录如表 11-40 所示。

表 11-40 融资租入固定资产的会计分录

时间	财务会计分录	预算会计分录
2021 年 1 月 1 日	借：固定资产——融资租入固定资产 206 000 贷：长期应付款 200 000 零余额账户用款额度 6 000	借：事业支出 6 000 贷：资金结存——零余额账户用款额度 6 000
2022—2024 年每年年初	借：长期应付款 50 000 贷：零余额账户用款额度 50 000	借：事业支出 50 000 贷：资金结存——零余额账户用款额度 50 000

（四）分期付款购入的固定资产

按照规定，跨年度分期付款购入固定资产的账务处理，参照“融资租入的固定资产”进行处理。

（五）接受捐赠的固定资产

接受捐赠的固定资产，其成本按照有关凭据注明的金额加上相关税费、运输费等确定；没有相关凭据可供取得，但按规定经过资产评估的，其成本按照评估价值加上相关税费、运输费等确定；没有相关凭据可供取得也未经资产评估的，其成本比照同类或类似资产的市场价格加上相关税费、运输费等确定；没有相关凭据且未经资产评估，同类或类似资产的市场价格也无法可靠取得的，按照名义金额入账，相关税费、运输费等计入当期费用。如受赠的系旧的固定资产，在确定其初始入账成本时应当考虑该项资产的新旧程度。

接受捐赠的固定资产，按照确定的固定资产成本，借记“固定资产”科目（无需安装）或“在建工程”科目（须安装），按照发生的相关税费、运输费等，贷记“零余额账户用款额度”“银行存款”等科目，按照其差额，贷记“捐赠收入”科目，按照发生的相关税费、运输费等做预算会计分录，借记“其他支出”等科目，贷记“资金结存”科目。接受捐赠的固定资产按照名义金额入账的，按照名义金额，借记“固定资产”科目，贷记“捐赠收入”科目；按照发生的相关税费、运输费等，借记“其他费用”科目，贷记“零余额账户用款额度”“银行存款”等科目，预算会计处理时，借记“其他支出”科目，贷记“资金结存”科目。

（六）无偿调入的固定资产

无偿调入的固定资产，其成本按照调出方账面价值加上相关税运输费等确定。

无偿调入的固定资产，按照确定的固定资产成本，借记“固定资产”科目（无需安装）或“在建工程”科目（需要安装），按照发生的相关税费、运输费等，贷记“零余额账户用款额度”“银行存款”等科目，按照其差额，贷记“无偿调拨净资产”科目，预算会计处理时，按照发生的相关税费、运输费等，借记“其他支出”等科目，贷记“资金结存”科目。

（七）置换取得的固定资产

通过置换取得的固定资产，其成本按照换出资产的评估价值加上支付的补价或减去收到的补价，加上换入固定资产发生的其他相关支出确定。

置换取得的固定资产，参照“库存物品”科目中置换取得库存物品的相关规定进行账务处理。固定资产取得时涉及增值税业务的，还应进行相关的账务处理。

三、固定资产的折旧

（一）固定资产折旧概述

固定资产折旧是指在固定资产使用寿命内，按确定的方法对应折旧金额进行系统分摊。其中，应计折旧额是指应当计提折旧的固定资产的原价扣除其预计净残值后的金额。

行政事业单位计提固定资产折旧有别于一般企业单位，具体体现在以下几个方面。

1. 折旧的范围

行政事业单位应当对固定资产计提折旧，但下列各项固定资产除外：

①文物和陈列品；

②动植物；

③图书、档案；

④单独计价入账的土地；

⑤以名义金额计量的固定资产。

2. 折旧的年限

行政事业单位应当根据相关规定按照固定资产的性质和使用情况，合理确定固定资产的使用年限。固定资产的使用年限一经确定，不得随意变更。

3. 折旧的方法

行政事业单位一般应当采用年限平均法或工作量法计提固定资产折旧。

4. 折旧的基数

行政事业单位固定资产的应折旧金额为其成本，计提固定资产折旧不考虑预计净残值。

5. 折旧的起讫时间

行政事业单位的固定资产一般应当按月计提折旧，当月增加的固定资产，当月开始计提折旧；当月减少的固定资产，当月不再计提折旧。固定资产提足折旧后，无论能否继续使用，均不再计提折旧；提前报废的固定资产，也不再补提折旧。已提足折旧的固定资产，可以继续使用的，应当继续使用，规范管理。

（二）固定资产折旧的核算

为核算固定资产折旧业务，行政事业单位应设置“固定资产累计折旧”总账科目。公共基础设施和保障性住房计提的累计折旧，应当分别通过“公共基础设施累计折旧（摊销）”科目和“保障性住房累计折旧”科目核算，不通过该科目核算。该科目应当按照所对应固定资产的明细分类进行明细核算。

单位固定资产应当按月计提折旧，并根据用途计入当期费用或者相关资产成本。计提折旧时，按照实际计提的金额，借记“业务活动费用”“单位管理费用”“经营费用”“加工物品”“在建工程”等科目，贷记“固定资产累计折旧”科目。

经批准处置或处理固定资产时，按照所处置或处理固定资产的账面价值，借记“资产处置费用”“无偿调拨净资产”“待处理财产损溢”等科目，按照已计提折旧，借记“固定资产累计折旧”科目，按照固定资产的账面余额，贷记“固定资产”科目。

【例 11-40】2022 年 8 月，某事业单位固定资产计提折旧情况如表 11-41 所示。

表 11-41　固定资产折旧计算表

2022 年 8 月　　　　单位：元

	上月固定资产折旧额	本月增加固定资产折旧额	本月减少固定资产折旧额	本月固定资产折旧额
行政管理部门	180 000	1 000		181 000
后勤管理部门	53 000			53 000
教学部门	80 000	15 000	5 000	90 000
科研部门	32 000			32 000
非独立核算食堂	15 000			15 000
合计	360 000	16 000	5 000	371 000

月末，单位根据该计算表进行账务处理，如表 11-42 所示。

表 11-42　固定资产计提折旧的主要账务处理

时　间	财务会计分录	预算会计分录
2022 年 8 月 31 日	借：单位管理费用——固定资产折旧　234 000 　　业务活动费用——固定资产折旧　41 000 　　经营费用——固定资产折旧　15 000 　　贷：固定资产累计折旧　371 000	不做账务处理

四、固定资产的处置

固定资产的处置是指单位对其占有、使用的固定资产进行产权转让或者注销产权的行为。处置方式包括出售、出让、转让、对外捐赠、报废、毁损等。行政事业单位处置固定资产应当按照国家有关规定办理，经主管部门审核同意后报同级财政部门审批。

（一）固定资产的出售、转让

单位报经批准出售、转让固定资产，按照被出售、转让固定资产的账面价值，借记“资产处置费用”科目，按照固定资产已计提的折旧，借记“固定资产累计折旧”科目，按照固定资产账面余额，贷记“固定资产”科目；同时，按照收到的价款，借记“银行存款”等科目，按照处置过程中发生的相关费用，贷记“银行存款”等科目，按照其差额，贷记“应缴财政款”科目。

【例 11-41】某事业单位于 2022 年 7 月 11 日经批准出售专用设备一台，该设备原价 80 000 元，已计提折旧 60 000 元。7 月 15 日，按照评估价出售该设备取得价款 25 000 元。7 月 16 日，发生相关拆卸费、运输费 8 000 元，款项均通过银行存款收付。7 月 17 日，将出售该设备的收入上缴国库。该单位编制有关会计分录如表 11-43 所示。

表 11-43　出售固定资产的会计分录

时　间	财务会计分录	预算会计分录
2022 年 7 月 11 日	借：资产处置费用　20 000 　　固定资产累计折旧　60 000 　　贷：固定资产　80 000	不做账务处理
2022 年 7 月 15 日	借：银行存款　25 000 　　贷：应缴财政款　25 000	不做账务处理
2022 年 7 月 16 日	借：应缴财政款　8 000 　　贷：银行存款　8 000	不做账务处理
2022 年 7 月 17 日	借：应缴财政款　17 000 　　贷：银行存款　17 000	不做账务处理

（二）固定资产的对外捐赠

单位报经批准对外捐赠固定资产，按照固定资产已计提的折旧，借记“固定资产累计折旧”科目，按照被处置固定资产账面余额，贷记“固定资产”科目，按照捐赠过程中发生的归属捐出方的相关费用，贷记“银行存款”等科目，按照其差额，借记“资产处置费用”科目。预算会计处理时，按照在捐赠过程中发生的归属捐出方的相关费用，借记“其他支出”等科目，贷记“资金结存”科目。

（三）固定资产的无偿调出

单位报经批准无偿调出固定资产，按照固定资产已计提的折旧，借记“固定资产累计折旧”科目，按照被处置固定资产账面余额，贷记“固定资产”科目，按照其差额，借记“无偿调拨净资产”科目；同时，按照在无偿调出过程中发生的归属调出方的相关费用，借记“资产处置费用”科目，贷记“银行存款”等科目。预算会计处理时，借记“其他支出”等科目，贷记“资金结存”科目。

（四）固定资产的换出

单位报经批准置换换出固定资产，按参照“库存物品”中置换库存物品的规定进行账务处理。

五、固定资产的清查

行政事业单位应当定期对固定资产进行清查盘点，每年至少盘点一次。对于发生的固定资产盘盈、盘亏或毁损、报废，应当先记入“待处理财产损溢”科目，按照规定报经批准后及时进行后续账务处理。

（一）盘盈的固定资产

盘盈的固定资产，其成本按照有关凭据注明的金额确定；没有相关凭据但按照规定经过资产评估的，其成本按照评估价值确定；没有相关凭据，也未经过评估的，其成本按照重置成本确定。如无法采用上述方法确定盘盈固定资产成本的，按照名义金额（人民币 1 元）入账。盘盈的固定资产，按照确定的入账成本，借记“固定资产”科目，贷记“待处理财产损溢”科目。

（二）盘亏、毁损或报废的固定资产

盘亏、毁损或报废的固定资产，按照待处理固定资产的账面价值，借记“待处理财产损溢”科目，按照已计提折旧，借记“固定资产累计折旧”科目，按照固定资产的账面余额，贷记“固定资产”科目。

任务六　无形资产

一、无形资产的概念

无形资产是指行政事业单位控制的没有实物形态的可辨认非货币性资产，如专利权、商标权、著作权、土地使用权、非专利技术等。行政事业单位购入的不构成相关硬件不可缺少组成部分的软件，应当确认为无形资产。

为核算无形资产业务，行政事业单位应设置“无形资产”总账科目。该科目核算单位无形资产的原值。该科目应当按照无形资产的类别、项目等进行明细核算。

二、无形资产的取得

为了反映无形资产增减变动情况，行政事业单位应设置“无形资产”总账科目。该科目核算单位无形资产的原值。非大批购入、单价小于 1 000 元的无形资产，可以于购买的当期将其成本直接计入当期费用。该科目应当按照无形资产的类别、项目等进行明细分类核算。

无形资产在取得时，应当按照成本进行初始计量。由于无形资产取得方式不同，其成本初始计量方法也有所不同。

（一）外购的无形资产

单位外购的无形资产，其成本包括购买价款、相关税费以及可归属于该项资产达到预定用途所发生的其他费用。外购无形资产时，按照确定的成本，借记“无形资产”科目，贷记“财政拨款收入”“零余额账户用款额度”“应付账款”“银行存款”等科目。预算会计处理时，借记“行政支出”“事业支出”“经营支出”科目，贷记“财政拨款预算收入”“资金结存”科目。

委托软件公司开发软件，视同外购无形资产进行处理。

【例 11-42】某行政单位与软件公司合作，委托其开发软件，价款 400 000 元。2022 年 8 月 10 日，根据合同，该行政单位先预付 40% 的开发费用。12 月 30 日，软件开发成功并交付使用，支付剩余费用。所有款项通过单位零余额账户支付。该单位编制有关会计分录如表 11-44 所示。

表 11-44　外购无形资产的会计分录

时　间	财务会计分录	预算会计分录
2022 年 8 月 10 日	借：预付账款　160 000 　贷：零余额账户用款额度　160 000	借：行政支出　160 000 　贷：资金结存——零余额账户用款额度　160 000
2022 年 12 月 30 日	借：无形资产　400 000 　贷：零余额账户用款额度　240 000 　　预付账款　160 000	借：行政支出　240 000 　贷：资金结存——零余额账户用款额度　240 000

（二）自行研发的无形资产

行政事业单位自行研究开发活动分为研究和开发两个阶段，为了反映研究和开发阶段各项支出的增减变动情况，单位应设置“研发支出”科目进行总账核算，并设置“研究支出”和“开发支出”明细科目进行明细核算。

行政事业自行研究开发项目研究阶段的支出，应当于发生时计入当期费用。自行开发的无形资产，其成本包括自该项目进入开发阶段后至达到预定用途前所发生的支出总额。

1. 研究阶段的支出

自行研究开发项目研究阶段的支出，应当先在本科目归集。按照从事研究及其辅助活动人员计提的薪酬，研究活动领用的库存物品，发生的与研究活动相关的管理费、间接费和其他各项费用，借记“研发支出”科目（研究支出），贷记“应付职工薪酬”“库存物品”等科目。预算会计处理时，按照实际支付的款项，借记“行政支出”“事业支出”等科目，贷记“财政拨款预算收入”“资金结存”科目。期（月）末，应当将本科目归集的研究阶段的支出金额转入当期费用，借记“业务活动费用”等科目，贷记“研发支出”科目（研究支出）。

2. 开发阶段的支出

自行研究开发项目开发阶段的支出，先通过本科目进行归集。按照从事开发及其辅助活动人员计提的薪酬，研究活动领用的库存物品，发生的与研究活动相关的管理费、间接费和其他各项费用，借记“研发支出”科目（开发支出），贷记“应付职工薪酬”“库存物品”“财政拨款收入”“零余额账户用款额度”“固定资产累计折旧”“银行存款”等科目。预算会计处理时，按照实际支付的款项，借记“行政支出”“事业支出”“经营支出”等科目，贷记“财政拨款预算收入”“资金结存”科目。自行研究开发项目完成，达到预定用途形成无形资产的，按照本科目归集的开发阶段的支出金额，借记“无形资产”科目，贷记“研发支出”科目（开发支出）。

单位应于每年年度终了评估研究开发项目是否能达到预定用途，如预计不能达到预定用途（如无法最终完成开发项目并形成无形资产的），应当将已发生的开发支出金额全部转入当期费用，借记“业务活动费用”等科目，贷记“研发支出”科目（开发支出）。自行研究开发项目时涉及增值税业务的，相关账务处理参见“应交增值税”科目。

（三）接受捐赠的无形资产

行政事业单位接受捐赠的无形资产，其成本按照有关凭据注明的金额加上相关税费确定；没有相关凭据可供取得，但按规定经过资产评估的，其成本按照评估价值加上相关税费确定；没有相关凭据可供取得，也未经资产评估的，其成本比照同类或类似资产的市场价格加上相关税费确定；没有相关凭据且未经资产评估，同类或类似资产的市场价格也无法可靠取得的，按照名义金额入账，相关税费计入当期费用。

接受捐赠的无形资产，按照确定的无形资产成本，借记“研发支出”科目，按照发生的相关税费等，贷记“零余额账户用款额度”“银行存款”等科目，按照其差额，贷记“捐赠收入”科目，预算会计处理时，按照发生的相关税费等，借记“其他支出”科目，贷记“资金结存”科目。接受捐赠的无形资产按照名义金额入账的，按照名义金额，借记“研发支出”科目，贷记“捐赠收入”科目；同时，按照发生的相关税费等，借记“其他费用”科目，贷记“零余额账户用款额度”“银行存款”等科目，预算会计处理时，借记“其他支出”科目，贷记“资金结存”科目。

（四）无偿调入的无形资产

单位无偿调入的无形资产，其成本按照调出的账面价值加上相关税费确定。无偿调入无形资产时，按照确定的无形资产成本，借记“无形资产”科目，按照发生的相关税费等，贷记“零余额账户用款额度”“银行存款”等科目，按照其差额，贷记“无偿调拨净资产”科目，预算会计处理时，按照发生的相关税费等，借记“其他支出”科目，贷记“资金结存”科目。

（五）置换取得的无形资产

置换取得的无形资产，参照“库存物品”科目中置换取得库存物品的相关规定进行账务处理。无形资产取得时涉及增值税业务的，相关账务处理参见“应交增值税”科目。

三、无形资产的摊销

摊销是指在无形资产使用年限内，按照确定的方法对应摊销金额进行系统分摊。

（一）无形资产摊销概述

1. 摊销的范围

行政事业单位应当对使用年限有限的无形资产进行摊销，但已摊销完毕仍继续使用的无形资产和以名义金额计量的无形资产除外。使用年限不确定的无形资产不应摊销。

2，摊销年限

根据《政府会计准则第 4 号 —— 无形资产》的规定，对于使用年限有限的无形资产，行政事业单位应当按照以下原则确定无形资产的摊销年限如下：

①法律规定了有效年限的，按照法律规定的有效年限作为摊销年限；

②法律没有规定有效年限的，按照相关合同，或单位申请书中的受益年限作为摊销年限；

③法律没有规定有效年限、相关合同，或单位申请书也没有规定受益年限的，应当根据无形资产为行政事业单位带来服务潜力或经济利益的实际情况，预计其使用年限；

④非大批量购入、单价小于 1 000 元的无形资产，可以于购买的当期将其成本一次性全部转销。

3. 摊销的方法和基数

行政事业单位应当采用年限平均法或者工作量法对无形资产进行摊销，应摊销金额为其成本，不考虑预计残值。

（二）无形资产摊销的核算

为核算无形资产摊销业务，行政事业单位应设置“无形资产累计摊销”总账科目。该科目应当按照所对应无形资产的明细分类进行明细核算。

行政事业单位按月对无形资产进行摊销时，按照应摊销金额，借记“业务活动费用”“单位管理费用”“加工物品”“在建工程”等科目，贷记“无形资产累计摊销”科目。

四、无形资产的处置

行政事业单位按照规定报经批准处置无形资产，应当分别按以下情况处理。

（一）无形资产的出售、转让

报经批准出售、转让无形资产，按照被出售、转让无形资产的账面价值，借记“资产处置费用”科目，按照在无形资产已计提的摊销，借记“无形资产累计摊销”科目，按照无形资产账面余额，贷记“无形资产”科目；同时，按照收到的价款，借记“银行存款”等科目，按照在处置过程中发生的相关费用，贷记“银行存款”等科目，按照其差额，贷记“应缴财政款”（按照规定应上缴无形资产转让净收入的）或“其他收入”（按照规定将无形资产转让收入纳入本单位预算管理的）科目。对于纳入本单位预算管理的收入，预算会计处理时，借记“资金结存”，贷记“其他预算收入”。

【例 11-43】2022 年 8 月 3 日，某事业单位将某项专利权出售，该专利权成本为 200 000 元，已累计摊销 90 000 元。出售专利权取得价款 80 000 元，应交增值税为 4 800 元，全部价税款存入银行。另以单位零余额账户支付其他费用 1 000 元。处置净收入确认为本单位其他收入。该单位编制有关会计分录如表 11-45 所示。

表 11-45　出售无形资产的会计分录

时　间	财务会计分录	预算会计分录
2022 年 8 月 3 日	借：资产处置费用　110 000 　　无形资产累计摊销　90 000 　　贷：无形资产　200 000	不做账务处理
2022 年 8 月 3 日	借：银行存款　80 000 　　贷：零余额账户用款额度　1 000 　　　　应交税费——应交增值税（销项税额）4 800 　　　　其他收入　76 200	借：资金结存——货币资金——银行存款 76 200 　　贷：其他预算收入　76 200

（二）无形资产的对外捐赠

单位报经批准对外捐赠无形资产，按照无形资产已计提的摊销，借记“无形资产累计摊销”科目，按照在被处置无形资产账面余额，贷记“无形资产”科目，按照在捐赠过程中发生的属于捐出方的相关费用，贷记“银行存款”等科目，按照其差额，借记“资产处置费用”科目。预算会计处理时，按照发生的属于捐出方的相关费用，借记“其他支出”科目，贷记“资金结存”科目。

（三）无形资产的无偿调出

单位报经批准无偿调出无形资产，按照无形资产已计提的摊销，借记“无形资产累计摊销”科目，按照被处置无形资产账面余额，贷记“无形资产”科目，按照其差额，借记“无偿调拨净资产”科目；同时，按照无偿调出过程中发生的属于调出方的相关费用，借记“资产处置费用”科目，贷记“银行存款”等科目。预算会计处理时，按照发生的属于调出方的相关费用，借记“其他支出”科目，贷记“资金结存”科目。

（四）无形资产的置换换出

报经批准置换换出无形资产，参照“库存物品”科目中置换换入库存物品的规定进行账务处理。

（五）无形资产的核销

无形资产预期不能为单位带来服务潜力或经济利益，按照规定报经批准核销时，按照待核销无形资产的账面价值，借记“资产处置费用”科目，按照已计提摊销，借记“无形资产累计摊销”科目，按照无形资产的账面余额，贷记“无形资产”科目。无形资产处置时涉及增值税业务的，还应进行相的账务处理。

（六）无形资产的清查盘点

单位应当定期对无形资产进行清查盘点，每年至少盘点一次。单位资产清查盘点过程中发现的无形资产盘盈、盘亏等，参照“固定资产”科目相关规定进行账务处理。

任务七　经管资产

单位经管资产是指由行政事业单位控制的，供社会公众使用的经济资源，主要包括公共基础设施、政府储备物资、文物文化资产和保障性住房这类特殊资产。例如交通行政事业单位可能会有公共交通设施，民政行政事业单位可能会有救灾储备物资，文物行政事业单位有用于向公众展览的历史文物，房屋管理行政事业单位有用于向公众出租的廉租房、公共租赁房等。这类特殊资产的共同特征是直接为社会公众提供服务，而不是为行政事业单位自身的日常运行服务。

一、公共基础设施

（一）公共基础设施的概念和分类

1. 公共基础设施的概念

公共基础设施是指政府会计主体为满足社会公共需求而控制的，同时具有以下特征的有形资产：

①属于一个有形资产系统或网络的组成部分；

②具有特定用途；

③一般不可移动。

2. 公共基础设施的分类

公共基础设施主要包括以下种类：

（1）公共基础设施主要包括市政基础设施如城市道路、桥梁、隧道、公交场站、路灯、广场、公园绿地、室外公共健身器材以及环卫、排水、供水、供电、供气、供热、污水处理、垃圾处理系统等。

（2）交通基础设施，如公路、铁路、桥梁、航道、港口等。

（3）水利基础设施，如大坝、堤防、水闸、泵站、渠道等。

（4）其他公共基础设施。

行政事业单位独立于公共基础设施，不构成公共基础设施使用不可缺少组成部分的管理维护用房屋建筑物、设备、车辆等，不属于行政事业单位的公共基础设施，而属于单位的固定资产。

（二）公共基础设施的核算

1. 应设置的账户

（1）公共基础设施。为了反映公共基础设施增减变动情况，行政事业单位应设置“公共基础设施”总账科目，该科目应按照公共基础设施的类别和项目设置并进行明细核算。期末借方余额反映公共基础设施的原值。

（2）公共基础设施累计折旧（摊销）。为了核算公共基础设施折旧或摊销业务，行政事业单位应设置“公共基础设施累计折旧（摊销）”总账科目，该科目应当按照所对应公共基础设施的明细分类进行明细核算。期末贷方余额反映单位提取的公共基础设施折旧和摊销的累计数。

2. 账务处理方法

公共基础设施在取得时，应当按照其成本入账，其账务处理与固定资产基本相同。单位按月计提公共基础设施折旧时，按照应计提的折旧额，借记“业务活动费用”科目，贷记“公共基础设施累计折旧”科目。按月对确认为公共基础设施的单独计价入账的土地使用权进行摊销时，按照应计提的摊销额，借记“业务活动费用”科目，贷记“公共基础设施累计摊销”科目。报经批准处置公共基础设施时，按照公共基础设施已计提的折旧或摊销，借记“公共基础设施累计折旧（摊销）”科目，按照被处置公共基础设施账面余额，贷记“公共基础设施”科目，按照在捐赠过程中发生的属于捐出方的相关费用，贷记“银行存款”等科目，按照其差额，借记“资产处置费用”（对外捐赠等）或“无偿调拨净资产”（无偿调出）科目。预算会计处理时，按照捐出方或调出方的相关费用，借记“其他支出”科目，贷记“资金结存”科目。

为了增加公共基础设施使用效能或延长其使用年限而发生的改建、扩建等后续支出，应当计入公共基础设施成本；为维护公共基础设施的正常使用而发生的日常维修、养护等后续支出，应当计入当期费用。

【例 11-44】2022 年 8 月，某省公路管理局发生以下经济业务：

（1）23 日，该省一条一级公路完工并交付使用，该条公路被确认为公共基础设施，在建工程的成本为 1 560 000 元。该单位编制有关会计分录如表 11-46 所示。

表 11-46　取得公共基础设施的会计分录

时　间	财务会计分录	预算会计分录
2022 年 8 月 23 日	借：公共基础设施　1 560 000 　贷：在建工程　1 560 000	不做账务处理

（2）30 日，从其他单位无偿调入通信设备并确认为公共基础设施，该项公共基础设施在调出方的账面价值为 625 000 元。调入过程中，该公路管理局发生相关费用 8 000 元，款项通过财政授权支付方式支付。该单位编制有关会计分录如表 11-47 所示。

表 11-47　无偿调入公共基础设施的会计分录

时　间	财务会计分录	预算会计分录
2022 年 8 月 30 日	借：公共基础设施　633 000 　贷：零余额账户用款额度　8 000 　　无偿调拨净资产　625 000	借：其他支出　8 000 　贷：资金结存——零余额账户用款额度　8 000

【例 11-44】2022 年 2 月至 5 月，某市市政管理部门对一条城市道路进行改扩建。

（1）2 月 4 日，将该公共基础设施转入改建、扩建，该设施账面原价为 68 000 000 元，已计提折旧为 32 000 000 元。

（2）4 月 30 日，改扩建中发生支出 7 000 000 元，通过财政直接支付方式支付。

（3）5 月 20 日，该条道路改扩建完成，竣工验收，交付使用。

该单位编制有关会计分录如表 11-48 所示。

表 11-48　公共基础设施的会计分录

时　间	财务会计分录	预算会计分录
2022 年 2 月 4 日	借：在建工程　36 000 000 　公共基础设施累计折旧　32 000 000 　贷：公共基础设施　68 000 000	不做账务处理
4 月 30 日	借：在建工程　7 000 000 　贷：财政拨款收入　7 000 000	借：行政支出　7 000 000 　贷：财政拨款预算收入　7 000 000
5 月 20 日	借：公共基础设施　43 000 000 　贷：在建工程　43 000 000	不做账务处理

【例 11-45】2022 年 8 月 10 日，甲城市市政管理部门经批：准将一批供电设施捐赠给乙市，该设施账面余额为 6 200 000 元，累计折旧 1 200 000 元。在捐赠过程中，捐出部门以财政授权方式支付相关费用 30 000 元。该单位编制有关会计分录如表 11-49 所示。

表 11-49　捐赠公共基础设施的会计分录

时　间	财务会计分录	预算会计分录
2022 年 8 月 10 日	借：资产处置费用　5 030 000 　公共基础设施累计折旧　1 200 000 　贷：公共基础设施　6 200 000 　　零余额账户用款额度　30 000	借：其他支出　30 000 　贷：资金结存——零余额账户用款额度　30 000

二、政府储备物资

（一）政府储备物资概述

1. 政府储备物资的概念

政府储备物资是指政府会计主体为满足实施国家安全与发展战略、进行抗灾救灾、应对公共突发事件等特定公共需求而控制的，同时具有下列特征的有形资产：

（1）在应对可能发生的特定事件或情形时动用。

（2）其购入、存储保管、更新（轮换）、动用等活动由政府及相关部门发布的专门管理制度规范。

（3）其购入、更新（轮换）和使用的计划与执行需报经相关部门批准。

2. 政府储备物资的分类

政府储备物资包括战略及能源物资、抢险抗灾救灾物资、农产品、医药物资和其他重要商品物资。

（二）政府储备物资的核算

为了反映政府储备物资的增减变动情况，单位应设置“政府储备物资”科目。该科目核算由行政事业单位控制的政府储备物资的成本。该科目应当按照政府储备物资的种类、品种、存放地点等进行明细核算。单位根据需要，可在本科目下设置“在库”“发出”等明细科目进行明细核算。政府储备物资的核算与存货核算类似，取得时按其成本入账，会计处理与“库存物品”科目基本一致。

政府储备物资发出时，应当分情况核算。因动用而发出无须收回的政府储备物资的，按照发出物资的账面余额计入业务活动费用；因动用而发出需要收回或者预期可能收回的政府储备物资的，单位应在按规定质量验收标准收回物资时，将未收回物资账面余额予以转销计入业务活动费用；因行政管理主体变动等原因而将政府储备物资调拨给其他主体的，按照无偿调出政府储备物资的账面余额冲减无偿调拨净资产；对外销售政府储备物资并按照规定将销售净收入上缴财政的，应将取得销售价款时大于所承担的相关税费后的差额确认为应缴财政款；对外销售政府储备物资并将销售收入纳入单位预算统一管理的，应将发出物资的账面余额计入业务活动费用，将实现销售收入计入当期收入。

【例 11-46】2022 年 8 月 16 日，某行政单位根据规定购入一批政府储备物资并验收入库，其成本为 8 440 000 元，以财政直接支付方式结算款项。另以财政授权方式支付运费等相关费用 60 000 元。该单位编制有关会计分录如表 11-50 所示。

表 11-50　购入政府储备物资的会计分录

时　间	财务会计分录	预算会计分录
2022 年 8 月 16 日	借：政府储备物资　　8 500 000 　贷：财政拨款收入　　8 440 000 　　　零余额账户用款额度　　60 000	借：行政支出　　8 500 000 　贷：财政拨款预算收入　　8 440 000 　　　资金结存——零余额账户用款额度　　60 000

【例 11-47】2022 年 9 月 6 日，某事业单位经批准发出需要收回的一批政府储备物资，该批物资账面余额为 800 000 元。11 月 30 日，收回已发出的该批物资，经质量验收，符合标准的物资账面余额为 600 000 元。该单位编制有关会计分录如表 11-51 所示。

表 11-51 发出需要收回的政府储备物资的会计分录

时 间	财务会计分录	预算会计分录
2022 年 9 月 6 日	借：政府储备物资——发出 800 000 贷：政府储备物资——在库 800 000	不做账务处理
2022 年 11 月 30 日	借：政府储备物资——在库 600 000 业务活动费用 200 000 贷：政府储备物资——发出 800 000	不做账务处理

【例 11-48】2022 年 9 月 20 日，经批准对外销售甲类和乙类两种政府储备物资，其中销售甲类物资取得收入 900 000 元存入银行，该物资的账面余额为 700 000 元。如按规定销售收入纳入单位预算统一管理，如何进行账务处理？如按规定将该销售净收入上缴财政，如何进行账务处理？该单位编制有关会计分录如表 11-52 所示。

表 11-52 销售政府储备物资的会计分录

时 间	财务会计分录	预算会计分录
2022 年 9 月 20 日（销售收入纳入单位预算）	借：业务活动费用 700 000 贷：政府储备物资 700 000 借：银行存款 900 000 贷：事业收入 900 000	借：资金结存——货币资金——银行存款 900 000 贷：事业预算收入 900 000
2022 年 9 月 20 日（销售收入上缴财政）	借：资产处置费用 700 000 贷：政府储备物资 700 000 借：银行存款 900 000 贷：应缴财政款 900 000	不做账务处理

三、文物文化资产

（一）文物文化资产的概念

文物文化资产是指行政事业单位为满足社会公共需求而控制的历史文物、艺术品，以及其他具有历史或文化价值并作长期或永久保存的典藏等。行政事业单位为满足自身开展业务活动或其他活动需要而控制的文物和陈列品，属于单位的固定资产，不属于文物文化资产。

（二）文物文化资产的核算

为核算文物文化资产业务，行政事业单位应设置“文物文化资产”总账科目。该科目核算单位为满足社会公共需求而控制的文物文化资产的成本。单位应当设置文物文化资产登记簿和文物文化资产卡片，按文物文化资产类别、项目等设置明细账。

“文物文化资产”科目的核算基本与“固定资产”科目、“公共基础设施”科目、“保障性住房”科目基本相同。

需要注意的是，接受捐赠的文物文化资产成本无法可靠取得的，按照发生的相关税费、运输费等金额，借记“其他费用”科目，贷记“零余额账户用款额度”“银行存款”等科目。预算会计处理时，借记“其他支出”科目，贷记“财政拨款预算收入”“资金结存”科目。对于成本无法可靠取得的文物文化资产，单位应当设置备查簿进行登记，待成本能够可靠确定后按照规定及时入账。

【例 11-49】某事业单位于 2022 年 9 月 10 日接受甲公司一批捐赠文物，该批文物评估价 200 000 元，发生运杂费 1 000 元，以银行存款支付。该单位编制有关会计分录如表 11-53 所示。

表 11-53　接受捐赠的文物文化资产的会计分录

时　间	财务会计分录	预算会计分录
2022 年 9 月 10 日	借：文物文化资产　201 000 　贷：银行存款　1 000 　　　捐赠收入　200 000	借：其他支出　1 000 　贷：资金结存——货币资金——银行存款　1 000

【例 11-50】假设以上文物的成本无法可靠取得。该单位编制有关会计分录如表 11-54 所示。

表 11-54　接受捐赠的文物文化资产成本无法可靠取得的会计分录

时　间	财务会计分录	预算会计分录
2022 年 9 月 10 日	借：其他费用　1 000 　贷：银行存款　1 000	借：其他支出　1 000 　贷：资金结存——货币资金——银行存款　1 000

【例 11-51】2022 年 9 月 18 日，某事业单位报经批准，无偿调出文物文化资产，被调出文物文化资产的账面余额为 450 000 元，调出过程中发生由本单位负担的相关费用 2 000 元。该单位编制有关会计分录如表 11-55 所示。

表 11-55　接受捐赠的文物文化资产无偿调出文物文化资产的会计分录

时　间	财务会计分录	预算会计分录
2022 年 9 月 18 日	借：无偿调拨净资产　450 000 　贷：文物文化资产　450 000	借：其他支出　2 000 　贷：资金结存——货币资金——银行存款　2 000
	借：资产处置费用　2 000 　贷：银行存款　2 000	

四、保障性住房

（一）保障性住房的概念

保障性住房是指政府为中低收入住房困难家庭所提供的限定标准、限定价格或租金的住房，一般由廉租住房、经济适用住房、政策性租赁住房、定向安置房等构成。

（二）保障性住房的核算

为了核算保障性住房业务，行政事业单位应设置“保障性住房”和“保障性住房累计折旧”总账科目。该科目应当按照保障性住房的类别、项目等进行明细核算，其期末借方余额，反映保障性住房的原值。保障性住房的核算可参考“固定资产”的核算方法。

任务八　其他资产

一、受托代理资产

（一）受托代理资产的概念

受托代理资产是指单位接受委托方委托管理的各项资产，包括受托指定转赠的物资、受托储存管理的物资等。

在受托代理交易过程中，单位通常只是从委托方收到受托资产，并按照委托人的意愿将资产转赠给指定的其他组织或个人，或者按照有关规定将资产转交给指定的其他组织或个人，单位本身并不拥有受托资产的所有权和使用权，它只是在交易过程中起中介作用。

（二）受托代理资产的核算

为了核算受托代理资产业务，行政事业单位应设置“受托代理资产”总账科目。该科目核算单位接收委托方委托管理的各项资产的成本。单位管理的罚没物资应当通过该科目核算。单位收到的受托代理资产为现金和银行存款的，不通过该科目核算，应当通过“库存现金”“银行存款”科目进行核算。该科目应当按照资产的种类和委托人进行明细核算；属于转赠资产的，还应当按照受赠人进行明细核算。

1. 受托转赠的物资

接收委托人委托需要转赠给受赠人的物资，其成本按照有关凭据注明的金额确定。接收委托转赠的物资验收入库，按照确定的成本，借记“受托代理资产”科目，贷记“受托代理负债”科目。受托协议约定由受托方承担相关税费、运输费等的，还应当按照实际支付的相关税费、运输费等金额，借记“其他费用”科目，贷记“银行存款”等科目。预算会计处理时，借记“其他支出”科目，贷记“资金结存”科目。

将受托转赠物资交付受赠人时，按照转赠物资的成本，借记“受托代理负债”科目，贷记“受托代理资产”科目。

转赠物资的委托人取消了对捐赠物资的转赠要求，且不再收回捐赠物资的，应当将转赠物资转为单位的存货、固定资产等。按照转赠物资的成本，借记“受托代理负债”科目，贷记“受托代理资产”科目；同时，借记“库存物品”“固定资产”等科目，贷记“其他收入”科目。

【例 11-52】甲事业单位接受其他单位委托接收一批物资，委托单位提供的凭据该批物资价值 20 000 元，于 2022 年 3 月 2 日事业单位承担相关运杂费 5 000 元，均以银行存款付讫。7 月物资的一半转赠给乙单位，剩余一半根据委托人要求不再转赠，单位将该批物资转为本单位存货。该单位编制有关会计分录如表 11-56 所示。

表 11-56 受托转赠物资的会计分录

时间	财务会计分录	预算会计分录
2022 年 3 月 2 日	借：受托代理资产——受托转增物资 20 000 贷：受托代理负债 20 000	不做账务处理
3 月 2 日	借：其他费用——运杂费 5 000 贷：银行存款 5 000	借：其他支出——运杂费 5 000 贷：资金结存——货币资金——银行存款 5 000
7 月 1 日 转赠物资	借：受托代理负债 10 000 贷：受托代理资产——受托转增物资 10 000	不做账务处理
7 月 1 日 不再转赠	借：受托代理负债 10 000 贷：受托代理资产——受托转增物资 10 000	不做账务处理
	借：库存物品 10 000 贷：其他收入 10 000	

2. 受托储存管理的物资

接收委托人委托存储保管的物资，其成本按照有关凭据注明的金额确定。接收委托储存的物资验收入库，按照确定的成本，借记“受托代理资产”科目，贷记“受托代理负债”科目。发生由受托单位承担的与受托存储保管的物资相关的运输费、保管费等费用时，按照实际发生的费用金额，借记“其他费用”等科目，贷记“银行存款”等科目。预算会计处理时，借记“其他支出”科目，贷记“资金结存”科目。

根据委托人要求交付或发出受托存储保管的物资时，按照发出物资的成本，借记“受托代理负债”科目，贷记“受托代理资产”科目。

3. 罚没物资

单位取得罚没物资时，其成本按照有关凭据注明的金额确定。罚没物资验收（入库），按照确定的成本，借记“受托代理资产”科目，贷记“受托代理负债”科目。罚没物资成本无法可靠确定的，单位应当设置备查簿进行登记。

单位按照规定处置或移交罚没物资时，按照罚没物资的成本，借记“受托代理负债”科目，贷记“受托代理资产”科目。处置时取得款项的，按照实际取得的款项金额，借记“银行存款”等科目，贷记“应缴财政款”等科目。

单位受托代理的其他实物资产，参照本科目有关受托转赠物资、受托存储保管物资的规定进行账务处理。

二、长期待摊费用

（一）长期待摊费用的概念

长期待摊费用是指单位已经发生但应由本期和以后各期负担的分摊期限在1年以上（不含1年）的各项费用，如以经营租赁方式租入的固定资产发生的改良支出等。

（二）长期待摊费用的核算

为了反映长期待摊费用的增减变动情况，单位应设置“长期待摊费用”总账科目。其明细账应按长期待摊费用的种类设置并进行明细核算。

单位发生长期待摊费用时，按照支出金额，借记“长期待摊费用”科目，贷记“财政拨款收入”“零余额账户用款额度”“银行存款”等科目。预算会计处理时，借记“行政支出”“事业支出”等科目，贷记“财政拨款预算收入”“资金结存”科目。

单位按照受益期间摊销长期待摊费用时，按照摊销金额，借记“业务活动费用”“单位管理费用”“经营费用”等科目，贷记“长期待摊费用”科目。

如果某项长期待摊费用已经不能使单位受益，应当将其摊余金额一次性全部转入当期费用。按照摊销金额，借记“业务活动费用”“单位管理费用”“经营费用”等科目，贷记“长期待摊费用”科目。

【例 11-53】2022年1月1日，某行政单位以经营租赁方式租入办公用房，合约租期为5年。为适合办公需要，该行政单位对租入的办公用房进行装修改良，并通过财政直接支付的方式支付相应的装修改良支出200 000元，形成长期待摊费用。之后，按合约租期每年摊销长期待摊费用40 000元。该单位编制有关会计分录如表11-57所示。

表 11-57　长期待摊费用的会计分录

时　间	财务会计分录	预算会计分录
2022 年 1 月 1 日	借：长期待摊费用　200 000 　贷：财政拨款收入　200 000	借：行政支出　200 000 　贷：财政拨款预算收入　200 000
2023 至 2027 年 每年年初	借：业务管理费用　40 000 　贷：长期待摊费用　40 000	不做账务处理

三、待处理财产损溢

（一）待处理财产损溢的概念

待处理财产损溢是指行政事业单位在资产清查过程中查明的资产盘盈、盘亏和报废毁损的价值。行政事业单位财产的处理包括资产的出售、报废、毁损、盘盈、盘亏以及货币性资产损失核销等。

（二）待处理财产损溢的核算

行政事业单位应当设置“待处理财产损溢”科目，核算单位在资产清查过程中查明的各种资产盘盈、盘亏、报废、毁损的价值。本科目应当按照待处理财产项目进行明细核算；对于在财产处理过程中取得收入或发生相关费用的项目，还应当设置“待处理财产价值”“处理净收入”明细科目进行明细核算。行政事业单位财产的处理，一般应当先记入本科目，按照规定报经批准后及时进行相应的账务处理。年终结账前一般应处理完毕。具体会计分录如表 11-58 所示。

表 11-58　待处理财产损溢的会计分录

<table>
<tr><th>会计事项</th><th>分类</th><th>转入待处理财产损溢</th><th colspan="2">报经批准后处理</th></tr>
<tr><td>现金</td><td colspan="4">现金短缺和溢余参照“库存现金”清查的账务处理</td></tr>
<tr><td rowspan="2">其他非现金资产</td><td rowspan="2">盘盈的非现金资产</td><td rowspan="2">借：库存物品 / 固定资产 / 无形资产 / 公共基础设施等
　贷：待处理财产损溢</td><td>属于流动资产</td><td>借：待处理财产损溢
　贷：单位管理费用（事业单位）/ 业务活动费用（行政单位）</td></tr>
<tr><td>属于以前年度非流动资产</td><td>借：待处理财产损溢
　贷：以前年度损益调整</td></tr>
<tr><td rowspan="6">其他非现金资产</td><td rowspan="6">盘亏、报废的非现金资产</td><td rowspan="6">借：待处理财产损溢固定资产累计折旧 / 无形资产累计摊销 / 公共基础设施累计折旧（摊销）等
　贷：库存物品 / 固定资产 / 无形资产 / 公共基础设施等</td><td>报经批准处理</td><td>借：资产处置费用库存现金 / 银行存款 / 其他应收款等（过失人赔偿 / 保险理赔 / 资产残值变价收入）
　贷：待处理财产损溢——待处理财产价值</td></tr>
<tr><td>毁损、报废资产处置过程中的相关费用</td><td>借：待处理财产损溢——处置净收入
　贷：库存现金等</td></tr>
<tr><td rowspan="4">收支结清</td><td>过失人 / 保险赔偿或资产残值变价等处理收入处置相关费用：
借：待处理财产损溢——处置净收入
　贷：应缴财政款</td></tr>
<tr><td>反之：</td></tr>
<tr><td>借：置产处置费用
　贷：待处理财产损溢——处置净收入</td></tr>
<tr><td>借：其他支出
　贷：资金结存等（支付的处理净支出）</td></tr>
</table>

注意：盘盈属于本年度非流动资产，按照当年新取得相关资产进行账务处理。

【例 11-54】某事业单位于 2022 年 10 月 30 日拟报废实验设备一批，价值共计 50 000 元，已经计提折旧 45 000 元。经过有关部门批准同意报废，处理时发生相关运费 500 元，用现金支付，并收到残值收入 1 200 元，对方银行转账。该单位编制有关会计分录如表 11-59 所示。

表 11-59　报废资产的会计分录

时　间	财务会计分录	预算会计分录
2022 年 10 月 30 日	借：待处理财产损溢——待处理财产价值　5 000 　　固定资产累计折旧　45 000 　　贷：固定资产　50 000	不做账务处理
2022 年 10 月 30 日	借：资产处置费用　5 000 　　贷：待处理财产损溢——待处理财产价值　5 000	不做账务处理
2022 年 10 月 30 日	借：银行存款　1 200 　　贷：待处理财产损溢——待处理净收入　1 200	不做账务处理
2022 年 10 月 30 日	借：待处理财产损溢——待处理净收入　500 　　贷：银行存款　500	不做账务处理
2022 年 6 月 20 日	借：待处理财产损溢——待处理净收入　700 　　贷：应缴财政款　700	不做账务处理

项目检测

一、判断题

1. 零余额账户用款额度应属于货币资金类别。　（ ）
2. 提取现金业务不需要做预算会计分录。　（ ）
3. 单位可以自由支配零余额账户用款额度。　（ ）
4. 对于财政直接支付资金额度与财政授权支付资金额度当年没有永远的，应转入财政应返还额度。　（ ）

二、简答题

1. 行政事业单位的资产与企业资产有什么区别?
2. 试举出几个行政事业会计独有的资产项目。

三、业务题

1. 某事业单位 2022 年 12 月当月发生以下经济业务：

① 12 月 1 日，本单位工作人员张某因公出差预支现金 1 000 元。

② 12 月 2 日，用现金购买办公用品 500 元。

③ 12 月 10 日，张某报销差旅费 700 元，退回现金 300 元。

④ 12 月 15 日，收到上级拨入事业经费 50 000 元。

⑤ 12 月 16 日，销售产品收到销货款 30 000 元，增值税税额 3 900 元。

⑥ 12 月 17 日，收回应收账款 10 000 元。

⑦ 12 月 20 日，收到财政授权支付额度到账通知书，收到财政拨款 300 000 元。

⑧ 12 月 21 日，使用零余额账户购入存货一批，价值 100 000 元。

⑨年末发现该事业单位当年财政直接支付的预算指标为 1 000 000 元，而该单位仅使用 80 000 元。

要求：请根据以上经济业务编制会计分录。

2. 第二年上述事业单位发生以下经济业务。

① 1 月 5 日，该事业单位使用以前年度财政直接额度 5 000 元购买办公用品。

② 1 月 10 日，销售一批商品给 A 公司，货已发出，价值 40 000 元，增值税税率为 13%。收到期限为 6 个月的商业承兑汇票，面值为 45 200 元，票面利率 6%。

③两个月后，该事业单位将上述进行贴现，贴现率为 12%。

3.2022 年事业单位甲当年年底账面应收账款为 2 000 000 元，甲单位计划按 5% 计提坏账准备。2023 年甲单位发生坏账，金额为 5 000 元。

4.2022 年行政单位购入需要安装的空调一台，空调价格为 8 000 元，运输费 5 00 元。

要求：请根据以上经济业务编制会计分录。

项目十二　行政事业单位负债

项目目标

知识目标

1. 行政事业单位会计负债的概念、核算原则；
2. 行政事业单位会计负债的账务处理的方法。

素质目标

1. 树立服务意识，提高服务质量；
2. 树立职业荣誉感，依法办事，实事求是。

负债是指行政事业单位所承担的能以货币计量，需要以资产等偿还的债务。行政事业单位的负债按照流动性，分为流动负债和非流动负债。流动负债是指预计在1年内（含1年）偿还的负债，包括短期借款、应交增值税、其他应缴税费、应缴财政款、应付及预收款项、应付职工薪酬、应缴款项等。非流动负债是指流动负债以外的负债，包括长期借款、长期应付款、应付政府债券和政府依法担保形成的债务等。

行政事业单位对符合负债定义的债务，应当在确定承担偿债责任并且能够可靠地进行货币计量时确认。行政事业单位的负债，应当按照承担的相关合同金额或实际发生额进行计量。

任务一　借入款项

一、短期借款

（一）短期借款的概念

短期借款是指事业单位经批准向银行或其他金融机构等借入的期限在1年内（含1年）的各种借款。行政单位没有短期借款业务。

（二）短期借款的核算

为了核算短期借款业务，事业单位应设置“短期借款”总账科目。本科目应当按照债权人和借款种类进行明细核算。

（1）单位借入各种短期借款时，按照实际借入的金额，借记“银行存款”科目，贷记“短期借款”科目。预算会计处理时，借记“资金结存”科目，贷记“债务预算收入”科目。

（2）如果短期借款按季度支付利息或利息在借款到期时连同本金一起归还，并且数额较大，事业单位于月末应采用预提方式进行短期借款利息的核算。在资产负债表日，事业单位应当按照计算确定的短期借款利息费用，借记“其他费用”科目，贷记“应付利息”科目，实际支付利息时，借记“应付利息”科目，贷记“银行存款”科目，预算会计处理时，借记“其他支出”科目，贷记“资金结存”科目。

（3）归还短期借款时，借记“短期借款”科目，贷记“银行存款”科目。预算会计处理时，借记“债务还本支出”科目，贷记“资金结存”科目。

【例 12-1】2022 年 4 月 1 日，某事业单位以 7.2% 的年利率向某银行借入一笔款项，借款本金 200 000 元，期限为 3 个月，6 月 30 日到期还本付息。该单位编制有关会计分录如表 12-1 所示。

表 12-1 短期借款的会计分录

时间	财务会计分录	预算会计分录
2022 年 4 月 1 日	借：银行存款 200 000 贷：短期借款 200 000	借：资金结存——货币资金——银行存款 200 000 贷：债务预算收入 200 000
4 月末、5 月末	借：其他费用 1 200 贷：应付利息 1 200	不做账务处理
6 月 30 日	借：短期借款 200 000 应付利息 2 400 其他费用 1 200 贷：银行存款 203 600	借：债务还本支出 200 000 其他支出 3 600 贷：资金结存——货币资金——银行存款 203 600

二、长期借款

（一）长期借款的概念

长期借款是事业单位经批准向银行或其他金融机构等借入的期限超过 1 年（不含 1 年）的各种借款本息。

（二）长期借款的核算

为了核算长期借款业务，事业单位应设置“长期借款”总账科目。本科目应设置“本金”和“应计利息”明细科目，并按照贷款单位和贷款种类进行明细核算。对于建设项目借款，还应按照具体项目进行明细核算。

1. 借入各项长期借款

单位借入各项长期借款时，按照实际借入的金额，借记“银行存款”科目，贷记“长期借款”科目（本金）。预算会计处理时，借记“资金结存”科目，贷记“债务预算收入”科目。

2. 长期借款利息计提

（1）资本化利息。为建造固定资产、公共基础设施等应支付的专门借款利息，按期计提利息时，属于工程项目建设期间发生的利息，计入工程成本，按照计算确定的应支付的利息金额，借记“在建工程”科目，贷记“应付利息”科目（分息付息）或“长期借款——应付利息”科目（计期一次还本付息）。

（2）费用化利息。属于工程项目完工交付使用后发生的利息，计入当期费用，按照计算确定的应支付的利息金额，借记“其他费用”科目，贷记“应付利息”科目（分息付息）或“长期借款——应付利息”科目（计期一次还本付息）。

（3）按期计提其他长期借款的利息时，按照计算确定的应支付的利息金额，借记“其他费用”科目，贷记“应付利息”科目（分期付息）或“长期借款——应计利息”科目（到期一次还本付息借款）。

3. 利息支付

实际支付利息时，借记“应付利息”或“长期借款——应计利息”科目，贷记“银行存款”

等科目。预算会计处理时，借记“其他支出”科目，贷记“资金结存”科目。

4. 本金偿还

到期归还长期借款本金、利息时，借记“长期借款——本金”科目，贷记“银行存款”科目。预算会计处理时，借记“债务还本支出”科目，贷记“资金结存”科目。

【例 12-2】2022 年 1 月 1 日，某事业单位为建造一项固定资产经批准专门向银行借入一笔款项 1 000 000 元，借款期限为 5 年，每年支付借款利息 60 000 元，本金到期一次偿还。工程建造期限为 3 年，3 年后固定资产如期建造完成并交付使用。5 年后，该事业单位如期偿还借款本金 1 000 000 元，并支付最后一年的借款利息 60 000 元。以上相应借款的本息均通过银行存款支付。该单位编制有关会计分录如表 12-2 所示。

表 12-2　长期借款的会计分录

时　间	财务会计分录	预算会计分录
2022 年 1 月 1 日	借：银行存款　1 000 000 　贷：长期借款　1 000 000	借：资金结存——货币资金——银行存款　1 000 000 　贷：债务预算收入　1 000 000
2023 年、2024 年、2025 年 1 月 1 日 计算利息	借：在建工程　60 000 　贷：应付利息　6 000	不做账务处理
2023 年、2024 年、2025 年 1 月 1 日 支付利息	借：应付利息　60 000 　贷：银行存款　60 000	借：其他支出　60 000 　贷：资金结存——货币资金——银行存款　60 000
2026 年 1 月 1 日 计算利息	借：其他费用　60 000 　贷：应付利息　60 000	不做账务处理
2026 年 1 月 1 日 支付利息	借：应付利息　60 000 　贷：银行存款　60 000	借：其他支出　60 000 　贷：资金结存——货币资金——银行存款　60 000
2027 年 1 月 1 日 还本付息	借：长期借款　1 000 000 　其他费用　60 000 　贷：银行存款　1 060 000	借：债务还本支出　1 000 000 　其他支出　60 000 　贷：资金结存 货币资金 银行存款　1 060 000

任务二　应缴财政款

一、应缴财政款的概念

应缴财政款是指行政事业单位取得或应收的按照规定应当上缴财政的款项，包括应缴国库的款项和应缴财政专户的款项，但不包括单位按照国家税法等有关规定应当缴纳的各种税费。

（一）应缴国库款

应缴国库款是指行政事业单位在业务活动中按规定取得的应缴国库的各种款项，包括代收的纳入预算管理的基金、代收的行政事业性收费收入、罚没收入、无主财物变价收入，以及其他按预算管理规定应上缴国库（不包括应缴纳的各种税费）的款项等。

（二）应缴财政专户款

应缴财政专户款是指行政事业单位按规定代收的应上缴财政专户的资金。

二、应缴财政款的核算

行政事业单位应当设置“应缴财政款”科目，对行政事业单位取得的按规定应当上缴财政的款项进行核算。本科目应当按照应缴财政款项的类别进行明细核算。单位按照国家税法等有关规定应当缴纳的各种税费，通过“应交增值税——其他应交税费”科目核算，不通过该科目核算。

单位取得或应收按照规定应缴财政的款项时，借记“银行存款”“应收账款”等科目，贷记“应缴财政款”科目。单位上缴应缴财政的款项时，按照实际上缴的金额，借记“应缴财政款”科目，贷记“银行存款”科目。单位处置资产取得的应上缴财政的处置净收入的账务处理，参见“待处理财产损溢”等科目。

【例 12-3】2022 年 3 月 15 日，某高校收到学费共计 6 000 000 元，款项已存入银行。3 月 30 日，以银行存款上缴财政专户学费 6 000 000 元。有关会计分录如表 12-3 所示。

表 12-3　应缴财政款的会计分录

时　间	财务会计分录	预算会计分录
2022 年 3 月 15 日	借：银行存款　6 000 000 　贷：应缴财政款　6 000 000	不做账务处理
3 月 30 日	借：应缴财政款　6 000 000 　贷：银行存款　6 000 000	不做账务处理

在财政国库集中收付制度下，缴款人应将应缴财政的款项直接缴入财政国库或财政专户，不通过行政事业单位的银行存款账户过渡。在这种情况下，行政事业单位的职责是监督缴款人依法将应缴财政的款项及时上缴财政，单位不需要对相应的缴款业务做正式的会计分录。对于一些零星的难以实行国库集中收缴制度的政府非税收入，行政事业单位在直接收取后，应当及时上缴财政。

任务三　应缴税费

应缴税费是指行政事业单位按照国家税法等有关规定应当缴纳的各种税费，包括增值税、城市维护建设税、教育费附加税、房产税、车船税、城镇土地使用税等。

一、应缴增值税

（一）增值税的概念

增值税是以商品、应税劳务和应税服务在流转过程中产生的增值额作为计税依据而征收的一流转税。根据我国增值税法规的相关规定，在我国境内销售货物或者加工、修理修配劳务，销售服务、无形资产、不动产以及进口货物的单位和个人，为增值税的纳税人。

根据经营规模大小及会计核算水平的健全程度，增值税纳税人分为一般纳税人和小规模纳税人。计算增值税的方法分为一般计税方法和简易计税方法。

（二）增值税核算应设置的科目

为核算应缴增值税业务，行政事业单位应设置“应交增值税”总账科目。属于增值税一般纳税人的单位，应当在该科目下设置“应缴税费”“未交税金”“预交税金”“待抵扣进项税额”“待认证进项税额”“待转销项税额”“简易计税”“转让金融商品应交增值税”“代扣代缴增值税”等明细科目。

属于增值税小规模纳税人的单位只需在“应交增值税”总账科目下设置“转让金融商品应交增值税”“代扣代缴增值税”明细科目。

“应交增值税”总账科目期末贷方余额，反映单位应交未交的增值税；期末如为借方余额，反映单位尚未抵扣或多交的增值税。

（三）一般纳税人的账务处理

以下简要说明应交增值税的主要账务处理。如不特别说明，其中的“单位”均指增值税一般纳税人。

1. 单位取得资产或接受服务

进项税抵扣的情况较为复杂，根据税法规定，不同业务进项税抵扣的情形分为不可抵扣、可以抵扣、分期抵扣几种。

（1）单位取得资产或接受服务进项税额允许抵扣。单位购买用于增值税应税项目的资产或服务等时，按照应计入相关成本费用或资产的金额，借记“业务活动费用”“在途物品”“库存物品”“工程物资”“在建工程”“固定资产”“无形资产”等科目，按照当月已认证的可抵扣增值税税额，借记“应交增值税——应缴税费（进项税额）”科目，按照当月未认证的可抵扣增值税税额，借记“应交增值税——待认证进项税额”，按照应付或实际支付的金额，贷记“应付账款”“应付票据”“银行存款”“零余额账户用款额度”等科目。预算会计处理时，按照实际支付的金额，借记“经营支出”“事业支出”科目，贷记“资金结存”等科目。

发生退货的，如原增值税专用发票已做认证，应根据税务机关开具的红字增值税专用发票做相反的会计分录；如原增值税专用发票未做认证，应将发票退回并做相反的会计分录。

【例 12-4】2022 年 9 月 3 日，某事业单位（为增值税一般纳税人）开展非独立核算经营活动，购买一批所用物资，取得的增值税专用发票上注明的物资价款为 80 000 元，增值税税额为 10 400 元，款项以银行存款支付，当日收到物资，已验收入库。该单位编制有关会计分录如表 12-4 所示。

表 12-4　一般纳税人进项税额允许抵扣的会计分录

时　间	财务会计分录	预算会计分录
2022 年 9 月 3 日	借：库存物品　80 000 　应交增值税——应缴税费（进项税额）10 400 　贷：银行存款　90 400	借：经营支出　90 400 　贷：资金结存——货币资金——银行存款　90 400

（2）单位取得资产或接受服务进项税额不允许抵扣。单位购进资产或服务等，用于简易计税方法计税项目、免征增值税项目、集体福利或个人消费等或小规模纳税人购买资产或服务等时，其进项税额按照现行增值税制度的规定不得从销项税额中抵扣的，取得增值税专用发票时，应按照增值税发票注明的金额，借记相关成本费用或资产科目，按照待认证的增值税进项税额，借记“应交增值税——待认证进项税额”科目，按照实际支付或应付的金额，贷记“银行存款”“应付账款”“零余额账户用款额度”等科目。预算会计处理时，按照实际支付的金额，借记“经营支出”“事业支出”科目，贷记“资金结存”等科目。

经税务机关认证为不可抵扣进项税时，借记“应交增值税——应缴税费（进项税额）”科目，贷记“应交增值税——待认证进项税额”科目，同时，将进项税额转出，借记相关成本费用科目，贷记“应交增值税——应缴税费（进项税额转出）”科目。

【例12-5】某事业单位为增值税一般纳税人，2022年3月3日，购进一批化妆品，取得增值税专用发票，价款10 000元，进项税额1 300元，准备用于职工福利。该单位编制有关会计分录如表12-5所示。

表12-5　一般纳税人进项税额不允许抵扣的会计分录

时　间	财务会计分录	预算会计分录
2022年 3月3日	借：库存物品　10 000 应交增值税——应缴税费（进项税额）　1 300 贷：银行存款　11 300	借：事业支出　11 300 贷：资金结存——货币资金——银行存款　11 300
3月3日	借：库存物品　1 300 贷：应交增值税——应缴税费（进项税额转出）　1 300	不做账务处理

（3）进项税额抵扣情况发生改变。单位因发生非正常损失或改变用途等，原已计入进项税额、待抵扣进项税额或待认证进项税额，但按照现行增值税制度规定不得从销项税额中抵扣的，借记“待处理财产损溢”“固定资产”等科目，贷记“应交增值税——应缴税费（进项税额转出）”科目、“应交增值税——待抵扣进项税额”科目或“应交增值税——待认证进项税额”科目。原不得抵扣且未抵扣进项税额的固定资产等，因改变用途等用于允许抵扣进项税额的应税项目的，应按照允许抵扣的进项税额，借记“应交增值税——应缴税费（进项税额）”科目，贷记“固定资产”等科目。固定资产等资产经上述调整后，应按照调整后的账面价值在剩余尚可使用年限内计提折旧或摊销。

【例12-6】2022年8月5日，某事业单位（为增值税一般纳税人）开展非独立核算经营活动，库存A材料因管理不善发生火灾损失。该物品的实际成本为80 000元，相关增值税专用发票上注明的增值税税额为12 800元。该单位编制有关会计分录如表12-6所示。

表12-6　进项税额抵扣情况发生改变的会计分录

时　间	财务会计分录	预算会计分录
2022年 8月5日	借：待处理财产损溢　92 800 贷：库存物品——A材料　80 000 应交增值税——应缴税费（进项税额转出）　12 800	不做账务处理

（4）购买方作为扣缴义务人。按照现行增值税制度的规定，境外单位或个人在境内发生应税行为，在境内未设有经营机构的，以购买方为增值税扣缴义务人。境内一般纳税人购进服务或资产时，按照应计入相关成本费用或资产的金额，借记“经营费用”“库存物品”“固定资产”等科目，按照可抵扣的增值税税额，借记“应交增值税——应缴税费（进项税额）”科目，按照应付或实际支付的金额，贷记“银行存款”“应付账款”等科目，按照应代扣代缴的增值税税额，贷记“应交增值税——代扣代缴增值税”科目。

实际缴纳代扣代缴增值税时，按照代扣代缴的增值税税额，借记“应交增值税——代扣代缴增值税”科目，贷记“银行存款”等科目。预算会计处理时，按照实际支付的金额，借记“经营支出”“事业支出”科目，贷记“资金结存”等科目。

【例12-7】2022年8月10日，某事业单位（为增值税一般纳税人）开展非独立核算经营活动，向一境外单位进行业务咨询，发生咨询费53 000元（款项尚未支付），增值税税率为6%。该境外单位在境内未设有经营机构，由该事业单位代扣代缴增值税税款，合同约定税款由境外承担。9月1日，实际缴纳该笔代扣代缴税费。该单位编制有关会计分录如表12-7所示。

表 12-7 购买方作为扣缴义务人的会计分录

时 间	财务会计分录	预算会计分录
2022 年 8 月 10 日	借：经营费用 50 000 应交增值税——应缴税费（进项税额） 3 000 贷：应付账款 50 000 应交增值税——代扣代缴增值税 3 000	不做账务处理
9 月 1 日	借：应交增值税——代扣代缴增值税 3 000 贷：银行存款 3 000	借：经营支出 3 000 贷：资金结存——货币资金——银行存款 3 000

2. 单位销售资产、提供服务的核算

（1）销售货物或提供服务。单位销售货物或提供服务，应当按照应收或已收的金额，借记“应收账款”“应收票据”“银行存款”等科目，按照确认的收入金额，贷记“经营收入”“事业收入”等科目，按照现行增值税制度的规定计算的销项税额（或采用简易计税方法计算的应纳增值税税额），贷记“应交增值税 —— 应缴税费（销项税额）”或“应交增值税 —— 简易计税”科目。预算会计处理时，按实际收到的含税金额，借记“资金结存”科目，贷记“事业预算收入”“经营预算收入”等科目。发生销售退回的，应根据按照规定开具的红字增值税专用发票做相反的会计分录。

按照相关政府会计准则或政府会计制度确认收入的时点早于按照增值税制度确认增值税纳税义务发生时点的，应将相关销项税额计入“应交增值税 —— 待转销项税额”科目，待实际发生纳税义务时再转入“应交增值税 —— 应缴税费（销项税额）”或“应交增值税——简易计税”科目。

按照增值税制度确认增值税纳税义务发生时点早于按照本制度及相关政府会计准则确认收入的时点的，应按照应纳增值税税额，借记“应收账款”科目，贷记“应交增值税——应缴税费（销项税额）”或“应交增值税 —— 简易计税”科目。

【例 12-8】某事业单位将闲置的办公楼对外出租，协议约定 2022 年 10 月至 2023 年 9 月每季度末缴纳当季房租，每季度房租 60 000 元（不含税），税率为 9%，2022 年 12 月末，该事业单位收到 2022 年 10 月至 12 月的房租。该房租收入不需要上缴财政。该单位编制有关会计分录如表 12-8 所示。

表 12-8 出租房屋应交增值税的会计分录

时 间	财务会计分录	预算会计分录
2022 年 10 月 31 日	借：应收账款 21 800 贷：租金收入 20 000 应交增值税——待转销项税额 1800	不做账务处理
11 月 30 日	借：应收账款 21 800 贷：租金收入 20 000 应交增值税——待转销项税额 1800	不做账务处理
12 月 31 日	借：银行存款 65 400 贷：应收账款 21 800 租金收入 40 000 应交增值税——应缴税费（销项税额） 1800	借：资金结存——货币资金—— 银行存款 65 400 贷：其他预算收入 65 400
	借：应交增值税——待转销项税额 3 600 贷：应交增值税——应缴税费（销项税额） 3 600	

（2）金融商品转让按照规定以盈亏相抵后的余额作为销售额。金融商品实际转让月末，如产生转让收益，则按照应纳税额，借记“投资收益”科目，贷记“应交增值税——转让金融商品应交增值税”科目；如产生转让损失，则按照可结转下月抵扣税额，借记“应交增值税——转让金融商品应交增值税”科目，贷记“投资收益”科目。缴纳增值税时，应借记“应交增值税——转让金融商品应交增值税”科目，贷记“银行存款”等科目。预算会计处理时，借记“投资预算收益”等科目，贷记“资金结存”科目。年末，“应交增值税——转让金融商品应交增值税”科目如有借方余额，则借记“投资收益”科目，贷记“应交增值税——转让金融商品应交增值税”科目。

【例 12-9】2022 年 9 月 1 日，某事业单位开展非独立核算经营活动，以 120 000 元出售持有的一项短期投资，出售价款当日收存银行。该项投资实际取得成本为 80 000 元，增值税税率 6%。该单位编制有关会计分录如表 12-9 所示。

表 12-9　转让金融商品的会计分录

<table>
<tr><th>时　间</th><th>财务会计分录</th><th>预算会计分录</th></tr>
<tr><td rowspan="2">2022 年
9 月 1 日</td><td>借：银行存款　120 000
　贷：短期投资　80 000
　　投资收益　40 000</td><td rowspan="3">借：资金结存——货币资金——银行存款　120 000
　贷：投资支出　80 000
　　投资预算收益　40 000</td></tr>
<tr><td>借：投资收益　2 264
　贷：应交增值税——转让金融商品应交增值税　2 264</td></tr>
<tr><td>9 月 30 日</td><td>借：投资收益　2 264
　贷：应交增值税——转让金融商品应交增值税　2 264</td></tr>
</table>

出售该项投资应交增值税 =（120 000 − 80 000）+（1 + 6%）× 6% = 2 264（元）

3. 月末转出多交增值税和未交增值税

月度终了，单位应当将当月应交未交或多交的增值税自“应缴税费”明细科目转入“未交税金”明细科目。当月应交未交的增值税，借记“应交增值税——应缴税费（转出未交增值税）”科目，贷记“应交增值税——未交税金”科目；当月多交的增值税，借记“应交增值税——未交税金”科目，贷记“应交增值税——应缴税费（转出多交增值税）”科目。

4. 缴纳增值税

（1）缴纳当月应交增值税。单位缴纳当月应交的增值税，借记“应交增值税——应缴税费（已交税金）”科目（小规模纳税人借记“应交增值税”科目），贷记“银行存款”等科目。预算会计处理时，按照实际支付的金额，借记“经营支出”“事业支出”科目，贷记“资金结存”等科目。

（2）缴纳以前期间未交增值税。单位缴纳以前期间未交的增值税，借记“应交增值税——未交税金”科目（小规模纳税人借记应“应交增值税”科目），贷记“银行存款”等科目。预算会计处理时，按照实际支付的金额，借记“经营支出”“事业支出”科目，贷记“资金结存”等科目。

（3）预交增值税。单位预交增值税时，借记“应交增值税——预交税金”科目，贷记“银行存款”等科目。月末，单位应将“预交税金”明细科目余额转入“未交税金”明细科目，借记“应交增值税——未交税金”科目，贷记“应交增值税——预交税金”科目。预算会计处理时，按照实际支付的金额，借记“经营支出”“事业支出”科目，贷记“资金结存”等科目。

（4）减免增值税。对于当期直接减免的增值税，借记“应交增值税——应缴税费（减免税款）”科目，贷记“业务活动费用”“经营费用”等科目。

按照现行增值税制度的规定，单位初次购买增值税税控系统专用设备支付的技术维护费允许在增值税应纳税额中全额抵减的，按照规定抵减的增值税应纳税额，借记“应交增值税——应缴税费（减免税款）”科目，贷记“业务活动费用”“经营费用”等科目。

【例 12-10】2022 年 8 月 16 日，某事业单位（为增值税一般纳税人）开展非独立核算经营活动，购入一批材料，取得增值税专用发票上注明的价款为 40 000 元，增值税税额为 5 200 元。8 月 25 日，对外销售一批物品，开具的增值税专用发票上注明的价款为 50 000 元，增值税税额为 6 500 元，发票已交给买方，约定款项下月支付。该批物品的实际成本为 32 000 元。月末，该笔应交增值税未上缴税务局。9 月 20 日，以银行存款缴纳上月未交的增值税。该单位编制有关会计分录如表 12-10 所示。

表 12-10 缴纳增值税的会计分录

时间	财务会计分录	预算会计分录
2022 年 8 月 16 日	借：库存物品 40 000 应交增值税——应缴税费（进项税额） 5 200 贷：银行存款 45 200	借：经营支出 45 200 贷：资金结存——货币资金——银行存款 45 200
8 月 25 日	借：应收账款 56 500 贷：经营收入 50 000 应交增值税——应缴税费（销项税额） 6 500	不做账务处理
	借：经营费用 32 000 贷：库存物品 32 000	
8 月 31 日	借：应交增值税——应缴税费（转出未交增值税） 1 300 贷：应交增值税——未交税金 1 300	不做账务处理
9 月 20 日	借：应交增值税——未交税金 1 300 贷：银行存款 1 300	借：经营支出 1 300 贷：资金结存——货币资金——银行存款 1 300

【例 12-11】2022 年 9 月 27 日，某事业单位因开展非独立核算经营活动，申请为增值税一般纳税人，初次购买增值税税控系统专用设备作为固定资产核算，取得的增值税专用发票上注明的价款为 20 000 元，增值税税额为 2 600 元，价款和税款以银行存款支付。该单位编制有关会计分录如表 12-11 所示。

表 12-11 减免增值税的会计分录

时间	财务会计分录	预算会计分录
2022 年 9 月 27 日	借：固定资产 22 600 贷：银行存款 22 600	借：经营支出 22 600 贷：资金结存——货币资金——银行存款 22 600
按规定抵减增值税时	借：应交增值税——应缴税费（减免税款） 22 600 贷：经营费用 22 600	

（四）小规模纳税人的账务处理

小规模纳税人购买资产或服务等时不能抵扣增值税，发生的增值税计入资产成本或相关成本费用。

小规模纳税人购买资产或服务时，按应付或实际支付的全部款项（包括支付的增值税税额），借记“在途物品”“库存物品”“在建工程”“固定资产”“经营费用”等科目，贷记“应付账款”“应付票据”“银行存款”等科目。

小规模纳税人销售资产或服务时，按全部价款（包括应交的增值税税额），借记“银行存款”等科目，按不含税的销售额，贷记“经营收入”等科目，按应交的增值税，贷记“应交增值税”科目。

事业单位的增值税业务主要涉及经营活动，而经营活动在事业单位中是少量的和小规模的，在公益一类事业单位中也是没有的。行政单位没有经营活动。由于事业单位属于公益组织，根据国家税法的规定可以享受税收优惠。

二、其他应交税费

（一）其他应交税费的概念

其他应交税费是指行政事业单位按照税法等规定计算应缴纳的除增值税以外的各种税费，包括城市维护建设税、教育费附加税、地方教育费附加税、车船税、房产税、城镇土地使用税和企业所得税等。

（二）其他应交税费的会计核算

单位应当设置“其他应交税费”科目，按照税法等规定应当缴纳的各种税费进行核算。本科目应当按照应缴纳的税费种类进行明细核算。单位代扣代缴的个人所得税也通过本科目核算。应缴纳的印花税不需要预提应交税费，直接通过“业务活动费用”“单位管理费用”“经营费用”等科目核算，不通过本科目核算。

1. 发生纳税义务

（1）发生城市维护建设税、教育费附加、地方教育费附加等纳税义务的，按照税法规定计算的应缴税费金额，借记“业务活动费用”“单位管理费用”“经营费用”等科目，贷记“其他应交税费——应交城市维护建设税”“应交教育费附加”“应交地方教育费附加”等科目。

（2）按照税法规定计算应代扣代缴职工（含长期聘用人员）、其他人员的个人所得税，借记“应付职工薪酬”“业务活动费用”“单位管理费用”“经营费用”等科目，贷记“其他应交税费——应交个人所得税”科目。

（3）发生企业所得税纳税义务的，按照税法规定计算的应交所得税额，借记“所得税费用”科目，贷记“其他应交税费——单位应交所得税”科目。

2. 缴纳各种税费

单位实际缴纳上述各种税费时，借记“其他应交税费——应交城市维护建设税、应交教育费附加、应交地方教育费附加、应交个人所得税”等科目，贷记“零余额账户用款额度”“银行存款”等科目。预算会计处理时，借记“经营支出”“事业支出”“非财政拨款结余”科目，贷记“资金结存”“财政拨款预算收入”科目。

【例 12-12】2022 年 12 月，某事业单位开展非独立核算经营活动，当月实际应交增值税为 6 000 元，适用的城市维护建设税税率为 7%，教育费附加税税率为 3%，地方教育费附加税税率为 2%；当月代扣代缴的职工个人所得税为 23 000 元；根据规定计算当年应缴纳企业所得税 16 000 元。2023 年 1 月初，该单位以银行存款向税务机关缴纳上述各种税费。

应交城市维护建设税 =6 000 × 7%=420（元）

应交教育费附加 =6 000 × 3%=180（元）

应交地方教育费附加 =6 000 × 2%=120（元）

该单位编制有关会计分录如表 12-12 所示。

表 12-12　缴纳各种税费的会计分录

时　间	财务会计分录	预算会计分录
2022 年 12 月	借：经营费用　720 　贷：其他应交税费——应交城市维护建设税 20 　　　——应交教育费附加　180 　　　——应交地方教育费附加　120	不做账务处理
12 月代扣 个人所得税	借：应付职工薪酬　23 000 　贷：其他应交税费——应交个人所得税　23 000	不做账务处理
12 月确认 企业所得税	借：所得税费用　16 000 　贷：其他应交税费——单位应交所得税　16 000	不做账务处理
2023 年 1 月	借：应交增值税——未交税金　6 000 　其他应交税费——应交城市维护建设税　420 　——应交教育费附加　180 　——应交地方教育费附加　120 　——应交个人所得税　23 000 　——单位应交所得税　16 000 　贷：银行存款　45 720	借：经营支出　6 720 　事业支出　23 000 　非财政拨款结余——累计结余　16 000 　贷：资金结存——货币资金——银行存款 　45 720

如同增值税的情况，公立医院自用的房产免征房产税。公立学校、图书馆、博物馆、文化馆、美术馆、科技馆、体育馆、科学院等的情况也类似。事业单位的企业所得税业务也主要涉及经营活动，行政单位没有企业所得税业务。国家机关自用的房产免征房产税，而相关行政事业单位的出租房产以及非自身业务使用的生产、营业用房，不属于房产税免税范围。车船税、城镇土地使用税等的情况也类似。

任务四　应付职工薪酬

一、应付职工薪酬的概念

应付职工薪酬是指行政事业单位按照有关规定应付给职工（含长期聘用人员）以及为职工支付的各种薪酬，包括基本工资、国家统一规定的津贴补贴、规范津贴补贴（绩效工资）、改革性补贴、社会保险费、住房公积金等。

二、应付职工薪酬的科目设置

行政事业单位应当设置“应付职工薪酬”科目，对单位应付给职工及职工支付的各种薪酬进行核算。本科目应当根据国家有关规定按照“基本工资（含离退休费）”“国家统一规定的津贴补贴”“规范津贴补贴（绩效工资）”“改革性补贴”“社会保险费”“住房公积金”“其他个人收入”等进行明细核算。其中，“社会保险费”和“住房公积金”明细科目核算内容包括单位从职工工资中代扣代缴的社会保险费、住房公积金，以及单位为职工计算缴纳的社会保险费、住房公积金。

“应付职工薪酬”科目借方反映当期行政事业单位应付职工薪酬的减少，贷方反映当期行政事业单位应付职工薪酬的增加，本科目期末贷方余额，反映行政事业单位应付未付的职工薪酬。

三、应付职工薪酬的会计核算

（一）计算确认当期应付职工薪酬（含单位为职工计算缴纳的社会保险费、住房公积金）

单位计算确认当期应付职工薪酬时，根据职工提供服务的受益对象，借记“业务活动费用”“单位管理费用”“在建工程”“加工物品”“研发支出”等科目，贷记“应付职工薪酬”科目。

（二）代扣职工各种税费

（1）按照税法规定代扣职工个人所得税时，借记“应付职工薪酬”科目（基本工资），贷记“其他应交税费——个人所得税”科目。

（2）从应付职工薪酬中代扣为职工垫付的水电费、房租等费用时，按照实际扣除的金额，借记“应付职工薪酬”科目（基本工资），贷记“其他应收款”等科目。

（3）从应付职工薪酬中代扣社会保险费和住房公积金，按照代扣的金额，借记“应付职工薪酬”科目（基本工资），贷记“应付职工薪酬”科目（社会保险费、住房公积金）。

（三）向职工支付工资、津贴补贴等薪酬

按照实际支付的金额，借记“应付职工薪酬”科目，贷记“财政拨款收入”“零余额账户用款额度”“银行存款”等科目。预算会计处理时，借记“行政支出”“事业支出”“经营支出”等科目，贷记“财政拨款收入”“资金结存”科目。

（四）缴纳职工社会保险费和住房公积金

按照国家有关规定，缴纳职工社会保险费和住房公积金时，按照实际支付的金额，借记“应付职工薪酬”科目（社会保险费、住房公积金），贷记“财政拨款收入”“零余额账户用款额度”“银行存款”等科目。预算会计处理时，借记“行政支出”“事业支出”“经营支出”等科目，贷记“财政拨款预算收入”“资金结存”科目。

【例12-13】某行政单位2022年9月发生以下经济业务：

（1）15日，职工基本工资800 000元，绩效工资200 000元。按规定计算应为职工缴纳社会保险费200 000元、住房公积金80 000元，代扣代缴社会保险费90 000元，住房公积金50 000元，代扣代缴个人所得税42 000元，代扣为职工垫付的水电费共36 000元。

（2）30日，使用财政直接支付方式支付职工薪酬，缴纳住房公积金、社会保险费和个人所得税。该单位编制有关会计分录如表12-13所示。

表 12-13　应付职工薪酬的会计分层

时　间	财务会计分录	预算会计分录
2022 年 9 月 15 日	借：业务活动费用　1 280 000 贷：应付职工薪酬——基本工资　582 000 ——规范津贴补贴（绩效工资）　200 000 ——社会保险费　290 000 ——住房公积金　130 000 其他应交税费——个人所得税　42 000 其他应收款——代垫职工税点费　36 000	借：行政支出　1 244 000 贷：财政拨款预算收入　1 244 000
9 月 30 日	借：应付职工薪酬——基本工资　582 000 ——规范津贴补贴（绩效工资）　200 000 ——社会保险费　290 000 ——住房公积金　130 000 其他应交税费个人所得税　42 000 贷：财政拨款收入　1 244 000	

任务五　应付及预收款项

单位的应付及预收款项是指其在开展业务活动中发生的各项债务，包括应付账款、应付票据、其他应付款以及应付政府补贴款等。

一、应付账款

（一）应付账款的概念

应付账款是指行政事业单位因购买物资或服务、工程建设等而应付的偿还期限在 1 年以内（含 1 年）的款项。应付账款应当在收到所购物资或服务、完成工程时确认。

（二）应付账款的会计核算

事业单位应当设置“应付账款”科目，对单位因购买物资或服务、工程建设等而应付的偿还期限在 1 年以内（含 1 年）的款项进行核算。对于建设项目，还应设置“应付器材款”“应付工程款”等明细科目。本科目应当按照债权单位（或个人）进行明细核算。

（1）收到所购材料、物资、设备或服务以及确认完成工程进度但尚未付款时，根据发票及账单等有关凭证，按照应付未付款项的金额，借记“库存物品”“固定资产”“在建工程”等科目，贷记“应付账款”科目。涉及增值税业务的，相关账务处理参见“应交增值税”科目。

（2）偿付应付账款时，按照实际支付的金额，借记“应付账款”科目，贷记“财政拨款收入”“零余额账户用款额度”“银行存款”等科目。预算会计处理时，借记“行政支出”“事业支出”“经营支出”等科目，贷记“财政拨款预算收入”“资金结存”科目。开出、承兑商业汇票抵付应付账款时，借记“应付账款”科目，贷记“应付票据”科目。

（3）无法偿还或债权人豁免偿还的应付账款，应当按照规定报经批准后进行账务处理。经批准核销时，借记“应付账款”科目，贷记“其他收入”科目。

核销的应付账款应在备查簿中保留登记。

【例 12-14】2022 年 10 月 10 日，某事业单位购买一批物品 23 000 元用于事业活动，物品已验收入库，款项尚未支付。11月2日，该事业单位以零余额账户用款额度偿付了购买该批物品的款项。该单位编制有关会计分录如表12-14所示。

表12-14 应付账款的会计分录

时间	财务会计分录	预算会计分录
2022年10月10日	借：库存物品 23 000 贷：应付账款 23 000	不做账务处理
11月2日	借：应付账款 23 000 贷：零余额账户用款额度 23 000	借：事业支出 23 000 贷：资金结存——零余额账户用款额度 23 000

二、应付票据

（一）应付票据的概念

应付票据是指事业单位因购买材料、物资时所开出、承兑的商业汇票，包括银行承兑汇票和商业承兑汇票。按国家有关规定，单位之间只有在商品交易的情况下，才能使用商业汇票结算方式。

（二）应付票据的会计核算

事业单位应设置“应付票据”科目，以便核算事业单位发生债务时所开出、承兑的各种商业汇票。本科目应当按照债权人进行明细核算。

（1）开出、承兑商业汇票时，借记“库存物品”“固定资产”等科目，贷记“应付票据”科目。涉及增值税业务的，相关账务处理参见“应交增值税”科目。以商业汇票抵付应付账款时，借记“应付账款”科目，贷记“应付票据”科目。

（2）支付银行承兑汇票的手续费时，借记“业务活动费用”“经营费用”等科目，贷记“银行存款”“零余额账户用款额度”等科目。预算会计处理时，借记“行政支出”“事业支出”“经营支出”等科目，贷记“财政拨款预算收入”“资金结存”科目。

（3）商业汇票到期时，应当分别按以下情况处理。

①收到银行支付到期票据的付款通知时，借记“应付票据”科目，贷记“银行存款”“零余额账户用款额度”等科目。预算会计处理时，借记“行政支出”“事业支出”“经营支出”等科目，贷记“财政拨款预算收入”“资金结存”科目。

②银行承兑汇票到期，单位无力支付票款的，按照应付票据账面余额，借记“应付票据”科目，贷记“短期借款”科目。预算会计处理时，借记“行政支出”“事业支出”“经营支出”等科目，贷记“债务预算收入”科目。

③商业承兑汇票到期，单位无力支付票款的，按照应付票据账面余额，借记“应付票据”科目，贷记“应付账款”科目。

行政事业单位还应当设置“应付票据备查簿”，详细登记每一应付票据的种类、号数、出票日期、到期日、票面金额、交易合同号、收款人姓名或单位名称，以及付款日期和金额等资料。应付票据到期结清票款后，上述内容应当在备查簿内逐笔注销。

【例12-15】2022年9月15日，某事业单位为开展事业活动采用银行承兑汇票结算方式购入一批材料，价款50 000元，材料已验收入库。单位开出3个月到期的银行承兑汇票，并支付银行承兑手续费200元。12月15日，票据到期，单位无力偿还。该单位编制有关会计分录如表12-15所示。

表 12-15　应付票据的会计分录

时　间	财务会计分录	预算会计分录
2022 年 9 月 15 日	借：库存物品　50 000 　贷：应付票据　50 000 借：业务活动费用　200 　贷：银行存款　200	借：事业支出　200 　贷：资金结存——货币资金——银行存款　200
12 月 15 日	借：应付票据　50 000 　贷：短期借款　50 000	借：事业支出　50 000 　贷：债务预算收入　50 000

三、其他应付款

（一）其他应付款的概念

其他应付款是指行政事业单位除应交增值税、其他应交税费、应缴财政款、应付职工薪酬、应付票据、应付账款、应付政府补贴款、应付利息、预收账款以外的其他各项偿还期限在 1 年内（含 1 年）的应付及暂收款项，如收取押金、存入保证金、已经报销但尚未偿还银行的本单位公务卡欠款等。

同级政府财政部门预拨的下期预算款和没有纳入预算的暂付款项，以及采用实拨资金方式通过本单位转拨给下属单位的财政拨款，也通过本科目核算。

（二）其他应付款的会计核算

事业单位应当设置“其他应付款”科目，对其他应付款的增减变动及其结存情况进行核算。本科目应按照其他应付款的类别以及债权单位（或个人）进行明细核算。

1. 发生其他应付及暂收款项时

（1）发生其他应付及暂收款项，借记“银行存款”等科目，贷记“其他应付款”科目。

（2）支付（或退回）其他应付及暂收款项时，借记“其他应付款”科目，贷记“银行存款”等科目。

（3）将暂收款项转为收入时，借记“其他应付款”科目，贷记“事业收入”等科目。预算会计处理时，借记“资金结存”科目，贷记“事业预算收入”等科目。

2. 收到同级政府财政部门预拨的下期预算款和没有纳入预算的暂付款项

（1）按照实际收到的金额，借记“零余额账户用款额度”等科目，贷记“其他应付款”科目；收到同级政府财政部门预拨的下期预算款不在当期进行预算会计处理。

（2）待到下一预算期或批准纳入预算时，借记“其他应付款”科目，贷记“财政拨款收入”科目。预算会计处理时，借记“资金结存”科目，贷记“财政拨款预算收入”科目。

（3）采用实拨资金方式通过本单位转拨给下属单位的财政拨款，按照实际收到的金额，借记“银行存款”科目，贷记“其他应付款”科目；向下属单位转拨财政拨款时，按照转拨的金额，借记“其他应付款”科目，贷记“银行存款”科目。

3. 本单位公务卡持卡人报销时

（1）按照审核报销的金额，借记“业务活动费用”“单位管理费用”等科目，贷记“其他应付款”科目。

（2）偿还公务卡欠账时，借记“其他应付款”科目，贷记“零余额账户用款额度”等科目。

预算会计处理时，借记“行政支出”“事业支出”等科目，贷记“资金结存”科目。

4. 无法偿还或负债人豁免偿还的其他应付款项

无法偿还或负债人豁免偿还的其他应付款项，应当按照规定报经审批后进行账务处理。经批准核销时，借记“其他应付款”科目，贷记“其他收入”科目。核销的其他应付款应在备查簿中保留登记。

【例 12-16】某事业单位职工甲某（业务部门）于 2022 年 10 月 12 日用公务卡购买办公用品 3 000 元，取得发票并报销；10 月 20 日，财务部门通过财政授权方式做公务卡归还操作。该单位编制有关会计分录如表 12-16 所示。

表 12-16　其他应付款的会计分录

时　间	财务会计分录	预算会计分录
2022 年 10 月 12 日	借：业务活动费用　3 000 　贷：其他应付款——甲某　3 000	不做账务处理
10 月 20 日	借：其他应付款——甲某　3 000 　贷：零余额账户用款额度　3 000	借：事业支出　3 000 　贷：资金结存——零余额账户用款额度　3 000

四、应付政府补贴款

（一）应付政府补贴款的概念

应付政府补贴款是指负责发放政府补贴的行政单位，按照有关规定应付给政府补贴接受者的各种款项。

（二）应付政府补贴款的会计核算

行政单位应当设置“应付政府补贴款”科目，对按照有关规定应付给政府补贴接受者的各种政府补贴款进行核算。本科目应当按照应支付的政府补贴种类进行明细核算，还应该根据需要按照补贴接受者进行明细核算，或者按照补贴接受者予以登记。

（1）发生应付政府补贴时，按照规定计算确定的应付政府补贴金额，借记“业务活动费用”科目，贷记“应付政府补贴款”科目。

（2）支付应付政府补贴款时，按照支付的金额，借记“应付政府补贴款”科目，贷记“零余额账户用款额度”“银行存款”等科目。预算会计处理时，借记“行政支出”科目，贷记“资金结存”科目。

【例 12-17】某行政单位负责给当地的低保居民发放政府给予的生活补助，2022 年 10 月 3 日，发生应付低保居民生活补贴 200 000 元。11 月 20 日，该行政单位用财政授权支付方式支付上述补贴款。该单位编制有关会计分录如表 12-17 所示。

表 12-17　应付政府补贴款的会计分录

<table>
<tr><th>时　间</th><th>财务会计分录</th><th>预算会计分录</th></tr>
<tr><td>2022 年
10 月 3 日</td><td>借：业务活动费用　200 000
　贷：应付政府补贴款　200 000</td><td rowspan="2">借：行政支出　200 000
　贷：资金结存——零余额账户用款额度　200 000</td></tr>
<tr><td>11 月 20 日</td><td>借：应付政府补贴款　200 000
　贷：零余额账户用款额度　200 000</td></tr>
</table>

任务六　预计负债

一、预计负债的概念

预计负债是指单位对因或有事项所产生的现时义务而确认的负债，如对未决诉讼等确认的负债。或有事项是指由过去的交易或事项形成的，其结果须由某些未来事项的发生或不发生才能决定的不确定事项，如未决诉讼、债务担保等。

二、预计负债的会计核算

事业单位应当设置“预计负债”科目，核算预计负债的形成、支付或冲销等情况。本科目应当按照预计负债的项目进行明细核算。

单位确认预计负债时，按照预计的金额，借记“业务活动费用”“经营费用”“其他费用”等科目，贷记“预计负债”科目。实际偿付预计负债时，按照偿付的金额，借记“预计负债”科目，贷记“银行存款”“零余额账户用款额度”等科目。预算会计处理时，借记“事业支出”“经营支出”“其他支出”等科目，贷记“资金结存”等科目。

单位应当在资产负债表日根据确凿证据需要对已确认的预计负债账面余额进行调整。

【例 12-18】2022 年 10 月 25 日，某事业单位因安全事故被刘某起诉。年末，该单位未接到法院的判决。该单位聘请的律师认为败诉的可能性较大，预计要支付的赔偿金额 260 000 元，诉讼费 15 000 元。2023 年 4 月 16 日，该事业单位收到法院的判决书，须支付赔偿金额、诉讼费用共计 270 000 元；当日，甲单位以银行存款支付完毕。该单位编制有关会计分录如表 12-18 所示。

表 12-18　预计负债的会计分录

时　间	财务会计分录	预算会计分录
2022 年 10 月 25 日	借：单位管理费用——诉讼费　15 000 其他费用　260 000 贷：预计负债　275 000	不做账务处理
2023 年 4 月 16 日	借：预计负债　275 000 贷：其他费用　5 000 银行存款　270 000	借：其他支出　270 000 贷：资金结存——货币资金——银行存款　270 000

项目检测

一、判断题

1. 行政单位可以借入短期借款。　（ ）
2. 事业单位支付职工薪酬时，其预算支出一定为事业支出。　（ ）
3. 政府单位不需要缴纳增值税。　（ ）
4. 学校收取的学费，应当先缴纳至财政专户。　（ ）

二、简答题

1. 行政事业会计的负债具有哪些特点？

2. 如何防范行政事业单位的债务风险？

3. 分析行政事业单位为何要举债。

三、业务题

1.10 月 1 日某事业单位为满足事业业务发展的资金需要，借入银行存款 50 000 元，期限为 6 个月，年利率为 4%。4 月 1 日，归还上述短期借款，并支付利息。

2. 某行政单位为减少经费开支，出售办公车辆一辆，处置后取得净收入 50 000 元，该行政单位将该笔应缴财政款上缴财政。

3. 某事业单位本月职工薪酬为 800 000 元，代扣代缴住房公积金 60 000 元，代扣代缴社会保险费 12 000 元，代扣代缴个人所得税 36 000 元，代扣为职工垫付房租、水电费 70 000 元。

4. 某行政单位当年应缴纳城市维护建设税、教育费附加税分别为 8 000 元、5 000 元，1 月 1 日，该行政单位缴纳相关税费。

5. 事业单位采用银行承兑汇票结算方式购入材料一批，材料价格为 10 000 元，增值税税额 1 300 元，材料已验收入库。单位开出 2 个月到期的银行承兑汇票，并支付手续费 120 元，两个月后该单位无力支付票款。

要求：请根据以上经济业务编制会计分录。

项目十三　行政事业单位收入与预算收入

知识目标

1. 理解单位收入及预算收入的概念、内容、确认和计量；
2. 掌握单位财务会计收入和预算收入的账户设置、对应关系及账务处理。

素质目标

1. 树立服务意识，提高服务质量；
2. 树立职业荣誉感，依法办事，实事求是。

政府会计（行政事业单位会计）由财务会计和预算会计构成，相应的行政事业单位收入分为财务会计收入和预算会计收入。下面我们就分 5 项任务完成行政事业单位收入的账务处理。你可以对照能力目标反复演练，有的放矢地依次完成各分项任务，直至完成全部任务，从而获取相应的职业能力。

任务一　收入与预算收入

一、收入与预算收入的概念及分类

（一）收入的概念与分类

收入是财务会计要素。根据《政府会计准则——基本准则》第四十二条，收入是指报告期内导致政府会计主体净资产增加的、含有服务潜力或者经济利益的经济资源的流入。

行政事业单位的收入主要分为财政拨款收入、事业收入、上级补助收入、附属单位上缴收入、经营收入、非同级财政拨款收入、投资收益、捐赠收入、利息收入、租金收入和其他收入。

需要注意的是，在以上收入中财政拨款收入、非同级财政拨款收入、捐赠收入、利息收入、租金收入和其他收入是行政事业单位共有的收入，而事业收入、上级补助收入、附属单位上缴收入、经营收入、投资收益是事业单位特有的收入。

（二）预算收入的概念与分类

预算收入是预算会计要素，是指政府会计主体在预算年度内依法取得的并纳入预算管理的现金流入。

行政事业单位的预算收入主要分为财政拨款预算收入、事业预算收入、上级补助预算收入、附属单位上缴预算收入、经营预算收入、非同级财政拨款预算收入、投资预算收益、债务预算收入、其他预算收入。

需要注意的是，在以上预算收入中财政拨款预算收入、非同级财政拨款预算收入、其他预算收入是行政事业单位共有的预算收入，而事业预算收入、上级补助预算收入、附属单位上缴预算收入、经营预算收入、投资预算收益、债务预算收入是事业单位特有的预算收入。

二、收入与预算收入的确认

（一）收入的确认

根据《政府会计准则——基本准则》第四十三条，收入的确认应当同时满足以下条件：

（1）与收入相关的含有服务潜力或者经济利益的经济资源很可能流入政府会计主体。

（2）含有服务潜力或者经济利益的经济资源流入会导致政府会计主体资产增加或者负债减少。

（3）流入金额能够可靠地计量。

（二）预算收入的确认

预算收入一般在实际收到时予以确认，以实际收到的金额计量。

三、收入和预算收入的区别与联系

对政府会计主体而言，收入和预算收入的确认是两个既有区别又有相同之处的事情。两者的区别主要体现在以下四个方面：

（一）核算基础不同

收入确认和计量的基础是权责发生制，而预算收入确认的基础是收付实现制。

（二）确认时点不同

收入在同时满足3个条件的情况下确认，而预算收入是在预算年度内政府会计主体依法取得并纳入预算管理的现金流入时确认。

（三）表现形式不同

收入的表现形式是产生经济资源的流入，既可以在当时就反映为现金及现金等价物，也可以反映为一项未来会产生现金流入的债权，还可以是一项实物资产的形成。而预算收入的表现形式仅为现金流入。

（四）确认口径不同

政府会计主体取得银行借款，提供服务收取的应交增值税不确认收入，而提供服务实际收到的应交增值税则确认预算收入。

从上述（一）（二）分析可以看出，由于收入和预算收入采用不同的核算基础，形成了两者的时间性差异，即在一个年度内两者确认和计量的金额大多是不同的。但从长期来看，政府会计主体取得的收入和预算收入应当是一致的。当然，在实际工作中大量存在满足收入确认条件，同时也满足预算收入确认条件的事项，这时两者确认的时点、金额就是一致的。

从(三)(四)分析可以看出,由于收入和预算收入概念的界定,形成了两者的永久性差异,即无论时间长短，有部分可以确认为收入的事项永远无法确认为预算收入。比如政府会计主体在收到捐赠的固定资产时，确认了收入，但由于没有现金的流入，不能确认为预算收入。

任务二　财政拨款收入与财政拨款预算收入

一、核算内容

（一）财政拨款收入的核算内容

“财政拨款收入”科目核算行政事业单位从同级政府财政部门取得的各类财政拨款。这里的“同级财政部门”是指中央级单位对应的是财政部，省、自治区、直辖市属单位对应的是本省（自治区）财政厅或直辖市财政局，设区的市、自治州，县、自治县、不设区的市，市辖区所属单位对应的是本行政辖区财政局，乡、民族乡、镇单位对应的是本行政辖区财政所；“各类财政拨款”是指全口径财政拨款，包括政府性基金和一般公共预算拨款等，无论何种形式，只要是同级政府财政部门根据经费领拨关系，拨给政府会计主体的经费，均应计入财政拨款收入。

需要说明的是，并不是单位取得的所有财政拨款均通过“财政拨款收入”科目核算。同级政府财政部门预拨的下期预算款和没有纳入预算的暂付款项，以及采用实拨资金方式通过本单位转拨给下属单位的财政拨款，通过“其他应付款”科目核算，不通过本科目核算。

（二）财政拨款预算收入的核算内容

“财政拨款预算收入”科目核算单位从同级政府财政部门取得的各类财政拨款。

二、明细科目设置

“预算收入”科目需要严格按照预算管理的要求设置相关的明细科目，并按照与预算管理要求相一致的原则进行明细核算。“预算支出”科目的情况也是如此。只有这样，预算执行情况才能得到如实的反映。

相比较而言，财务会计核算中的“收入和费用”科目，包括“财政拨款收入”“业务活动费用”科目等，不需要按照预算管理要求设置相应的明细科目，因为这些科目的核算目标，不是为了反映预算执行情况，而是为了反映收入与费用相抵后的盈余情况。

（一）财政拨款收入明细科目的设置

财政拨款收入可按照一般公共预算财政拨款、政府性基金预算财政拨款等拨款种类进行明细核算。

从制度要求来看，并未规定“财政拨款收入”明细科目必须按照预算管理要求设置明细科目。如果单位为了与财政拨款预算收入逐一比对，也可根据管理需求需要，与“财政拨款预算收入”设置同样的明细科目。

（二）财政拨款预算收入明细科目的设置

财政拨款预算收入应当设置“基本支出”和“项目支出”两个明细科目，并按照《政府收支分类科目》中“支出功能分类科目”的项级科目进行明细核算；同时，在“基本支出”明细科目下按照“人员经费”和“日常公用经费”进行明细核算，在“项目支出”明细科目下按照具体项目进行明细核算。有一般公共预算财政拨款、政府性基金预算财政拨款等两种或两种以上财政拨款的单位，还应当按照财政拨款的种类进行明细核算。每个事业单位可以根据各自的核算和预算管理需要，设置明细科目。

三、账务处理

（一）财政直接支付方式

在财政直接支付方式下，根据收到的财政直接支付入账通知书及相关原始凭证，按照通知书中的直接支付入账金额，借记“库存物品”“固定资产”“业务活动费用”“单位管理费用”“应付职工薪酬”等科目，贷记“财政拨款收入”科目。预算会计处理时，借记“事业支出”“行政支出”等科目，贷记“财政拨款预算收入”科目。涉及增值税业务的，相关账务处理参见“应交增值税”科目。

年末，根据本年度财政直接支付预算指标数与当年财政直接支付实际支付数的差额，借记“财政应返还额度——财政直接支付”科目，贷记“财政拨款收入”科目。预算会计处理时，借记“资金结存——财政应返还额度”科目，贷记“财政拨款预算收入”科目。

【例 13-1】2022 年 10 月 20 日，某行政单位使用一般公共预算的基本支出经费，以财政直接支付方式购置一批业务活动用办公用品，价款 60 000 元。办公用品已于购买后随即使用。该单位已收到“财政直接支付入账通知书”及办公用品购置发票等相关原始凭证。该单位编制有关会计分录如表 13-1 所示。

表 13-1 财政直接支付的会计分录

时 间	财务会计分录	预算会计分录
2022 年 10 月 20 日	借：业务活动费用 60 000 贷：财政拨款收入——一般公共预算——基本支出（日常公用经费） 60 000	借：行政支出 60 000 贷：财政拨款预算收入——一般公共预算——基本支出（日常公用经费） 60 000

（二）财政授权支付方式

在财政授权支付方式下，根据收到的财政授权支付额度到账通知书，按照通知书中的授权支付额度，借记“零余额账户用款额度”科目，贷记“财政拨款收入”科目。预算会计处理时，借记“资金结存——零余额账户用款额度”科目，贷记“财政拨款预算收入”科目。

年末，本年度财政授权支付预算指标数大于零余额账户用款额度下达数的，根据未下达的用款额度，借记“财政应返还额度——财政授权支付”科目，贷记“财政拨款收入”科目。预算会计处理时，借记“资金结存——财政应返还额度”科目，贷记“财政拨款预算收入”科目。

【例 13-2】2022 年 10 月 5 日，某事业单位收到财政授权支付到账通知书，财政部门为事业单位支付了为开展日常业务活动的用款额度 200 000 元。该单位编制有关会计分录如表 13-2 所示。

表 13-2 财政授权支付的会计分录

时 间	财务会计分录	预算会计分录
2022 年 10 月 5 日	借：零余额账户用款额度 200 000 贷：财政拨款收入——一般公共预算（基本支出） 200 000	借：资金结存——零余额账户用款额 200 000 贷：财政拨款预算收入——一般公共预算（基本支出） 200 000

【例 13-3】某事业单位 2022 年全年财政授权支付预算指标 3 000 万元。其中，基本支

出 2 000 万元，已全部下达；项目支出 1 000 万元，当年下达数 9 500 000 元，还有 500 000 元截至年底尚未下达。该单位编制有关会计分录如表 13-3 所示。

表 13-3 财政授权支付年末的会计分录

时 间	财务会计分录	预算会计分录
2022 年 12 月 31 日	借：财政应返还额度——财政授权支付 50 000 贷：财政拨款收入——一般公共预算（项目支出） 50 000	借：资金结存——财政应返还额度 50 000 贷：财政拨款预算收入——一般公共预算（项目支出） 50 000

（三）其他方式

在其他方式下收到财政拨款收入时，按照实际收到的金额，借记“银行存款”等科目，贷记“财政拨款收入”科目。预算会计处理时，借记“资金结存——货币资金”科目，贷记“财政拨款预算收入”科目。

（四）国库直接支付款项退回

因差错更正或购货退回等发生国库直接支付款项退回的，属于本年度支付的款项，按照退回金额，借记“财政拨款收入”科目，贷记“业务活动费用”“库存物品”等科目，预算会计处理时，借记“财政拨款预算收入”科目，贷记“事业支出”等科目；属于以前年度支付的款项，按照退回金额，借记“财政应返还额度——财政直接支付”科目，贷记“以前年度盈余调整”“库存物品”等科目，预算会计处理时，借记“资金结存——财政应返还额度”科目，贷记“财政拨款结转——年初余额调整”“财政拨款结余——年初余额调整”等科目。

【例 13-4】2022 年 10 月 5 日，某事业单位发现两批材料因质量问题退回，均为使用一般公共预算的基本支出经费且采用财政直接支付方式支付款项。其中一笔是当年 6 月购买的一批材料被退回，金额 200 000 元；另一笔是 2021 年购买的一批低值易耗品被退回，金额 50 000 元，该笔授权支付资金要求结转至财政拨款结转科目。该单位编制有关会计分录如表 13-4 所示。

表 13-4 国库支付款项退回的会计分录

时 间	财务会计分录	预算会计分录
2022 年 10 月 5 日	借：财政拨款收入——一般公共预算（基本支出） 200 000 贷：库存物品 200 000	借：财政拨款预算收入——一般公共预算（基本支出） 200 000 贷：事业支出 200 000
10 月 5 日	借：财政应返还额度——财政直接支付 50 000 贷：库存物品 50 000	借：资金结存——财政应返还额度 50 000 贷：财政拨款结转——年初余额调整 50 000

（五）期末结账

1. 财政拨款收入的账务处理

期末，将“财政拨款收入”科目本期贷方发生额转入本期盈余，借记“财政拨款收入”科目，贷记“本期盈余”科目。期末结转后，本科目无余额。

2. 财政拨款预算收入的账务处理

期末，将本科目本期发生额转入财政拨款结转，借记“财政拨款预算收入”科目，贷记“财政拨款结转——本年收支结转”科目。期末结转后，本科目无余额。

财政拨款收入和财政拨款预算收入的主要账务处理如表13-5所示。

表13-5　财政拨款收入和财政拨款预算收入的主要账务处理

<table>
<tr><th rowspan="2">序号</th><th rowspan="2" colspan="2">业务和事项内容</th><th colspan="2">账务处理</th></tr>
<tr><th>财务会计</th><th>预算会计</th></tr>
<tr><td rowspan="3">1</td><td rowspan="3">收到拨款</td><td>财政直接支付方式</td><td>借：库存物品/固定资产/业务活动费用/单位管理费用/应付职工薪酬等
贷：财政拨款收入</td><td>借：事业支出等
贷：财政拨款预算收入</td></tr>
<tr><td>财政授权支付方式</td><td>借：零余额账户用款额度
贷：财政拨款收入</td><td>借：资金结存——零余额账户用款额度
贷：财政拨款预算收入</td></tr>
<tr><td>其他方式</td><td>借：银行存款等
贷：财政拨款收入</td><td>借：资金结存——货币资金
贷：财政拨款预算收入</td></tr>
<tr><td rowspan="2">2</td><td rowspan="2">年末确认拨款差额</td><td>根据本年度财政直接支付预算指标数与当年财政直接支付实际支付数的差额</td><td>借：财政应返还额度——财政直接支付
贷：财政拨款收入</td><td>借：资金结存——财政应返还额度
贷：财政拨款预算收入</td></tr>
<tr><td>本年度财政授权支付预算指标数大于零余额账户用款额度下达数的差额</td><td>借：财政应返还额度——财政授权支付
贷：财政拨款收入</td><td>借：资金结存——财政应返还额度
贷：财政拨款预算收入</td></tr>
<tr><td rowspan="3">3</td><td rowspan="3">因差错更正或购货退回等发生的国库直接支付款项退回的</td><td>属于本年度支付的款项</td><td>借：财政拨款收入
贷：业务活动费用/库存物品等</td><td>借：财政拨款预算收入
贷：事业支出等</td></tr>
<tr><td>属于以前年度支付的款项（财政拨款结转资金）</td><td rowspan="2">借：财政应返还额度——财政直接支付
贷：以前年度盈余调整/库存物品等</td><td>借：资金结存——财政应返还额度
贷：财政拨款结转——年初余额调整</td></tr>
<tr><td>属于以前年度支付的款项（财政拨款结余资金）</td><td>借：资金结存——财政应返还额度
贷：财政拨款结余——年初余额调整</td></tr>
<tr><td>4</td><td colspan="2">期末/年末结转</td><td>借：财政拨款收入
贷：财政拨款结转——本年收支结转</td><td>借：财政拨款预算收入
贷：本期盈余</td></tr>
</table>

任务三　非同级财政拨款收入与非同级财政拨款预算收入

一、核算内容

（一）非同级财政拨款收入的核算内容

“非同级财政拨款收入”科目核算单位从非同级政府财政取得的经费拨款，包括从同级政府其他部门取得的横向转拨财政款、从上级或下级政府财政部门取得的经费拨款等。事业单位因开展科研及其辅助活动从非同级政府财政部门取得的经费拨款，应当通过“事业收入——非同级财政拨款”科目核算，不通过本科目核算。

（二）非同级财政拨款预算收入的核算内容

“非同级财政拨款预算收入”科目核算单位从非同级政府财政部门取得的财政拨款，包括本级横向转拨财政款和非本级财政拨款。对于因开展科研及其辅助活动从非同级政府财政部门取得的经费拨款，应当通过“事业预算收入——非同级财政拨款”科目进行核算，不通过本科目核算。

二、明细科目设置

（一）非同级财政拨款收入明细科目设置

非同级财政拨款收入应当按照本级横向转拨财政款和上级部门拨款、下级部门拨款进行明细核算，并按照收入来源进行明细核算。

（二）非同级财政拨款预算收入明细科目设置

非同级财政拨款预算收入应当按照非同级财政拨款预算收入的类别、来源，以及《政府收支分类科目》中“支出功能分类科目”的项级科目等进行明细核算。非同级财政拨款预算收入中如有专项资金收入，还应按照具体项目进行明细核算，如表 13-6 所示。

表 13-6　非同级财政拨款预算收入明细科目

总账科目	二级明细科目	三级明细科目	四级明细科目	五级明细科目	六级明细科目
非同级财政拨款预算收入	政府支出功能分类的项级科目	××拨款单位	××拨款	非专项拨款	
				专项拨款	××项目拨款
					××项目拨款
			××拨款	同上	同上
		××拨款单位	同上	同上	同上

三、账务处理

（一）非同级财政拨款收入的主要账务处理

（1）确认非同级财政拨款收入时，按照应收或实际收到的金额，借记“其他应收款”“银行存款”等科目，贷记“非同级财政拨款收入”科目。

如果行政事业单位确认非同级财政拨款收入时尚未收到款项，在预算会计中，不需要进行会计处理。

（2）期末，将本科目本期发生额转入本期盈余，借记“非同级财政拨款收入”科目，贷记“本期盈余”科目。期末结转核算参见“本期盈余”科目。

（二）非同级财政拨款预算收入的主要账务处理

非同级财政拨款收入和非同级财政拨款预算收入的主要账务处理如表 13-7 所示。

表 13-7　非同级财政拨款收入和非同级财政拨款预算收入的主要账务处理

序号	业务和事项内容		账务处理	
			财务会计	预算会计
1	确认收入时	按照应收或实际收到的金额	借：其他应收账款 / 银行存款等 贷：非同级财政拨款收入	借：资金结存——货币资金（实际收到金额） 贷：非同级财政拨款预算收入
2	期末 / 年末结转	专项资金	借：非同级财政拨款收入 贷：本期盈余	借：非同级财政拨款预算收入 贷：非财政拨款结转——本年收支结转
		非专项资金		借：非同级财政拨款预算收入 贷：其他结余

【例 13-5】某省级事业单位于 2022 年 10 月 15 日确认从市财政局收到一笔专项经费 100 000 元，11 月 10 日，收到该笔拨款。该单位编制有关会计分录如表 13-8 所示。

表 13-8　取得非同级财政拨款预算收入的会计分录

时　间	财务会计分录	预算会计分录
2022 年 10 月 15 日	借：其他应收款　100 000 　贷：非同级财政拨款收入——下级部门拨款 100 000	不做账务处理
11 月 10 日	借：银行存款　100 000 　贷：其他应收款　100 000	借：资金结存——货币资金——银行存款　100 000 　贷：非同级财政拨款预算收入——一般公共预算（基本支出）　100 000

【例 13-6】年末，某事业单位“非同级财政拨款预算收入”科目的本年发生额为 200 000 元，其中，专项资金收入 120 000 元，非专项资金收入 80 000 元。该事业单位分别将其转入“非财政拨款结转 —— 本年收支结转”和“其他结余”科目。有关会计分录如下。

借：非同级财政拨款预算收入　200 000
　贷：非财政拨款结转 —— 本年收支结转　120 000
　　其他结余　80 000

任务四　事业单位专有收入

一、事业收入与事业预算收入

（一）核算内容及账户设置

1. 事业收入的核算内容及账户设置

事业收入是指事业单位开展专业业务活动及辅助活动所取得的收入。其中，专业业务活动是指事业单位根据本单位专业特点所从事或开展的主要业务活动，如文化事业单位的演出活动、科研事业单位的科研活动、教育事业单位的教育活动、医疗卫生事业单位的医疗保健活动等。辅助活动是指与其专业业务活动相关的，直接为专业业务活动服务的单位行政管理活动、后勤服务活动及其他有关活动。

事业单位应当设置“事业收入”科目核算事业单位开展专业业务活动及其辅助活动实现的收入，不包括从同级政府财政部门取得的各类财政拨款。本科目应当按照事业收入的类别、来源等进行明细核算。对于因开展科研及其辅助活动从非同级政府财政部门取得的经费拨款，应当在本科目下单设“非同级财政拨款”明细科目进行核算。

2. 事业预算收入的核算内容及账户设置

事业预算收入是指事业单位开展专业业务活动及其辅助活动取得的现金流入。

事业单位应当设置“事业预算收入”科目核算事业单位开展专业业务活动及其辅助活动取得的现金流入。事业单位因开展科研及其辅助活动从非同级政府财政部门取得的经费拨款，也通过本科目核算。

本科目应当按照事业预算收入的类别、项目、来源，以及《政府收支分类科目》中“支出功能分类科目”的项级科目等进行明细核算。对于因开展科研及其辅助活动从非同级政府财政部门取得的经费拨款，应当在本科目下单设“非同级财政拨款”明细科目进行明细核算。事业预算收入中如有专项资金收入，还应按照具体项目进行明细核算。

（二）事业收入的主要账务处理

1. 采用财政专户返还方式管理的事业收入（如学校收取的学费、住宿费等）

（1）实现应上缴财政专户的事业收入时，按照实际收到或应收的金额，借记“银行存款”“应收账款”等科目，贷记“应缴财政款”科目。

（2）向财政专户上缴款项时，按照实际上缴的款项金额，借记“应缴财政款”科目，贷记“银行存款”等科目。

（3）收到从财政专户返还的事业收入时，按照实际收到的返还金额，借记“银行存款”等科目，贷记“事业收入”科目。

2. 采用预收款方式确认的事业收入

（1）实际收到预收款项时，按照收到的款项金额，借记“银行存款”等科目，贷记“预收账款”科目。

（2）以合同完成进度确认事业收入时，按照基于合同完成进度计算的金额，借记“预收账款”科目，贷记“事业收入”科目。

3. 采用应收款方式确认的事业收入

（1）根据合同完成进度计算本期应收的款项，借记“应收账款”科目，贷记“事业收入”科目。

（2）实际收到款项时，借记“银行存款”等科目，贷记“应收账款”科目。

4. 在其他方式下确认的事业收入

在其他方式下确认的事业收入，按照实际收到的金额，借记“银行存款”“库存现金”等科目，贷记“事业收入”科目。涉及增值税业务的，相关账务处理参见“应交增值税”科目。

5. 期末

期末，将本科目本期发生额转入本期盈余，借记“事业收入”科目，贷记“本期盈余”科目。期末结转后，本科目应无余额。

（三）事业预算收入的账务处理

事业收入和事业预算收入的主要账务处理如表 13-9 所示。

表 13-9　事业收入和事业预算收入的主要账务处理

序号	业务和事项内容		账务处理	
			财务会计	预算会计
1	采用财政专户返还方式	实际收到或应收应上缴财政专户的事业收入时	借：银行存款 / 应收账款 　贷：应缴财政款	——
		向财政专户上缴款项时	借：应缴财政款 　贷：银行存款	——
		收到从财政专户返还的款项时	借：银行存款 　贷：事业收入	借：资金结存——货币资金 　贷：事业预算收入
2	采用预收款方式	实际收到款项时	借：银行存款 　贷：预收账款	借：资金结存——货币资金 　贷：事业预算收入
		按合同完成进度确认收入时	借：预收账款 　贷：事业收入	——

续表

<table>
<tr><th rowspan="2">序号</th><th rowspan="2" colspan="2">业务和事项内容</th><th colspan="2">账务处理</th></tr>
<tr><th>财务会计</th><th>预算会计</th></tr>
<tr><td rowspan="2">3</td><td rowspan="2">采用应收款方式</td><td>根据合同完成进度计算本期应收的款项</td><td>借：应收账款
贷：事业收入</td><td>——</td></tr>
<tr><td>实际收到款项时</td><td>借：银行存款
贷：应收账款</td><td>借：资金结存——货币资金
贷：事业预算收入</td></tr>
<tr><td>4</td><td colspan="2">其他方式</td><td>借：银行存款 / 库存现金
贷：事业预算收入</td><td>借：资金结存——货币资金
贷：事业收入</td></tr>
<tr><td rowspan="2">5</td><td rowspan="2">期末 / 年末结转</td><td>专项资金收入</td><td rowspan="2">借：事业收入
贷：本期盈余</td><td>借：事业预算收入
贷：非财政拨款结转——本年收支结转</td></tr>
<tr><td>非专项资金收入</td><td>借：事业预算收入
贷：其他结余</td></tr>
</table>

【例 13-7】某高职学院于 2022 年 9 月 1 日收到学生 2022 学年第一学期的学费 800 000 元、住宿费 100 000 元。2022 年 9 月 30 日，学院将费用统一存入财政专户。2022 年 11 月 1 日，学院收到财政专户核拨返还的学费、住宿费 700 000 元。该学院编制有关会计分录如表 13-10 所示。

表 13-10　采用财政专户返还方式收入的会计分录

时　间	财务会计分录	预算会计分录
2022 年 9 月 1 日	借：银行存款 900 000 贷：应缴财政款——应缴财政专户款 900 000	不做账务处理
9 月 30 日	借：应缴财政款——应缴财政专户款 900 000 贷：银行存款 900 000	不做账务处理
11 月 1 日	借：银行存款 700 000 贷：事业收入——财政专户返还收入 700 000	借：资金结存——货币资金——银行存款 700 000 贷：事业预算收入——高等职业教育 700 000

【例 13-8】某事业单位于 2022 年 3 月 1 日同红星公司签订了某项应用技术研究与开发合同，为期 1 年，共计 800 000 元。2022 年 3 月 10 日，该单位收到红星公司预付的 800 000 元。2022 年 9 月 1 日，该单位完成了该技术合同规定内容的一半，提供的技术服务获得了对方的认可，可以确认 50% 的技术服务收入。该单位编制有关会计分录如表 13-11 所示。

表 13-11　采用预收款方式收入的会计分录

时　间	财务会计分录	预算会计分录
2022 年 3 月 10 日	借：银行存款 800 000 贷：预收账款——红星公司 800 000	借：资金结存——货币资金——银行存款 800 000 贷：事业预算收入——红星公司——应用技术研究与开发 800 000
9 月 1 日	借：预收账款——红星公司 800 000 贷：事业收入——科研收入 800 000	不做账务处理

二、经营收入与经营预算收入

（一）核算内容及账户设置

1. 经营收入的核算内容及账户设置

经营收入是指事业单位在专业业务活动及其辅助活动之外开展非独立核算经营活动取得的收入。为了核算经营收入业务，事业单位应设置“经营收入”总账科目。该科目应当按照经营活动的类别、项目和收入来源等进行明细核算。

2. 经营预算收入的核算内容及账户设置

经营预算收入是指事业单位在专业业务活动及其辅助活动之外开展非独立核算经营活动取得的现金流入。为了核算经营预算收入业务，事业单位应设置“经营预算收入”总账科目。该科目应当按照经营活动的类别、项目，以及《政府收支分类科目》中“支出功能分类科目”的项级科目等进行明细核算。

（二）账务处理

经营收入和经营预算收入的主要账务处理如表 13-12 所示。

表 13-12　经营收入和经营预算收入的主要账务处理

序号	业务和事项内容		账务处理	
			财务会计	预算会计
1	确认经营收入时	按照确定的收入金额	借：银行存款 / 应收账款 / 应收票据 贷：经营收入	借：资金结存——货币资金（实际收到金额） 贷：经营预算收入
2	期末 / 年末结转		借：经营收入 贷：经营结余	借：经营预算收入 贷：本期盈余

【例 13-9】2022 年 10 月 2 日，某研究院所属非独立核算的车队对外提供运输服务（小规模纳税人，增值税税率 3%），收取运输服务费 2 000 元，税款 60 元，共计 2 060 元。有关会计分录如表 13-13 所示。

表 13-13 经营收入和经营预算收入的会计分录

时　间	财务会计分录	预算会计分录
2022 年 10 月 2 日	借：银行存款　2 060 贷：经营收入——车队　2 000 应交增值税——销项税额　60	借：资金结存——货币资金——银行存款　2 060 贷：经营预算收入　2 060

三、投资收益与投资预算收益

（一）核算内容及账户设置

1. 投资收益的核算内容及账户设置

投资收益是指事业单位股权投资和债券投资所实现的收益或发生的损失。为了核算投资收益业务，事业单位应设置“投资收益”总账科目。该科目应当按照投资的种类等进行明细核算。

2. 投资预算收益的核算内容及账户设置

投资预算收益是指事业单位取得的按照规定纳入部门预算管理的属于投资收益性质的现金流入，包括股权投资收益、出售或收回债券投资所取得的收益和债券投资利息收入。

为了核算投资预算收益业务，事业单位应设置“投资预算收益”总账科目。该科目应当按照《政府收支分类科目》中“支出功能分类科日”的项级科日等进行明细核算。

（二）账务处理

投资收益和投资预算收益的主要账务处理如表 13-14 所示。

表 13-14　投资收益和投资预算收益的主要账务处理

序号	业务和事项内容		账务处理	
			财务会计	预算会计
1	出售或到期收回短期债券本息		借：银行存款 投资收益（借差） 贷：短期投资（成本） 投资收益（贷差）	借：资金结存——货币资金（实际收到金额） 投资预算收益（借差） 贷：投资支出 / 其他结余（投资成本） 投资预算收益（贷差）
2	持有分期付息、一次还本的长期债权投资	确认应收未收利息	借：应收利息 贷：投资收益	—
		实际收到利息时	借：银行存款 贷：应收利息	借：资金结存——货币资金（实际收到金额） 贷：投资预算收益
3	持有的一次还本付息的长期债权投资	计算确定的应收未收利息，增加长期债权投资的账面余额	借：长期债券投资——应计利息 贷：投资收益	—
4	出售长期债券投资或到期收回长期债券投资本息		借：银行存款 投资收益（借差） 贷：长期债券投资——应收利息 投资收益（贷差）	借：资金结存——货币资金（实际收到金额） 投资预算收益（借差） 贷：投资支出 / 其他结余 投资预算收益（贷差）
5	成本法下长期股权投资持有期间，被投资单位宣告分派利润或股利		借：应收股利 贷：投资收益 借：银行存款 贷：应收股利	— 借：资金结存——货币资金 贷：投资预算收益
6	采用权益法核算的长期股权投资持有期间	按照应享有或应分担的被投资单位实现的净损益的份额	借：长期股权投资——损益调整 贷：投资收益（被投资单位实现净利润） 借：投资收益（被投资单位发生净亏损） 贷：长期股权投资——损益调整	—
		收到被投资单位发放的现金股利	借：银行存款 贷：应收利息	借：资金结存——货币资金 贷：投资预算收益
		被投资单位发生净亏损，但以后年度有实现净利润的，按规定恢复确认投资收益	借：长期股权投资——损益调整 贷：投资收益	—
7	期末 / 年末结转	投资收益为贷方余额时	借：投资收益 贷：本期盈余	借：投资预算收益 贷：其他结余

相关会计实务示例参见“短期投资”“长期债券投资”和“长期股权投资”科目会计分录。

四、上级补助收入与上级补助预算收入

（一）核算内容及账户设置

1. 上级补助收入的核算内容及账户设置

上级补助收入是指事业单位从主管部门和上级单位取得的非财政拨款收入。

上级补助收入不同于财政拨款收入，它们之间的主要差别是：财政拨款收入源于同级财政部门，资金性质为财政资金；上级补助收入源于主管部门或上级单位，资金性质为非财政资金，如主管部门或上级单位自身组织的收入或集中下级单位的收入等。另外，财政拨款收入属于事业单位的常规性收入，是事业单位开展业务活动的基本保证；上级补助收入属于事业单位的非常规性收入，主管部门或上级单位一般根据自身资金情况和事业单位的需要，向事业单位拨付上级补助资金。

为了核算上级补助收入业务，事业单位应设置“上级补助收入”总账科目。该科目应当按照发放补助单位、补助项目等进行明细核算。

2. 上级补助预算收入的核算内容及账户设置

上级补助预算收入是指事业单位从主管部门和上级单位取得的非财政补助现金流入。

为了核算上级补助预算收入业务，事业单位应设置“上级补助预算收入”总账科目。该科目应当按照发放补助单位、补助项目，以及《政府收支分类科目》中“支出功能分类科目”的项级科目等进行明细核算。上级补助预算收入中如有专项资金收入，还应按照具体项目进行明细核算。

（二）账务处理

上级补助收入和上级补助预算收入的主要账务处理如表 13-15 所示。

表 13-15　上级补助收入和上级补助预算收入的主要账务处理

<table>
<tr><th rowspan="2">序号</th><th rowspan="2" colspan="2">业务和事项内容</th><th colspan="2">账务处理</th></tr>
<tr><th>财务会计</th><th>预算会计</th></tr>
<tr><td rowspan="2">1</td><td rowspan="2">日常核算</td><td>确认时，按照应收或实际收到的金额</td><td>借：其他应收款 / 银行存款
贷：上级补助收入</td><td rowspan="2">借：资金结存——货币资金（按照实际收到的金额）
贷：上级补助预算收入</td></tr>
<tr><td>收到应收的上级补助收入时</td><td>借：银行存款
贷：其他应收款</td></tr>
<tr><td rowspan="2">2</td><td rowspan="2">期末 / 年末结转</td><td>专项资金</td><td rowspan="2">借：上级补助收入
贷：本期盈余</td><td>借：上级补助预算收入
贷：非财政拨款结转——本年收支结转</td></tr>
<tr><td>非专项资金</td><td>借：上级补助预算收入
贷：其他结余</td></tr>
</table>

【例 13-10】某单位于 2022 年 9 月 20 日确认应收到上级补助收入 200 000 元，其中：专项资金收入 150 000 元，非专项资金收入 50 000 元，经查 150 000 元专项资金已收到。10 月 8 日，收到上述非专项资金。该单位编制有关会计分录如表 13-16 所示。

表 13-16　上级补助收入和上级补助预算收入的会计分录

时　间	财务会计分录	预算会计分录
2022 年 9 月 20 日	借：其他应收款——上级补助收入　50 000 银行存款　150 000 贷：上级补助收入——专项资金收入　150 000 非专项资金收入　50 000	借：资金结存——货币资金——银行存款 150 000 贷：上级补助预算收入——专项资金收入 150 000
10 月 8 日	借：银行存款　50 000 贷：其他应收款——上级补助收入　50 000	借：资金结存——货币资金——银行存款　50 000 贷：上级补助预算收入——非专项资金收入 50 000

五、附属单位上缴收入与附属单位上缴补助预算收入

（一）核算内容及账户设置

1. 附属单位上缴收入的核算内容及账户设置

附属单位上缴收入是指事业单位取得的附属独立核算单位按照有关规定上缴的收入。

事业单位的附属独立核算单位既可以是事业单位，也可以是企业。事业单位与其附属独立核算的事业单位通常存在行政隶属关系和预算管理关系，与其附属独立核算的企业通常不仅存在投资上的资金联系，而且存在有权任免其管理人员职务、支持或否决其经营决策等权力联系。事业单位的附属独立核算单位通常按规定的标准或比例向事业单位上缴款项，从而形成事业单位的附属单位上缴收入。

为了核算附属单位上缴收入业务，事业单位应设置“附属单位上缴收入”总账科目。该科目应当按照附属单位、缴款项目等进行明细核算。

2. 附属单位上缴预算收入的核算内容及账户设置

附属单位上缴预算收入是指事业单位取得附属独立核算单位根据有关规定上缴的现金流入。为了核算附属单位上缴预算收入业务，事业单位应设置“附属单位上缴预算收入”总账科目。该科目应当按照附属单位、缴款项目，以及《政府收支分类科目》中“支出功能分类科目”的项级科目等进行明细核算。附属单位上缴预算收入中如有专项资金收入，还应按照具体项目进行明细核算。

（二）账务处理

附属单位上缴收入和附属单位上缴预算收入的主要账务处理如表 13-17 所示。

表 13-17　附属单位上缴收入和附属单位上缴预算收入的主要账务处理

序号	业务和事项内容		账务处理	
			财务会计	预算会计
1	日常核算	确认时，按照应收或实际收到的金额	借：其他应收款 / 银行存款 贷：附属单位上缴收入	借：资金结存——货币资金（按照实际收到的金额） 贷：附属单位上缴预算收入
		收到应收的附属单位上缴收入时	借：银行存款 贷：其他应收款	
2	期末 / 年末结转	专项资金	借：附属单位上缴收入 贷：本期盈余	借：附属单位上缴预算收入 贷：非财政拨款结转——本年收支结转
		非专项资金		借：附属单位上缴预算收入 贷：其他结余

【例 13-11】2022 年 10 月 8 日，某事业单位与 A 附属单位签订上缴协议，注明 A 单位应当于 12 月 31 日前上缴管理费 300 000 元，折旧费 100 000 元。协议签订当天，A 单位将

300 000 元交至该单位基本存款账户。该单位编制有关会计分录如表 13-18 所示。

表 13-18 附属单位上缴收入和附属单位上缴预算收入的会计分录

时　间	财务会计分录	预算会计分录
2022 年 10 月 8 日	借：其他应收款——附属单位上缴款　10 000 　　银行存款　300 000 　　贷：附属单位上缴收入——A 单位——折旧费　300 000 　　　　——A 单位——管理费　10 000	借：资金结存——货币资金——银行存款　300 000 　　贷：附属单位上缴预算收入　300 000

六、债务预算收入

（一）核算内容及账户设置

债务预算收入是指事业单位按照规定从银行和其他金融机构等借入的、纳入部门预算管理的、不以财政资金作为偿还来源的债务本金。为了核算债务预算收入业务，事业单位应设置“债务预算收入”总账科目。该科目应当按照贷款单位、贷款种类以及《政府收支分类科目》中“支出功能分类科目”的项级科目等进行明细核算。债务预算收入中如有专项资金收入，还应按照具体项目进行明细核算。

（二）账务处理

债务预算收入的主要账务处理如表 13-19 所示。

表 13-19　债务预算收入的主要账务处理

序号	业务和事项内容			账务处理	
				财务会计	预算会计
1	短期借款	借入各项短期借款		借：银行存款 　贷：债务预算收入	借：资金结存——货币资金 　贷：短期借款
		归还短期借款本金		借：短期借款 　贷：资金结存——货币资金	借：债务还本支出 　贷：银行存款
	长期借款	借入各项长期借款		借：银行存款 　贷：债务预算收入	借：资金结存——货币资金 　贷：长期借款——本金
		归还长期借款本金		借：长期借款——本金 　贷：资金结存——货币资金	借：债务还本支出 　贷：银行存款
2	期末 / 年末结转	债务预算收入结转	专项资金	—	借：债务预算收入 　贷：非财政拨款结转——本年收支结转
			非专项资金		借：债务预算收入 　贷：其他结余
		债务还本支出结转		—	借：其他结余 　贷：债务预算支出

注意：与其他预算收入科目不同，预算会计中的“债务预算收入”科目，在财务会计中没有对应的“债务收入”科目。

【例 13-12】2022 年 9 月 30 日，某事业单位经上级主管部门批准，从当地工商银行借入 500 万元，为期 3 年，年利率 5.2%，纳入部门预算管理，以自有资金作为偿还来源，作为单位工程项目专用。该单位编制有关会计分录如表 13-20 所示。

表 13-20　长期借款的会计分录

时　间	财务会计分录	预算会计分录
2022 年 9 月 30 日	借：银行存款　5 000 000 　　贷：长期借款　5 000 000	借：资金结存——货币资金——银行存款　5 000 000 　　贷：债务预算收入——专项资金收入　5 000 000

任务五　其他各项收入与其他预算收入

一、其他各项收入

其他各项收入包括捐赠收入、利息收入、租金收入和其他收入。

（一）捐赠收入

1. 核算内容及账户设置

捐赠收入是指行政事业单位接受其他单位或者个人捐赠取得的收入。为了核算捐赠收入业务，行政事业单位应设置“捐赠收入”总账科目。该科目应当按照捐赠资产的用途和捐赠单位等进行明细核算。

2. 账务处理

捐赠收入和其他预算收入的主要账务处理如表 13-21 所示。

表 13-21　捐赠收入和其他预算收入的主要账务处理

序号	业务和事项内容		账务处理	
			财务会计	预算会计
1	接受捐赠的货币资金	按照实际收到的金额	借：银行存款 / 库存现金 贷：捐赠收入	借：资金结存——货币资金 贷：其他预算收入——捐赠预算收入
2	接受捐赠的存货、固定资产等	按照确定的成本	借：库存物品 / 固定资产 贷：银行存款（相关税费支出） 捐赠收入	借：其他支出（支付的相关税费等） 贷：资金结存
		如按照名义金额入账	借：库存物品 / 固定资产（名义金额） 贷：捐赠收入	借：其他支出 / 事业支出（支付的相关税费等） 贷：资金结存
			借：其他费用 贷：银行存款（相关税费支出）	借：其他预算收入——捐赠预算收入 贷：非财政拨款结转——本年收支结转
3	期末 / 年末结转	专项资金	借：捐赠收入 贷：本期盈余	借：其他预算收入——捐赠预算收入 贷：其他结余
		非专项资金		

【例 13-13】某事业单位于 2022 年 10 月 10 日收到甲公司捐赠现金 80 000 元。该单位编制有关会计分录如表 13-22 所示。

表 13-22　接受货币资金捐赠的会计分录

时　间	财务会计分录	预算会计分录
2022 年 10 月 10 日	借：银行存款　80 000 贷：捐赠收入　80 000	借：资金结存——货币资金——银行存款　80 000 贷：其他预算收入——捐赠预算收入　80 000

【例 13-14】2022 年 10 月 12 日，某事业单位接受乙公司捐赠的一台实验设备，乙公司所提供的凭据表明其价值为 120 000 元，该事业单位以银行存款支付了运输费 2 000 元。暂不考虑相关税费。该单位编制有关会计分录如表 13-23 所示。

表 13-23 接受固定资产捐赠成本确定的会计分录

时 间	财务会计分录	预算会计分录
2022 年 10 月 12 日	借：固定资产 122 000 贷：捐赠收入 120 000 银行存款 2 000	借：其他支出 2 000 贷：资金结存——货币资金——银行存款 2 000

【例 13-15】2022 年 10 月 25 日，某事业单位与 B 公司签订捐赠协议，约定 B 公司捐赠单位一批字画。该批字画没有相关凭据且未经资产评估，同类或类似资产的市场价格也无法可靠取得。当日，该单位租用车辆自 B 公司仓库将字画运输至本单位，并支付了运输费 3 000 元。该单位编制有关会计分录如表 13-24 所示。

表 13-24 接受固定资产捐赠成本无法确定的会计分录

时 间	财务会计分录	预算会计分录
2022 年 10 月 25 日	借：固定资产 1 贷：捐赠收入 1	借：事业支出 3 000 贷：资金结存——货币资金——银行存款 3 000
	借：其他费用 3 000 贷：银行存款 3 000	

（二）利息收入

1. 核算内容及账户设置

利息收入是指行政事业单位取得的银行存款利息。

为了核算利息收入业务，行政事业单位应设置“利息收入”总账科目。

2. 账务处理

利息收入和其他预算收入的主要账务处理如表 13-25 所示。

表 13-25 利息收入和其他预算收入的主要账务处理

序号	业务和事项内容		账务处理	
			财务会计	预算会计
1	确认银行存款利息收入	实际收到利息时	借：银行存款 贷：利息收入	借：资金结存——货币资金 贷：其他预算收入——利息预算收入
2	期末 / 年末结转		借：利息收入 贷：其他结余	借：其他预算收入——利息预算收入 贷：本期盈余

【例 13-16】2022 年 12 月，某市交通局发生如下收入业务。

（1）20 日，收到银行转来第 4 季度的存款利息 16 000 元。其会计分录如表 13-26 所示。

（2）31 日，该单位将“利息收入”科目余额 16 000 元转入“本期盈余”科目。其会计分录如表 13-27 所示。

表 13-26 确认银行存款利息收入的会计分录

时 间	财务会计分录	预算会计分录
2022 年 12 月 20 日	借：银行存款 16 000 贷：利息收入 16 000	借：资金结存——货币资金——银行存款 16 000 贷：其他预算收入——利息预算收入 16 000

表 13-27　银行存款利息收入年末结转的会计分录

时　间	财务会计分录	预算会计分录
2022 年 12 月 31 日	借：利息收入　　16 000 　贷：本期盈余　　16 000	借：其他预算收入——利息预算收入　　16 000 　贷：其他结余　　16 000

（三）租金收入

1. 核算内容及账户设置

租金收入是指行政事业单位经批准利用国有资产出租取得并按照规定纳入本单位预算管理的收入。为了核算租金收入业务，行政事业单位应设置“租金收入”总账科目。该科目应当按照出租国有资产类别和收入来源等进行明细核算。

2. 账务处理

国有资产出租收入，应当在租赁期内各个期间按照直线法予以确认。租金收入和其他预算收入的主要账务处理如表 13-28 所示。

表 13-28　租金收入和其他预算收入的主要账务处理

序号	业务和事项内容		账务处理	
			财务会计	预算会计
1	预收租金方式	收到预付的租金时	借：银行存款 　贷：预收账款	借：资金结存——货币资金 　贷：其他预算收入——租金预算收入
		按照直线法分期确认租金收入时	借：预收账款 　贷：租金收入	—
2	后付租金方式	确认租金收入时	借：应收账款 　贷：租金收入	—
		收到租金时	借：银行存款 　贷：应收账款	借：资金结存——货币资金 　贷：其他预算收入——租金预算收入
3	分期收取租金	按期收取租金	借：银行存款 　贷：租金收入	借：资金结存——货币资金 　贷：其他预算收入——租金预算收入
4	期末 / 年末结转		借：租金收入 　贷：其他结余	借：其他预算收入——租金收入 　贷：本期盈余

（四）其他收入

1. 核算内容及账户设置

其他收入是指行政事业单位取得的除了财政拨款收入、事业收入、上级补助收入、附属单位上缴收入、经营收入、非同级财政拨款收入、投资收益、捐赠收入、利息收入、租金收入以外的各项收入，包括现金盘盈收入、按照规定纳入单位预算管理的科技成果转化收入、行政单位收回已核销的其他应收款、无法偿付的应付及预收款项、置换换出资产评估增值等。为了核算其他收入业务，行政事业单位应设置“其他收入”总账科目。该科目应当按照其他收入的类别、来源等进行明细核算。

2. 账务处理

其他收入和其他预算收入的主要账务处理如表 13-29 所示。

表 13-29　其他收入和其他预算收入的主要账务处理

<table>
<tr><th rowspan="2">序号</th><th rowspan="2" colspan="2">业务和事项内容</th><th colspan="2">账务处理</th></tr>
<tr><th>财务会计</th><th>预算会计</th></tr>
<tr><td>1</td><td>现金盘盈收入</td><td>属于无法查明原因的部分，报经批准后</td><td>借：待处理财产损溢
　　贷：其他收入</td><td>—</td></tr>
<tr><td>2</td><td>科技成果转化收入</td><td>按照规定留归本单位的</td><td>借：银行存款
　　贷：其他收入</td><td>借：资金结存——货币资金
　　贷：其他预算收入</td></tr>
<tr><td>3</td><td>行政单位收回已核销的其他应收款</td><td>按期实际收回的金额</td><td>借：银行存款
　　贷：其他收入</td><td>借：资金结存——货币资金
　　贷：其他预算收入</td></tr>
<tr><td>4</td><td colspan="2">无法偿付的应付及预收款项</td><td>借：应付账款 / 预收账款 / 其他应付款 / 长期应付款
　　贷：其他收入</td><td>—</td></tr>
<tr><td>5</td><td>置换换出资产评估增值</td><td>按照换出资产评估价值高于资产账面价值的金额</td><td>借：有关科目
　　贷：其他收入</td><td>—</td></tr>
<tr><td>6</td><td>以未入账的无形资产取得的长期股权投资</td><td>按照评估价值加相关税费</td><td>借：长期股权投资
　　贷：银行存款 / 其他应交税费（按照发生的相关税费）
　　　　其他收入（差额）</td><td>借：其他支出（按照发生的相关税费）
　　贷：资金结存——货币资金</td></tr>
<tr><td>7</td><td>其他情况</td><td>按照应收或实际收到的金额</td><td>借：其他应收款 / 银行存款 / 库存现金
　　贷：其他收入</td><td>借：资金结存——货币资金（按照实际收到的金额）
　　贷：其他预算收入</td></tr>
<tr><td rowspan="2">8</td><td rowspan="2">期末 / 年末结转</td><td>专项资金</td><td rowspan="2">借：其他收入
　　贷：本期盈余</td><td>借：其他预算收入
　　贷：非财政拨款结转——本年收支结转</td></tr>
<tr><td>非专项资金</td><td>借：其他预算收入
　　贷：其他结余</td></tr>
</table>

【例 13-17】2022 年 11 月 2 日，某事业单位经批准与 C 公司签订投资合同，约定以该单位持有的一项未入账的专利技术进行投资，投资评估价格 5 000 000 元。发生与投资合同相关的税费 100 000 元。该单位编制有关会计分录如表 13-30 所示。

表 13-30　以未入账的无形资产取得的长期股权投资的会计分录

时　间	财务会计分录	预算会计分录
2022 年 12 月 31 日	借：长期股权投资　5 100 000 　　贷：银行存款　100 000 　　　　其他收入　5 000 000	借：其他支出　100 000 　　贷：资金结存——货币资金——银行存款　100 000

二、其他预算收入

1. 核算内容及账户设置

其他预算收入是指行政事业单位除财政拨款预算收入、事业预算收入、上级补助预算收入、附属单位上缴预算收入、经营预算收入、债务预算收入、非同级财政拨款预算收入、投资预算收益之外的纳入部门预算管理的现金流入，包括捐赠预算收入、利息预算收入、租金预算收入、现金盘盈预算收入等。

为了核算其他预算收入业务，行政事业单位应设置“其他预算收入”总账科目。该科目应当按照其他收入类别，以及《政府收支分类科目》中“支出功能分类科目”的项级科目等进行明细核算。其他预算收入中如有专项资金收入，还应按照具体项目进行明细核算。单位发生的捐赠预算收入、利息预算收入、租金预算收入金额较大或业务较多的，可单独设置“捐赠预算收入”“利息预算收入”“租金预算收入”等科目。

2. 账务处理

接受捐赠现金资产，收到银行存款利息，收到资产承租人支付的租金时，按照实际收到的金额，借记“资金结存——货币资金”科目，贷记“其他预算收入”科目。

每日现金账款核对中如发现现金溢余，按照溢余的现金金额，借记“资金结存——货币资金”科目，贷记“其他预算收入”科目。经核实，属于应支付给有关个人和单位的部分，按照实际支付的金额，借记“其他预算收入”科目，贷记“资金结存——货币资金”科目。

收到其他预算收入时，按照收到的金额，借记“资金结存——货币资金”科目，贷记“其他预算收入”科目。

年末，将本科目本年发生额中的专项资金收入转入非财政拨款结转，借记“其他预算收入”科目下各专项资金收入明细科目，贷记“非财政拨款结转——本年收支结转”科目；将本科目本年发生额中的非专项资金收入转入其他结余，借记“其他预算收入”科目下各非专项资金收入明细科目，贷记“其他结余”科目。

项目检测

一、判断题

1. 上级补助收入是行政单位独有的收入类科目。（ ）
2. 经营预算收入是事业单位独有的预算收入类科目。（ ）
3. 收入与预算收入确认的时间点是一样的。（ ）

二、简答题

1. 行政事业单位的收入包括哪些内容?
2. 财政拨款收入与非同级财政拨款收入有哪些区别?
3. 经营收入有什么要点?

三、业务题

1. 某行政单位收到以下款项：

①财政部门委托其代理银行转来的财政直接支付入账通知书；

②财政部门为行政部门支付 100 000 元的日常行政活动经费。

2. 某高校附属服务部门提供培训服务收取培训费 20 000 元，实际收到 18 000 元，款项已存入银行。

3. 某事业单位收到主管部门拨来的补助款 100 000 元，款项已经到账，此款项是上级单位用所集中的款项对附属单位基本支出进行的调剂。

4. 某事业单位经上级批准，从当地银行借入资金 7 000 000 元，为期 2 年，年利率 4%，纳入部门预算管理，以自有资金进行偿还。

5. 某事业单位收到甲公司捐赠汽车一辆，该汽车价值 100 000 元。

要求：请根据以上经济业务编制会计分录。

项目十四 行政事业单位费用与预算支出

知识目标

1. 理解单位费用和预算支出的概念、内容、确认和计量；
2. 掌握单位财务会计费用和预算支出的账户设置、对应关系及账务处理。

素质目标

1. 建立了解和适应新变化的职业习惯；
2. 培养客观公正的行为品德。

政府会计（行政事业单位会计）由财务会计和预算会计构成，相应的行政事业单位费用分为财务会计费用和预算支出。下面我们就分5项任务讲述行政事业单位费用的账务处理。你可以对照能力目标反复演练，有的放矢地依次完成各分项任务，直至全部任务，从而获取相应的职业能力。

任务一 费用与预算支出

一、费用与预算支出的概念及分类

（一）费用的概念与分类

费用是财务会计要素。根据《政府会计准则——基本准则》第四十五条的规定，“费用是指报告期内导致政府会计主体净资产减少的、含有服务潜力或者经济利益的经济资源的流出”。

行政事业单位的费用主要分为业务活动费用、单位管理费用、经营费用、资产处置费用、上缴上级费用、对附属单位补助费用、所得税费用和其他费用。

需要注意的是，在以上费用中业务活动费用、资产处置费用和其他费用是行政单位和事业单位共有的费用，而单位管理费用、经营费用、上缴上级费用、对附属单位补助费用和所得税费用是事业单位特有的费用。

（二）预算支出的概念与分类

预算支出是预算会计要素。按照《政府会计准则——基本准则》的规定，预算支出是指政府会计主体在预算年度内依法发生并纳入预算管理的现金流出。

行政事业单位的预算支出主要分为行政支出、事业支出、经营支出、上缴上级支出、对附属单位补助支出、投资支出、债务还本支出和其他支出。

需要注意的是，在以上预算支出中，行政支出是行政单位特有的支出，其他支出是行政单位和事业单位共有的支出，而经营支出、上缴上级支出、对附属单位补助支出、投资支出、债务还本支出是事业单位特有的支出。

二、费用与预算支出的确认

（一）费用的确认

根据《政府会计准则——基本准则》第四十六条的规定，费用的确认应当同时满足以下条件。

（1）与费用相关的含有服务潜力或者经济利益的经济资源很可能流出政府会计主体。

（2）含有服务潜力或者经济利益的经济资源流出会导致政府会计主体资产减少或者负债增加。

（3）流出金额能够可靠地计量。

（二）预算支出的确认

预算支出一般在实际支付时予以确认，以实际支付的金额计量。

三、费用与预算支出的区别和联系

对政府会计主体而言，费用与预算支出既有区别又有密切的联系。两者的区别主要体现在以下 4 个方面：

（一）核算基础不同

费用确认和计量的基础是权责发生制，而预算支出确认的基础是收付实现制。

（二）确认时点不同

费用在同时满足 3 个条件的情况下确认，而预算支出是在预算年度内政府会计主体依法取得并纳入预算管理的现金流出时确认。

（三）表现形式不同

费用的表现形式是产生经济资源的流出，既可以表现为现金的流出，也可以表现为一项未来会产生现金流出的债务，还可以表现为实物资产的价值耗损；预算支出的表现形式仅为现金流出。

（四）确认口径不同

对于政府会计主体偿还的银行借款、接受服务支付的增值税以及实际缴纳的增值税等，财务会计确认为负债，不属于费用；而预算会计则确认为预算支出。

从上述（一）（二）分析可以看出，由于费用和预算支出采用不同的核算基础，形成了两者的时间性差异，即在一个年度内两者确认和计量的金额大多是不同的。但从长期来看，政府会计主体发生费用和预算支出应当是一致的，比如购置固定资产时，预算会计一次性列入预算支出，财务会计以折旧的形式逐年确认直至净值为零。当然，在实际工作中大量存在满足费用确认条件，同时也满足预算支出确认条件的事项，这时两者确认的时点、金额是一致的。

从（三）（四）分析可以看出，由于费用与预算支出概念的界定，形成了两者的永久性差异，即无论时间长短，有部分可以确认为费用的事项永远无法确认为预算支出。比如政府会计主体形成所得税缴纳义务时，确认了所得税费用，但由于预算支出中没有所得税的分类，无法确认为预算支出，只能通过预算结余减少的方式进行。

任务二　业务活动费用与事业支出、行政支出

一、业务活动费用

（一）核算内容

业务活动费用是指行政事业单位为实现其职能目标，依法履职或开展专业业务活动及其辅助活动所发生的各项费用。“依法履职”是指行政单位按照国家法律法规的规定，履行赋予其承担的职责，“依法开展专业业务活动及其辅助活动”是指根据政府利用国有资产设立事业单位的目标及相应的职责，提供教育、科技、文化、卫生、医疗、环境保护等社会公共事业产品和服务的活动。

（二）账户设置

为了核算业务活动费用业务，行政事业单位应设置“业务活动费用”总账科目。本科目应该按照项目、服务或者业务类别、支付对象等进行明细核算。为了满足成本核算需要，并便于与预算会计体系中的政府收支分类以及预算支出明细科目的协调，本科目下还可按照“工资福利费用”“商品和服务费用”“对个人和家庭的补助费用”“对企业补助费用”“固定资产折旧费”“无形资产摊销费”“公共基础设施折旧（摊销）费”“保障性住房折旧费”“计提专用基金”等成本项目设置明细科目，归集能够直接计入业务活动或采用一定方法计算后计入业务活动的费用。期末结转后，本科目应无余额。

按照现行政府会计制度的规定，事业单位本级行政及后勤管理部门开展管理活动发生的各项费用，在单独设置的“单位管理费用”总账科目中核算，不在“业务活动费用”总账科目中核算。行政单位不设置“单位管理费用”总账科目，依法履职所发生的各项费用全部在“业务活动费用”总账科目中核算。

需要注意的是，与预算支出类明细科目设置不同，财务会计下的费用类明细科目无须按照国家预算管理要求设置明细科目。也就是说，费用类明细科目不需要分为基本支出和项目支出，也不需要考虑支出功能分类。

（三）主要账务处理

1. 计提职工薪酬

为了履职或开展业务活动人员计提的薪酬，按照计算确定的金额，借记“业务活动费用”科目，贷记“应付职工薪酬”科目。

2. 发生外部人员劳务费

为了履职或开展业务活动发生的外部人员劳务费，按照计算确定的金额，借记“业务活动费用”科目，按照代扣代缴个人所得税的金额，贷记“其他应交税费——个人所得税”科目，按照扣税后应付或实际支付的金额，贷记“其他应付款”“财政拨款收入”“零余额账户用款额度”“银行存款”等科目。

3. 领用库存物品和动用发出政府储备物资

为了履职或开展业务活动领用库存物品以及动用发出相关政府储备物资，按照领用库存物品或发出相关政府储备物资的账面余额，借记“业务活动费用”科目，贷记“库存物品”“政府储备物资”科目。

4. 计提固定资产、无形资产、公共基础设施和保障性住房折旧、摊销

为了履职或开展业务活动所使用的固定资产、无形资产以及为所控制的公共基础设施、保障性住房计提的折旧、摊销，按照计提金额，借记“业务活动费用”科目，贷记“固定资产累计折旧”“无形资产累计摊销”“公共基础设施累计折旧（摊销）”“保障性住房累计折旧”科目。

5. 发生相关税费

为了履职或开展业务活动发生的城市维护建设税、教育费附加税、地方教育费附加税、车船税、房产税、城镇土地使用税等，按照计算确定应缴纳的金额，借记“业务活动费用”科目，贷记“其他应交税费”等科目。

6. 发生其他各项费用

为了履职或开展业务活动发生其他各项费用时，按照费用确认金额，借记“业务活动费用”科目，贷记“财政拨款收入”“零余额账户用款额度”“银行存款”“应付账款”“其他应付款”“其他应收款”等科目。

7. 提取专用基金

按照规定从收入中提取专用基金并计入费用的，一般按照预算会计下基于预算收入计算提取的金额，借记“业务活动费用”科目，贷记“专用基金”科目。国家另有规定的，从其规定。

8. 发生当年购货退回等业务

发生当年购货退回等业务，对于已计入本年业务活动费用的，按照收回或应收的金额借记“财政拨款收入”“零余额账户用款额度”“银行存款”“其他应收款”等科目，贷记“业务活动费用”科目。

9. 业务活动费用的期末结账

期末，将“业务活动费用”科目本期发生额转入本期盈余，借记“本期盈余”科目，贷记“业务活动费用”科目。期末结转后，“业务活动费用”科目应无余额。

二、行政支出和事业支出

（一）行政支出和事业支出的概念

行政支出是指行政单位履行其职责实际发生的各项现金流出。行政支出是指行政单位为实现国家管理职能，完成行政任务所必须发生的各项资金支出，是行政单位组织和领导经济、政治、文化、社会和生态等各项建设，促进社会全面发展的资金保证。

事业支出是指事业单位开展专业业务活动及其辅助活动实际发生的各项现金流出。

（二）行政支出和事业支出的分类

1. 按照不同资金性质进行分类

（1）财政拨款支出是指使用财政拨款收入发生的支出。例如，行政事业单位有一般公共预算财政拨款和政府性基金预算财政拨款等两种或两种以上财政拨款，财政拨款支出还可以区分为一般公共预算财政拨款支出和政府性基金预算财政拨款支出等种类。

（2）非财政专项资金支出是指使用非财政专项资金收入发生的支出。例如使用非同级财政拨款收入、捐赠收入中的专项资金收入发生的支出等。

（3）其他资金支出是指使用除财政拨款收入、非财政专项资金收入之外的资金发生的支出。例如使用经批准不上缴财政，没有指定专项用途，纳入单位预算管理的租金收入发生的支出等。

2. 按照部门预算管理要求进行分类

（1）基本支出是指行政事业单位为保障机构正常运转和完成日常工作任务而发生的支出，包括人员经费支出和日常公用经费支出。其中，人员经费支出是指为保障机构正常运转和完成日常工作任务而发生的可归集到个人的各项支出，如职工工资福利支出、对个人和家庭的补助支出等。日常公用经费支出是指为保障机构正常运转和完成日常工作任务而发生的不能归集到个人的各项支出，如办公经费支出、办公设备购置支出等。

（2）项目支出是指行政事业单位为完成特定的工作任务，在基本支出之外发生的各项支出。

从项目属性来看，行政事业单位项目支出中的项目可以包括房屋建筑物购建类项目、房租类项目、大中型修缮类项目、大型设备购置类项目、信息网络购建类项目、信息系统运行维护类项目、大型会议和培训类项目、专项课题和规划类项目、执法办案类项目、监督检查类项目、调查统计类项目、重大宣传活动类项目等。

从是否属于基建项目来看，行政事业单位项目支出中的项目可分成行政业务类项目、基本建设项目两大类。

3. 按照政府支出功能分类科目进行分类

政府支出功能分类科目是对政府各项支出的职能作用所做的基本分类。行政事业单位的行政支出和事业支出都需要按照政府支出功能分类科目进行分类反映。行政支出和事业支出中的政府支出功能分类与财政总会计“一般公共预算本级支出”“政府性基金预算本级支出”总账科目下设置的“支出功能分类科目”明细科目应当是一致的。具体分类参见“财政总会计”科目设置。

4. 按照部门预算支出经济分类科目进行的分类

在《政府收支分类科目》中，“部门预算支出经济分类科目”是对预算单位预算支出具体经济用途的分类。行政单位的行政支出以及事业单位的事业支出在基本支出和项目支出下应当进一步按照《政府收支分类科目》中的“部门预算支出经济分类科目”进行分类。按照现行《政府收支分类科目》，部门预算支出经济分类科目分设类、款二级科目，相关科目的主要设置情况如下：

（1）工资福利支出，反映行政事业单位开支的在职职工和编制外长期聘用人员的各类劳动报酬，以及为上述人员缴纳的各项社会保险费等。

（2）商品和服务支出，反映行政事业单位购买商品和服务的支出，其中不包括用于购置固定资产、战略性和应急性物资储备等资本性支出。

（3）对个人和家庭的补助，反映政府用于对个人和家庭的补助支出。

（4）债务利息和费用支出，反映单位的债务利息及费用支出。

（5）资本性支出，反映单位安排的资本性支出。

（6）对企业补助，反映政府对各类企业的补助支出。该类级科目分设资本金注入、政府投资基金股权投资、费用补贴、利息补贴以及其他对企业补助等款级科目。

（7）对社会保障基金补助，反映政府对社会保险基金的补助以及补充全国社会保障基金的支出。该类级科目分设对社会保险基金补助、补充全国社会保障基金两个款级科目。

（8）其他支出，反映不能划分到上述经济科目的其他支出。该类级科目分设赠与、国家赔偿费用支出等款级科目。

在以上部门预算支出经济分类科目中，绝大多数科目同时适用于行政单位和事业单位，但也有少量科目根据科目使用说明仅适用于行政单位或仅适用于事业单位，或者主要适用于行政单位或主要适用于事业单位。

（三）行政支出、事业支出的账户设置

1. 行政支出总账科目的设置

行政单位应设置“行政支出”总账科目，核算行政单位履行其职责时实际发生的各项现金流出。平时，“行政支出”科目的借方余额，反映行政单位行政支出的本年累计数。年终结账时，将本科目本年发生额转入“财政拨款结转”“非财政拨款结转”“其他结余”科目。年终结转后，本科目应无余额。

2. 事业支出总账科目的设置

事业单位应设置“事业支出”总账科目，核算事业单位从事专业业务活动及其辅助活动时实际发生的各项现金流出。平时，“事业支出”科目的借方余额，反映事业单位事业支出的本年累计数。年终结账时，将本科目本年发生额转入“财政拨款结转”“非财政拨款结转”“其他结余”科目。年终结转后，本科目应无余额。

事业单位发生教育、科研、医疗、行政管理、后勤保障等活动的，可在本科目下设置相应的明细科目进行核算，或根据财政部的补充规定，分别设置“7201 教育支出”“7202 科研支出”“7203 医疗支出”“7204 行政管理支出”“7205 后勤保障支出”等总账会计科目进行核算。

3.“行政支出”和“事业支出”明细科目的设置

“行政支出”和“事业支出”科目应当分别按照“财政拨款支出”“非财政专项资金支出”和“其他资金支出”，“基本支出”和“项目支出”等进行明细核算，并按照《政府收支分类科目》中“支出功能分类科目”的项级科目进行明细核算；“基本支出”和“项目支出”明细科目下应当按照《政府收支分类科目》中“部门预算支出经济分类科目”的款级科目进行明细核算，同时在“项目支出”明细科目下按照具体项目进行明细核算。详细情况如表 14-1 所示。

表 14-1 行政支出、事业支出明细科目表

<table>
<tr><th>总账科目</th><th>二级明细科目</th><th>三级明细科目</th><th>四级明细科目</th><th>五级明细科目</th><th>六级明细科目</th><th>七级明细科目</th><th>八级明细科目</th></tr>
<tr><td rowspan="14">行政支出、事业支出（教育支出、科研支出、医疗支出、行政管理支出、后勤保障支出）</td><td rowspan="7">财政拨款支出</td><td rowspan="3">一般公共预算拨款支出</td><td rowspan="3">支出功能分类项级科目</td><td>基本支出</td><td>部门预算支出经济分类款级科目</td><td></td><td></td></tr>
<tr><td rowspan="2">项目支出</td><td>×× 项目</td><td>部门预算支出经济分类款级科目</td><td></td></tr>
<tr><td>×× 项目</td><td>同上</td><td></td></tr>
<tr><td rowspan="4">政府性基金预算拨款支出</td><td rowspan="3">×××× 基金拨款</td><td rowspan="3">支出功能分类项级科目</td><td>基本支出</td><td>部门预算支出经济分类款级科目</td><td></td></tr>
<tr><td rowspan="2">项目支出</td><td>×× 项目</td><td>部门预算支出经济分类款级科目</td></tr>
<tr><td>×× 项目</td><td>同上</td></tr>
<tr><td>×××× 基金拨款</td><td>支出功能分类项级科目</td><td>同上</td><td>同上</td><td>同上</td></tr>
<tr><td rowspan="3">非财政专项资金支出</td><td rowspan="3">支出功能分类项级科目</td><td rowspan="2">项目支出</td><td>×× 项目</td><td>部门预算支出经济分类款级科目</td><td></td><td></td></tr>
<tr><td>×× 项目</td><td>同上</td><td></td><td></td></tr>
<tr><td>项目支出</td><td>×× 项目</td><td>同上</td><td></td><td></td></tr>
<tr><td rowspan="4">其他资金支出</td><td>支出功能分类项级科目</td><td>基本支出</td><td>部门预算支出经济分类款级科目</td><td></td><td></td><td></td></tr>
<tr><td rowspan="3">支出功能分类项级科目</td><td rowspan="2">项目支出</td><td>×× 项目</td><td>部门预算支出经济分类款级科目</td><td></td><td></td></tr>
<tr><td>×× 项目</td><td>同上</td><td></td><td></td></tr>
<tr><td>项目支出</td><td>×× 项目</td><td>同上</td><td></td><td></td></tr>
</table>

（四）行政支出和事业支出的主要账务处理

业务活动费用和行政支出、事业支出的主要账务处理如表 14-2 所示。

表 14-2　业务活动费用和行政支出、事业支出的主要账务处理

序号	业务和事项内容		账务处理	
			财务会计	预算会计
1	为履职或开展业务活动人员计提并支付职工薪酬	计提时，按照计算的金额	借：业务活动费用 贷：应付职工薪酬	—
		实际支付给职工并代扣个人所得税时	借：应付职工薪酬 贷：财政拨款收入/零余额账户用款额度/银行存款 其他应交税费——应交个人所得税	借：事业支出/行政支出（支付给个人部分） 贷：财政拨款预算收入/资金结存
		实际缴纳税款时	借：其他应交税费——个人所得税 贷：银行存款/零余额账户用款额度	借：事业支出/行政支出（实际缴纳金额） 贷：资金结存等
2	为履职或开展业务活动发生的外部人员劳务费	计提时，按照计算的金额	借：业务活动费用 贷：其他应付款	—
		实际支付给职工并代扣个人所得税时	借：其他应付款 贷：财政拨款收入/零余额账户用款额度/银行存款 其他应交税费——应交个人所得税	借：事业支出/行政支出（支付给个人部分） 贷：财政拨款预算收入/资金结存
		实际缴纳税款时	借：其他应交税费——应交个人所得税 贷：银行存款/零余额账户用款额度	借：事业支出/行政支出（实际缴纳金额） 贷：资金结存等
3	为履职或开展业务活动发生的预付款项	预付账款：支付款项时	借：预付账款 贷：财政拨款收入/零余额账户用款额度/银行存款	借：事业支出/行政支出 贷：财政拨款预算收入/资金结存
		预付账款：结算时	借：业务活动费用 贷：预付账款 财政拨款收入/零余额账户用款额度/银行存款（补付金额）	借：事业支出/行政支出 贷：财政拨款预算收入/资金结存（补付金额）
		暂付款项：支付款项时	借：其他应收款 贷：银行存款	—
		暂付款项：结算或报销时	借：业务活动费用 贷：其他应收款	借：事业支出/行政支出 贷：资金结存
4	为履职或开展业务活动购买资产或支付在建工程款	按照实际支付或应付的价款	借：库存物品/固定资产/无形资产/在建工程 贷：财政拨款收入/零余额账户用款额度/银行存款/应付账款	借：事业支出/行政支出 贷：财政拨款预算收入/资金结存
5	为履职或开展业务活动领用库存物品	按照领用库存物品的成本	借：业务活动费用 贷：库存物品等	—
6	为履职或开展业务活动计提固定资产、无形资产、公共基础设施、保障性住房的折旧（摊销）	按照计提的折旧、摊销	借：业务活动费用 贷：固定资产累计折旧/无形资产累计摊销/公共基础设施累计折旧（摊销）/保障性住房累计折旧	—
7	为履职或开展业务活动发生应负担的税金及附加时	确认其他应交税费时	借：业务活动费用 贷：其他应交税费	—
		支付其他应交税费时	借：其他应交税费 贷：银行存款	借：事业支出/行政支出 贷：资金结存

序号	业务和事项内容		账务处理	
			财务会计	预算会计
8	为履职或开展业务活动发生其他各项费用		借：业务活动费用 贷：财政拨款收入 / 零余额账户用款额度 / 银行存款 / 应付账款 / 其他应付款	借：事业支出 / 行政支出（实际支付的金额） 贷：财政拨款预算收入 / 资金结存
9	计提专用基金（事业单位特有）	从收入中按照一定比例提取基金并计入费用	借：业务活动费用 贷：专用基金	—
10	购货退回等	当年发生的	借：财政拨款收入 / 零余额账户用款额度 / 银行存款 / 应收账款 贷：库存物品 / 业务活动费用	借：财政拨款预算收入 / 资金结存 贷：事业支出 / 行政支出
11	期末 / 年末结转		借：本期盈余 贷：业务活动费用	借：财政拨款结转——本年收支结转（财政拨款支出） 非财政拨款结转——本年收支结转（非同级财政专项资金支出） 其他结余（非同级财政、非专项资金支出） 贷：事业支出 / 行政支出

【例 14-1】2022 年 11 月 3 日，某事业单位财务部门根据月工资发放表（表 14-3）计发工资。

表 14-3　某单位月工资发放表　　单位：元

部门	应发项目					代扣代缴项目				实发
	基本工资	津贴补贴	住房补贴	公务交通补贴	合计	养老保险	医疗保险	公积金	合计	
机关	120 000	50 000	12 000	3 000	185 000	7 200	3 600	14 400	25 200	159 800
业务	220 000	10 000	22 000	10 000	262 000	13 200	6 600	26 400	46 200	215 800
后勤	80 000	40 000	8 000	2 000	130 000	4 800	2 400	9 600	16 800	113 200
离退休	50 000	10 000			60 000					60 000
合计	470 000	110 000	42 000	15 000	637 000	25 200	12 600	50 400	88 200	548 800

表 14-4　该单位编制相关会计分录　　单位：元

时间	财务会计分录		预算会计分录
2022 年 11 月 3 日	借：业务活动费用——工资福利费用	252 000	不做账务处理
	业务活动费用——商品和服务费用	10 000	
	单位管理费用——商品和服务费用	5 000	
	单位管理费用——对个人和家庭补助费用	60 000	
	单位管理费用——工资福利费用	310 000	
	贷：应付职工薪酬——基本工资（含离退休）	470 000	
	应付职工薪酬——国家统一规定的津贴补贴	110 000	
	应付职工薪酬——改革性补贴	42 000	
	应付职工薪酬——其他	15 000	
	同时，		
	借：应付职工薪酬——基本工资（含离退休）	88 200	
	贷：应付职工薪酬——社会保险费——养老保险	25 200	
	应付职工薪酬——社会保险费——医疗保险	12 600	
	应付职工薪酬——住房公积金	50 400	

【例 14-2】承【例 14-1】，2022 年 11 月 4 日，该事业单位财务部门通过财政直接支付方式发放职工工资薪金，其会计分录如表 14-5 所示。

表 14-5 开展业务活动支付职工薪酬的会计分录 单位：元

时 间	财务会计分录	预算会计分录
2022 年 11 月 4 日	借：应付职工薪酬——基本工资（含离退休） 381 800 应付职工薪酬——国家统一规定的津贴补贴 110 000 应付职工薪酬——改革性补贴 42 000 应付职工薪酬——其他 15 000 贷：财政拨款收入 548 800	借：事业支出——基本支出——工资福利支出——基本工资 381 800 事业支出——基本支出——工资福利支出——津贴补贴 110 000 事业支出——基本支出——工资福利支出——改革性补贴 42 000 事业支出——基本支出——商品和服务支出 5 000 事业支出——基本支出——对个人和家庭的补助支出 60 000 贷：财政拨款预算收入——基本支出 548 800

【例 14-3】2022 年 11 月 26 日，某行政单位通过政府采购方式购置一台复印机，用中央财政资金授权支付 15 000 元，复印机已运到、验收使用。该单位编制有关会计分录如表 14-6 所示。

表 14-6 开展业务活动购买资产的会计分录

时 间	财务会计分录	预算会计分录
2022 年 11 月 26 日	借：固定资产——通用设备 15 000 贷：零余额账户用款额度 15 000	借：行政支出——基本支出——资本性支出——办公设备购置 15 000 贷：资金结存——零余额账户用款额度 15 000

【例 14-4】2022 年 11 月 15 日，某行政单位通过财政授权方式支付电费 26 000 元，其中本单 20 000 元，代垫 6 000 元待向职工个人收回。该单位编制有关会计分录如表 14-7 所示。

表 14-7 开展业务活动发生其他各项费用的会计分录

时 间	财务会计分录	预算会计分录
2022 年 11 月 15 日	借：业务活动费用——商品和服务费用——电费 20 000 其他应收款 6 000 贷：零余额账户用款额度 26 000	借：行政支出——基本支出——商品和服务支出——电费 26 000 贷：资金结存——零余额账户用款额度 26 000

【例 14-5】2022 年 11 月 9 日，某事业单位组织开展某项目的专家评审会，邀请有关专家 2 人参加，通过财政授权支付方式支付 2 位专家的评审费各 800 元。该单位编制有关会计分录如表 14-8 所示。

表 14-8 开展业务活动发生其他各项费用的会计分录

时 间	财务会计分录	预算会计分录
2022 年 11 月 9 日	借：业务活动费用——商品和服务费用——劳务费 1 600 贷：零余额账户用款额度 1 600	借：事业支出——项目支出——商品和服务支出——劳务费 1 600 贷：资金结存——零余额账户用款额度 1 600

【例 14-6】2022 年 11 月末，某事业单位按在职职工工资总额的 2% 计提工会经费 14 200 元（其中计入业务活动费用 8 200 元，单位管理费用 6 000 元），并通过财政授权支付方式转入独立开设的工会账户。该单位编制有关会计分录如表 14-9 所示。

表 14-9 开展业务活动计提并支付工会经费的会计分录

时 间	财务会计分录	预算会计分录
2022 年 11 月 30 日	借：业务活动费用——商品和服务费用——工会经费 8 200 单位管理费用——商品和服务费用——工会经费 6 000 贷：零余额账户用款额度 14 200	借：行政支出——基本支出——商品和服务支出——电费——工会经费 14 200 贷：资金结存——零余额账户用款额度 14 200

【例 14-7】2022 年 11 月末，某事业单位根据固定资产折旧表（表 14-10），计提固定资产折旧和无形资产摊销。该单位编制有关会计分录如表 14-11 所示。

表 14-10　固定资产折旧明细表（单位：元）

资产类别	使用部门	资产原值	每月应计提折旧
房屋	管理部门	20 000 000	20 000
房屋	业务部门	50 000 000	50 000
设备	管理部门	8 700 000	8 700
设备	业务部门	12 000 000	12 000
合并		90 700 000	90 700

表 14-11　开展业务活动计提固定资产折旧的会计分录

时　间	财务会计分录	预算会计分录
2022 年 11 月 30 日	借：业务活动费用——固定资产折旧　62 000 　　单位管理费用——固定资产折旧　28 700 贷：固定资产累计折旧——房屋及建筑物折旧　70 000 　　固定资产累计折旧——设备折旧　20 700	不做账务处理

【例 14-8】2022 年 12 月 1 日，某事业单位按规定提取专用基金，计提基础事业预算收入 1 000 万元，计提比例 3%，计提金额 30 万元。该单位编制有关会计分录如表 14-12 所示。

表 14-12　开展业务活动计提专用基金的会计分录

时　间	财务会计分录	预算会计分录
2022 年 12 月 1 日	借：业务活动费用——计提专用基金　300 000 贷：专用基金　20 700	不做账务处理

任务三　事业单位专有费用和支出

一、单位管理费用

（一）单位管理费用的核算内容及账户设置

单位管理费用是指事业单位本级行政及后勤管理部门开展管理活动发生的各项费用，包括单位行政及后勤管理部门发生的人员经费、公用经费、资产折旧（摊销）等费用，以及由单位统一负担的离退休人员经费、工会经费、诉讼费、中介费等。

为核算事业单位管理费用业务，事业单位应设置“单位管理费用”总账科目。单位管理费用应当按照项目、费用类别、支付对象等进行明细核算。

需要注意的是，与预算支出类明细科目设置不同，财务会计下费用类明细科目无须按照国家预算管理要求设置明细科目。也就是说，费用类明细科目不需要分为基本支出和项目支出，也不需要考虑支出功能分类。如果事业单位为了与预算支出作个比对，也可以在成本项目下，按照政府收支分类科目中的经济分类设置明细科目。

（二）单位管理费用的账务处理

单位管理费用的账务处理如表 14-13 所示。

表 14-13　单位管理费用的主要账务处理

序号	业务和事项内容			账务处理：财务会计	账务处理：预算会计
1	管理活动人员职工薪酬	计提时，按照计算的金额		借：单位管理费用 　贷：应付职工薪酬	—
		实际支付给职工并代扣个人所得税时		借：应付职工薪酬 　贷：财政拨款收入 / 零余额账户用款额度 / 银行存款 　其他应交税费——应交个人所得税	借：事业支出（支付给个人部分） 　贷：财政拨款预算收入 / 资金结存
		实际缴纳税款时		借：其他应交税费——应交个人所得税 　贷：银行存款 / 零余额账户用 款额度	借：事业支出（实际缴纳金额） 　贷：资金结存
2	为开展管理活动发生的外部人员劳务费	计提时，按照计算的金额		借：单位管理费用 　贷：其他应付款	—
		实际支付给职工并代扣个人所得税时		借：其他应付款 　贷：财政拨款收入 / 零余额账户用款额度 / 银行存款 / 其他应交税费	借：事业支出（支付给个人部分） 　贷：财政拨款预算收入 / 资金结存
		实际缴纳税款时		借：其他应交税费——应交个人所得税 　贷：银行存款 / 零余额账户用款额度	借：事业支出（实际缴纳金额） 　贷：资金结存
3	为开展管理活动发生的预付款项	预付账款	支付款项时	借：预付账款 　贷：财政拨款收入 / 零余额账户用款额度 / 银行存款	借：事业支出 　贷：财政拨款预算收入 / 资金结存
			结算时	借：单位管理费用 　贷：预付账款 　　财政拨款收入 / 零余额账户用款额度 / 银行存款（补付金额）	借：事业支出 　贷：财政拨款预算收入 / 资金结存（补付金额）
		暂付款项	支付款项时	借：其他应收款 　贷：银行存款	—
			结算或报销时	借：单位管理费用 　贷：其他应收款	借：事业支出 　贷：资金结存
4	为开展管理活动购买资产或支付在建工程款	按照实际支付或应付的价款		借：库存物品 / 固定资产 / 无形资产 / 在建工程 　贷：财政拨款收入 / 零余额账户用款额度 / 银行存款 / 应付账款	借：事业支出 　贷：财政拨款预算收入 / 资金结存
5	为开展管理活动领用库存物品	按照领用库存物品的成本		借：单位管理费用 　贷：库存物品	—
6	为开展管理活动计提固定资产、无形资产折旧（摊销）	按照计提的折旧、摊销		借：单位管理费用 　贷：固定资产累计折旧 / 无形资产累计摊销	—
7	为开展管理活动发生应负担的税金及附加时	确认其他应交税费时		借：单位管理费用 　贷：其他应交税费	—
		支付其他应交税费时		借：其他应交税费 　贷：银行存款	借：事业支出 　贷：资金结存

续表

序号	业务和事项内容		账务处理	
			财务会计	预算会计
8	为履职或开展业务活动发生其他各项费用		借：单位管理费用 　　贷：财政拨款收入 / 零余额账户用款额度 / 银行存款 / 应付账款 / 其他应付款	借：事业支出（实际支付的金额） 　　贷：财政拨款预算收入 / 资金结存
9	购货退回等	当年发生的	借：财政拨款收入 / 零余额账户用款额度 / 银行存款 / 应收账款 　　贷：库存物品 / 单位管理费用	借：财政拨款预算收入 / 资金结存 　　贷：事业支出
10	期末 / 年末结转		借：本期盈余 　　贷：单位管理费用	借：财政拨款结转——本年收支结转（财政拨款支出） 　　非财政拨款结转——本年收支结转（非同级财政专项资金支出） 　　其他结余（非同级财政、非专项资金支出） 　　贷：事业支出

【例 14-9】2022 年 11 月 23 日，某事业单位后勤部门为了维修暖气设备，从仓库里领用了 2 套备件，每套备件单价 120 元，共计 240 元，其会计分录如表 14-14 所示。

表 14-14　开展业务活动领用库存物品的会计分录

时　间	财务会计分录	预算会计分录
2022 年 11 月 23 日	借：单位管理费用——商品和服务费用——维修（护）费　240 　　贷：库存物品——材料　240	不做账务处理

【例 14-10】2022 年 11 月 5 日，某事业单位用银行存款支付水费 6 000 元，污水处理费 500 元，共计 6 500 元。该单位编制有关会计分录如表 14-15 所示。

表 14-15　开展业务活动发生其他各项费用的会计分录

时　间	财务会计分录	预算会计分录
2022 年 11 月 5 日	借：单位管理费用——商品和服务费用——水费 6 500 　　贷：银行存款　6 500	借：事业支出——基本支出——商品和服务支出——水费　6 500 　　贷：资金结存——货币资金——银行存款　6 500

【例 14-11】2022 年 11 月 16 日，某事业单位机关职工李某使用公务卡购买办公用品 800 元，经审批从财政资金列支，李某办理了报销手续，尚未还公务卡款。该单位编制有关会计分录如表 14-16 所示。

表 14-16　开展业务活动使用公务卡支付的会计分录

时　间	财务会计分录	预算会计分录
2022 年 11 月 16 日	借：单位管理费用——商品和服务费用——办公费　800 　　贷：其他应付款——待清算公务卡报销额度　800	不做账务处理

【例 14-12】2022 年 10 月 10 日，某事业单位根据经批准对外出租房屋收入情况，计算应缴纳的房产税、城镇土地使用税。其中，房产税 50 000 元，城镇土地使用税 10 000 元。11 月 9 日，该单位将税款 60 000 元交至税务机关。该单位编制有关会计分录如表 14-17 所示。

表 14-17　开展业务活动确认并支付各种税费的会计分录

时　间	财务会计分录	预算会计分录
2022 年 10 月 10 日	借：单位管理费用——商品和服务费用　60 000 　贷：其他应交税费——房产税　50 000 　　其他应交税费——城镇土地使用税 10 000	
11 月 9 日	借：其他应交税费——房产税　50 000 　其他应交税费——城镇土地使用税　10 000 　贷：银行存款　60 000	借：事业支出——基本支出——商品和服务支出——税金及附加费用　60 000 　贷：资金结存——货币资金——银行存款　60 000

二、事业支出

“事业支出”是事业单位所特有的支出项目，已在“任务二”讲述，本部分不再赘述。

三、经营费用和经营支出

（一）核算内容及账户设置

1. 经营费用的核算内容及账户设置

经营费用是指事业单位在专业业务活动及其辅助活动之外开展非独立核算经营活动发生的各项费用。经营费用是为了扩大服务，发展事业，利用自身技术、资源等优势，在专业业务活动及其辅助活动之外开展的经营活动所发生的资金、资产的耗费。

为核算经营费用业务，事业单位应设置“经营费用”总账科目。该科目应当按照经营活动的类别、项目、支付对象等进行明细核算，为了满足成本核算需要，还可按照“工资福利费用”“商品和服务费用”“对个人和家庭的补助费用”“固定资产折旧费”“无形资产摊销费”等成本项目设置明细科目，归集能够直接计入单位经营活动或采用一定方法计算后计入单位经营活动的费用。

如果事业单位开展经营活动实行独立财务核算的，则不属于“经营费用”核算范围。

2. 经营支出的核算内容及账户设置

经营支出是指事业单位在专业业务活动及其辅助活动之外开展非独立核算经营活动发生的现金流出。

为核算经营支出业务，事业单位应设置“经营支出”总账科目。该科目应当按照经营活动的类别、项目，以及《政府收支分类科目》中“支出功能分类科目”的项级科目和“部门预算支出经济分类科目”的款级科目等进行明细核算。

（二）账务处理

经营费用和经营支出的主要账务处理如表 14-18 所示。

表 14-18　经营费用和经营支出的主要账务处理

<table>
<tr><th rowspan="2">序号</th><th rowspan="2" colspan="2">业务和事项内容</th><th colspan="2">账务处理</th></tr>
<tr><th>财务会计</th><th>预算会计</th></tr>
<tr><td rowspan="3">1</td><td rowspan="3">为经营活动人员支付职工薪酬</td><td>计提时，按照计算的金额</td><td>借：经营费用
贷：应付职工薪酬</td><td>—</td></tr>
<tr><td>实际支付给职工并代扣个人所得税时</td><td>借：应付职工薪酬
贷：银行存款
其他应交税费——应交个人所得税</td><td>借：经营支出（支付给个人部分）
贷：资金结存——货币资金</td></tr>
<tr><td>实际缴纳税款时</td><td>借：其他应交税费——应交个人所得税
贷：银行存款</td><td>借：经营支出（实际缴纳金额）
贷：资金结存——货币资金</td></tr>
<tr><td rowspan="2">2</td><td rowspan="2">为开展经营活动发生的预付款项</td><td>预付时，按照预付的金额</td><td>借：预付账款
贷：银行存款</td><td>借：经营支出
贷：资金结存——货币资金</td></tr>
<tr><td>结算时</td><td>借：经营费用
贷：预付账款
银行存款等（补付金额）</td><td>借：经营支出
贷：资金结存——货币资金（补付金额）</td></tr>
<tr><td>3</td><td>为开展经营活动购买资产或支付在建工程款</td><td>按照实际支付或应付的价款</td><td>借：库存物品 / 固定资产 / 无形资产 / 在建工程
贷：银行存款 / 应付账款</td><td>借：经营支出
贷：资金结存——货币资金（按照实际支付的金额）</td></tr>
<tr><td>4</td><td>开展经营活动内部领用材料或出售发出物品等</td><td>按照实际成本</td><td>借：经营费用
贷：库存物品</td><td>—</td></tr>
<tr><td>5</td><td>经营活动用固定资产、无形资产计提折旧（摊销）</td><td>按照计提的折旧、摊销</td><td>借：经营费用
贷：固定资产累计折旧 / 无形资产累计摊销</td><td>—</td></tr>
<tr><td rowspan="2">6</td><td rowspan="2">为开展经营活动发生应负担的税金及附加</td><td>按照计算确认的应缴纳金额</td><td>借：经营费用
贷：其他应交税费</td><td>—</td></tr>
<tr><td>实际缴纳时</td><td>借：其他应交税费
贷：银行存款</td><td>借：经营支出
贷：资金结存——货币资金</td></tr>
<tr><td>7</td><td colspan="2">为履职或开展业务活动发生其他各项费用</td><td>借：经营费用
贷：银行存款 / 应付账款</td><td>借：经营支出（实际支付的金额）
贷：资金结存——货币资金</td></tr>
<tr><td>8</td><td>购货退回等</td><td>当年发生的</td><td>借：银行存款 / 应收账款
贷：库存物品 / 经营费用</td><td>借：资金结存——货币资金（按照实际收到的金额）
贷：经营支出</td></tr>
<tr><td>9</td><td colspan="2">期末 / 年末结转</td><td>借：本期盈余
贷：经营费用</td><td>借：经营结余
贷：经营支出</td></tr>
</table>

【例 14-13】2022 年 11 月 5 日，某事业单位为经营部门的长期外聘人员计发当月工资薪酬 74 000 元，在工资中代扣个人应缴纳的社会保险费 3 000 元（养老保险 1 800 元，医疗保险 1 200 元）、住房公积金 2 000 元、个人所得税 1 000 元。该单位编制有关会计分录如表 14-19 所示。

表 14-19 开展经营活动计提职工薪酬的会计分录

时 间	财务会计分录	预算会计分录
2022 年 11 月 5 日	借：经营费用——工资福利费用 74 000 贷：应付职工薪酬——基本工资（含离退休费） 68 000 ——养老保险费 1 800 ——医疗保险费 1 200 ——住房公积金 2 000 其他应交税费——应交个人所得税 1 000	不做账务处理

【例 14-14】承【例 14-13】，当月 10 日，该单位通过银行发放经营部门外聘人员本月基本工资 68 000 元，缴纳经营部门职工本月的社保缴费 3 000 元，缴纳住房公积金 2 000 元，缴纳个人所得税 1 000 元。该单位编制有关会计分录如表 14-20 所示。

表 14-20 开展经营活动支付职工薪酬的会计分录

时 间	财务会计分录	预算会计分录
2022 年 11 月 10 日	借：应付职工薪酬——基本工资（含离退休费）68 000 ——养老保险费 1800 ——医疗保险费 1200 ——住房公积金 2 000 其他应交税费——应交个人所得税 1 000 贷：银行存款 74 000	借：经营支出——工资福利支出——基本工资 68 000 ——养老保险费 1 800 ——医疗保险费 1 200 ——住房公积金 2 000 ——应交个人所得税 1 000 贷：资金结存——货币资金——银行存款 74 000

【例 14-15】2022 年 11 月 23 日，某事业单位开展经营活动取得收入 5 000 元，开出增值税普通发票，发票注明增值税税额为 150 元。同日，该单位据此计算应缴纳的城市维护建设税为 10.5 元，教育费附加税为 4.5 元，地方教育费附加税为 1.5 元。该单位编制有关会计分录如表 14-21 所示。

表 14-21 开展经营活动确认各种税费金额的会计分录

时 间	财务会计分录	预算会计分录
2022 年 11 月 23 日	借：银行存款 5 000 贷：经营收入 4 850 应交增值税——应缴税费——销项税额 150	借：资金结存——货币资金——银行存款 5 000 贷：经营预算收入 5 000
11 月 23 日	借：经营费用——商品和服务费用——税金及附加费用 16.5 贷：其他应交税费——应交城市维护建设税 10.5 其他应交税费——应交教育费附加 4.5 其他应交税费——应交地方教育费附加 1.5	不做账务处理

【例 14-16】承【例 14-15】，2022 年 12 月 3 日，该单位缴纳 11 月各项税款 166.5 元。有关会计分录如表 14-22 所示。

表 14-22 开展经营活动缴纳各种税费金额的会计分录

时 间	财务会计分录	预算会计分录
2022 年 12 月 3 日	借：应交增值税——应缴税费——销项税额 150 其他应交税费——应交城市维护建设税 10.5 其他应交税费——应交教育费附加 4.5 其他应交税费——应交地方教育费附加 1.5 贷：银行存款 166.5	借：经营支出——基本支出——商品和服务支出——税金及附加费用 166.5 贷：资金结存——货币资金——银行存款 166.5

四、上缴上级费用和上缴上级支出

（一）核算内容及账户设置

1. 上缴上级费用的核算内容及账户设置

上缴上级费用是指事业单位按照财政部门和主管部门的规定上缴上级单位款项发生的费用。

事业单位向上级单位上缴的款项属于非财政资金，相应资金通常是事业单位自身取得的事业收入、经营收入和其他收入等。事业单位应当按照财政部门和主管部门的规定，对于取得的有关业务活动收入或其他收入，按照规定的标准或比例上缴上级单位。事业单位不可以使用其自身取得的财政拨款收入用作上缴上级单位。

上缴上级费用与附属单位上缴收入在上下级单位间的业务内容上形成对应关系，即一方为缴款方，另一方为收款方。但上缴上级费用与上级补助收入在上下级单位间的业务内容上不形成对应关系，即上缴上级费用业务的发生与上级补助收入业务的发生是相互独立的。

为了核算上缴上级费用业务，事业单位应设置“上缴上级费用”总账科目。该科目应当按照收缴款项单位、缴款项目等进行明细核算。

2. 上缴上级支出的核算内容及账户设置

上缴上级支出是指事业单位按照财政部门和主管部门的规定上缴上级单位款项发生的现金流出。

上缴上级支出与附属单位上缴预算收入在上下级单位间的业务内容上形成对应关系，但上缴上级支出与上级补助预算收入在上下级单位间的业务内容上不形成对应关系。上缴上级支出的业务内容可参阅“上缴上级费用”的相关内容。

为了核算上缴上级支出业务，事业单位应设置“上缴上级支出”总账科目。该科目应当按照收缴款项单位、缴款项目，以及《政府收支分类科目》中“支出功能分类科目”的项级科目和“部门预算支出经济分类科目”的款级科目等进行明细核算。

（二）账务处理

上缴上级费用的主要账务处理

上缴上级费用和上缴上级支出的主要账务处理如表 14-23 所示。

表 14-23　上缴上级费用和上缴上级支出的主要账务处理

<table>
<tr><th rowspan="2">序号</th><th rowspan="2">业务和事项内容</th><th colspan="2">账务处理</th></tr>
<tr><th>财务会计</th><th>预算会计</th></tr>
<tr><td>1</td><td>按照实际上缴的金额或者按照规定算出应当上缴的金额</td><td>借：上缴上级费用
　贷：银行存款 / 其他应付款</td><td rowspan="2">借：上缴上级支出（实际上交的金额）
　贷：资金结存——货币资金</td></tr>
<tr><td>2</td><td>实际上交应缴的金额</td><td>借：其他应付款
　贷：银行存款</td></tr>
<tr><td>3</td><td>期末 / 年末结转</td><td>借：本期盈余
　贷：上缴上级费用</td><td>借：其他结余
　贷：上缴上级支出</td></tr>
</table>

【例 14-17】2022 年 11 月 8 日，某县属事业单位根据上级主管单位的有关文件规定，按事业收入的 20% 上缴主管单位统筹集中款 100 000 元，该单位由于资金周转困难，暂未上交。12 月 10 日，该单位根据资金状况，决定将该笔上缴款划出，会计人员办理了有关银

行转账手续。该单位编制有关会计分录如表 14-24 所示。

表 14-24 上缴上级费用和上缴上级支出的会计分录

时 间	财务会计分录	预算会计分录
2022 年 11 月 8 日	借：上缴上级费用 100 000 贷：其他应付款 100 000	不做账务处理
12 月 10 日	借：其他应付款 100 000 贷：银行存款 100 000	借：上缴上级支出 100 000 贷：资金结存——货币资金——银行存款 100 000

五、对附属单位补助费用和对附属单位补助支出

（一）核算内容及账户设置

1. 对附属单位补助费用的核算内容及账户设置

对附属单位补助费用是指事业单位用财政拨款收入之外的收入对附属单位补助发生的费用。

事业单位对附属单位的补助款项属于非财政资金，通常是事业单位自身取得的事业收入、经营收入和其他收入，或者是事业单位从其他附属单位取得的附属单位上缴收入等。事业单位使用非财政资金对附属单位进行补助的目的，是支持附属单位事业更好地发展。事业单位不可以将其自身取得的财政拨款收入拨付给附属单位，作为对附属单位的补助。对附属单位补助费用与上级补助收入在上下级单位之间的业务内容上形成对应关系，但对附属单位补助费用与附属单位上缴收入在上下级单位之间的业务内容上不形成对应关系。

为了核算对附属单位补助费用业务，事业单位应设置“对附属单位补助费用”总账科目。该科目应当按照接受补助单位、补助项目等进行明细核算。

2. 对附属单位补助支出的核算内容及账户设置

对附属单位补助支出是指事业单位用财政拨款预算收入之外的收入对附属单位补助发生的现金流出。

对附属单位补助支出与上级补助预算收入在上下级单位之间的业务内容上形成对应关系，但对附属单位补助支出与附属单位上缴预算收入在上下级单位之间的业务内容上不形成对应关系。对附属单位补助支出的业务内容可参阅“对附属单位补助费用”的相关内容。

为了核算对附属单位补助支出业务，事业单位应设置“对附属单位补助支出”总账科目。该科目应当按照接受补助单位、补助项目，以及《政府收支分类科目》中“支出功能分类科目”的项级科目和“部门预算支出经济分类科目”的款级科目等进行明细核算。

（二）账务处理

1. 对附属单位补助费用的主要账务处理

（1）单位发生对附属单位补助费用的，按照实际补助的金额或者按照规定算出应当对附属单位补助的金额，借记“对附属单位补助费用”科目，贷记“银行存款”“其他应付款”等科日。

（2）期末，将对附属单位补助费用本期发生额转入本期盈余，借记“本期盈余”科目，贷记“对附属单位补助费用”科目。期末结转后，本科目应无余额。

2. 对附属单位补助支出的主要账务处理

（1）发生对附属单位补助支出的，按照实际补助的金额，借记“对附属单位补助支出”科目，贷记“资金结存”科目。

（2）年末，将对附属单位补助支出本年发生额转入其他结余，借记“其他结余”科目，贷记“对附属单位补助支出”科目。年末结转后，本科目应无余额。

对附属单位补助费用和对附属单位补助支出的主要账务处理如表 14-25 所示。

表 14-25　对附属单位补助费用和对附属单位补助支出的主要账务处理

序号	业务和事项内容	账务处理	
		财务会计	预算会计
1	按照实际补助的金额或者按照规定算出应当补助的金额	借：对附属单位补助费用 　　贷：银行存款 / 其他应付款	借：对附属单位补助支出（实际补助的金额） 　　贷：资金结存——货币资金
2	实际支出应补助的金额	借：其他应付款 　　贷：银行存款	
3	期末 / 年末结转	借：本期盈余 　　贷：对附属单位补助费用	借：其他结余 　　贷：对附属单位补助支出

【例 14-18】2022 年 11 月 5 日，某事业单位集体决策，使用自有资金对附属服务中心（法人单位）进行一次性服务补贴 300 000 元。11 月 25 日，该单位财务部门将 500 000 元拨付至附属服务中心基本存款账户。该单位编制有关会计分录如表 14-26 所示。

表 14-26　对附属单位补助费用和对附属单位补助支出的会计分录

时　间	财务会计分录	预算会计分录
2022 年 11 月 5 日	借：对附属单位补助费用　300 000 　　贷：其他应付款　300 000	不做账务处理
11 月 25 日	借：其他应付款　500 000 　　贷：银行存款　500 000	借：对附属单位补助支出　500 000 　　贷：资金结存——货币资金——银行存款　500 000

六、所得税费用

（一）核算内容及账户设置

所得税费用是反映有企业所得税缴纳义务的事业单位按规定缴纳企业所得税所形成的费用，不包括代扣代缴的个人所得税。

根据税法规定，事业单位经营活动收入扣除按税法规定的可扣除项目外，应该缴纳企业所得税。

缴纳企业所得税的方式一般有核定征收和查账征收两种，一般是当年采取预缴、次年汇算清缴方式，因此，财务会计核算时应准确区分缴纳企业所得税的会计期间，对当年预缴和次年清缴的企业所得税分别处理，如需要调整上年缴纳的所得税费用，应通过“以前年度盈余调整”科目进行；而对预算会计来说，则不存在这种情况，按实际缴纳企业所得税时的现金流出作为核算依据。

为了核算所得税费用业务，事业单位应设置“所得税费用”总账科目。本科目可不设置明细科目。

（二）账务处理

（1）发生企业所得税纳税义务的，按照税法规定计算的应缴税费数额，借记“所得税费用”科目，贷记“其他应交税费——应交企业所得税”科目。

（2）实际缴纳时，按照缴纳金额，借记“其他应交税费——应交企业所得税”科目，贷记“银行存款”科目。预算会计处理时，借记“非财政拨款结余——累计结余”等科目，贷记“资金结存”科目。

（3）年末，将所得税费用本年发生额转入本期盈余，借记“本期盈余”科目，贷记“所得税费用”科目。年末结转后，本科目应无余额。

【例 14-19】2022 年 11 月 30 日，某事业单位按税法规定计算应缴企业所得税 100 000 元。12 月 5 日，该单位将 100 000 元缴至税务部门。该单位编制有关会计分录如表 14-27 所示。

表 14-27 所得税费用的会计分录

时　间	财务会计分录	预算会计分录
2022 年 11 月 30 日	借：所得税费用 100 000 贷：其他应交税费——应交企业所得税 100 000	不做账务处理
12 月 5 日	借：其他应交税费——应交企业所得税 100 000 贷：银行存款 100 000	借：非财政拨款结余——累计结余 100 000 贷：资金结存——货币资金——银行存款 100 000

七、投资支出

（一）核算内容及账户设置

投资支出是指事业单位以货币资金对外投资发生的现金流出，并不包括以非货币资金发生的对外投资，前面有关资产的章节中已阐述相关对外投资事宜。

为了核算投资支出业务，事业单位应设置“投资支出”总账科目。该科目应当按照投资类型、投资对象，以及《政府收支分类科目》中“支出功能分类科目”的项级科目和“部门预算支出经济分类科目”的款级科目等进行明细核算。

（二）账务处理

投资支出的主要账务处理如表 14-28 所示。

表 14-28 投资支出的主要账务处理

序号	业务和事项内容		账务处理	
			财务会计	预算会计
1	以货币资金对外投资时		借：短期投资 / 长期股权投资 / 长期债券投资 贷：银行存款	借：投资支出 贷：资金结存——货币资金
2	出售、对外转让或到期收回本年度以货币资金取得的对外投资	实际取得价款大于投资成本的	借：银行存款（实际取得或收回的金额） 贷：短期投资 / 长期债券投资（账面余额） 应收利息（账面余额） 投资收益	借：资金结存——货币资金 贷：投资支出（投资成本） 投资预算收益
		实际取得价款小于投资成本的	借：银行存款（实际取得或收回的金额）投资收益 贷：短期投资 / 长期债券投资（账面余额） 应收利息（账面余额）	借：资金结存——货币资金——投资预算收益 贷：投资支出（投资成本）
3	年末结转		—	借：其他结余 贷：投资支出

八、债务还本支出

（一）核算内容及账户设置

债务还本支出是指事业单位偿还自身承担的纳入预算管理的从金融机构举借的债务本金的现金流出。前面有关负债的章节中已阐述相关借入款项事宜。

为了核算债务还本支出业务，事业单位应设置“债务还本支出”总账科目。该科目应当按照贷款单位、贷款种类，以及《政府收支分类科目》中“支出功能分类科目”的项级科目和“部门预算支出经济分类科目”的款级科目等进行明细核算。

（二）账务处理

（1）偿还各项短期或长期借款时，按照偿还的借款本金，借记“债务还本支出”科目，贷记“资金结存”科目。

（2）年末，将债务还本支出本年发生额转入其他结余，借记“其他结余”科目，贷记“债务还本支出”科目。年末结转后，本科目应无余额。

【例 14-20】某普通高等学校经批准从交通银行借入为期 3 年的基建专项贷款用于工程建设，还款资金由该学校自筹。2022 年 7 月 1 日，借入 1 000 万元贷款，已经存入单位银行账户；该贷款年利息率为 5.8%，每年 7 月 1 日用银行存款支付已完贷款年度利息（580 000 元）；3 年后该单位用非专项资金通过银行转账支付偿还的贷款本金（10 000 000 元）和第 3 贷款年度的利息（580 000 元）。

要求：根据上述业务，编制该单位归还贷款时进行预算会计记账的会计分录。

借：债务还本支出——高等教育	10 000 000	
其他支出——利息支出——高等教育	58 000	
贷：资金结存——货币资金		10 058 000

任务四　资产处置费用

一、资产处置费用的概念

资产处置费用是指行政事业单位经批准处置资产时发生的费用，包括转销的被处置资产价值，以及在处置过程中发生的相关费用或者处置收入小于相关费用形成的净支出。资产处置的形式按照规定包括无偿调拨、出售、出让、转让、置换、对外捐赠、报废、毁损以及货币性资产损失核销等。

二、核算内容及账户设置

为了核算资产处置费用业务，行政事业单位应设置“资产处置费用”总账科目。单位在资产清查中查明的资产盘亏、毁损以及资产报废等，应当先通过“待处理财产损溢”科目进行核算，再将处置资产价值和处置净支出记入该科目。该科目应当按照处置资产的类别、资产处置的形式等进行明细核算。

短期投资、长期股权投资、长期债券投资的处置，按照相关资产科目的规定进行账务处理。

三、账务处理

（一）不通过“待处理财产损溢”科目核算的资产处置费用

按照规定，单位在资产清查中查明的资产盘亏、毁损以及报废等以外的资产处置业务，不需要通过“待处理财产损溢”科目核算。

（1）注销处置资产的账面价值。在报经批准处置资产时，按照处置资产的账面价值，借记“资产处置费用”科目，处置固定资产、无形资产、公共基础设施、保障性住房的，还应借记“固定资产累计折旧”“无形资产累计摊销”“公共基础设施累计折旧（摊销）”“保障性住房累计折旧”科目，按照处置资产的账面余额，贷记“库存物品”“固定资产”“无形资产”“公共基础设施”“政府储备物资”“文物文化资产”“保障性住房”“其他应收款”“在建工程”等科目。

（2）发生处置费用。在处置资产过程中仅发生相关费用的，按照实际发生金额，借记“资产处置费用”科目，贷记“银行存款”“库存现金”等科目。

（3）取得处置收入。在资产处置过程中，处置收入与处置费用不会同时发生。一般来说，先发生处置费用，后取得处置收入。在会计实务操作时，发生的处置费用应及时记账，计入资产处置费用。取得处置收入时，应将处置收入与处置费用进行比较，如果处置收入小于处置费用，应将处置收入全额冲减处置费用，借记“库存现金”“银行存款”等科目，贷记“资产处置费用”科目，预算会计处理时，按处置净支出，借记“其他支出”等科目，贷记“资金结存”科目；如果处置收入大于处置费用，应按照处置费用的金额冲减处置费用，按照取得的处置收入，借记“库存现金”“银行存款”等科目，按照处置资产过程中发生的处置费用金额，贷记“资产处置费用”科目，按照其差额，贷记“应缴财政款”等科目。

涉及增值税业务的，相关账务处理参见“应交增值税”科目。

【例 14-21】2022 年 11 月 10 日，某事业单位经上级主管部门批准，将账面原值为 40 000 元的 5 台台式计算机无偿调拨给另一事业单位，已知已提折旧 10 000 元，银行转账支付运输费用 800 元，经双方协商由调出方负责。该单位编制有关会计分录如表 14-29 所示。

表 14-29　无偿调拨资产的会计分录

时　间	财务会计分录	预算会计分录
2022 年 11 月 10 日	借：固定资产累计折旧　10 000 　　无偿调拨净资产　30 000 　　贷：固定资产——通用设备　40 000 借：资产处置费用　800 　　贷：银行存款　800	借：其他支出　800 　　贷：资金结存——货币资金——银行存款　800

【例 14-22】2022 年 11 月 6 日，某事业单位报经批准处置一批专用设备，该批设备使用年限已超过规定年限，账面价值 2 000 000 元，已全额计提折旧。11 月 10 日，设备变卖收入 15 000 元。11 月 12 日，发生运输费 10 000 元。按规定，处置收益应上缴财政。该单位编制有关会计分录如表 14-30 所示。

表 14-30 报废资产的主要账务处理

时间	财务会计分录	预算会计分录
2022 年 11 月 6 日	借：固定资产累计折旧 2 000 000 贷：固定资产——专用设备 2 000 000	不做账务处理
11 月 10 日	借：银行存款 15 000 贷：资产处置费用 15 000	
11 月 12 日	借：资产处置费用 10 000 贷：银行存款 10 000 借：资产处置费用 5 000 贷：应缴财政款 5 000	

（二）通过“待处理财产损溢”科目核算的资产处置费用

按照规定，单位在资产清查中查明的资产盘亏、毁损以及报废等，需要通过“待处理财产损溢”科目核算。

（1）单位账款核对中发现的现金短缺，属于无法查明原因的，报经批准核销时，借记“资产处置费用”科目，贷记“待处理财产损溢”科目。

（2）单位资产清查过程中盘亏或者毁损及报废的存货、固定资产、无形资产、公共基础设施、政府储备物资、文物文化资产、保障性住房等，报经批准处理时，按照处理资产价值，借记“资产处置费用”科目，贷记“待处理财产损溢——待处理财产价值”科目。处理收支结清时，处理过程中所取得的收入小于所发生的相关费用的，按照相关费用减去处理收入后的净支出，借记“资产处置费用”科目，贷记“待处理财产损溢——处理净收入”科目。预算会计处理时，借记“其他支出”等科目，贷记“资金结存”科目。

【例 14-23】2022 年 2 月 21 日，某行政单位进行年度固定资产清查，发现一台专用设备已经遗失，无法找到。设备总价 200 000 元，已计提折旧 120 000 元。3 月 5 日，该单位根据清查结果上报主管部门。5 月 10 日，根据主管部门的批复进行处理。该单位编制有关会计分录如表 14-31 所示。

表 14-31 资产盘亏的会计分录

时间	财务会计分录	预算会计分录
2022 年 2 月 21 日	借：待处理财产损溢——待处理财产价值 80 000 固定资产累计折旧 120 000 贷：固定资产——专用设备 200 000	不做账务处理
2022 年 5 月 10 日	借：资产处置费用 200 000 贷：待处理财产损溢——待处理财产价值 200 000	

任务五 其他费用与其他支出

一、核算内容及账户设置

（一）其他费用核算内容及账户设置

其他费用是指行政事业单位发生的除业务活动费用、单位管理费用、资产处置费用、上缴上级费用、附属单位补助费用、所得税费用以外的各项费用，包括利息费用、坏账损失、罚没支出、现金资产捐赠支出以及相关税费、运输费等。

为了核算其他费用业务，行政事业单位应设置“其他费用”总账科目。该科目应当按照其他费用的类别等进行明细核算。单位发生的利息费用较多的，可以单独设置“利息费用”科目。

（二）其他支出的核算内容及账户设置

其他支出是指行政事业单位除了行政支出、事业支出、经营支出、上缴上级支出、对附属单位补助支出、投资支出、债务还本支出以外的各项现金流出，包括利息支出、对外捐赠现金支出、现金盘亏损失、接受捐赠（调入）和对外捐赠（调出）非现金资产发生的税费支出、资产置换过程中发生的相关税费支出、罚没支出等。

为了核算其他支出业务，行政事业单位应设置“其他支出”总账科目。该科目应当按照其他支出的类别，“财政拨款支出”、“非财政专项资金支出”和“其他资金支出”，《政府收支分类科目》中“支出功能分类科目”的项级科目和“部门预算支出经济分类科目”的款级科目等进行明细核算。其他支出中如有专项资金支出，还应按照具体项目进行明细核算。

有一般公共预算财政拨款、政府性基金预算财政拨款等两种或两种以上财政拨款的事业单位，还应当在“财政拨款支出”明细科目下按照财政拨款的种类进行明细核算。

单位发生利息支出、捐赠支出等其他支出金额较大或业务较多的，可单独设置“利息支出”“捐赠支出”等科目。

二、账务处理

（一）其他费用的主要账务处理

（1）利息费用是指单位向银行和非银行金融机构借贷款项而支付的利息费用。

按期计算确认借款利息费用时，按照计算确定的金额，借记“在建工程”科目或本科目，贷记“应付利息”“长期借款——应计利息”科目。

（2）坏账损失是指事业单位年末对收回后不需要上缴财政的应收账款和其他应收款计提坏账准备而发生的费用。

年末，事业单位按照规定对收回后不需要上缴财政的应收账款和其他应收款计提坏账准备时，按照计提金额，借记“其他费用”科目，贷记“坏账准备”科目；冲减多提的坏账准备时，按照冲减金额，借记“坏账准备”科目，贷记“其他费用”科目。

（3）罚没支出是指单位违反国家法律法规或规章制度而被有关部门罚款或没收现金资产而发生的费用。

单位发生罚没支出的，按照实际缴纳或应当缴纳的金额，借记“其他费用”科目，贷记“银行存款”“库存现金”“其他应付款”等科目。

（4）现金资产捐赠是指单位经批准对外捐赠现金资产发生的费用。

单位对外捐赠现金资产的，按照实际捐赠的金额，借记“其他费用”科目，贷记“银行存款”“库存现金”等科目。

（5）其他相关费用。单位接受捐赠（或无偿调入）以名义金额计量的存货、固定资产、无形资产，以及成本无法可靠取得的公共基础设施、文物文化资产等发生的相关税费、运输费等，按照实际支付的金额，借记“其他费用”科目，贷记“财政拨款收入”“零余额账户用款额度”“银行存款”“库存现金”等科目。

单位发生的与受托代理资产相关的税费、运输费、保管费等，按照实际支付或应付的金额，借记“其他费用”科目，贷记“零余额账户用款额度”“银行存款”“库存现金”“其他应付款”等科目。

（6）期末：将其他费用本期发生额转入本期盈余，借记“本期盈余”科目，贷记“其他费用”科目。期末结转后，本科目应无余额。

（二）其他支出的主要账务处理

其他费用和其他支出的主要账务处理如表 14-32 所示。

表 14-32 其他费用和其他支出的主要账务处理

序号	业务和事项内容		账务处理	
			财务会计	预算会计
1	利息费用	计算确定借款利息费用时	借：其他费用 / 在建工程 贷：应付利息 / 长期借款——应计利息	—
		实际支付利息时	借：应付利息 贷：银行存款	借：其他支出 贷：资金结存——货币资金
2	现金资产对外捐赠		借：其他费用（按照实际捐赠的金额） 贷：银行存款 / 库存现金	借：其他支出 贷：资金结存——货币资金
3	坏账损失	按照规定对应收账款和其他应收款计提坏账准备	借：其他费用 贷：坏账准备	
		冲减多提的坏账准备时	借：坏账准备 贷：其他费用	—
4	罚没支出	按照实际发生金额	借：其他费用 贷：银行存款 / 库存现金 / 其他应付款	借：其他支出 贷：资金结存——货币资金（实际支付金额）
5	其他相关税费、运输费等		借：其他费用 贷：零余额账户用款额度 / 银行存款	借：其他支出 贷：资金结存
6	期末 / 年末结转		借：本期盈余 贷：其他费用	借：其他结余（非财政、非专项资金支出） 非财政拨款结转——本年收支结转（非财政专项资金支出） 财政拨款结转——本年收支结转（财政拨款资金支出） 贷：其他支出

【例 14-24】2022 年 11 月 1 日，某县事业单位归还了半年前向银行借入的款项 100 000 元，另按协议约定支付借款利息 4 000 元。该单位编制有关会计分录如表 14-33 所示。

表 14-33 归还借款、支付利息的会计分录

时 间	财务会计分录	预算会计分录
2022 年 11 月 1 日	借：其他费用——利息费用 4 000 短期借款 100 000 贷：银行存款 104 000	借：债务还本支出 100 000 其他支出 4 000 贷：资金结存——货币资金——银行存款 104 000

【例 14-25】2022 年 11 月 6 日，某事业单位对其他应收款的年末余额和对方单位的情况进行了检查，分析其可收回性，发现其中的一笔 20 000 元因有证据表明对方单位可能破产，报经批准后计提坏账准备金 20 000 元（这笔应收款项若收回后不需要上缴财政，单位规定按个别认定法计提）。该单位编制有关会计分录如表 14-34 所示。

表 14-34　计提坏账准备的会计分录

时　间	财务会计分录	预算会计分录
2022 年 11 月 6 日	借：其他费用——坏账损失　20 000 　贷：坏账准备　20 000	不做账务处理

【例 14-26】2022 年 11 月 15 日，某事业单位向扶贫基金会捐赠 100 000 元，银行已划出。该单位编制有关会计分录如表 14-35 所示。

表 14-35　对外捐赠现金资产的会计分录

时　间	财务会计分录	预算会计分录
2022 年 11 月 15 日	借：其他费用——捐赠支出　100 000 　贷：银行存款　100 000	借：其他支出　100 000 　贷：资金结存——货币资金——银行存款　100 000

【例 14-27】2022 年 11 月 30 日，某事业单位接到税务机关正式通知，对该单位少缴个人所得税行为进行处罚，罚金 100 000 元、滞纳金 10 000 元。该单位编制有关会计分录如表 14-36 所示。

表 14-36　罚没支出的会计分录

时　间	财务会计分录	预算会计分录
2022 年 11 月 30 日	借：其他费用——罚没支出 110 000 　贷：银行存款　110 000	借：其他支出　110 000 　贷：资金结存——货币资金——银行存款　110 000

项目检测

一、判断题

1. 单位管理费用是行政单位独有的费用类科目。（　）
2. 因为行政单位没有所得税费用科目，因此不需要缴纳企业所得税。（　）
3. 投资支出是事业单位独有的预算支出项目。（　）

二、简答题

1. 行政事业单位的费用包括哪些内容？哪些项目只适用于事业单位？
2. 业务活动费用与单位管理费用的区别在哪，两者的适用范围是什么？
3. 其他费用包括哪些内容？

三、业务题

1. 某事业单位自有经费，对所属独立核算食堂补助 7 000 元。以银行存款支付。
2. 某事业单位因事业需要借入一笔长期借款，支付利息 5 800 元。
3. 某事业单位捐赠 200 000 元给当地慈善机构，用于支持社会公益。
4. 月底盘点，某事业单位发现当日库存现金短缺 200 元，无法查明原因，经批准予以核销。

要求：请根据以上经济业务编制会计分录。

项目十五　行政事业单位净资产和预算结余

项目目标

知识目标

1. 理解单位净资产与预算结余的概念、内容；
2. 掌握单位净资产和预算结余的账户设置及账务处理原则。

素质目标

1. 具备诚信自律、坚持原则的自我要求；
2. 树立自我主动学习观念。

任务一　净资产

净资产是指行政事业单位资产扣除负债后的余额。它是行政事业单位采用权责发生制基础核算资产和负债后，按照净资产的种类进行分类的结果。行政事业单位的净资产包括本期盈余、本年盈余分配、累计盈余、专用基金、权益法调整、无偿调拨净资产和以前年度盈余调整。在行政事业单位中，净资产属于财务会计要素，预算结余属于预算会计要素。净资产和预算结余在基本概念、具体种类、确认和计量方法方面虽有一定的联系，但存在明显的区别。

一、本期盈余

本期盈余是指单位本期各项收入、费用相抵后的余额。

为了核算本期盈余业务，行政事业单位应设置“本期盈余”总账科目。期末，将各类收入科目的本期发生额转入本期盈余，借记“财政拨款收入”“事业收入”“上级补助收入”“附属单位上缴收入”“经营收入”“非同级财政拨款收入”“投资收益”“捐赠收入”“利息收入”“租金收入”“其他收入”科目，贷记“本期盈余”科目；将各类费用科目本期发生额转入本期盈余，借记“本期盈余”科目，贷记“业务活动费用”“单位管理费用”“经营费用”“所得税费用”“资产处置费用”“上缴上级费用”“对附属单位补助费用”等科目。

年末，完成上述结转后，将本科目余额转入“本年盈余分配”科目，借记或贷记“本期盈余”科目，贷记或借记“本年盈余分配”科目。

本科目期末如为贷方余额，反映单位自年初至当期期末累计实现的盈余；如为借方余额，反映单位自年初至当期期末累计发生的亏损。年末结账后，本科目应无余额。

【例 15-1】2022 年 11 月，某事业单位各类收入和费用科目的本月发生额如表 15-1 所示。

表 15-1　收入和费用科目本年发生额表　　单位：元

收入和费用科目	本月借方发生额	本月贷方发生额
财政拨款收入		500 000
事业收入		600 000
附属单位上缴收入		20 000
经营收入		65 000
非同级财政拨款收入		15 000
投资收益		18 000

续表

收入和费用科目	本月借方发生额	本月贷方发生额
捐赠收入		12 000
利息收入		5 000
租金收入		24 000
其他收入		2 300
业务活动费用	550 000	
单位管理费用	480 000	
经营费用	55 000	
所得税费用	2 500	
资产处理费用	4 000	
对附属单位补助费用	10 000	
其他费用	4 000	

11 月 30 日，该单位编制结转各类收入和费用的会计分录如下：

（1）结转本月各类收入，财务会计记账的会计分录：

借：财政拨款收入 500 000
　　事业收入 600 000
　　附属单位上缴收入 20 000
　　经营收入 65 000
　　非同级财政拨款收入 15 000
　　投资收益 18 000
　　捐赠收入 12 000
　　利息收入 5 000
　　租金收入 24 000
　　其他收入 2 300
　　贷：本期盈余 1 261 300

（2）结转本月各类费用，财务会计记账的会计分录：

借：本期盈余 1 105 500
　　贷：业务活动费用 550 000
　　　　单位管理费用 480 000
　　　　经营费用 55 000
　　　　所得税费用 2 500
　　　　资产处置费用 4 000
　　　　对附属单位补助费用 10 000
　　　　其他费用 4 000

二、本年盈余分配

本年盈余分配是指行政事业单位对本年度实现的盈余按照有关规定进行的分配。

为核算本年盈余分配业务，行政事业单位应设置“本年盈余分配”总账科目。年末，将“本期盈余”科目余额转入本科目，借记或贷记“本期盈余”科目，贷记或借记“本年盈余分配”科目。

年末，根据有关规定从本年度非财政拨款结余或经营结余中提取专用基金的，按照预算会计下计算的提取金额，借记“本年盈余分配”科目，贷记“专用基金”科目。预算会计处理时，借记“非财政拨款结余分配”科目，贷记“专用结余”科目。

年末，按照规定完成上述两项处理后，将本科目余额转入累计盈余，借记或贷记本科目，贷记或借记“累计盈余”科目。年末结账后，本科目应无余额。

【例 15-2】2022 年 12 月 31 日，某事业单位完成各类收入和费用的结转后，“本期盈余”科目的贷方余额为 600 000 元。按规定从本年度非财政拨款结余中提取职工福利基金 120 000 元，从经营结余中提取职工福利基金 30 000 元。

（1）年末将“本期盈余”科目余额转入“本年盈余分配”科目

借：本期盈余　600 000

　贷：本年盈余分配　600 000

（2）按规定提取职工福利基金

借：本年盈余分配　150 000

　贷：专用基金——职工福利基金　150 000

　同时，编制预算会计记账分录：

借：非财政拨款结余分配　150 000

　贷：专用结余　150 000

（3）年末将“本年盈余分配”科目余额转入“累计盈余”科目

借：本年盈余分配　450 000

　贷：累计盈余　450 000

三、累计盈余

（一）累计盈余的概念及账户设置

累计盈余是指行政事业单位历年实现的盈余扣除盈余分配后滚存的金额以及因无偿调入调出资产产生的净资产变动额。

为了核算累计盈余业务，行政事业单位应设置“累计盈余”总账科目。按照规定上缴、缴回、单位间调剂结转结余资金产生的净资产变动额，以及对以前年度盈余的调整金额，也通过该科目核算。本科目年末余额，反映单位未分配盈余（或未弥补亏损）以及无偿调拨净资产变动的累计数。

（二）账务处理

1. 结转本年盈余分配

年末，将“本年盈余分配”科目的余额转入“累计盈余”，借记或贷记“本年盈余分配”科目，贷记或借记“累计盈余”科目。

2. 结转无偿调拨净资产

年末，将“无偿调拨净资产”科目的余额转入“累计盈余”，借记或贷记“无偿调拨净资产”科目，贷记或借记“累计盈余”科目。

3. 结转财政拨款及其他资金的结转结余

按照规定上缴财政拨款结转结余、缴回非财政拨款结转资金、向其他单位调出财政拨款结转资金时，按照实际上缴、缴回、调出金额，借记“累计盈余”科目，贷记“财政应返还额度”“零余额账户用款额度”“银行存款”等科目。预算会计处理时，借记“财政拨款结转”“财政拨款结余”“非财政拨款结转”科目，贷记“资金结存——零余额账户用款额度、货币资金、财政应返还额度”科目等。

按照规定从其他单位调入财政拨款结转资金时，按照实际调入金额，借记“零余额账户用款额度”“银行存款”等科目，贷记“累计盈余”科目。预算会计处理时，借记“资金结存”科目，贷记“财政拨款结转——归集调入”科目。

4. 结转以前年度盈余调整

按照对以前年度盈余的调整金额，借记或贷记“以前年度盈余调整”科目，贷记或借记“累计盈余”科目。

5. 结转专用基金

按照规定使用专用基金购置固定资产、无形资产的，按照固定资产、无形资产成本金额，借记“固定资产”“无形资产”科目，贷记“银行存款”等科目。预算会计处理时，借记“专用结余”，贷记“资金结存——货币资金”科目；同时，按照专用基金使用金额，借记“专用基金”科目，贷记“累计盈余”科目。

【例 15-3】2022 年 12 月 31 日，某行政单位有关科目余额如下：“本年盈余分配”科目贷方余额为 320 000 元，“无偿调拨净资产”科目贷方余额为 53 000 元，“以前年度盈余调整”科目借方余额为 3 000 元。该行政单位进行相关结转。该单位编制有关会计分录如表 15-2 所示。

表 15-2　结转累计盈余的会计分录

时　间	财务会计分录	预算会计分录
2022 年 12 月 31 日	借：本年盈余分配　320 000 　　无偿调拨净资产　53 000 　　贷：累计盈余　373 000 借：累计盈余　3 000 　　贷：以前年度盈余调整　3 000	不做账务处理

【例 15-4】某行政单位按规定上缴财政拨款结余资金 6 000 元，具体通过上缴财政授权支付额度的方式完成。该单位编制有关会计分录如表 15-3 所示。

表 15-3　上缴财政拨款结余资金的会计分录

时　间	财务会计分录	预算会计分录
2022 年 12 月 31 日	借：累计盈余　6 000 　　贷：零余额账户用款额度　6 000	借：财政拨款结余　6 000 　　贷：资金结余——零余额账户用款额度　6 000

【例 15-5】2022 年 12 月 17 日，某事业单位对非财政拨款专项结转资金各项目情况进行分析，乙项目已经完成，结余的 50 000 元按照规定缴回，当日以银行存款实际缴回该笔资金。该单位编制有关会计分录如表 15-4 所示。

表 15-4　上缴结转资金的会计分录

时　间	财务会计分录	预算会计分录
2022 年 12 月 17 日	借：累计盈余　50 000 　　贷：银行存款　50 000	借：非财政拨款结转　6 000 　　贷：资金结余——货币资金——银行存款　6 000

四、专用基金

（一）专用基金概述

专用基金是指事业单位按照规定提取或设置的具有专门用途的净资产，主要包括职工福利基金、科技成果转化基金等。

1. 职工福利基金

职工福利基金是指按照非财政拨款结余或经营结余的一定比例提取以及按照其他规定提取转入，用于单位职工的集体福利设施、集体福利待遇等的资金。根据财政部 2012 年《关于事业单位提取专用基金比例问题的通知》的规定，“事业单位职工福利基金的提取比例，在单位年度非财政拨款结余的 40% 以内确定。国家另有规定的，从其规定”。

2. 住房基金

住房基金是指按国家政策法规和财务制度的规定，由国家财政和行政事业单位共同筹集，用于行政事业单位住房制度改革和住房建设的专项基金。

3. 修购基金

修购基金是指按照事业收入和经营收入的一定比例提取，并按照规定在相应的购置和修缮科目中列支（各列 50%）以及按照其他规定转入，用于事业单位固定资产维修和购置的资金。事业收入和经营收入较少的事业单位可以不提取修购基金，实行固定资产折旧的事业单位不提取修购基金。

4. 科技成果转化基金

科技成果转化基金是指科学事业单位从事业收入中提取，在事业支出的相关科目中列支，以及在经营收支结余中提取转入，用于科技成果转化的资金。事业收入和经营收支结余较少的单位可以不提取科技成果转化基金。

5. 医疗风险基金

医疗风险基金是指医院和基层医疗卫生机构等按国家相关制度的规定提取并列入费用的专门用于支付医疗风险保险或医疗事故赔偿的资金。

6. 奖励基金

奖励基金是指基层医疗卫生机构在年度终了对核定任务完成情况进行绩效考核合格后，按照业务收支结余的一定比例提取，由基层医疗卫生机构结合绩效工资的实施，用于职工绩效考核奖励的资金。

7. 其他专用基金

其他专用基金是指按照其他有关规定提取或者设置的专用资金。

《事业单位财务规则》第三十四条规定：“各项基金的提取比例和管理办法，国家有统一规定的，按照统一规定执行；没有统一规定的，由主管部门会同同级财政部门确定。”

（二）专用基金的账户设置

为核算专用基金业务，事业单位应设置“专用基金”总账科目。该科目应当按照专用基金的类别进行明细核算。该科目贷方登记提取或设置的专用基金，借方登记实际使用的专用基金。该科目期末贷方余额，反映事业单位累计提取或设置的尚未使用的专用基金。

（三）专用基金的账务处理

1. 形成专用基金

（1）从本年度非财政拨款结余或经营结余中提取。年末，根据有关规定从本年度非财政拨款结余或经营结余中提取专用基金的，按照预算会计下计算的提取金额，借记“本年盈余分配”科目，贷记“专用基金”科目。预算会计处理时，借记“非财政拨款结余分配”科目，贷记“专用结余”科目。

（2）从收入中提取。根据有关规定从收入中提取专用基金并计入费用的，一般按照预算会计下基于预算收入计算提取的金额，借记“业务活动费用”等科目，贷记“专用基金”科目。

（3）按规定设置。根据有关规定设置的其他专用基金，按照实际收到的基金金额，借记“银行存款”等科目，贷记“专用基金”科目。

2. 使用专用基金

按照规定使用提取的专用基金时，借记“专用基金”科目，贷记“银行存款”等科目。使用提取的专用基金购置固定资产、无形资产的，按照固定资产、无形资产的成本金额，借记“固定资产”“无形资产”科目，贷记“银行存款”等科目；同时，按照专用基金使用金额，借记“专用基金”科目，贷记“累计盈余”科目。

预算会计处理时，使用从收入中提取并列入费用的专用基金时，借记“事业支出”等科目，贷记“资金结存”科目；使用从非财政拨款结余中提取的专用基金时，借记“专用结余”，贷记“资金结存”科目。

【例 15-6】某事业单位于 2022 年年终事业收入达 6 000 000 元，经营收入达 800 000 元，按照规定提取修购基金，提取比例为 5%。该单位编制有关会计分录如表 15-5 所示。

表 15-5　从收入中提取专用基金的会计分录

时　间	财务会计分录	预算会计分录
2022 年 12 月 31 日	借：业务活动费用　　300 000 　　经营费用　　40 000 　　贷：专用基金——修购基金　　340 000	不做账务处理

【例 15-7】某事业单位于 2022 年年终分配，非财政拨款结余总额为 300 000 元，按照结余的 40% 提取职工福利基金。该单位编制有关会计分录如表 15-6 所示。

表 15-6　从本年度非财政拨款结余中提取专用基金的会计分录

时　间	财务会计分录	预算会计分录
2022 年 12 月 31 日	借：本年盈余分配——提取职工福利基金 120 000 　　贷：专用基金——职工福利基金　　120 000	借：非财政拨款结余分配　　120 000 　　贷：专用结余——职工福利基金　120 000

【例 15-8】2022 年 12 月 15 日，某事业单位使用修购基金购入一台专用设备，取得增值税普通发票，价税款合计 113 000 元；当日收到设备投入使用，并以财政授权支付方式支付款项。该单位编制有关会计分录如表 15-7 所示。

表 15-7 使用专用基金的会计分录

时间	财务会计分录	预算会计分录
2022 年 12 月 15 日	借：固定资产 113 000 贷：零余额账户用款额度 113 000 借：专用基金——修购基金 113 000 贷：累计盈余 113 000	借：事业支出 113 000 贷：资金结存——零余额账户用款额度 113 000

需要注意的是，行政单位没有专用基金业务。

五、权益法调整

（一）权益法调整的概念及账户设置

权益法调整是指事业单位持有的长期股权投资采用权益法核算时，按照被投资单位除了净损益和利润分配以外的所有者权益变动份额调整长期股权投资账面余额而计入净资产的金额。

为了核算权益法调整业务，事业单位应设置“权益法调整”总账科目。该科目应当按照被投资单位进行明细核算。本科目年末余额，反映事业单位在被投资单位除了净损益和利润分配以外的所有者权益变动中累计享有（或分担）的份额。

（二）权益法调整的账务处理

年末，按照被投资单位除了净损益和利润分配以外的所有者权益变动应享有（或应分担）的份额，借记或贷记“长期股权投资——其他权益变动”科目，贷记或借记“权益法调整”科目。

采用权益法核算的长期股权投资，因被投资单位除了净损益和利润分配以外的所有者权益变动而将应享有（或应分担）的份额计入单位净资产的，处置该项投资时，按照原计入净资产的相应部分金额，借记或贷记“权益法调整”科目，贷记或借记“投资收益”科目。

“权益法调整”科目的账务处理举例可参阅“长期股权投资”的相应内容，此处不再重复举例说明。

六、以前年度盈余调整

（一）以前年度盈余调整的概念及账户设置

以前年度盈余调整是指行政事业单位本年度由于发生了需要调整以前年度盈余的事项，从而对以前年度的盈余数额及其他相关项目的数额进行的调整。其中，本年度发生的需要调整以前年度盈余的事项包括本年度发生的重要前期差错更正涉及调整以前年度盈余的事项等。

为了核算以前年度盈余调整业务，行政事业单位应设置“以前年度盈余调整”总账科目。该科目贷方登记调整增加的以前年度盈余和结转已调整减少的金额，借方登记调整减少的以前年度盈余和结转已调整增加的金额，年末结转后无余额。

（二）以前年度盈余调整的账务处理

调整增加以前年度收入时，按照调整增加的金额，借记有关科目，贷记“以前年度盈余调整”科目。调整减少的，做相反会计分录。调整增加以前年度费用时，按照调整增加的金额，借记“以前年度盈余调整”科目，贷记有关科目。调整减少的，做相反会计分录。盘盈的各种以前年度非流动资产，报经批准后处理时，借记“待处理财产损溢”科目，贷记“以前年度盈余调整”科目。经上述调整后，应将本科目的余额转入累计盈余，借记或贷记“累计盈余”科目，贷记或借记“以前年度盈余调整”科目。

【例 15-9】2023 年 3 月 6 日，税务部门税务稽查时发现，某事业单位 2022 年度经营支出中存在假发票 20 000 元，责令其调账并做纳税调整，该单位通知责任部门和责任人追索正规票据，并暂时由责任人赔偿。3 月 10 日补交增值税税额 2 600 元（增值税税率 13%，为计算简便不考虑附加）、补缴所得税税额 5 000 元（所得税税率 25%）。该单位编制有关会计分录如表 15-8 所示。

表 15-8　以前年度盈余调整的会计分录

时　间	财务会计分录	预算会计分录
2023 年 3 月 6 日	借：其他应收款——××人　20 000 　贷：以前年度盈余调整　20 000 借：以前年度盈余调整　7 600 　贷：应交增值税　2 600 　　其他应交税费——应交企业所得税　5 000	不做账务处理
3 月 10 日	借：应交增值税　2 600 　其他应交税费——应交企业所得税　5 000 　贷：银行存款　7 600	借：非财政拨款结余——年初余额调整　7 600 　贷：资金结存——货币资金——银行存款　7 600

【例 15-10】2023 年 3 月 25 日，某事业单位的内部审计处对本单位的会计核算工作进行审计，发现上年度 12 月购入一台办公设备，取得的增值税普通发票上注明价税款合计为 72 000 元，款项已通过银行存款支付，设备于当月投入使用，预计使用年限 6 年，按年限平均法计提折旧。财务处从当年 1 月起对该设备按月计提折旧 1 000 元。

按财务制度的规定，事业单位当月增加的固定资产当月就应提取折旧，而该单位上年度 12 月并未对该设备计提折旧，账务处理不正确，本月应编制如表 15-9 所示的会计分录进行调整。

表 15-9　以前年度盈余调整的会计分录

时　间	财务会计分录	预算会计分录
2023 年 3 月 25 日	借：以前年度盈余调整　1 000 　贷：固定资产累计折旧　1 000	不做账务处理

【例 15-11】2022 年 12 月 3 日，某事业单位年终结算前进行资产盘点，盘盈专用设备一台，按照重置成本确认资产价值 52 000 元，2023 年 3 月 1 日，盘盈资产经批准入账。该单位编制有关会计分录如表 15-10 所示。

表 15-10　以前年度盈余调整的会计分录

时　间	财务会计分录	预算会计分录
2022 年 12 月 3 日	借：固定资产　52 000 　贷：待处理财产损溢——固定资产　52 000	不做账务处理
2023 年 3 月 1 日	借：待处理财产损溢——固定资产　52 000 　贷：以前年度盈余调整　52 000	不做账务处理

【例 15-12】2023 年 3 月末，结转本月以前年度盈余调整 38 600 元（52 000 － 12 400 － 1 000），其会计分录如表 15-11 所示。

表 15-11　以前年度盈余调整的会计分录

时　间	财务会计分录	预算会计分录
2023 年 3 月 31 日	借：以前年度盈余调整　　38 600 　贷：累计盈余　　38 600	不做账务处理

七、无偿调拨净资产

（一）无偿调拨净资产的概念及账户设置

无偿调拨净资产是指行政事业单位无偿调入或调出非现金资产所引起的净资产增减变动。

为了核算无偿调拨净资产业务，行政事业单位应设置“无偿调拨净资产”总账科目。本科目贷方登记无偿调入的非现金资产和结转调出的非现金资产，借方登记无偿调出的非现金资产和结转调入的非现金资产，年末结转后无余额。

（二）无偿调拨净资产的账务处理

按照规定取得无偿调入的存货、长期股权投资、固定资产、无形资产、公共基础设施、政府储备物资、文物文化资产、保障性住房等，按照确定的成本，借记“库存物品”“长期股权投资”“固定资产”“无形资产”“公共基础设施”“政府储备物资”“文物文化资产”“保障性住房”等科目，按照调入过程中发生的归属调入方的相关费用，贷记“零余额账户用款额度”“银行存款”等科目，按照其差额，贷记“无偿调拨净资产”科目。预算会计处理时，按照发生的归属调入方的相关费用，借记“其他支出”科目，贷记“资金结存”等科目。

按照规定经批准无偿调出存货、长期股权投资、固定资产、无形资产、公共基础设施、政府储备物资、文物文化资产、保障性住房等，按照调出资产的账面余额或账面价值，借记“无偿调拨净资产”科目，按照固定资产累计折旧、无形资产累计摊销、公共基础设施累计折旧或摊销、保障性住房累计折旧的金额，借记“固定资产累计折旧”“无形资产累计摊销”“公共基础设施累计折旧（摊销）”“保障性住房累计折旧”科目，按照调出资产的账面余额，贷记“库存物品”“长期股权投资”“固定资产”“无形资产”“公共基础设施”“政储备物资”“文物文化资产”“保障性住房”等科目；同时，按照调出过程中发生的归属调出方的相关费用，借记“资产处置费用”科目，贷记“零余额账户用款额度”“银行存款”等科目。预算会计处理时，借记“其他支出”科目，贷记“资金结存”等科目。

年末，将本科目余额转入累计盈余，借记或贷记“无偿调拨净资产”科目，贷记或借记“累计盈余”科目。

【例 15-13】2022 年 12 月 20 日，经相关部门批准甲行政单位从乙行政单位无偿调入一台专用设备，收到的票据上注明该设备的价值为 376 000 元（原价 400 000 元，已提折旧 24 000 元）；当日收到该设备且不需要安装直接投入使用；甲单位以银行存款向运输公司支付运费 10 900 元，取得增值税普通发票。不考虑其他因素。分别编制甲单位、乙单位相关的会计分录，如表 15-12、表 15-13 所示。

表 15-12　甲单位无偿调拨净资产的会计分录

时　间	财务会计分录	预算会计分录
2022 年 12 月 20 日	借：固定资产　　386 900 　贷：无偿调拨净资产　　376 000 　　银行存款　　10 900	借：其他支出　　10 900 　贷：资金结存——货币资金——银行存款　　10 900
2023 年 12 月 31 日	借：无偿调拨净资产　　376 000 　贷：累计盈余　　376 000	不做账务处理

表 15-13　乙单位无偿调拨净资产的会计分录

时　间	财务会计分录	预算会计分录
2022 年 12 月 20 日	借：无偿调拨净资产　376 000 　固定资产累计折旧　24 000 　贷：固定资产　400 000	不做账务处理
2023 年 12 月 31 日	借：累计盈余　376 000 　贷：无偿调拨净资产　376 000	不做账务处理

任务二　预算结余

预算结余是指行政事业单位预算收入减去预算支出后的余额。它是行政事业单位采用收付实现制基础核算预算收入和预算支出后，按照预算结余的种类进行分类的结果。行政事业单位的预算结余包括资金结存、财政拨款结转、财政拨款结余、非财政拨款结转、非财政拨款结余、专用结余、经营结余、其他结余等种类。

一、资金结存

（一）资金结存的概念及账户设置

资金结存是指行政事业单位纳入部门预算管理的资金结存数额，包括结存的零余额账户用款额度、货币资金和财政应返还额度等。

为了核算资金结存业务，行政事业单位应设置“资金结存”总账科目。该科目核算单位纳入部门预算管理的资金的流入、流出、调整和滚存等情况。该科目应当设置下列明细科目。

1.“零余额账户用款额度”

本明细科目核算实行国库集中支付的单位根据财政部门批复的用款计划收到和支用的零余额账户用款额度。年末结账后，本明细科目应无余额。

2.“货币资金”

本明细科目核算单位以库存现金、银行存款、其他货币资金形态存在的资金。本明细科目年末借方余额，反映单位尚未使用的货币资金。

3.“财政应返还额度”

本明细科目核算实行国库集中支付的单位可以使用的以前年度财政直接支付资金额度和财政应返还的财政授权支付资金额度。本明细科目下可设置“财政直接支付”“财政授权支付”两个明细科目进行明细核算。本明细科目年末借方余额，反映单位应收财政返还的资金额度。

（二）资金结存的账务处理

1. 资金流入的账务处理

资金流入的经济业务及事项，一般借记“资金结存”科目，贷记相关的预算会计科目。同时按财务会计分录，借记“库存现金”“银行存款”“其他货币资金”“零余额账户用款额度”以及“财政应返还额度”等科目，贷记相关科目。

（1）取得预算收入。在财政授权支付方式下，单位根据代理银行转来的财政授权支付额度到账通知书，按照通知书中的授权支付额度，借记“资金结存”科目（零余额账户用款额度），贷记“财政拨款预算收入”科目。

以国库集中支付以外的其他支付方式取得预算收入时，按照实际收到的金额，借记“资金结存”科目（货币资金），贷记“财政拨款预算收入”“事业预算收入”“经营预算收入”等科目。

【例 15-14】2022 年 3 月 2 日，某事业单位收到代理银行转来的《财政授权支付额度到账通知书》，通知书中所列的财政授权支付额度为 80 000 元。该单位编制有关会计分录如表 15-14 所示。

表 15-14　资金结存的会计分录

时　间	财务会计分录	预算会计分录
2022 年 3 月 2 日	借：零余额账户用款额度　80 000 　　贷：财政拨款收入　80 000	借：资金结存——零余额账户用款额度　80 000 　　贷：财政拨款预算收入　80 000

（2）收到调入的财政拨款结转资金。收到从其他单位调入的财政拨款结转资金的，按照实际调入资金数额，借记“资金结存”科目（财政应返还额度、零余额账户用款额度、货币资金），贷记“财政拨款结转——归集调入”科目。

【例 15-15】2022 年 11 月 4 日，某事业单位按照规定从其他单位调入财政拨款结转资金 20 000 元，收到相应数额的财政授权支付额度。该单位编制有关会计分录如表 15-15 所示。

表 15-15　资金结存的会计分录

时　间	财务会计分录	预算会计分录
2022 年 11 月 4 日	借：零余额账户用款额度　20 000 　　贷：累计盈余　20 000	借：资金结存——零余额账户用款额度　20 000 　　贷：财政拨款结转——归集调入　20 000

（3）购货退回、差错更正退回。因购货退回、发生差错更正等退回国库直接支付、授权支付款项，或者收回货币资金的，属于本年度支付的，借记“财政拨款预算收入”科目或本科目（零余额账户用款额度、货币资金），贷记相关支出科目；属于以前年度支付的，借记“资金结存”科目（财政应返还额度、零余额账户用款额度、货币资金），贷记“财政拨款结转”“财政拨款结余”“非财政拨款结转”“非财政拨款结余”科目。

【例 15-16】2022 年 4 月 25 日，某事业单位因货品质量问题退回一批当年购入的货品 720 元，该批货品在购入时已计入本年业务活动费用和事业支出，退货款项已收到并增加单位零余额账户用款额度。该事业单位应编制会计分录如表 15-16 所示。

表 15-16　因购货退回的会计分录

时　间	财务会计分录	预算会计分录
2022 年 4 月 25 日	借：零余额账户用款额度　720 　　贷：业务活动费用　720	借：资金结存——零余额账户用款额度　720 　　贷：事业支出　720

（4）年末，确认未下达的财政用款额度。年末，根据本年度财政直接支付预算指标数与当年财政直接支付实际支出数的差额，借记“资金结存”科目（财政应返还额度），贷记“财政拨款预算收入”科目。

本年度财政授权支付预算指标数大于零余额账户用款额度下达数的，根据未下达的用款额度，借记“资金结存”科目（财政应返还额度），贷记“财政拨款预算收入”科目。

2. 资金流出的账务处理

（1）发生预算支出。在财政授权支付方式下，发生相关支出时，按照实际支付的金额，借记“行政支出”“事业支出”等科目，贷记“资金结存”科目（零余额账户用款额度）。从零余额账户提取现金时，借记“资金结存”科目（货币资金），贷记“资金结存”科目（零余额账户用款额度）。退回现金时，做相反会计分录。使用以前年度财政直接支付额度发生支出时，按照实际支付金额，借记“行政支出”“事业支出”等科目，贷记“资金结存”科目（财政应返还额度）。在国库集中支付以外的其他支付方式下，发生相关支出时，按照实际支付的金额，借记“事业支出”“经营支出”等科目，贷记“资金结存”科目（货币资金）。

按照规定使用提取的专用基金支付相关项目时，按照实际支付金额，借记“专用结余”科目（从非财政拨款结余中提取的专用基金）或“事业支出”等科目（从预算收入中计提的专用基金），贷记“资金结存”科目（货币资金）。

【例 15-17】2022 年 5 月 26 日，某行政单位在开展业务活动过程中通过财政授权支付方式购入一项不需要安装的固定资产，实际支付价款为 16 000 元。该行政单位应编制如表 15-17 所示的会计分录。

表 15-17　购入不需要安装的固定资产的会计分录

时　间	财务会计分录	预算会计分录
2022 年 5 月 26 日	借：固定资产　16 000 　贷：零余额账户用款额度　16 000	借：行政支出　16 000 　贷：资金结存——零余额账户用款额度　16 000

【例 15-18】2022 年 6 月 3 日，某事业单位按照规定使用从预算收入中提取的专用基金购置一项固定资产，款项合计 9 600 元通过银行存款账户支付。购置的固定资产用于开展专业业务活动及其辅助活动。该事业单位应编制如表 15-18 所示的会计分录。

表 15-18　用基金购置固定资产的会计分录

时　间	财务会计分录	预算会计分录
2022 年 6 月 3 日	借：固定资产　9 600 　贷：银行存款　9 600 借：专用基金——修购基金　9 600 　贷：累计盈余　9 600	借：事业支出　9 600 　贷：资金结存——货币资金——银行存款　9 600

（2）上缴或缴回资金。按照规定上缴财政拨款结转结余资金或注销财政拨款结转结余资金额度的，按照实际上缴资金数额或注销的资金额度数额，借记“财政拨款结转——归集上缴”或“财政拨款结余——归集上缴”科目，贷记“资金结存”科目（财政应返还额度、零余额账户用款额度、货币资金）。

按规定向原资金拨入单位缴回非财政拨款结转资金的，按照实际缴回资金数额，借记“非财政拨款结转——缴回资金”科目，贷记“资金结存”科目（货币资金）。

【例 15-19】2022 年 5 月 7 日，某事业单位按照规定缴回非财政拨款结转资金 30 000 元，该事业单位应编制如表 15-19 所示的会计分录。

表 15-19　缴回非财政拨款结转资金的会计分录

时　间	财务会计分录	预算会计分录
2022 年 5 月 7 日	借：累计盈余　30 000 　贷：银行存款　30 000	借：非财政拨款结转——缴回资金　30 000 　贷：资金结存——货币资金——银行存款　30 000

（3）缴纳所得税。有企业所得税缴纳义务的事业单位缴纳所得税时，按照实际缴纳金额，借记“非财政拨款结余——累计结余”科目，贷记“资金结存”科目（货币资金）。

【例 15-20】2022 年 1 月 15 日，经汇算清缴，某事业单位实际缴纳上年企业所得税

13 000 元。该单位应编制如表 15-20 所示的会计分录。

表 15-20　缴纳所得税的会计分录

时　间	财务会计分录	预算会计分录
2022 年 1 月 15 日	借：其他应交税费——应交企业所得税 13 000 　贷：银行存款　13 000	借：非财政拨款结余——累计结余　13 000 　贷：资金结存——货币资金——银行存款 13 000

3. 资金形式转换的账务处理

资金形式转换的事项仅涉及"资金结存"明细科目之间的结转。

（1）零余额账户用款额度注销。年末，单位依据代理银行提供的对账单做注销额度的相关账务处理，借记"资金结存"科目（财政应返还额度），贷记"资金结存"科目（零余额账户用款额度）。

（2）下年初零余额账户用款额度恢复或收到未下达零余额账户用款额度。下年初，单位依据代理银行提供的额度恢复到账通知书做恢复额度的相关账务处理，借记"资金结存"科目（零余额账户用款额度），贷记"资金结存"科目（财政应返还额度）。单位收到财政部门批复的上年末未下达零余额账户用款额度的，借记"资金结存"科目（零余额账户用款额度），贷记"资金结存"科目（财政应返还额度）。

注意上年末未下达的财政直接支付用款额度，因为不需要通过零余额账户支付，因此不再转入"零余额账户用款额度"。下年使用上年度未下达的财政直接支付用款额度时，直接借记支付项目相关科目，贷记"财政应返还额度"科目。

【例 15-21】2022 年 4 月 18 日，某事业单位本年度财政下达的基本支出授权支付预算指标数 7 000 000 元，已全部下达零余额账户，年度内授权支付的实际支付数 6 800 000 元。该单位应编制如表 15-21 所示的会计分录。

表 15-21　年末注销零余额账户用款额度的会计分录

时　间	财务会计分录	预算会计分录
2022 年 4 月 18 日	年末注销零余额账户用款额度： 借：财政应返还额度——财政授权支付 200 000 　贷：零余额账户用款额度　200 000	年末注销零余额账户用款额度： 借：资金结存——财政应返还额度　200 000 　贷：资金结存——零余额账户用款额度　200 000

二、财政拨款结转

（一）财政拨款结转的概念及账户设置

财政拨款结转是指行政事业单位当年预算已执行但尚未完成，或因故未执行，下一年度需要按照原用途继续使用的财政拨款滚存资金。财政拨款结转包括基本支出结转和项目支出结转两大类。

为了核算单位取得的同级财政拨款结转资金的调整、结转和滚存情况，行政事业单位应设置"财政拨款结转"总账科目。年末贷方余额，反映财政拨款结转资金年末的累计余额。

在"财政拨款结转"总账科目下，应当设置下列明细科目。

1. 与会计差错更正、以前年度支出收回相关的明细科目

"年初余额调整"明细科目核算因发生会计差错更正、以前年度支出收回等原因，需要调整财政拨款结转的金额。年末结账后，本明细科目应无余额。

2. 与财政拨款调拨业务相关的明细科目

“归集调入”明细科目核算按照规定从其他单位调入财政拨款结转资金时，实际调增的额度数额或调入的资金数额。年末结账后，本明细科目应无余额。

“归集调出”明细科目核算按照规定向其他单位调出财政拨款结转资金时，实际调减的额度数额或调出的资金数额。年末结账后，本明细科目应无余额。

“归集上缴”明细科目核算按照规定上缴财政拨款结转资金时，实际核销的额度数额或上缴的资金数额。年末结账后，本明细科目应无余额。

“单位内部调剂”明细科目核算经财政部门批准对财政拨款结余资金改变用途，调整用于本单位其他未完成项目等的调整金额。年末结账后，本明细科目应无余额。

3. 与年末财政拨款结转业务相关的明细科目

“本年收支结转”明细科目核算单位本年度财政拨款收支相抵后的余额。年末结账后，本明细科目应无余额。

“累计结转”明细科目核算单位滚存的财政拨款结转资金。本明细科目年末贷方余额，反映单位财政拨款滚存的结转资金数额。

本科目还应当设置“基本支出结转”“项目支出结转”两个明细科目，并在“基本支出结转”明细科目下按照“人员经费”“日常公用经费”进行明细核算，在“项目支出结转”明细科目下按照具体项目进行明细核算；同时，本科目还应按照《政府收支分类科目》中“支出功能分类科目”的相关科目进行明细核算。

如果行政事业单位使用的财政拨款包括两个以上的财政预算资金，那么由于行政事业单位的财政拨款结转要和财政部门的财政预算对接，单位在进行财政拨款结转核算时，首先要按照一般公共预算拨款结转、政府性基金预算拨款结转等分别设置二级明细科目，其他的明细科目层级随之下移。财政拨款结转的会计科目设置举例如表 15-22 所示。

表 15-22 财政拨款结转明细科目表

<table>
<tr><th>总账科目</th><th>二级明细科目</th><th>三级明细科目</th><th>四级明细科目</th><th>五级明细科目</th></tr>
<tr><td rowspan="4">财政拨款结转</td><td rowspan="4">年初余额调整</td><td rowspan="4">支出功能分类</td><td rowspan="2">基本支出结转</td><td>人员经费</td></tr>
<tr><td>日常公用经费</td></tr>
<tr><td rowspan="2">项目支出结转</td><td>× × 项目</td></tr>
<tr><td>× × 项目</td></tr>
</table>

“归集调入、归集调出、归集上缴、单位内部调剂、本年收支结转、累计结转”二级科目下的明细科目设置与表 15-22 中“年初余额调整”的设置方法相同。

（二）财政拨款结转的账务处理

1. 与会计差错更正、以前年度支出收回相关的账务处理

（1）会计差错更正。因发生会计差错更正退回以前年度国库直接支付、授权支付款项或财政性货币资金，或者因发生会计差错更正增加以前年度国库直接支付、授权支付支出或财政性货币资金支出，属于以前年度财政拨款结转资金的，借记或贷记“资金结存——财政应返还额度、零余额账户用款额度、货币资金”科目，贷记或借记“财政拨款结转”科目（年初余额调整）。财务会计处理时，借记或贷记“零余额账户用款额度”“银行存款”等科目，贷记或借记“以前年度盈余调整”科目。

【例 15-22】某行政单位于 2022 年发生一项业务活动费用 200 元，因工作失误，付款时误付为 2 000 元，款项已通过财政授权支付方式支付。2023 年时，发现这一会计差错，经协商于 3 月 20 日对方单位退回 1 800 元。该单位应编制如表 15-23 所示的会计分录。

表 15-23　会计差错更正的会计分录

时间	财务会计分录	预算会计分录
2023 年 3 月 20 日	借：零余额账户用款额度　1800 　贷：以前年度损益调整　1 800	借：资金结存——零余额账户用款额度　1800 　贷：财政拨款结转——年初余额调整　1800

（2）以前年度支出收回。因购货退回、预付款项收回等发生以前年度支出又收回国库直接支付、授权支付款项或收回财政性货币资金，属于以前年度财政拨款结转资金的，借记“资金结存——财政应返还额度、零余额账户用款额度、货币资金”科目，贷记“财政拨款结转”科目（年初余额调整）。财务会计处理时，借记“以前年度盈余调整”科目，贷记“零余额账户用款额度”“银行存款”等科目。

【例 15-23】某事业单位于 2022 年因订购货品发生预付账款 6 000 元，款项已通过财政授权支付方式支付。由于订购的货品未按时收到，该事业单位于 2023 年 6 月 14 日收回了上一会计年度的全部预付账款 7 000 元，款项已转入单位零余额账户。该项资金属于 2022 年财政拨款结转资金。该单位编制有关会计分录如表 15-24 所示。

表 15-24　以前年度支出收回的会计分录

时　间	财务会计分录	预算会计分录
2023 年 6 月 14 日	借：零余额账户用款额度　6 000 　贷：预付账款　6 000	借：资金结存——零余额账户用款额度　6 000 　贷：财政拨款结转——年初余额调整　6 000

2. 与财政拨款结转结余资金调整业务相关的账务处理

（1）归集调入。按照规定从其他单位调入财政拨款结转资金的，按照实际调增的额度数额或调入的资金数额，借记“资金结存——财政应返还额度、零余额账户用款额度、货币资金”科目，贷记“财政拨款结转”科目（归集调入）。财务会计处理时，借记“财政应返还额度”“零余额账户用款额度”“银行存款”科目，贷记“累计盈余”科目。

（2）归集调出。按照规定向其他单位调出财政拨款结转资金的，按照实际调减的额度数额或调出的资金数额，借记“财政拨款结转”科目（归集调出），贷记“资金结存——财政应返还额度、零余额账户用款额度、货币资金”科目。财务会计处理时，借记“累计盈余”，贷记“财政应返还额度”“零余额账户用款额度”“银行存款”科目。

（3）归集上缴。按照规定上缴财政拨款结转资金或注销财政拨款结转资金额度的，按照实际上缴资金数额或注销的资金额度数额，借记“财政拨款结转”科目（归集上缴），贷记“资金结存——财政应返还额度、零余额账户用款额度、货币资金”科目。财务会计处理时，借记“累计盈余”，贷记“财政应返还额度”“零余额账户用款额度”“银行存款”科目。

（4）单位内部调剂。经财政部门批准对财政拨款结余资金改变用途，调整用于本单位基本支出或其他未完成项目支出的，按照批准调剂的金额，借记“财政拨款结余——单位内部调剂”科目，贷记“财政拨款结转”科目（单位内部调剂）。

【例 15-24】2023 年 7 月 20 日，某事业单位经财政部门批准对财政拨款结余资金改变用途，调整用于本单位其他未完成项目，批准的调剂金额为 7 600 元。该事业单位应编制如表 15-25 所示的会计分录。

表 15-25　单位内部调剂的会计分录

时　间	财务会计分录	预算会计分录
2023 年 7 月 20 日	不做账务处理	借：财政拨款结余——单位内部调剂　7 600 　贷：财政拨款结转——单位内部调剂　7 600

3. 与年末财政拨款结转和结余业务相关的账务处理

（1）本年财政拨款预算收支结转。年末，将财政拨款预算收入本年发生额转入本科目，借记“财政拨款预算收入”科目，贷记“财政拨款结转”科目（本年收支结转）；将各项支出中财政拨款支出本年发生额转入本科目，借记“财政拨款结转”科目（本年收支结转），贷记各项支出（财政拨款支出）科目。

【例 15-25】2022 年年末，某事业单位“财政拨款预算收入”科目和各项支出中财政拨款支出科目的本年发生额如表 15-26 所示。

表 15-26　财政拨款预算收入和财政拨款支出本年发生额　单位：元

财政拨款预算收入和财政拨款支出科目		本年借方发生额	本年贷方发生额
财政拨款预算收入			7 230 000
事业支出	财政拨款支出	7 120 000	
其他支出	财政拨款支出	30 000	
合计		7 150 000	7 230 000

根据表 15-26，该事业单位应编制如表 15-27 所示的会计分录。

表 15-27　本年财政拨款预算收支结转的会计分录

时　间	财务会计分录	预算会计分录
2022 年 12 月 31 日	不做账务处理	借：财政拨款预算收入　7 230 000 　贷：财政拨款结转——本年收支结转　7 230 000 借：财政拨款结转——本年收支结转　7 150 000 　贷：事业支出——财政拨款支出　7 120 000 　　其他支出——财政拨款支出　30 000

（2）冲销有关明细科目余额。年末冲销有关明细科目余额，将本科目（本年收支结转、年初余额调整、归集调入、归集调出、归集上缴、单位内部调剂）余额转入本科目（累计结转）。结转后，本科目除了“累计结转”明细科目外，其他明细科目应无余额。

【例 15-26】承【例 15-23】【例 15-24】【例 15-25】，2022 年年末，某事业单位编制冲销“财政拨款结转”有关明细科目余额，编制如表 15-28 所示的会计分录。

表 15-28　冲销“财政拨款结转”的会计分录

时　间	财务会计分录	预算会计分录
2022 年 12 月 31 日	不做账务处理	借：财政拨款结转——本年收支结转　80 000 　　——单位内部调剂　7 600 　　——年初余额调整　6 000 　贷：财政拨款结转——累计结转　93 600

（3）财政拨款结转余额按规定转财政拨款结余。年末完成上述结转后，应当对财政拨款结转各明细项目执行情况进行分析，按照有关规定将符合财政拨款结余性质的项目余额转入财政拨款结余，借记“财政拨款结转”科目（累计结转），贷记“财政拨款结余——结转转入”科目。

【例 15-27】承前例，2022 年年末，某事业单位“财政拨款结转——累计结转”科目贷方余额为 93 600 元，经对各明细项目执行情况进行分析，其中，按照有关规定符合财政拨款结余性质的项目余额为 8 400 元，将其转入财政拨款结余。该事业单位应编制如表 15-29 所示的会计分录。

表 15-29 财政拨款结转余额转财政拨款结余的会计分录

时 间	财务会计分录	预算会计分录
2022 年 12 月 31 日	不做账务处理	借：财政拨款结转——累计结转 8 400 贷：财政拨款结余——结转转入 8 400

三、财政拨款结余

（一）财政拨款结余的概念及账户设置

财政拨款结余是指行政事业单位取得的同级财政拨款项目支出结余资金。财政拨款结余的形成原因是行政事业单位当年项目支出预算目标已经完成，或因故终止。行政事业单位的基本支出应当结转下期使用，没有结余资金。

为了核算单位取得的同级财政拨款项目支出结余资金的调整、结转和滚存情况，行政事业单位应设置“财政拨款结余”总账科目。本科目借方登记财政拨款结余资金的减少，贷方登记财政拨款结余资金的增加，年末余额在贷方，反映财政拨款结余资金年末的累计余额。

在“财政拨款结余”总账科目下，应当设置下列明细科目。

1. 与会计差错更正、以前年度支出收回相关的明细科目

“年初余额调整”明细科目核算因发生会计差错更正、以前年度支出收回等原因，需要调整财政拨款结余的金额。年末结账后，本明细科目应无余额。

2. 与财政拨款结余资金调整业务相关的明细科目

“归集上缴”明细科目核算按照规定上缴财政拨款结余资金时，实际核销的额度数额或上缴的资金数额。年末结账后，本明细科目应无余额。

3. 与年末财政拨款结余业务相关的明细科目

“结转转入”明细科目核算单位按照规定转入财政拨款结余的财政拨款结转资金。年末结账后，本明细科目应无余额。

“累计结余”明细科目核算单位滚存的财政拨款结余资金。本明细科目年末贷方余额，反映单位财政拨款滚存的结余资金数额。

本科目还应当按照具体项目，《政府收支分类科目》中“支出功能分类科目”的相关科目等进行明细核算。

有一般公共预算财政拨款、政府性基金预算财政拨款等两种或两种以上财政拨款的，还应当在本科目下按照财政拨款的种类进行明细核算。

（二）财政拨款结余的账务处理

1. 与会计差错更正、以前年度支出收回相关的账务处理

（1）会计差错更正。因发生会计差错更正退回以前年度国库直接支付、授权支付款项或财政性货币资金，或者因发生会计差错更正增加以前年度国库直接支付、授权支付支出或财政性货币资金支出，属于以前年度财政拨款结余资金的，借记或贷记“资金结存——财政

应返还额度、零余额账户用款额度、货币资金”科目，贷记或借记“财政拨款结余”科目（年初余额调整）。财务会计处理时，借记或贷记“零余额账户用款额度”“银行存款”等科目，贷记或借记“以前年度盈余调整”科目。

（2）以前年度支出收回。因购货退回、预付款项收回等发生以前年度支出又收回国库直接支付、授权支付款项或收回财政性货币资金，属于以前年度财政拨款结余资金的，借记“资金结存——财政应返还额度、零余额账户用款额度、货币资金”科目，贷记“财政拨款结余”科目（年初余额调整）。财务会计处理时，借记“零余额账户用款额度”“银行存款”等科目，贷记“以前年度盈余调整”科目。

2. 与财政拨款结余资金调整业务相关的账务处理

（1）经财政部门批准对财政拨款结余资金改变用途，调整用于本单位基本支出或其他未完成项目支出的，按照批准调剂的金额，借记“财政拨款结余”科目（单位内部调剂），贷记“财政拨款结转——单位内部调剂”科目。

（2）按照规定上缴财政拨款结余资金或注销财政拨款结余资金额度的，按照实际上缴的资金数额或注销的资金数额，借记“财政拨款结余”科目（归集上缴），贷记“资金结存——财政应返还额度、零余额账户用款额度、货币资金”科目。财务会计处理时，借记“累计盈余”科目，贷记“财政应返还额度”“零余额账户用款额度”“银行存款”科目。

3. 与年末财政拨款结转和结余业务相关的账务处理

（1）年末，对财政拨款结转各明细项目执行情况进行分析，按照有关规定将符合财政拨款结余性质的项目余额转入财政拨款结余，借记“财政拨款结转——累计结转”科目，贷记“财政拨款结余”科目（结转转入）。

（2）年末冲销有关明细科目余额。将“财政拨款结余”科目（年初余额调整、归集上缴、单位内部调剂、结转转入）余额转入本科目（累计结余）。结转后，本科目除了“累计结余”明细科目外，其他明细科目应无余额。

【例 15-28】承前例，2022 年年末，某事业单位财政拨款结余 8 400 元，按规定 60% 应上缴财政，“财政拨款结余”账户其他明细科目无余额。该单位应编制如表 15-30，表 15-31 所示的会计分录。

表 15-30　财政拨款结余上缴财政的会计分录

时　间	财务会计分录	预算会计分录
2022 年 12 月 31 日	借：累计盈余——财政拨款结余资金 5 040 　　贷：零余额账户用款额度　　5 040	借：财政拨款结余——归集上缴　　5 040 　　贷：资金结存——零余额账户用款额度　5 040

表 15-31　财政拨款结余年终转账的会计分录

时　间	财务会计分录	预算会计分录
2022 年 12 月 31 日	不做账务处理	借：财政拨款结余——结转转入　　8 400 　　贷：财政拨款结余——归集上缴　　5 040 　　　　　　　　　——累计结余　　3 360

四、非财政拨款结转

（一）非财政拨款结转的概念及账户设置

非财政拨款结转是指行政事业单位由除了财政拨款收支、经营收支以外，各项非同级财政拨款专项资金收支形成的结转资金。同级财政拨款的资金不形成非财政拨款结转资金，而形成财政拨款结转资金。非同级财政拨款的非专项资金也不形成非财政拨款结转资金，而形成非财政拨款结余资金。

为了核算非财政拨款结转业务，行政事业单位应设置“非财政拨款结转”总账科目，该科目核算单位除了财政拨款收支、经营收支以外，各项非同级财政拨款专项资金的调整、结转和滚存情况。年末贷方余额，反映单位滚存的非同级财政拨款专项结转资金数额。

在“非财政拨款结转”总账科目下，应当设置下列明细科目。

（1）“年初余额调整”明细科目核算因发生会计差错更正、以前年度支出收回等原因，需要调整非财政拨款结转的资金。年末结账后，本明细科目应无余额。

（2）“缴回资金”明细科目核算按照规定缴回非财政拨款结转资金时，实际缴回的资金数额。年末结账后，本明细科目应无余额。

（3）“项目间接费用或管理费”明细科目核算单位从取得的科研项目预算收入中，按照规定计提项目间接费用或管理费的数额。年末结账后，本明细科目应无余额。

（4）“本年收支结转”明细科目核算单位本年度非同级财政拨款专项收支相抵后的余额。年末结账后，本明细科目应无余额。

（5）“累计结转”明细科目核算单位滚存的非同级财政拨款专项结转资金。本明细科目年末贷方余额，反映单位非同级财政拨款滚存的专项结转资金数额。

本科目还应当按照具体项目，《政府收支分类科目》中“支出功能分类科目”的相关科目等进行明细核算。

（二）非财政拨款结转的账务处理

1. 从科研项目预算收入中提取项目管理费或间接费

按照规定从科研项目预算收入中提取项目管理费或间接费时，按照提取金额，借记“非财政拨款结转”科目（项目间接费用或管理费），贷记“非财政拨款结余——项目间接费用或管理费”科目。财务会计处理时，借记“单位管理费用”科目，贷记“预提费用——项目间接费用或管理费用”科目。

【例 15-29】2022 年 7 月 2 日，某事业单位承担科技厅重点研发计划项目资金到账，项目任务书批复间接费用预算 50 000 元，财务部门按照科研部门下达的科研项目入账通知书和项目任务书提取间接费用。该单位编制如表 15-32 所示的会计分录。

表 15-32　非财政拨款结转的会计分录

时　间	财务会计分录	预算会计分录
2022 年 7 月 2 日	借：单位管理费用　50 000 　贷：预提费用——项目间接费用或管理费　50 000	借：非财政拨款结转——项目间接费用或管理费 50 000 　贷：非财政拨款结余——项目间接费用或管理费　50000

2. 会计差错更正和以前年度支出收回

因会计差错更正收到或支出非同级财政拨款货币资金，属于非财政拨款结转资金的，按照收到或支出的金额，借记或贷记“资金结存——货币资金”科目，贷记或借记“非财政拨款结转”科目（年初余额调整）。财务会计处理时，借记或贷记“银行存款”等科目，贷记或借记“以前年度盈余调整”科目。

因收回以前年度支出等收到非同级财政拨款货币资金，属于非财政拨款结转资金的，按照收到的金额，借记“资金结存——货币资金”科目，贷记“非财政拨款结转”科目（年初余额调整）。财务会计处理时，借记“银行存款”科目，贷记“以前年度盈余调整”等科目。

3. 缴回非财政拨款结转资金

按照规定缴回非财政拨款结转资金的，按照实际缴回资金数额，借记“非财政拨款结转”科目（缴回资金），贷记“资金结存——货币资金”科目。财务会计处理时，借记“累计盈余”科目，贷记“银行存款”等科目。

【例 15-30】2022 年年末，某事业单位按规定上缴非财政拨款结转资金 40 000 元。该单位应编制如表 15-33 所示的会计分录。

表 15-33　年末上缴非财政拨款结转资金的会计分录

时　间	财务会计分录	预算会计分录
2022 年 12 月 31 日	借：累计盈余——非财政拨款结转　40 000 　贷：银行存款　40 000	借：非财政拨款结转——缴回资金　40 000 　贷：资金结存——货币资金——银行存款 40 000

4. 本年非财政拨款专项资金预算收支结转

年末，将事业预算收入、上级补助预算收入、附属单位上缴预算收入、非同级财政拨款预算收入、债务预算收入、其他预算收入本年发生额中的专项资金收入转入“非财政拨款结转”科目，借记“事业预算收入”“上级补助预算收入”“附属单位上缴预算收入”“非同级财政拨款预算收入”“债务预算收入”“其他预算收入”科目下各专项资金收入明细科目，贷记“非财政拨款结转”科目（本年收支结转）；将行政支出、事业支出、其他支出本年发生额中的非财政拨款专项资金支出转入“非财政拨款结转”科目，借记“非财政拨款结转”科目（本年收支结转），贷记“行政支出”“事业支出”“其他支出”科目下各非财政拨款专项资金支出明细科目。

【例 15-31】2022 年年末，某事业单位有关非财政拨款专项资金预算收入和非财政拨款专项资金支出科目的本年发生额如表 15-34 所示。

表 15-34　非财政拨款专项资金预算收支本年发生额　　　单位：元

非财政拨款专项资金预算收支科目	本年借方发生额	本年贷方发生额
事业预算收入——专项资金收入		920 000
上级补助预算收入——专项资金收入		200 000
附属单位上缴预算收入——专项资金收入		50 000
非同级财政拨款预算收入——专项资金收入		160 000
其他预算收入——专项资金收入		10 000
事业支出——非财政专项资金支出	1 210 000	
其他支出——非财政专项资金支出	9 800	
合计	1 219 800	1 340 000

根据表 15-34，该单位应编制如表 15-35 所示的会计分录。

表 15-35　本年非财政拨款专项资金预算收支结转的会计分录

时　间	财务会计分录	预算会计分录	
2022 年 12 月 31 日	不做账务处理	借：事业预算收入——专项资金收入	920 000
		上级补助预算收入——专项资金收入	200 000
		附属单位上缴预算收入——专项资金收入	50 000
		非同级财政拨款预算收入——专项资金收入	160 000
		其他预算收入——专项资金收入	10 000
		贷：非财政拨款结转——本年收支结转	1 340 000
		借：非财政拨款结转——本年收支结转	1219 800
		贷：事业支出——非财政专项资金支出	1 210 000
		其他支出——非财政专项资金支出	9 800

5. 冲销有关明细科目余额

年末，将“非财政拨款结转”科目（年初余额调整、项目间接费用或管理费、缴回资金、本年收支结转）全额转入本科目（累计结转）。结转后，“非财政拨款结转”科目除了“累计结转”明细科目之外，其他明细科目应无余额。

【例 15-32】承例 15-29、例 15-30，例 15-31，2022 年年末，某事业单位非财政拨款结转科目下的项目间接费用借方余额 50 000 元，缴回资金借方余额 40 000 元，本年收支结转贷方余额 120 200 元，年末冲销本科目明细科。该单位应编制如表 15-36 所示的会计分录。

表 15-36　非财政拨款结转的会计分录

时　间	财务会计分录	预算会计分录	
2022 年 12 月 31 日	不做账务处理	借：非财政拨款结转——本年收支结转	120 200
		贷：非财政拨款结转——缴回资金	40 000
		非财政拨款结转——项目间接费用	50 000
		非财政拨款结转——累计结转	30 200

6. 非财政专项剩余资金按规定转非财政拨款结余

年末完成上述结转后，应当对非财政拨款专项结转资金各项目情况进行分析，将留归本单位使用的非财政拨款专项（项目已完成）剩余资金转入非财政拨款结余，借记“非财政拨款结转——累计结转”科目，贷记“非财政拨款结余——结转转入”科目。

【例 15-33】2022 年年末，某事业单位科研项目已通过结题验收，结余资金 60 000 元，应由非财政拨款结转转入非财政拨款结余管理和核算。该单位应编制如表 15-37 所示的会计分录。

表 15-37　非财政专项剩余资金转非财政拨款结余的会计分录

时　间	财务会计分录	预算会计分录	
2022 年 12 月 31 日	不做账务处理	借：非财政拨款结转——累计结转	60 000
		贷：非财政拨款结余——结转转入	60 000

五、非财政拨款结余

（一）非财政拨款结余的概念及账户设置

非财政拨款结余是指行政事业单位历年滚存的非限定用途的非同级财政拨款结余资金，主要为非财政拨款结余扣除结余分配后滚存的金额。

为了核算非财政拨款结余业务，行政事业单位应设置“非财政拨款结余”总账科目。

该科目年末贷方余额，反映单位非同级财政拨款结余资金的累计滚存数额。

在“非财政拨款结余”总账科目下，应设置以下明细科目。

（1）“年初余额调整”明细科目核算因发生会计差错更正、以前年度支出收回等原因，需要调整非财政拨款结余的资金。年末结账后，本明细科目应无余额。

（2）“项目间接费用或管理费”明细科目核算单位从取得的科研项目预算收入中，按照规定计提的项目间接费用或管理费数额。年末结账后，本明细科目应无余额。

（3）“结转转入”明细科目核算按照规定留归单位使用，由单位统筹调配，纳入单位非财政拨款结余的非同级财政拨款专项剩余资金。年末结账，本明细科目应无余额。

（4）“累计结余”明细科目核算单位历年滚存的非同级财政拨款、非专项结余资金。本明细科目年末贷方余额，反映单位非同级财政拨款滚存的非专项结余资金数额。

本科目还应当按照《政府收支分类科目》中“支出功能分类科目”的相关科目进行明细核算。

（二）非财政拨款结余的账务处理

1. 从科研项目预算收入中提取项目管理费或间接费

按照规定从科研项目预算收入中提取项目管理费或间接费时，借记“非财政拨款结转——项目间接费用或管理费”科目，贷记“非财政拨款结余”科目（项目间接费用或管理费）。财务会计处理时，借记“单位管理费用”科目，贷记“预提费用——项目间接费用或管理费”科目。

2. 缴纳企业所得税

有企业所得税缴纳义务的事业单位实际缴纳企业所得税时，按照缴纳金额，借记“非财政拨款结余”科目（累计结余），贷记“资金结存——货币资金”科目。财务会计处理时，借记“其他应交税费——应交企业所得税”科目，贷记“银行存款”等科目。

3. 会计差错更正和以前年度支出收回

（1）会计差错更正。因会计差错更正收到或支出非同级财政拨款货币资金，属于非财政拨款结余资金的，按照收到或支出的金额，借记或贷记“资金结存——货币资金”科目，贷记或借记“非财政拨款结余”科目（年初余额调整）。财务会计处理时，借记或贷记“银行存款”等科目，贷记或借记“以前年度盈余调整”科目。

（2）以前年度支出收回。因收回以前年度支出等收到非同级财政拨款货币资金，属于非财政拨款结余资金的，按照收到的金额，借记“资金结存——货币资金”科目，贷记“非财政拨款结余”科目（年初余额调整）。财务会计处理时，借记“银行存款”等科目，贷记“以前年度盈余调整”科目。

需要说明的是，在预算会计中，因发生会计差错更正需要调整有关结转结余资金数额的，应当区分情况分别通过“财政拨款结转”“财政拨款结余”“非财政拨款结转”“非财政拨款结余”科目的“年初余额调整”明细科目核算。在财务会计中，本年度发生的重要前期差错更正涉及调整以前年度盈余的，通过“以前年度盈余调整”科目核算。在预算会计中，对资金的性质区分得比较详细，如需要区分财政资金和非财政资金、结转资金和结余资金等。

4. 非财政专项剩余资金按规定转非财政拨款结余

年末，将留归本单位使用的非财政拨款专项（项目已完成）剩余资金转入“非财政拨款结余”科目，借记“非财政拨款结转——累计结转”科目，贷记“非财政拨款结余”科目（结转转入）。

需要注意的是，只有“财政拨款结转”和“非财政拨款结转”科目设置“本年收支结转”明细科目，“财政拨款结余”和“非财政拨款结余”科目不设置“本年收支结转”明细科目，即本年预算收支首先转入结转，经分析后，对于符合结余条件的部分再转入结余。因此，“财政拨款结余”和“非财政拨款结余”科目都设置“结转转入”明细科目。

5. 冲销有关明细科目余额

将“非财政拨款结余”科目（年初余额调整、项目间接费用或管理费、结转转入）余额结转入“非财政拨款结余”科目（累计结余）。结转后，“非财政拨款结余”科目除了“累计结余”明细科目以外，其他明细科目应无余额。

【例 15-34】2022 年年末，某事业单位非财政拨款结余科目下的项目间接费用或管理费贷方余额 50 000 元，年初余额调整借方余额 2 000 元，结转转入贷方余额 60 000 元，年末冲销本科目明细科目。该单位应编制如表 15-38 所示的会计分录。

表 15-38　冲销有关明细科目余额的会计分录

时　间	财务会计分录	预算会计分录	
2022 年 12 月 31 日	不做账务处理	借：非财政拨款结余——项目间接费用或管理费 　　非财政拨款结余——结转转入 　　贷：非财政拨款结余——年初余额调整 　　　　非财政拨款结余——累计结余	50 000 60 000 2 000 108 000

6. 非财政拨款结余分配和其他结余余额转非财政拨款结余

（1）年末，事业单位将“非财政拨款结余分配”科目余额转入非财政拨款结余。“非财政拨款结余分配”科目为借方余额的，借记“非财政拨款结余”科目（累计结余），贷记“非财政拨款结余分配”科目；“非财政拨款结余分配”科目为贷方余额的，借记“非财政拨款结余分配”科目，贷记“非财政拨款结余”科目（累计结余）。

（2）年末，行政单位将“其他结余”科目余额转入非财政拨款结余。“其他结余”科目为借方余额的，借记“非财政拨款结余”科目（累计结余），贷记“其他结余”科目；“其他结余”科目为贷方余额的，借记“其他结余”科目，贷记“非财政拨款结余”科目（累计结余）。

需要注意的是，年末，行政事业单位将预算收入中的非同级财政、非专项资金收入，以及预算支出中的非同级财政、非专项资金支出转入“其他结余”科目。完成非同级财政、非专项资金收支结转后，行政单位将“其他结余”科目余额转入“非财政拨款结余——累计结余”科目，事业单位将“其他结余”科目余额转入“非财政拨款结余分配”科目。事业单位在按规定对非财政拨款结余资金进行分配后，将“非财政拨款结余分配”科目余额转入“非财政拨款结余——累计结余”科目，形成事业单位非财政拨款累计结余的一种来源。非财政拨款累计结余的另一种来源是留归本单位使用的非财政拨款专项（项目已完成）剩余资金。

事业单位的年末结转和结余资金是第二年安排单位预算收入和预算支出的一种资金来源。

六、专用结余

（一）专用结余的概念及账户设置

专用结余是指事业单位按照规定从非财政拨款结余中提取的具有专门用途的资金。

为了核算专用结余业务，事业单位应设置“专用结余”总账科目。该科目贷方登记专用结余的提取数，借方登记专用结余的使用数，期末余额在贷方，反映事业单位从非财政拨款结余中提取的具有专门用途的资金的滚存数。该科目应当按照专用结余的类别进行明细核算。

（二）专用结余的账务处理

根据有关规定从本年度非财政拨款结余或经营结余中提取基金的，按照提取金额，借记“非财政拨款结余分配”科目，贷记“专用结余”科目。

根据规定使用从非财政拨款结余或经营结余中提取的专用基金的，按照使用金额，借记“专用结余”科目，贷记“资金结存——货币资金”科目。

“专用结余”科目的账务处理举例可参阅“专用基金”的相应内容，此处不再重复举例说明。

需要注意的是，行政单位没有专用结余业务。

七、经营结余

（一）经营结余的概念及账户设置

经营结余是指事业单位本年度经营活动收支相抵后余额弥补以前年度经营亏损余额。

为了核算经营结余业务，事业单位应设置“经营结余”总账科目。该科目可以按照经营活动类别进行明细核算。

（二）经营结余的账务处理

年末，将经营预算收入本年发生额转入本科目，借记“经营预算收入”科目，贷记“经营结余”科目；将经营支出本年发生额转入本科目，借记“经营结余”科目，贷记“经营支出”科目。

年末，完成上述结转后，如该科目为贷方余额，将该科目贷方余额转入“非财政拨款结余分配”科目，借记“经营结余”科目，贷记“非财政拨款结余分配”科目；如本科目为借方余额，为经营亏损，不予结转。年末结账后，该科目一般无余额；如为借方余额，反映事业单位累计发生的经营亏损。

【例15-35】2022年年末，某事业单位经营预算收入3 200 000元，经营支出2 800 000元，年末经营收支结转并进行分配。该单位应编制如表15-39所示的会计分录。

表15-39　经营结余的账务处理的会计分录

时　间	财务会计分录	预算会计分录
2022年12月31日	不做账务处理	借：经营预算收入　3 200 000 　贷：经营结余　3 200 000 借：经营结余　2 800 000 　贷：经营支出　2 800 000
2022年12月31日	不做账务处理	借：经营结余　400 000 　贷：非财政拨款结余分配　400 000

八、其他结余

（一）其他结余的概念及账户设置

其他结余是指行政事业单位本年度除了财政拨款收支、非同级财政专项资金收支和经营收支以外各项收支相抵后的余额。

为了核算其他结余业务，行政事业单位应设置“其他结余”总账科目。“其他结余”科目借方登记有关预算支出的年末结转数，贷方登记有关预算收入的年末结转数。年末，行政单位将“其他结余”科目余额转入“非财政拨款结余”科目，事业单位将“其他结余”科目余额转入“非财政拨款结余分配”科目后，“其他结余”科目应无余额。

行政事业单位本年度财政拨款收支相抵后的余额通过“财政拨款结转”科目核算，本年度非同级财政专项资金收支相抵后的余额通过“非财政拨款结转”科目核算，本年度经营收支相抵后的余额通过“经营结余”科目核算。

（二）其他结余的账务处理

1. 本年非财政拨款非专项资金预算收支结转

年末，将事业预算收入、上级补助预算收入、附属单位上缴预算收入、非同级财政拨款预算收入、债务预算收入、其他预算收入本年发生额中的非专项资金收入以及投资预算收益本年发生额转入“其他结余”科目，借记“事业预算收入”“上级补助预算收入”“附属单位上缴预算收入”“非同级财政拨款预算收入”“债务预算收入”“其他预算收入”科目下各非专项资金收入明细科目和“投资预算收益”科目，贷记“其他结余”科目（“投资预算收益”科目本年发生额为借方净额时，借记“其他结余”科目，贷记“投资预算收益”科目）；将行政支出、事业支出、其他支出本年发生额中的非同级财政、非专项资金支出，以及上缴上级支出、对附属单位补助支出、债务还本支出本年发生额转入“其他结余”科目，借记“其他结余”科目，贷记“行政支出”“事业支出”“其他支出”科目下各非同级财政、非专项资金支出明细科目和“上缴上级支出对附属单位补助支出”“投资支出”“债务还本支出”科目。

2. 年末转非财政拨款结余或非财政拨款结余分配

年末，完成相关收支结转后，行政单位将“其他结余”科目余额转入“非财政拨款结余——累计结余”科目；事业单位将“其他结余”科目余额转入“非财政拨款结余分配”科目。当“其他结余”科目为贷方余额时，借记“其他结余”科目，贷记“非财政拨款结余——累计结余”或“非财政拨款结余分配”科目；当“其他结余”科目为借方余额时，借记“非财政拨款结余——累计结余”或“非财政拨款结余分配”科目，贷记“其他结余”科目。年末结账后，“其他结余”科目应无余额。

【例 15-36】2022 年年末，某事业单位有关非财政拨款非专项资金事业活动预算收支科目的本年发生额如表 15-40 所示。

表 15-40　非财政拨款非专项资金事业活动预算收支的本年发生额　　单位：元

非财政拨款付费专项资金事业活动预算收支科目	本年借方发生额	本年贷方发生额
事业预算收入——非专项资金收入		4 800 000
附属单位上缴预算收入——非专项资金收入		70 000
其他预算收入——非专项资金收入		20 000
投资预算收益		120 000
事业支出——其他资金支出	4 610 000	
其他支出——其他资金支出	5 300	
对附属单位补助支出	65 000	
债务还本支出	200 000	
合计	4 880 300	5 010 000

根据表 15-40，该单位应编制如表 15-41 所示的会计分录。

表 15-41　其他结余的会计分录

时　间	财务会计分录	预算会计分录
2022 年 12 月 31 日	不做账务处理	借：事业预算收入——非专项资金收入　4 800 000 　　上级补助预算收入——非专项资金收入　70 000 　　其他预算收入——非专项资金收入　20 000 　　投资预算收入　120 000 　　贷：其他结余　5 010 000 借：其他结余　4 880 300 　　贷：事业支出——其他资金支出　4 610 000 　　　　其他支出——其他资金支出　5 300 　　　　对附属单位补助支出　65 000 　　　　债务还本支出　200 000
2022 年 12 月 31 日	不做账务处理	借：其他结余　169 700 　　贷：非财政拨款结余分配　169 700

【例 15-37】年末，某行政单位有关非财政拨款非专项资金预算收支科目的本年发生额如表 15-42 所示。

表 15-42　非财政拨款非专项资金预算收支的本年发生额　　单位：元

非财政拨款非专项资金预算收支科目	本年借方发生额	本年贷方发生额
其他预算收入——非专项资金收入		40 000
行政支出——其他资金支出	32 000	
其他支出——其他资金支出	4 000	
合计	36 000	40 000

根据表 15-42，该单位应编制如表 15-43 所示的会计分录。

表 15-43　其他结余的会计分录

时间	财务会计分录	预算会计分录
2022 年 12 月 31 日	不做账务处理	借：其他预算收入——非专项资金收入　40 000 　　贷：其他结余　40 000 借：其他结余　36 000 　　贷：行政支出——其他资金支出　32 000 　　　　其他支出——其他资金支出　4 000
2022 年 12 月 31 日	不做账务处理	借：其他结余　4 000 　　贷：非财政拨款结余——累计结余　4 000

注意：在行政单位中，由非财政非专项资金预算收支形成的其他结余不进行分配，因此，“其他结余”科目余额直接转入“非财政拨款结余”科目，而不转入“非财政拨款结余分配”

科目。行政事业单位的非财政专项资金结余也不进行分配，因此，由“非财政拨款结转”科目直接转入“非财政拨款结余”科目，而不转入“非财政拨款结余分配”科目。

九、非财政拨款结余分配

（一）非财政拨款结余分配的概念及账户设置

非财政拨款结余分配是指事业单位对本年度非财政拨款结余进行的分配。

为了核算非财政拨款结余分配业务，事业单位应设置“非财政拨款结余分配”总账科目。该科目核算事业单位本年度非财政拨款结余分配的情况和结果。“非财政拨款结余分配”科目借方登记本年其他结余（负结余）的转入数，以及提取专用基金的提取数，贷方登记本年其他结余、经营结余（正结余）的转入数。分配后将“非财政拨款结余分配”科目贷方余额或借方余额转入“非财政拨款结余”科目后，“非财政拨款结余分配”科目应无余额。

（二）非财政拨款结余分配的账务处理

（1）年末，事业单位将“其他结余”科目余额转入该科目，当“其他结余”科目为贷方余额时，借记“其他结余”科目，贷记“非财政拨款结余分配”科目；当“其他结余”科目为借方余额时，借记“非财政拨款结余分配”科目，贷记“其他结余”科目。

年末，将“经营结余”科目贷方余额转入该科目，借记“经营结余”科目，贷记“非财政拨款结余分配”科目。

（2）根据有关规定提取专用基金的，按照提取的金额，借记“非财政拨款结余分配”科目，贷记“专用结余”科目。财务会计处理时，借记“本年盈余分配”科目，贷记“专用基金”科目。

（3）年末，完成上述（1）（2）处理后，将本科目余额转入非财政拨款结余。当本科目为借方余额时，借记“非财政拨款结余——累计结余”科目，贷记“非财政拨款结余分配”科目；当本科目为贷方余额时，借记“非财政拨款结余分配”科目，贷记“非财政拨款结余——累计结余”科目。年末结账后，本科目应无余额。

【例 15-38】2022 年年末，某事业单位经营结余 400 000 元，其他结余 169 700 元，转入非财政拨款结余分配，该单位应编制如表 15-44 所示的会计分录。

表 15-44　非财政拨款结余分配的会计分录

时　间	财务会计分录	预算会计分录
2022 年 12 月 31 日	不做账务处理	借：其他结余　169 700 　　经营结余　400 000 　　贷：非财政拨款结余分配　569 700

【例 15-39】2022 年年末，某事业单位按规定从其他结余和经营结余中按照 40% 提取职工福利基金。该单位应编制如表 15-45 所示的会计分录。

表 15-45　从其他结余和经营结余中提取专用基金的会计分录

时　间	财务会计分录	预算会计分录
2022 年 12 月 31 日	借：本年盈余分配 　　贷：专用基金——职工福利基金	借：非财政拨款结余分配　227 880 　　贷：专用结余　227 880

【例 15-40】2022 年年末，某事业单位将“非财政拨款结余分配”科目余额转入非财政拨款结余。该单位应编制如表 15-46 所示的会计分录。

表 15-46 将　“非财政拨款结余分配”科目余额转入非财政拨款结余的会计分录

时 间	财务会计分录	预算会计分录
2022 年 12 月 31 日	不做账务处理	借：非财政拨款结余分配　341 820 　贷：非财政拨款结余——累计结余　341 820

项目检测

一、判断题

1. 行政事业单位不需要考虑利润，因为净资产科目没有与盈利相关的。（ ）
2. 资金结存能反映纳入部门预算管理的流入、流出、调整和滚存。（ ）
3. 结余资金是指下年需要按原用途继续使用的预算资金。（ ）
4. 非财政拨款结余核算单位历年滚存的非限定用途的非同级财政拨款结余资金。（ ）
5. 专用结余是指行政单位专用的资金结余科目。（ ）

二、简答题

1. 行政事业单位的净资产科目包括哪些内容?
2. 行政事业单位经批准无偿调出资产时该如何进行会计处理?
3. 行政事业单位的哪些净资产科目的余额需要转入累计盈余?

三、业务题

1. 某事业单位按照规定上缴财政拨款结转资金 280 000 元，并按规定缴回非财政拨款结转资金 140 000 元。
2. 某单位本年应缴纳所得税为 1 200 000 元。
3. 某单位注销本年零余额账户用款额度 6 000 000 元。
4. 某单位年初发生了 780 000 元的预售款项退回至银行，该款项属于以前年度结转资金。
5. 某单位年末缴回非财政拨款结转资金为 44 000 元。

要求：请根据以上经济业务编制会计分录。

项目十六　行政事业单位会计报告

项目目标

知识目标

1. 理解行政事业单位会计报告的一般要求；
2. 掌握行政事业单位会计报告的编制方法。

素质目标

1. 养成严守职业道德、认真执行国家财经政策的意识；
2. 养成积极钻研会计业务、精通专业知识的精神。

行政事业单位会计报告是反映行政事业单位财务状况、运行情况以及预算执行情况等信息的书面文件，由财务会计报告和预算会计报告构成。

任务一　行政事业单位会计报告概述

一、行政事业单位会计报告的一般要求

各级各类行政事业单位应当根据《政府会计制度——行政事业单位会计科目和报表》的规定编制并提供真实、完整的会计报表。

行政事业单位不得违反规定，随意改变会计报表的格式、编制依据和方法，不得随意改变会计报表有关数据的会计口径。

行政事业单位的会计报表应当根据登记完整、核对无误的账簿记录和其他有关资料编制，做到数字真实、计算准确、内容完整、报送及时。

行政事业单位会计报表应当由单位负责人和主管会计工作负责人、会计机构负责人或会计主管人员签名并盖章。

二、年终清理结算

各行政事业单位在年度终了前，应根据财政部门或上级主管部门的决算编审工作要求，对各项收支项目、往来款项、货币资金及财产物资进行全面的年终清理结算，在此基础上办理年度结账，编报部门决算和财务报告。

（一）清理核对年度预算

年终前，财政机关、上级单位和所属各单位之间，应当认真清理核对全年预算数。同时要逐笔清理核对上下级之间预算拨款和预算缴款数字，按核定的预算或调整的预算，该拨付的拨付，该交回的交回，保证上下级之间的年度预算数、领拨款经费数和上缴、下拨数一致。

为了保证会计年度按公历年制划期，凡属本年的应拨、应缴款项，必须在12月31日前汇达对方。主管会计单位对所属各单位的预算拨款，截至12月25日，逾期一般不再下拨。凡是预拨下年度的款项，应注明款项所属年度，以免造成跨年错账。

（二）清理核对年度收支

凡属本年的各项收入，都要及时入账。本年的各项应缴预算收入和应上缴上级的款项，要在年终前全部上缴。属于本年的各项支出，要按规定的支出渠道如实列报。年度单位支出决算，一律以基层用款单位截至 12 月 31 日的本年实际支出数为准，不得将年终前预拨下一年的预算拨款列入本年的支出，也不得以上级会计单位的拨款数代替基层会计单位实际支出数。

（三）清理往来款项

各项预收、预付、应收、应付等往来款项，应分类清理，年终前尽量清理完毕。应当转作各项收入或各项支出的往来款项要及时转入各有关账户；对于各种委托代管业务，凡是业务已经结束的，要及时向委托单位清算结报。对于手续尚未完备的各项预收、预付、应收、应付和其他长期挂账的往来款项，要查明原因，采取措施，及时清理。

（四）清查货币资金和各项财产物资

年度终了，库存现金的账面余额应同现金的实际库存数核对相符，如有现金盘盈亏要查明原因；银行存款账面余额要同银行对账单余额核对，并制成银行存款余额调节表，查明未达账项的合理性；有价证券的账面数应与库存实有的有价证券核对相符。

对于单位的各种财产物资年终应全部入账，各单位配备专人对全部财产物资进行全面的清查盘点。将盘点的结果和账面数字进行核对，固定资产和材料的盘点结果与账面数如有差异，在年终结账前应查明原因，并按规定做出处理，调整账务，做到账账相符、账实相符。

（五）清理结算上下级之间的往来调剂资金

行政事业单位上级主管部门可以将集中的下级收入和自行组织的收入，安排补贴给下级资金不足的单位，从而形成系统内部上下级之间的一种资金往来。年终时，要清理核对上下级往来调剂资金。

三、年终结账

行政事业单位要在年终清理的基础上进行年终结账。各个账户核对无误后，先办理 12 月月结工作，结出各账户的本月合计数和全年累计数，再以此为基础进行年终结账工作。年终结账工作包括年终转账、结清旧账和记入新账。

（一）年终转账

行政事业单位在确认全年所有发生的经济业务已经全部登记入账，经核对无误后，首先，要算出各账户借方、贷方的 12 月发生额和全年累计数，结出 12 月月末余额。然后，编制结账前的资产负债表。试算平衡后结转各收支账户年终余额，根据各收支账户 12 月 31 日的余额填制记账凭证，按年终冲转办法办理冲转结账。

（二）结清旧账

结清旧账是指将上述处理年终转账业务的凭证内容记入各有关账户后，结出各账户借方和贷方的“全年累计”及其余额，以结清旧账。

（三）年终转账

根据年终结账后各账户余额，编制年终决算的“资产负债表”和有关明细账户余额表，将表列各账户的余额数直接记入下一会计年度新建有关会计账簿的第一行余额栏内，并在摘要栏注明“上年结转”字样。

任务二　政府决算报告的编制

政府决算报告是综合反映政府会计主体年度预算收支执行结果的文件。政府决算报告应当包括决算报表和其他应当在决算报告中反映的相关信息与资料。

政府决算报告的编制主要以收付实现制为基础，以单位预算会计核算生成的数据为准。

政府决算报表即预算会计报表由 3 张报表构成，分别是预算收入支出表、预算结转结余变动表和财政拨款预算收入支出表。这 3 张预算会计报表都是年度报表，单位仅需要在年末编制。

一、预算收入支出表

预算收入支出表，反映单位在某一会计年度内各项预算收入、预算支出和预算收支差额的情况。

（一）预算收入支出表的格式

行政事业单位预算收入支出表应当分别按本年预算收入、本年预算支出和本年预算收支差额反映相应组成项目本年数和上年数的信息，采用的计算公式为：本年预算收入 − 本年预算支出 = 本年预算收支差额。行政事业单位预算收入支出表的格式如表 16-1 所示。

表 16-1　预算收入支出表的格式

编制单位：　　　　××××年　　　　单位：元

项　目	本年数	上年数	项　目	本年数	上年数
一、本年预算收入	10 430	（略）	租金预算收入		（略）
（一）财政拨款预算收入	5 600		二、本年预算支出	9 650	
其中：政府性基金收入			（一）行政支出		
（二）事业预算收入	250		（二）事业支出	9 620	
（三）上级补助预算收入			（三）经营支出		
（四）附属单位上缴预算收入			（四）上缴上级支出		
（五）经营预算收入			（五）对附属单位补助支出		
（六）债务预算收入			（六）投资支出		
（七）非同级财政拨款预算收入			（七）债务还本支出		
（八）投资预算收益			（八）其他支出	90	
（九）其他预算收入	80		其中：利息支出		
其中：利息预算收入	60		捐赠支出		
捐赠预算收入			三、本年预算支出差额	780	

（二）预算收入支出表的填列方法

预算收入支出表中“上年数”栏反映各项目上年度的实际发生数，应当根据上年度预算收入支出表中“本年数”栏内所列数字填列。如果本年度预算收入支出表规定的项目的名称和内容同上年度不一致，应当对上年度预算收入支出表项目的名称和数字按照本年度的规定进行调整，将调整后金额填入本年度预算收入支出表的“上年数”栏。

预算收入支出表中“本年数”栏反映各项目的本年实际发生数，其绝大多数项目都可以直接从各预算收入和预算支出各总账科目发生额直接填列。预算收入支出表的“本年数”栏各项目内容和填列方法如下：

1. 本年预算收入

（1）“本年预算收入”项目，反映单位本年预算收入总额。本项目是合计数，应当根据本表中“财政拨款预算收入”“事业预算收入”“上级补助预算收入”“附属单位上缴预算收入”“经营预算收入”“债务预算收入”“非同级财政拨款预算收入”“投资预算收益”“其他预算收入”项目金额的合计数填列。

（2）“财政拨款预算收入”项目，反映单位本年从同级政府财政部门取得的各类财政拨款。本项目应当根据“财政拨款预算收入”科目的本年发生额填列。

其中，“政府性基金收入”项目，反映单位本年取得的财政拨款收入中属于政府性基金预算拨款的金额。本项目应当根据“财政拨款预算收入”相关明细科目的本年发生额填列。

（3）“事业预算收入”项目，反映事业单位本年开展专业业务活动及其辅助活动取得的预算收入。本项目应当根据“事业预算收入”科目的本年发生额填列。

（4）“上级补助预算收入”项目，反映事业单位本年从主管部门和上级单位取得的非财政补助预算收入。本项目应当根据“上级补助预算收入”科目的本年发生额填列。

（5）“附属单位上缴预算收入”项目，反映事业单位本年收到的独立核算的附属单位按照有关规定上缴的预算收入。本项目应当根据“附属单位上缴预算收入”科目的本年发生额填列。

（6）“经营预算收入”项目，反映事业单位本年在专业业务活动及其辅助活动之外开展非独立核算经营活动取得的预算收入。本项目应当根据“经营预算收入”科目的本年发生额填列。

（7）“债务预算收入”项目，反映事业单位本年按照规定从金融机构等借入的、纳入部门预算管理的债务预算收入。本项目应当根据“债务预算收入”的本年发生额填列。

（8）“非同级财政拨款预算收入”项目，反映单位本年从非同级政府财政部门取得的财政拨款。本项目应当根据“非同级财政拨款预算收入”科目的本年发生额填列。

（9）“投资预算收益”项目，反映事业单位本年取得的按规定纳入单位预算管理的投资收益。本项目应当根据“投资预算收益”科目的本年发生额填列。

（10）“其他预算收入”项目，反映单位本年取得的除了上述收入以外的纳入单位预算管理的各项预算收入。本项目应当根据“其他预算收入”科目的本年发生额填列。

①“利息预算收入”项目，反映单位本年取得的利息预算收入。本项目应当根据“其他预算收入”科目的明细记录分析填列。单位单设“利息预算收入”科目的，应当根据“利息预算收入”科目的本年发生额填列。

②“捐赠预算收入”项目，反映单位本年取得的捐赠预算收入。本项目应当根据“其他预算收入”科目明细账记录分析填列。单位单设“捐赠预算收入”科目的，应当根据“捐赠预算收入”科目的本年发生额填列。

③“租金预算收入”项目，反映单位本年取得的租金预算收入。本项目应当根据“其他预算收入”科目明细账记录分析填列。单位单设“租金预算收入”科目的，应当根据“租金预算收入”科目的本年发生额填列。

2. 本年预算支出

（1）“本年预算支出”项目，反映单位本年预算支出总额。本项目是合计数，应当根据本表中“行政支出”“事业支出”“经营支出”“上缴上级支出”“对附属单位补助支出”“投资支出”“债务还本支出”和“其他支出”项目金额的合计数填列。

（2）“行政支出”项目，反映行政单位本年履行职责实际发生的支出。本项目应当根据“行政支出”科目的本年发生额填列。

（3）“事业支出”项目，反映事业单位本年开展专业业务活动及其辅助活动发生的支出。本项目应当根据“事业支出”科目的本年发生额填列。

（4）“经营支出”项目，反映事业单位本年在专业业务活动及其辅助活动之外开展非独立核算经营活动发生的支出。本项目应当根据“经营支出”科目的本年发生额填列。

（5）“上缴上级支出”项目，反映事业单位本年按照财政部门和主管部门的规定上缴上级单位的支出。本项目应当根据“上缴上级支出”科目的本年发生额填列。

（6）“对附属单位补助支出”项目，反映事业单位本年用财政拨款收入之外的收入对附属单位补助发生的支出。本项目应当根据“对附属单位补助支出”科目的本年发生额填列。

（7）“投资支出”项目，反映事业单位本年以货币资金对外投资发生的支出。本项目应当根据“投资支出”科目的本年发生额填列。

（8）“债务还本支出”项目，反映事业单位本年偿还自身承担的纳入预算管理的从金融机构举借的债务本金的支出。本项目应当根据“债务还本支出”科目的本年发生额填列。

（9）“其他支出”项目，反映单位本年除了以上支出以外的各项支出。本项目应当根据“其他支出”科目的本年发生额填列。

①“利息支出”项目，反映单位本年发生的利息支出。本项目应当根据“其他支出”科目明细账记录分析填列。单位单设“利息支出”科目的，应当根据“利息支出”科目的本年发生额填列。

②“捐赠支出”项目，反映单位本年发生的捐赠支出。本项目应当根据“其他支出”科目明细账记录分析填列。单位单设“捐赠支出”科目的，应当根据“捐赠支出”科目的本年发生额填列。

3. 本年预算收支差额

“本年预算收支差额”项目，反映单位本年各项预算收支相抵后的差额。本项目应当根据本表中“本期预算收入”项目金额减去“本期预算支出”项目金额后的金额填列；如相减后金额为负数，以“-”号填列。

二、预算结转结余变动表

预算结转结余变动表反映单位在某一会计年度内预算结转结余的变动情况。

（一）预算结转结余变动表的格式

行政事业单位预算结转结余变动表应当反映财政拨款结转结余、其他资金结转结余的年初余额、年初余额调整、本年变动金额和年末余额的信息如表 16-2 所示。

表 16-2　预算结转结余变动表的格式

编制单位：　　××××年　　单位：元

项　目	本年数	上年数
一、年初预算结转结余	160	（略）
（一）财政拨款结转结余	40	
（二）其他资金结转结余	120	
二、年初余额调整（减少以"—"号填列）		
（一）财政拨款结转结余		
（二）其他资金结转结余		
三、本年变动金额（减少以"—"号填列）	750	
（一）财政拨款结转结余	530	
1. 本年收支差额	530	
2. 归集调入		
3. 归集上缴或调出		
（二）其他资金结转结余	220	
1. 本年收支差额	250	
2. 缴回资金		
3. 使用专用结余	-30	
4. 支付所得税		
四、年末预算结转结余	910	
（一）财政拨款结转结余	570	
1. 财政拨款结转	550	
2. 财政拨款结余	20	
（二）其他资金结转结余	340	
1. 非财政拨款结转	30	
2. 非财政拨款结余	80	
3. 专用结余	230	
4. 经营结余（如有余额，以"—"号填列）		

（二）预算结转结余变动表的填列方法

预算结转结余变动表中"上年数"栏反映各项目的上年实际发生数，应当根据上年度预算结转结余变动表中"本年数"栏内所列数字填列。如果本年度预算结转结余变动表规定的项目的名称和内容同上年度不一致，应当对上年度预算结转结余变动表项目的名称和数字按照本年度的规定进行调整，将调整后的金额填入本年度预算结转结余变动表的"上年数"栏。

预算结转结余变动表中"本年数"栏反映各项目的本年实际发生数，其绝大多数项目都需要根据结转结余类科目的明细账分析填列，预算结转结余变动表"本年数"栏各项目的内容和填列方法如下：

1. 年初预算结转结余

"年初预算结转结余"项目，反映单位本年预算结转结余的年初余额。本项目应当根据本项目下"财政拨款结转结余""其他资金结转结余"项目金额的合计数填列。

（1）"财政拨款结转结余"项目，反映单位本年财政拨款结转结余资金的年初余额。本项目应当根据"财政拨款结转""财政拨款结余"科目本年年初余额合计数填列。

（2）"其他资金结转结余"项目，反映单位本年其他资金结转结余的年初余额。本项目应当根据"非财政拨款结转""非财政拨款结余""专用结余""经营结余"科目本年年初余额的合计数填列。

2. 年初余额调整

"年初余额调整"项目，反映单位本年预算结转结余年初余额调整的金额。本项目应当根据本项目下"财政拨款结转结余""其他资金结转结余"项目金额的合计数填列。

（1）"财政拨款结转结余"项目，反映单位本年财政拨款结转结余资金的年初余额调整金额。本项目应当根据"财政拨款结转""财政拨款结余"科目下"年初余额调整"明细科目的本年发生额的合计数填列；如调整减少年初财政拨款结转结余，以"—"号填列。

（2）"其他资金结转结余"项目，反映单位本年其他资金结转结余的年初余额调整金额。本项目应当根据"非财政拨款结转""非财政拨款结余"科目下"年初余额调整"明细科目的本年发生额的合计数填列；如调整减少年初其他资金结转结余，以"—"号填列。

3. 本年变动金额

“本年变动金额”项目，反映单位本年预算结转结余变动的金额。本项目应当根据本项目下“财政拨款结转结余”“其他资金结转结余”项目金额的合计数填列。

（1）“财政拨款结转结余”项目，反映单位本年财政拨款结转结余资金的变动。本项目应当根据本项目下“本年收支差额”“归集调入”“归集上缴或调出”项目金额的合计数填列。

①“本年收支差额”项目，反映单位本年财政拨款资金收支相抵后的差额。本项目应当根据“财政拨款结转”科目下“本年收支结转”明细科目本年转入的预算收入与预算支出的差额填列；差额为负数的，以“—”号填列。

②“归集调入”项目，反映单位本年按照规定从其他单位归集调入的财政拨款结转资金。本项目应当根据“财政拨款结转”科目下“归集调入”明细科目的本年发生额填列。

③“归集上缴或调出”项目，反映单位本年按照规定上缴的财政拨款结转结余资金及按照规定向其他单位调出的财政拨款结转资金。本项目应当根据“财政拨款结转”“财政拨款结余”科目下“归集上缴”明细科目，以及“财政拨款结转”科目下“归集调出”明细科目本年发生额的合计数填列，以“—”号填列。

（2）“其他资金结转结余”项目，反映单位本年其他资金结转结余的变动。本项目应当根据本项目下“本年收支差额”“缴回资金”“使用专用结余”“支付所得税”项目金额的合计数填列。

①“本年收支差额”项目，反映单位本年除了财政拨款以外的其他资金收支相抵后的差额。本项目应当根据“非财政拨款结转”科目下“本年收支结转”明细科目、“其他结余”科目、“经营结余”科目本年转入的预算收入与预算支出的差额的合计数填列；如为负数，以“—”号填列。

②“缴回资金”项目，反映单位本年按照规定缴回的非财政拨款结转资金。本项目应当根据“非财政拨款结转”科目下“缴回资金”明细科目本年发生额的合计数填列，以“—”号填列。

③“使用专用结余”项目，反映本年事业单位根据规定使用从非财政拨款结余或经营结余中提取的专用基金的金额。本项目应当根据“专用结余”科目明细账中本年使用专用结余业务的发生额填列，以“—”号填列。

④“支付所得税”项目，反映有企业所得税缴纳义务的事业单位本年实际缴纳的企业所得税金额。本项目应当根据“非财政拨款结余”明细账中本年实际缴纳企业所得税业务的发生额填列，以“—”号填列。

4. 年末预算结转结余

（1）“财政拨款结转结余”项目，反映单位本年财政拨款结转结余的年末余额。本项目应当根据本项目下“财政拨款结转”“财政拨款结余”项目金额的合计数填列。

本项目下“财政拨款结转”“财政拨款结余”项目，应当分别根据“财政拨款结转”“财政拨款结余”科目的本年年末余额填列。

（2）“其他资金结转结余”项目，反映单位本年其他资金结转结余的年末余额。本项目应当根据本项目下“非财政拨款结转”“非财政拨款结余”“专用结余”“经营结余”项目金额的合计数填列。

本项目下“非财政拨款结转”“非财政拨款结余”“专用结余”“经营结余”项目，应当分别根据“非财政拨款结转”“非财政拨款结余”“专用结余”“经营结余”科目的本年年末余额填列。

三、财政拨款预算收入支出表

财政拨款预算收入支出表反映单位本年财政拨款预算资金收入、支出及相关变动的具体情况。财政拨款预算收入支出表是为了全面反映财政拨款资金的取得和使用而设置的，财政拨款资金的取得和使用必须严格遵守财政预算管理的规定和要求，通过该表可以了解、评价财政拨款资金的执行情况，进行预算管理决策。

（一）财政拨款预算收入支出表的格式

行政事业单位财政拨款预算收入支出表应当分别在基本支出和项目支出中反映年初结转结余数、本年增减变动数和年末结转结余数。本年增减变动数包括调整年初结转结余数、本年归集调入数、本年归集上缴或调出数、单位内部调剂数、本年财政拨款收入数、本年财政拨款支出数。同时有一般公共预算财政拨款和政府性基金预算财政拨款的，应当分别在一般公共预算财政拨款和政府性基金预算财政拨款中反映上述相关信息。行政事业单位财政拨款预算收入支出表的格式如表 16-3 所示。

表 16-3　财政拨款预算收入支出表的格式

××××年

编制单位：　　　　　　　　　　　　　　　　　　　　单位：元

项　目	年初财政拨款结转结余		调整年初财政拨款结转结余	本年归集调入	本年归集上缴或调出	单位内部调剂		本年财政拨款收入	本年财政拨款支出	年末财政拨款结转结余	
	结转	结余				结转	结余			结转	结余
一、一般公共预算财政拨款	35	5						5 600	5 070	550	20
（一）基本支出	10							3 900	3 880	30	
1. 人员经费											
2. 日常公用经费											
（二）项目支出	25	5						1 700	1 190	520	20
1. ××项目						5					
2. ××项目							−5				
……											
二、政府性基金预算财政拨款											
（一）基本支出											
1. 人员经费											
2. 日常公用经费											
（二）项目支出											
1. ××项目											
2. ××项目											
……											
总计	35	5				5	−5	5 600	5 070	550	20

（二）财政拨款预算收入支出表的填列方法

（1）“年初财政拨款结转结余”栏中各项目，反映财政拨款结转结余的金额。各项目应当根据“财政拨款结转”“财政拨款结余”及其明细科目的年初余额填列。本栏中各项目的数额应当与上年度财政拨款预算收入支出表中“年末财政拨款结转结余”栏目中各项目的数额相等。

（2）“调整年初财政拨款结转结余”栏中各项目，反映单位对年初财政拨款结转结余的调整金额。各项目应当根据“财政拨款结转”“财政拨款结余”科目下“年初余额调整”明细科目及其所属明细科目的本年发生额填列；如调整减少年初财政拨款结转结余，以“—”号填列。

（3）“本年归集调入”栏中各项目，反映单位本年按规定从其他单位调入的财政拨款结转资金金额。各项目应当根据“财政拨款结转”科目下“归集调入”明细科目及其所属明细科目的本年发生额填列。

（4）“本年归集上缴或调出”栏中各项目，反映单位本年按规定实际上缴的财政拨款结转结余资金，及按照规定向其他单位调出的财政拨款结转资金金额。各项目应当根据“财政拨款结转”“财政拨款结余”科目下“归集上缴”科目和“财政拨款结转”科目下“归集调出”明细科目，及其所属明细科目的本年发生额填列，以“—”号填列。

（5）“单位内部调剂”栏中各项目，反映单位本年财政拨款结转结余资金在单位内部不同项目等之间的调剂金额。各项目应当根据“财政拨款结转”和“财政拨款结余”科目下的“单位内部调剂”明细科目及其所属明细科目的本年发生额填列；对单位内部调剂减少的财政拨款结余金额，以“—”号填列。

（6）“本年财政拨款收入”栏中各项目，反映单位本年从同级财政部门取得的各类财政预算拨款金额。各项目应当根据“财政拨款预算收入”科目金额填列。

（7）“本年财政拨款支出”栏中各项目，反映单位本年发生的财政拨款支出金额。各项目应当根据“行政支出”“事业支出”等科目及其所属明细科目本年发生额中的财政拨款支出数的合计数填列。

（8）“年末财政拨款结转结余”栏中各项目，反映单位年末财政拨款结转结余的金额。各项目应当根据“财政拨款结转”“财政拨款结余”科目及其所属明细科目的年末余额填列。

任务三　政府财务报告的编制

政府财务报告是反映政府会计主体某一特定日期的财务状况和某一会计期间的运行情况及现金流量等信息的文件。政府财务报告应当包括财务报表和其他应当在财务报告中披露的相关信息和资料。

政府财务报告的编制主要以权责发生制为基础，以单位财务会计核算生成的数据为准。

行政事业单位财务报表由“四表一注”构成，分别是资产负债表、收入费用表、净资产变动表、现金流量表和附注，其中，现金流量表可以由单位自行选择是否编制。

一、资产负债表

资产负债表反映单位在某一特定日期全部资产、负债和净资产的情况。按照规定，行政事业单位的资产负债表应当按月度和年度编制。

（一）资产负债表的格式

行政事业单位资产负债表应当分别以资产、负债和净资产反映相应组成项目期末余额和年初余额的信息，采用的平衡等式为：资产 = 负债 + 净资产。行政事业单位资产负债表的格式如表 16-4 所示。

表 16-4 资产负债表的格式

编制单位： 年 月 日 单位：元

资 产	期末余额	年初余额	负债和净资产	期末余额	年初余额
流动资产：			流动负债：		
货币资金	390		短期借款		
短期投资			应交增值税		
财政应返还额度	310		其他应交税费		
应收票据			应缴财政款		
应收账款净额	140		应付职工薪酬	520	
预付账款	150		应付票据		
应收股利			应付账款	260	
应收利息			应付政府补贴款		
其他应收款净额			应付利息		
存货	220		预收账款		
待摊费用			其他应付款		
一年内到期的非流动资产			预提费用		
其他流动资产			一年内到期的非流动负债		
流动资产合计			其他流动负债		
非流动资产：			流动负债合计		
长期股权投资			非流动负债：		
长期债券投资			长期借款		
固定资产原值	438 000		长期应付款	900	
减：固定资产累计折旧	78 200		预计负债：		
固定资产净值	359 800		其他非流动负债		
工程物资			非流动负债合计		
在建工程	13 500		受托代理负债：		
无形资产原值	39 800		负债合计		
减：无形资产累计摊销					
无形资产净值	34 500				
研发支出					
公共基础设施原值					
减：公共基础设施累计折旧（摊销）					
公共基础设施净值					
政府储备物资					
文物文化资产					
保障性住房原值					
减：保障性住房累计折旧			净资产：		
保障性住房净值			累计盈余	407 100	
长期待摊费用			专用基金	230	
待处理财产损溢			权益法调整		
其他非流动资产			无偿调拨净资产（月报）*		
非流动资产合计			本期盈余（月报）*		
受托代理资产			净资产合计		
资产总计	409 010		负债和净资产总计	409 010	

注：* 标识项目为月报项目，年报中不需要列示。

（二）资产负债表的填列方法

资产负债表中“年初余额”栏内各项数字，应当根据上年年末资产负债表“期末余额”栏内数字填列。如果本年度资产负债表规定的项目的名称和内容同上年度不一致，应当对上年年末资产负债表项目的名称和数字按照本年度的规定进行调整，将调整后的数字填入本表“年初余额”栏内。如果本年度单位发生了因前期差错更正、会计政策变更等调整以前年度盈余的事项，还应当对“年初余额”栏中的有关项目金额进行相应调整。在资产负债表中，“资产总计”项目期末（年初）余额应当与“负债和净资产总计”项目期末（年初）余额相等。

资产负债表的“期末余额”一般根据资产、负债和净资产类科目的期末余额填列，具体可以分为以下几类。

1. 直接根据总账科目余额填列

“短期投资”“财政应返还额度”“应收票据”“预付账款”“应收股利”“应收利息”“待摊费用长期股权投资”“固定资产原值”“固定资产累计折旧”“工程物资”“在建工程”“无形资产原值”“无形资产累计摊销”“研发支出”“公共基础设施原值”“公共基础设施累计折旧（摊销）”“政府储备物资”“文物文化资产”“保障性住房原值”“保障性住房累计折旧”“长期待摊费用”“待处理财产损溢”“短期借款”“应交增值税”“其他应交税费”“应缴财政款”“应付职工薪酬”“应付票据”“应付政府补贴款”“应付利息”“预收账款”“其他应付款”“预提费用”“预计负债”“受托代理负债”“累计盈余”“专用基金”“权益法调整”“无偿调拨净资产”“本期盈余”等科目，应当根据总账科目的余额填列。

2. 根据几个总账科目余额计算填列

（1）“货币资金”项目，应当根据“库存现金”“银行存款”“零余额账户用款额度”“其他货币资金”科目的期末余额的合计数填列；若单位存在通过“库存现金”“银行存款”科目核算的受托代理资产，还应当按照前述合计数扣减“库存现金”“银行存款”科目下“受托代理资产”明细科目的期末余额后的金额填列。

（2）“存货”项目，应当根据“在途物品”“库存物品”“加工物品”科目的期末余额的合计数填列。

（3）“其他流动资产”项目，应当根据除了本表中所列各项之外的其他各项流动资产科目期末余额的合计数填列。

（4）“其他非流动资产”项目，应当根据除了本表中所列各项之外的其他各项非流动资产科目期末余额的合计数填列。

（5）“其他流动负债”项目，应当根据除了本表中所列各项之外的其他各项流动负债科目期末余额的合计数填列。

（6）“其他非流动负债”项目，应当根据除了本表中所列各项之外的其他各项非流动负债科目期末余额的合计数填列。

3. 根据有关科目余额减去其备抵科目余额后的净额填列

（1）“应收账款净额”项目，应当根据“应收账款”科目的期末余额，减去“坏账准备”科目中对应收账款计提的坏账准备的期末余额后的金额填列。

（2）“其他应收款净额”项目，应当根据“其他应收款”科目的期末余额减去“坏账准备”

科目中对其他应收款计提的坏账准备的期末余额后的金额填列。

（3）“固定资产净值”项目，应当根据“固定资产”科目期末余额减去“固定资产累计折旧”科目期末余额后的金额填列。

（4）“无形资产净值”项目，应当根据“无形资产”科目期末余额减去“无形资产累计摊销”科目期末余额后的金额填列。

（5）“公共基础设施净值”项目，应当根据“公共基础设施”科目期末余额减去“公共基础设施累计折旧（摊销）”科目期末余额后的金额填列。

（6）“保障性住房净值”项目，应当根据“保障性住房”科目期末余额减去“保障性住房累计折旧”科目期末余额后的金额填列。

4. 根据总账科目和明细账科目余额分析计算填列

（1）“一年内到期的非流动资产”项目，应当根据“长期债券投资”等科目的明细科目的期末余额分析，将在1年内（含1年）到期的长期债券投资金额填列至“一年内到期的非流动资产”项目中。

（2）“长期债券投资”项目，应当根据“长期债券投资”科目的期末余额减去其中将于1年内（含1年）到期的长期债券投资余额后的金额填列。

（3）“受托代理资产”项目，应当根据“受托代理资产”科目的期末余额与“库存现金”“银行存款”科目下“受托代理资产”明细科目的期末余额的合计数填列。

（4）“一年内到期的非流动负债”项目，应当根据“长期应付款”“长期借款”等科目的明细科目的期末余额分析，将于1年内（含1年）偿还的非流动负债的金额填列至“一年内到期的非流动负债”项目中。

（5）“长期借款”项目，应当根据“长期借款”科目的期末余额减去其中将于1年内（含1年）到期的长期借款余额后的金额填列。

（6）“长期应付款”项目，应当根据“长期应付款”科目的期末余额减去其中将于1年内（含1年）到期的长期应付款余额后的金额填列。

5. 根据本表中的项目计算合计数填列

（1）“流动资产合计”项目，应当根据本表中“货币资金”“短期投资”“财政应返还额度”“应收票据”“应收账款净额”“预付账款”“应收股利”“应收利息”“其他应收款净额”“存货”“待摊费用”“一年内到期的非流动资产”“其他流动资产”项目金额的合计数填列。

（2）“流动资产合计”项目，应当根据本表中“货币资金”“短期投资”“财政应返还额度”“应收票据”“应收账款净额”“预付账款”“应收股利”“应收利息”“其他应收款净额”“存货”“待摊费用”“一年内到期的非流动资产”“其他流动资产”项目金额的合计数填列。

（3）“资产总计”项目，应当根据本表中“流动资产合计”“非流动资产合计”“受托代理资产”项目金额的合计数填列。

（4）“流动负债合计”项目，应当根据本表“短期借款”“应交增值税”“其他应交税费”“应交财政款”“应付职工薪酬”“应付票据”“应付账款”“应付政府补贴款”“应付利息”“预收账款”“其他应付款”“预提费用”“一年内到期的非流动负债”“其他流动负债”项目金额的合计数填列。

（5）“非流动负债合计”项目，应当根据本表中“长期借款”“长期应付款”“预计负债”“其他非流动负债”项目金额的合计数填列。

（6）“负债合计”项目，应当根据本表中“流动负债合计”“非流动负债合计”“受托代理负债”项目金额的合计数填列。

（7）“净资产合计”项目，应当根据本表中“累计盈余”“专用基金”“权益法调整”“无偿调拨净资产”（月度报表）“本期盈余”（月度报表）项目金额的合计数填列。

（8）“负债和净资产总计”项目，应当按照本表中“负债合计”“净资产合计”项目金额的合计数填列。

二、收入费用表

收入费用表反映单位在某一会计期间内发生的收入、费用及当期盈余情况。按照规定，行政事业单位的收入费用表应当按月度和年度编制。

（一）收入费用表的格式

行政事业单位收入费用表应当分别以本期收入、本期费用和本期盈余反映相应组成项目本月数和本年累计数的信息，采用的计算公式为：本期收入－本期费用＝本期盈余。行政事业单位收入费用表的格式如表 16-5 所示。

表 16-5　收入费用表的格式

编制单位：　　　　　年　月　　　　　单位：元

项　目	本月数	本年累计数
一、本期收入	（略）	29 730
（一）财政拨款收入		15 600
其中：政府性基金收入		
（二）事业收入		13 800
（三）上级补助收入		250
（四）附属单位上缴收入		
（五）经营收入		
（六）非同级财政拨款收入		
（七）投资收益		
（八）捐赠收入		
（九）利息收入		60
（十）租金收入		
（十一）其他收入		20
二、本期费用		29 440
（一）业务活动费用		27 650
（二）单位管理费用		1 350
（三）经营费用		
（四）资产处置费用		410
（五）上缴上级费用		
（六）对附属单位补助费用		
（七）所得税费用		
（八）其他费用		30
三、本期盈余		290

（二）收入费用表的填列方法

收入费用表中“本月数”栏在编制年度收入费用表时，应当改为“本年数”，收入费用表中“本年累计数”栏在编制年度收入费用表时，应当改为“上年数”。如果本年度收入费用表规定的项目的名称和内容同上年度不一致，应当对上年度收入费用表项目的名称和数字按照本年度的规定进行调整，将调整后的金额填入本年度收入费用表的“上年数”栏内。如果本年度单位发生了因前期差错更正、会计政策变更等调整以前年度盈余的事项，还应当对年度收入费用表中“上年数”栏中的有关项目金额进行相应调整。

收入费用表的绝大多数项目都可以直接从本期收入中的 11 个会计科目和本期费用中的 8 个会计科目的总账发生额直接取数，其中，“财政拨款收入”中“政府性基金收入”需要列示明细账发生额。在收入费用表中，“本月数”栏各项目的内容和填列方法如下：

1. 本期收入

（1）“本期收入”项目，反映单位本期收入总额。本项目应当根据收入费用表中“财政拨款收入”“事业收入”“上级补助收入”“附属单位上缴收入”“经营收入”“非同级财政拨款收入”“投资收益”“捐赠收入”“利息收入”“租金收入”“其他收入”项目金额的合计数填列。

（2）“财政拨款收入”项目，反映单位本期从同级政府财政部门取得的各类财政拨款。本项目应当根据“财政拨款收入”科目的本期发生额填列。

“政府性基金收入”项目，反映单位本期取得的财政拨款收入中属于政府性基金预算拨款的金额。本项目应当根据“财政拨款收入”相关明细科目的本期发生额填列。

（3）“事业收入”项目，反映事业单位本期开展专业业务活动及其辅助活动实现的收入。本项目应当根据“事业收入”科目的本期发生额填列。

（4）“上级补助收入”项目，反映事业单位本期从主管部门和上级单位收到或应收的非财政拨款收入。本项目应当根据“上级补助收入”科目的本期发生额填列。

（5）“附属单位上缴收入”项目，反映事业单位本期收到或应收的独立核算的附属单位按照有关规定上缴的收入。本项目应当根据“附属单位上缴收入”科目的本期发生额填列。

（6）“经营收入”项目，反映事业单位本期在专业业务活动及其辅助活动之外开展非独立核算经营活动实现的收入。本项目应当根据“经营收入”科目的本期发生额填列。

（7）“非同级财政拨款收入”项目，反映单位本期从非同级政府财政部门取得的财政拨款，不包括事业单位因开展科研及其辅助活动从非同级财政部门取得的经费拨款。本项目应当根据“非同级财政拨款收入”科目的本期发生额填列。

（8）“投资收益”项目，反映事业单位本期股权投资和债券投资所实现的收益或发生的损失。本项目应当根据“投资收益”科目的本期发生额填列；如为投资净损失，以“-”号填列。

（9）“捐赠收入”项目，反映单位本期接受捐赠取得的收入。本项目应当根据“捐赠收入”科目的本期发生额填列。

（10）“利息收入”项目，反映单位本期取得的银行存款利息收入。本项目应当根据“利息收入”科目的本期发生额填列。

（11）“租金收入”项目，反映单位本期经批准利用国有资产出租取得并按规定纳入本单位预算管理的租金收入。本项目应当根据“租金收入”科目的本期发生额填列。

（12）“其他收入”项目，反映单位本期取得的除了以上收入项目之外的其他收入的总额。本项目应当根据“其他收入”科目的本期发生额填列。

2. 本期费用

（1）“本期费用”项目，反映单位本期费用总额。本项目应当根据本表中“业务活动费用”“单位管理费用”“经营费用”“资产处置费用”“上缴上级费用”“对附属单位补助费用”“所得税费用”和“其他费用”项目金额的合计数填列。

（2）“业务活动费用”项目，反映单位本期为实现其职能目标，依法履职或开展专业业务活动及其辅助活动所发生的各项费用。本项目应当根据“业务活动费用”科目本期发生额填列。

（3）“单位管理费用”项目，反映事业单位本期本级行政及后勤管理部发生的各项费用，以及由单位统一负担的离退休人员经费、工会经费、诉讼费、中介费等。本项目应当根据“单位管理费用”科目的本期发生额填列。

（4）“经营费用”项目，反映事业单位本期在专业业务活动及其辅助活动之外开展非独立核算经营活动发生的各项费用。本项目应当根据“经营费用”科目的本期发生额填列。

（5）“资产处置费用”项目，反映单位本期经批准处置资产时转销的资产价值以及在处置过程中发生的相关费用或者处置收入小于处置费用形成的净支出。本项目应当根据“资产处置费用”科目的本期发生额填列。

（6）“上缴上级费用”项目，反映事业单位按照规定上缴上级单位款项发生的费用。本项目应当根据“上缴上级费用”科目的本期发生额填列。

（7）“对附属单位补助费用”项目，反映事业单位用财政拨款收入之外的收入对附属单位补助发生的费用。本项目应当根据“对附属单位补助费用”科目的本期发生额填列。

（8）“所得税费用”项目，反映有企业所得税缴纳义务的事业单位本期计算应缴纳的企业所得税。本项目应当根据“所得税费用”科目的本期发生额填列。

（9）“其他费用”项目，反映单位本期发生的除了以上费用项目之外的其他费用的总额。本项目应当根据“其他费用”科目的本期发生额填列。

3. 本期盈余

“本期盈余”项目，反映单位本期收入扣除本期费用后的净额。本项目应当根据本表中“本期收入”项目金额减去“本期费用”项目金额后的金额填列；如为负数，以“-”号填列。

三、净资产变动表

净资产变动表反映单位在某一会计年度内净资产项目的变动情况。按照规定，行政事业单位的净资产变动表应当按年度编制。

（一）净资产变动表的格式

行政事业单位净资产变动表采用矩阵的格式，即一方面列示净资产的各组成部分，如列示累计盈余、专用基金、权益法调整等，另一方面列示净资产各组成部分增减变动的具体原因，如列示本年盈余、无偿调拨净资产、归集调整预算结转结余、提取或设置专用基金、使用专用基金等，净资产各组成部分的增减变动原因与净资产的相应组成部分形成对应。行政事业单位净资产变动表的格式如表 16-6 所示。

表 16-6　净资产变动表的格式

编制单位：　　××××年　　单位：元

项　　目	本年数				上年数			
	累计盈余	专用基金	权益法调整	净资产合计	累计盈余	专用基金	权益法调整	净资产合计
一、上年年余额	426 850	220		427 070				
二、以前年度盈余调整（减少以“—”号填列）		—	—			—	—	
三、本年年初余额	426 850	220		427 070				
四、本年变动金额（减少以“—”号填列）	-19 710	10		-19 700				
（一）本年盈余	-19 710	—	—	-19 710		—	—	
（二）无偿调拨净资产		—	—			—	—	

续表

项目	本年数				上年数			
	累计盈余	专用基金	权益法调整	净资产合计	累计盈余	专用基金	权益法调整	净资产合计
（三）归集调整预算结转结余		—	—			—	—	
（四）提取或设置专用基金		40	—	40			—	
其中：从预算收入中提取	—		—		—		—	
从预算结余中提取		40	—	40			—	
设置的专用基金	—		—		—		—	
（五）使用专用基金		-30	—	-30			—	
（六）权益法调整	—	—			—	—		
五、本年年余额	407 140	230		407 370				

注：“—”表示单元格不需要填列。

（二）净资产变动表的填列方法

净资产变动表金额部分由“本年数”和“上年数”两栏构成。本表“上年数”栏应当根据上年度净资产变动表中“本年数”栏内所列数字填列。如果上年度净资产变动表规定的项目的名称和内容与本年度的不一致，应对上年度净资产变动表项目的名称和数字按照本年度的规定进行调整，将调整后金额填入本年度净资产变动表“上年数”栏内。本表“本年数”栏反映本年度各项目的实际变动数，“本年数”栏各项目的内容和填列方法如下：

（1）“上年年末余额”行，反映单位净资产各项目上年年末的余额。本行各项目应当根据“累计盈余”“专用基金”“权益法调整”科目上年年末余额填列。

（2）“以前年度盈余调整”行，反映单位本年度调整以前年度盈余的事项对累计盈余进行调整的金额。本行“累计盈余”项目应当根据本年度“以盈余调整”科目转入“累计盈余”科目的金额填列；如调整减少累计盈余，以“—”号填列。

（3）“本年年初余额”行，反映经过以前年度盈余调整后，单位净资产各项目的本年年初余额。本行“累计盈余”“专用基金”“权益法调整”项目应当根据其各自在“上年年末余额”和“以前年度盈余调整”行对应项目金额的合计数填列。

（4）“本年变动金额”行，反映单位净资产各项目本年变动总金额。本行“累计盈余”“专用基金”“权益法调整”项目应当根据其各自在“本年盈余”“无偿调拨净资产”“归集调整预算结转结余”“提取或设置专用基金”“使用专用基金”“权益法调整”行对应项目金额的合计数填列。

（5）“本年盈余”行，反映单位本年发生的收入、费用对净资产的影响。因为年末结转时，“本期盈余”科目余额转入“本年盈余分配”，“本年盈余分配”根据有关规定提取“专用基金”后剩余金额转入“累计盈余”，所以“本年盈余”转入“本年盈余分配”的金额会增加或减少“累计盈余”，本行“累计盈余”项目应当根据年末由“本期盈余”科目转入“本年盈余分配”科目的金额填列“本年盈余分配”科目，则以“—”号填列。

（6）“无偿调拨净资产”行，反映单位本年无偿调入、调出非现金资产事项对净资产的影响。本行“累计盈余”项目应当根据年末由“无偿调拨净资产”科目转入“累计盈余”科目的金额填列；如转入时借记“累计盈余”科目，则以“—”号填列。

（7）“归集调整预算结转结余”行，反映单位本年财政拨款结转结余资金归集调入、归集上缴或调出以及非财政拨款结转资金缴回对净资产的影响。本行“累计盈余”项目应当根据“累计盈余”科目明细账记录分析填列；如归集调整减少预算结转结余，则以“—”号填列。

（8）“提取或设置专用基金”行，反映单位本年提取或设置专用基金对净资产的影响。本行“累计盈余”项目应当根据“从预算结余中提取”行“累计盈余”项目的金额填列。本行“专用基金”项目应当根据“从预算收入中提取”“从预算结余中提取”“设置的专用基金”行“专用基金”项目计数填列。

“从预算收入中提取”行，反映单位本年从预算收入中提取专用基金对净资产的影响。本行“专用基金”项目应当通过对“专用基金”科目明细账记录的分析，根据本年按有关规定从预算收入中提取基金的金额填列。

“从预算结余中提取”行，反映单位本年根据有关规定从本年度非财政拨款结余或经营结余中提取专用基金对净资产的影响。本行“累计盈余”“专用基金”项目应当通过对“专用基金”科目明细账记录的分析，根据本年按有关规定从本年度非财政拨款结余或经营结余中提取专用基金的金额填列；本行“累计盈余”项目以“—”号填列。

“设置的专用基金”行，反映单位本年根据有关规定设置的其他专用基金对净资产的影响。本行“专用基金”项目应当通过对“专用基金”科目明细账记录的分析，根据本年按有关规定设置的其他专用基金的金额填列。

（9）“使用专用基金”行，反映单位本年按规定使用专用基金对净资产的影响。因为使用专用基金购置固定资产、无形资产的，借记“固定资产”“无形资产”科目，贷记“银行存款”科目，同时，借记“专用基金”科目，贷记“累计盈余”科目，所以使用专用基金时，“专用基金”减少，“累计盈余”增加。本行“累计盈余”“专用基金”项目应当通过对“专用基金”科目明细账记录的分析，根据本年按规定使用专用基金的金额填列；本行“专用基金”项目以“—”号填列。

（10）“权益法调整”行，反映单位本年按照被投资单位除了净损益和利润分配以外的所有者权益变动份额而调整长期股权投资账面余额对净资产的影响。本行“权益法调整”项目应当根据“权益法调整”科目本年发生额填列；若本年净发生额为借方时，以“—”号填列。

（11）“本年年末余额”行，反映单位本年各净资产项目的年末余额。本行“累计盈余”“专用基金”“权益法调整”项目应当根据其各自在“本年年初余额”“本年变动金额”行对应项目金额的合计数填列。

（12）本表各行“净资产合计”项目，应当根据所在行“累计盈余”“专用基金”“权益法调整”项目金额的合计数填列。

四、现金流量表

现金流量表反映单位在某一会计年度内现金流入和流出的信息。单位可根据实际情况自行选择编制现金流量表。按照规定，行政事业单位的现金流量表应当按年度编制。

现金流量表所指的现金，是指单位的库存现金以及其他可以随时用于支付的款项，包括库存现金、可以随时用于支付的银行存款、其他货币资金、零余额账户用款额度、财政应返还额度，以及通过财政直接支付方式支付的款项。现金流量是指现金的流入和流出。

（一）现金流量表的格式

行政事业单位现金流量表应当分为日常活动产生的现金流量、投资活动产生的现金流量和筹资活动产生的现金流量，反映现金流入和现金流出的信息，采用的计算公式为：现金流入 - 现金流出 = 现金流量净额。行政事业单位现金流量表的格式如表 16-7 所示。

表 16-7 现金流量表的格式

编制单位： ××××年 单位：元

项　目	本年金额	上年金额
一、日常活动产生的现金流量：		
财政基本支出拨款收到的现金		
财政非资本性项目拨款收到的现金		
事业活动收到的除了财政拨款以外的现金		
收到的其他与日常活动有关的现金		
日常活动的现金流入小计		
购买商品、接受劳务支付的现金		
支付给职工以及为职工支付的现金		
支付的各项税费		
支付的其他与日常活动有关的现金		
日常活动的现金流出小计		
日常活动产生的现金流量净额		
二、投资活动产生的现金流量：		
收回投资收到的现金		
取得投资收益收到的现金		
处置固定资产、无形资产、公共基础设施等收回的现金净额		
收到的其他与投资活动有关的现金		
投资活动的现金流入小计		
购建固定资产、无形资产、公共基础设施等支付的现金		
对外投资支付的现金		
上缴处置固定资产、无形资产、公共基础设施等净收入支付的现金		
支付的其他与投资活动有关的现金		
投资活动的现金流出小计		
投资活动产生的现金流量净额		
三、筹资活动产生的现金流量：		
财政资本性项目拨款收到的现金		
取得借款收到的现金		
收到的其他与筹资活动有关的现金		
筹资活动的现金流入小计		
偿还借款支付的现金		
偿还利息支付的现金		
支付的其他与筹资活动有关的现金		
筹资活动的现金流出小计		
筹资活动产生的现金流量净额		
四、汇率变动对现金的影响额		
五、现金净增加额		

（二）现金流量表的填列方法

现金流量表中“本年金额”栏反映各项目的本年实际发生数。现金流量表“上年金额”栏反映各项目的上年实际发生数，应当根据上年现金流量表中“本年金额”栏内所列数字填列。行政事业单位应当采用直接法编制现金流量表。在现金流量表中，“本年金额”栏各项目的内容和填列方法如下：

1. 日常活动产生的现金流量

（1）“财政基本支出拨款收到的现金”项目，反映单位本年接受财政基本支出拨款取得的现金。本项目应当根据“零余额账户用款额度”“财政拨款收入”“银行存款”等科目及其所属明细科目的记录分析填列。

（2）“财政非资本性项目拨款收到的现金”项目，反映单位本年接受除了用于购建固定资产、无形资产、公共基础设施等资本性项目以外的财政项目拨款取得的现金。本项目应当根据“银行存款”“零余额账户用款额度”“财政拨款收入”等科目及其所属明细科目的记录分析填列。

（3）“事业活动收到的除了财政拨款以外的现金”项目，反映事业单位本年开展专业业务活动及其辅助活动取得的除了财政拨款以外的现金。本项目应当根据“库存现金”“银行存款”“其他货币资金”“应收账款”“应收票据”“预收账款”“事业收入”等科目及其所属明细科目的记录分析填列。

（4）“收到的其他与日常活动有关的现金”项目，反映单位本年收到的除了以上项目之外的与日常活动有关的现金。本项目应当根据“库存现金”“银行存款”“其他货币资金”“上级补助上缴收入”“经营收入”“非同级财政拨款收入”“捐赠收入”“利息收入”“租金收入”“其他收入”等科目及其所属明细科目的记录分析填列。

（5）“日常活动的现金流入小计”项目，反映单位本年日常活动产生的现金流入的合计数。本项目应当根据本表中“财政基本支出拨款收到的现金”“财政非资本性项目拨款收到的现金”“事业活动收到的除了财政拨款以外的现金”“收到的其他与日常活动有关的现金”项目金额的合计数填列。

（6）“购买商品、接受劳务支付的现金”项目，反映单位本年在日常活动、接受劳务支付的现金。本项目应当根据“库存现金”“银行存款”“财政拨款收入”“零余额账户用款额度”“预付账款”“在途物品”“库存物品”“应付账款”“业务活动费用”“单位管理费用”“经营费用”等科目及其所属明细科目的记录分析填列。

（7）“支付给职工以及为职工支付的现金”项目，反映单位本年支付给职工以及为职工支付的现金。本项目应当根据“库存现金”“银行存款”“零余额账户用款额度”“财政拨款收入”“应付职工薪酬”“业务活动费用”“单位管理费用”“经营费用”等科目及其所属明细科目的记录分析填列。

（8）“支付的各项税费”项目，反映单位本年用于缴纳日常活动相关税费而支付的现金。本项目应当根据“库存现金”“银行存款”“零余额账户用款额度”“应交增值税”“其他应交税费”“业务活动费用”“单位管理费用”“经营费用”“所得税费用”等科目及其所属明细科目的记录分析填列。

（9）“支付的其他与日常活动有关的现金”项目，反映单位本年支付的除了上述项目之外与日常活动有关的现金。本项目应当根据“库存现金”“银行存款”“零余额账户用款额度”“财政拨款收入”“其他应付款”“业务活动费用”“单位管理费用”“经营费用”“其他费用”等科目及其所属明细科目的记录分析填列。

（10）“日常活动的现金流出小计”项目，反映单位本年日常活动产生的现金流出的合计数。本项目应当根据本表中“购买商品、接受劳务支付的现金”“支付给职工以及为职工支付的现金”“支付的各项税费”“支付的其他与日常活动有关的现金”项目金额的合计数填列。

（11）“日常活动产生的现金流量净额”项目，应当按照本表中“日常活动的现金流入小计”项目金额减去“日常活动的现金流出小计”项目金额后的金额填列；如为负数，以“—”号填列。

2. 投资活动产生的现金流量

（1）“收回投资收到的现金”项目，反映单位本年出售、转让或者收回投资收到的现金。本项目应该根据“库存现金”“银行存款”“短期投资”“长期股权投资”“长期债券投资”等科目的记录分析填列。

（2）“取得投资收益收到的现金”项目，反映单位本年因对外投资而收到被投资单位分配的股利或利润，以及收到投资利息而取得的现金。本项目应当根据“库存现金”“银行存款”“应收股利”“应收利息”“投资收益”等科目的记录分析填列。

（3）“处置固定资产、无形资产、公共基础设施等收回的现金净额”项目，反映单位本年处置固定资产、无形资产、公共基础设施等非流动资产所收回的现金，减去为处置这些资产而支付的有关费用之后的净额。由于自然灾害造成的固定资产等长期资产损失而收到的保险赔款收入，也在本项目反映。本项目应当根据“库存现金”“银行存款”“待处理财产损溢”等科目的记录分析填列。

（4）“收到的其他与投资活动有关的现金”项目，反映单位本年收到的除了上述项目之外与投资活动有关的现金。对于金额较大的现金流入，应当单列项目反映。本项目应当根据“库存现金”“银行存款”等有关科目的记录分析填列。

（5）“投资活动的现金流入小计”项目，反映单位本年投资活动产生的现金流入的合计数。本项目应当根据本表中“收回投资收到的现金”“取得投资收益收到的现金”“处置固定资产、无形资产收回的现金净额”“收到的其他与投资活动有关的现金”填列。

（6）“购建固定资产、无形资产、公共基础设施等支付的现金”项目，反映单位本年购买和建造固定资产、无形资产、公共基础设施等非流动资产所支付的现金；融资租入固定资产支付的租赁费不在本项目反映，在筹资活动的现金流量中反映。本项目应当根据“库存现金”“银行存款”“固定资产”“工程物资”“在建工程”“无形资产”“研发支出”“公共基础设施”“保障性住房”等科目的记录分析填列。

（7）“对外投资支付的现金”项目，反映单位本年为取得短期投资、长期股权投资、长期债券投资而支付的现金。本项目应当根据“库存现金”“银行存款”“短期投资”“长期股权投资”“长期债券投资”等科目的记录分析填列。

（8）“上缴处置固定资产、无形资产、公共基础设施等净收入支付的现金”项目，反映本年单位将处置固定资产、无形资产、公共基础设施等非流动资产所收回的现金净额予以上缴财政所支付的现金。本项目应当根据“库存现金”“银行存款”“应缴财政款”等科目的记录分析填列。

（9）“支付的其他与投资活动有关的现金”项目，反映单位本年支付的除了上述项目之外与投资活动有关的现金。对于金额较大的现金流出，应当单列项目反映。本项目应当根据“库存现金”“银行存款”等有关科目的记录分析填列。

（10）“投资活动的现金流出小计”项目，反映单位本年投资活动产生的现金流出的合计数。本项目应当根据本表中“购建固定资产、无形资产、公共基础设施等支付的现金”“对外投资支付的现金”“上缴处置固定资产、无形资产、公共基础设施等净收入支付的现金”“支付的其他与投资活动有关的现金”项目金额的合计数填列。

（11）“投资活动产生的现金流量净额”项目，应当按照本表中“投资活动的现金流入小计”项目金额减去“投资活动的现金流出小计”项目金额后的金额填列；如为负数，以“-”号填列。

3. 筹资活动产生的现金流量

（1）“财政资本性项目拨款收到的现金”项目，反映单位本年接受用于购建固定资产、无形资产、公共基础设施等资本性项目的财政项目拨款取得的现金。本项目应当根据“银行存款”“零余额账户用款额度”“财政拨款收入”等科目及其所属明细科目的记录分析填列。

（2）“取得借款收到的现金”项目，反映事业单位本年举借短期、长期借款所收到的现金。本项目应当根据“库存现金”“银行存款”“短期借款”“长期借款”等科目记录分析填列。

（3）“收到的其他与筹资活动有关的现金”项目，反映单位本年收到的除了上述项目之外与筹资活动有关的现金。对于金额较大的现金流入，应当单列项目反映。本项目应当根据“库存现金”“银行存款”等有关科目的记录分析填列。

（4）“筹资活动的现金流入小计”项目，反映单位本年筹资活动产生的现金流入的合计数。本项目应当根据本表中“财政资本性项目拨款收到的现金”“取得借款收到的现金”“收到的其他与筹资活动有关的现金”项目金额的合计数填列。

（5）“偿还借款支付的现金”项目，反映事业单位本年偿还借款本金所支付的现金。本项目应当根据“库存现金”“银行存款”“短期借款”“长期借款”等科目的记录分析填列。

（6）“偿付利息支付的现金”项目，反映事业单位本年支付的借款利息等。本项目应当根据“库存现金”“银行存款”“应付利息”“长期借款”等科目的记录分析填列。

（7）“支付的其他与筹资活动有关的现金”项目，反映单位本年支付的除上述项目之外与筹资活动有关的现金，如融资租入固定资产所支付的租赁费。本项目应当根据“库存现金”“银行存款”“长期应付款”等科目的记录分析填列。

（8）“筹资活动的现金流出小计”项目，反映单位本年筹资活动产生的现金流出的合计数。本项目应当根据“偿还借款支付的现金”“偿付利息支付的现金”“支付的其他与筹资活动有关的现金”的项目金额合计数填列。

（9）“筹资活动产生的现金流量净额”项目，应当按照本表中“筹资活动的现金流入小计”项目金额减去“筹资活动的现金流出小计”金额后的金额填列；如为负数，以“—”号填列。

4. 汇率变动对现金的影响额

“汇率变动对现金的影响额”项目，反映单位本年外币现金流量折算为人民币时，所采用的现金流量发生日的汇率折算的人民币金额与外币现金流量净额按期末汇率折算的人民币金额之间的差额。

5. 现金净增加额

“现金净增加额”项目，反映单位本年现金变动的净额。本项目应当根据表中“日常活动产生的现金流量净额”“投资活动产生的现金流量净额”“筹资活动产生的现金流量净额”和“汇率变动对现金的影响额”项目金额的合计数填列；如为负数，以“—”号填列。

五、财务会计报表附注

会计报表附注是对在会计报表中列示的项目所作的进一步说明，以及对未能在会计报表中列示项目的说明。附注是财务报表的重要组成部分。凡对报表使用者的决策有重要影响的会计信息，不论本制度是否有明确规定，单位均应当充分披露。

根据现行政府会计制度的规定，财务会计报表附注主要包括下列内容。

（一）单位的基本情况

单位应当简要披露其基本情况，包括单位主要职能、主要业务活动、所在地、预算管理关系等。

（二）会计报表编制基础

（三）遵循政府会计准则、制度的声明

（四）重要会计政策和会计估计

单位应当采用与其业务特点相适应的具体会计政策，并充分披露报告期内采用的重要会计政策和会计估计。主要包括以下内容：

（1）会计期间。

（2）记账本位币，外币折算汇率。

（3）坏账准备的计提方法。

（4）存货类别、发出存货的计价方法、存货的盘存制度，以及低值易耗品和包装物的摊销方法。

（5）长期股权投资的核算方法。

（6）固定资产分类、折旧方法、折旧年限和年折旧率；融资租入固定资产的计价和折旧方法。

（7）无形资产的计价方法；使用寿命有限的无形资产，其使用寿命估计情况；使用寿命不确定的无形资产，其使用寿命不确定的判断依据；单位内部研究开发项目划分研究阶段和开发阶段的具体标准。

（8）公共基础设施的分类、折旧（摊销）方法、折旧（摊销）年限以及其确定依据。

（9）政府储备物资分类以及确定其发出成本所采用的方法。

（10）保障性住房的分类、折旧方法、折旧年限。

（11）其他重要的会计政策和会计估计。

（12）本期发生重要会计政策和会计估计变更的，变更的内容和原因，受其重要影响的报表项目名称和金额，相关审批程序，以及会计估计变更开始适用的时点。

（五）会计报表重要项目说明

单位应当按照资产负债表和收入费用表项目列示顺序，采用文字和数据描述相结合的方式披露重要项目的明细信息。报表重要项目的明细金额合计，应当与报表项目金额相衔接。报表重要项目说明应包括但不限于下列内容。

（1）货币资金的明细信息，包括货币资金的种类，每种货币资金的年初余额、期末余额等情况。

（2）应收账款的明细信息，包括债务人的类别和名称，应收各债务人款项的年初余额和期末余额等情况。

（3）存货的明细信息，包括存货的种类，每种存货的年初余额、期末余额等情况。

（4）其他流动资产的明细信息，包括其他流动资产的种类，每种其他流动资产的年初余额、期末余额等情况。

（5）长期投资的明细信息，包括长期债券投资的明细信息，长期股权投资的明细信息，当期发生的重大投资净损益项目、金额及原因。其中，长期债券投资的明细信息包括债券发行主体，每一主体的年初余额、本期增减变动数额、期末余额等情况；长期股权投资的明细信息包括被投资单位，每一被投资单位的核算方法、年初余额、本期增减变动数额、期末余额等情况。

（6）固定资产的明细信息，包括固定资产的种类，每种固定资产的原值、累计折旧、账面价值、年初余额、本期增减变动数额、期末余额等情况，已提足折旧的固定资产名称、数量等情况，出租、出借固定资产以及固定资产对外投资等情况。

以固定资产的明细信息披露为例，披露的格式如表 16-8 所示。

表 16-8　固定资产明细表的格式

单位：元

项　　目	年初余额	本期增加额	本期减少额	期末余额
一、原值合计				
其中：房屋及构筑物				
通用设备				
专用设备				
文物和陈列品				
图书、档案				
家具、用具、装具及动植物				
二、累计折旧合计				
其中：房屋及建筑物				
通用设备				
专用设备				
文物和陈列品				
图书、档案				
家具、用具、装具及动植物				
三、账面价值合计				
其中：房屋及建筑物				
通用设备				
专用设备				
文物和陈列品				
图书、档案				
家具、用具、装具及动植物				

（7）在建工程的明细信息，包括在建工程的项目名称，各项目的年初余额、本期增减变动数额、期末余额等情况。

（8）无形资产的明细信息，包括无形资产的种类，每种无形资产的原值、累计摊销、账面价值、年初余额、本期增减变动数额、期末余额等情况，计入当期损益的研发支出金额、确认为无形资产的研发支出金额，无形资产出售、对外投资等处置情况。

（9）公共基础设施的明细信息，包括公共基础设施的种类，每种公共基础设施的原值、累计折旧、账面价值、年初余额、本期增减变动数额、期末余额等情况，确认为公共基础设施的单独计价入账的土地使用权的账面余额、累计摊销额及变动情况，已提足折旧继续使用的公共基础设施的名称、数量等。

（10）政府储备物资的明细信息，包括政府储备物资的种类，各种类物资的年初余额、本期增减变动数额、期末余额等情况。

（11）受托代理资产的明细信息，包括受托代理资产的种类，各种类资产的年初余额、本期增减变动数额、期末余额等情况。

（12）应付账款的明细信息，包括债权人的类别和名称，应付各债权人款项的年初余额和期末余额等情况。

（13）其他流动负债的明细信息，包括其他流动负债的项目，各项目的年初余额和期末余额等情况。

（14）长期借款的明细信息，包括债权人的名称，向各债权人借款的年初余额和期末余额等情况。单位有基建借款的，应当分基建项目披露长期借款的年初数、本年变动数、年末数及到期期限。

（15）事业收入的明细信息，包括事业收入的来源渠道，每种事业收入的本期发生额和上期发生额等情况。

（16）非同级财政拨款收入的明细信息，包括非同级财政拨款收入的来源渠道，每种非同级财政拨款收入的本期发生额和上期发生额等情况。

（17）其他收入的明细信息，包括其他收入的来源渠道，每种其他收入的本期发生额和上期发生额等情况。

（18）业务活动费用的明细信息，包括按经济分类的明细信息和按支付对象分类的明细信息。其中，按经济分类的明细信息包括费用项目，每一费用项目的本期发生额和上期发生额。费用项目包括工资福利费用、商品和服务费用、对个人和家庭的补助费用、对企业补助费用、固定资产折旧费、无形资产摊销费等。按支付对象分类的明细信息包括支付对象名称，每一支付对象的本期发生额和上期发生额。

以业务活动费用按经济分类的明细信息披露为例，披露的格式如表 16-9 所示。

表 16-9　业务活动费用按经济分类明细表的格式　　单位：元

项　目	本期发生额	上期发生额
工资福利费用		
商品和服务费用		
对个人和家庭的补助费用		
对企业补助费用		
固定资产折旧费		
无形资产摊销费		
公共基础设施折旧（摊销）费		
保障性住房折旧		
计提专用基金		
……		
合计		

（19）其他费用的明细信息，包括其他费用的类别，每一费用类别的本期发生额和上期发生额。其他费用的类别如利息费用、坏账损失、罚没支付等。

（20）本期费用的明细信息，包括本期费用的项目，每一费用项目的本年数和上年数等情况。

会计报表重要项目的说明，大多数用表格的形式加以说明，简洁明了。对于需要使用文字进行说明的地方，应当使用文字进行说明。

（六）本年盈余与预算结余的差异情况说明

为了反映单位财务会计和预算会计因核算基础与核算范围的不同而产生的本年盈余数与本年预算结余数之间的差异，单位应当按照重要性原则，对本年度发生的各类影响收入（预算收入）和费用（预算支出）的业务进行适度归并与分析，披露将年度预算收入支出表中“本年预算收支差额”调节为年度收入费用表中“本期盈余”的信息。有关披露格式如表16-10所示。

表16-10　本年盈余与预算结余的差异情况说明表的格式

单位：元

项　目	金额
一、本年预算结余（本年预算收支差额）	
二、差异调节	
（一）重要事项的差异	
加：1. 当期确认为收入但没有确认为预算收入	
（1）应收款项、预收账款确认的收入	
（2）接受非货币性资产捐赠确认的收入	
2. 当期确认为预算支出但没有确认为费用	
（1）支付应付款项、预付账款的支出	
（2）为取得存货、政府储备物资等计入物资成本的支出	
（3）为构建固定资产等的资本性支出	
（4）偿还借款本息支出	
减：1. 当期确认为预算收入但没有确认为收入	
（1）收到应收款项、预收账款确认的预算收入	
（2）取得借款确认的预算收入	
2. 当期确认为费用但没有确认为预算支出	
（1）发出存货、政府储备物资等确认的费用	
（2）计提的折旧费用和摊销费用	
（3）确认的资产处置费用（处置资产价值）	
（4）应付款项、预付账款确认的费用	
（二）其他事项差异	
三、本年盈余（本年收入与费用的差额）	

（七）其他重要事项说明

具体包括以下内容。

（1）资产负债表日存在的重要或有事项说明。没有重要或有事项的，也应说明。

（2）以名义金额计量的资产名称、数量等情况，以及以名义金额计量理由的说明。

（3）通过债务资金形成的固定资产、公共基础设施、保障性住房等资产的账面价值、使用情况、收益情况及与此相关的债务偿还情况等的说明。

（4）重要资产置换、无偿调入（出）、捐入（出）、报废、重大毁损等情况的说明。

（5）事业单位将单位内部独立核算单位的会计信息纳入本单位财务报表情况的说明。

（6）政府会计具体准则中要求附注披露的其他内容。

（7）有助于理解和分析单位财务报表需要说明的其他事项。

项目检测

一、判断题

1. 行政事业会计中资产负债表里的累计盈余项目需要根据期末未分配盈余与无偿调拨净资产变动累计数合计反映。（ ）

2. 收入费用表可以反映行政事业单位某一会计期间的各项收入、费用、结转结余情况。（ ）

3. 预算会计应当于期末编制预算收入支出表。（ ）

4. 预算结转结余变动表可以反映行政事业单位预算资金使用情况。（ ）

5. 由于行政事业单位没有股东因此不需要附注来对财务报表进行详细解释。（ ）

二、简答题

1. 论述政府与事业单位会计的主要特点和意义。

2. 政府与事业单位会计如何分级？

3. 论述政府与事业单位会计要素的相互关系。

三、业务题

1. 财务会计与政府会计在财务报表编制上有哪些异同？

2. 财务报表之间有着怎样的勾稽关系？

要求：请根据以上经济业务编制会计分录。

参考文献

[1] 财政部 . 财政总会计制度 . 中华人民共和国财政部 .
[2] 财政部 . 政府会计准则 —— 基本准则 . 中华人民共和国财政部 .
[3] 财政部 . 政府会计准则第 1 号 —— 存货 . 中华人民共和国财政部 .
[4] 财政部 . 政府会计准则第 2 号 —— 投资 . 中华人民共和国财政部 .
[5] 财政部 . 政府会计准则第 3 号 —— 固定资产 . 中华人民共和国财政部 .
[6] 财政部 . 政府会计准则第 4 号 —— 无形资产 . 中华人民共和国财政部 .
[7] 财政部 . 政府会计准则第 5 号 —— 公共基础设施 . 中华人民共和国财政部 .
[8] 财政部 . 政府会计准则第 6 号 —— 政府储备设施 . 中华人民共和国财政部 .
[9] 财政部 . 政府会计准则第 7 号 —— 会计调整 . 中华人民共和国财政部 .
[10] 财政部 . 政府会计准则第 8 号 —— 负债 . 中华人民共和国财政部 .
[11] 财政部 . 政府会计准则第 9 号 —— 财务报表编制与列表 . 中华人民共和国财政部 .
[12] 财政部 . 政府会计准则第 10 号 —— 政府与社会资本合作 . 中华人民共和国财政部 .
[13] 财政部 . 政府总会计制度 . 中华人民共和国财政部 .
[14] 赵建勇 . 政府会计 [M]. 上海：上海财经大学出版社，2018.
[15] 李海波，刘学华 . 新编政府会计 [M].3 版 . 上海：立信会计出版社，2018.
[16] 财政部 . 政府会计制度 —— 行政事业单位会计科目和报表 . 北京：中国财政经济出版社，2017.
[17] 李莉，丁淑霞，孙越 . 政府会计 [M]. 北京：清华大学出版社，2022.
[18] 管亚梅 . 新编政府会计 [M].4 版 . 北京：人民邮电出版社，2023.
[19]《中华人民共和国会计法》.
[20]《中华人民共和国预算法》.